中国工程院重大咨询项目

交通强国

战略研究 | 第二卷 |

傅志寰　孙永福　**主　编**

翁孟勇　何华武　**副主编**

人民交通出版社股份有限公司

China Communications Press　Co.,Ltd.

U0649070

内 容 提 要

本书是中国工程院会同交通运输部开展的重大咨询项目"交通强国战略研究"成果,由三卷组成。

本书为《交通强国战略研究(第二卷)》,包括 7 个课题报告。课题报告 5《创新驱动交通发展战略研究》提出了创新驱动交通发展战略的总体思路和分阶段战略目标。课题报告 6《交通基础设施建设技术研究》针对关键领域布局了重点任务,提出了相关重大科技专项及重点工程。课题报告 7《交通运输装备及其系统创新战略研究》研究了交通运输装备及其系统的发展方向和发展路线,提出了相关重点任务与重大工程。课题报告 8《绿色交通发展战略研究》提出了全环节构建我国绿色综合交通运输体系,进入世界交通强国前列的战略目标及其实现途径。课题报告 9《智能交通发展战略研究》提出了建设世界领先的智能交通系统及其战略重点与实现途径,以智能交通战略为突破点提高交通安全水平、破解交通拥堵、为交通参与者提供高品质交通服务的战略目标。课题报告 10《交通安全发展战略研究》提出了"一个交通安全愿景目标、一个交通安全发展体系、一个交通安全支撑保障体系、一套交通安全提升任务"的发展战略。课题报告 11《提高交通运输国际影响力研究》提出了交通运输国际影响力的主要发展目标、六大重点任务及具体建议。

本书可为政府部门、交通运输企业和科研机构中从事交通运输行业政策制定、管理决策、咨询研究的人员提供参考,也可供高等院校相关专业师生及其他对交通运输业感兴趣的读者阅读使用。

图书在版编目(CIP)数据

交通强国战略研究. 第二卷 / 傅志寰,孙永福主编
. — 北京 : 人民交通出版社股份有限公司, 2019.4
ISBN 978-7-114-13944-4

Ⅰ. ①交… Ⅱ. ①傅… ②孙… Ⅲ. ①交通运输业—经济发展战略—研究—中国 Ⅳ. ①F512.3

中国版本图书馆 CIP 数据核字(2019)第 030014 号

审图号:GS(2019)1060 号

书　　　名:	交通强国战略研究(第二卷)
著 作 者:	傅志寰　孙永福
责 任 编 辑:	杨丽改　刘　洋　林宇峰　吴有铭
责 任 校 对:	张　贺
责 任 印 制:	张　凯
出 版 发 行:	人民交通出版社股份有限公司
地　　　址:	(100011)北京市朝阳区安定门外外馆斜街 3 号
网　　　址:	http://www.ccpress.com.cn
销 售 电 话:	(010)59757973
总 经 销:	人民交通出版社股份有限公司发行部
经　　　销:	各地新华书店
印　　　刷:	北京印匠彩色印刷有限公司
开　　　本:	787×1092　1/16
印　　　张:	25.75
字　　　数:	489 千
版　　　次:	2019 年 4 月　第 1 版
印　　　次:	2021 年 4 月　第 4 次印刷
书　　　号:	ISBN 978-7-114-13944-4
定　　　价:	280.00 元

(有印刷、装订质量问题的图书由本公司负责调换)

交通强国战略研究

编写委员会
Editorial Committee

顾问

李晓红　周　济　杨传堂　李小鹏　陆东福

主任委员

傅志寰　孙永福

副主任委员

翁孟勇　何华武

编委会成员

赵宪庚　樊代明　田红旗　卢春房　周建平　赵晓哲　朱高峰

翟光明　王　安　沈荣骏　凌　文　柴洪峰　黄维和　向　巧

丁烈云　王陇德　张　军　秦顺全　梁文灏　郑健龙　刘友梅

郭孔辉　郭重庆　吴有生　丁荣军　陆化普　徐　丽　郭小碚

郭继孚　唐伯明　严新平　罗庆中　张志明　荣朝和　王云鹏

胡华清　魏际刚　贾大山

总报告主要执笔人

陆化普　徐　丽

执笔人（按报告编号排序）

张永波　李　茜　张晓璇　宿凤鸣　曹凤帅　吴宏波　鲁光泉

王健宇　肖天正　张　笛　李红镝　王　婷　贾光智　奚宽武

刘长俭　高　超　孙虎成

项目办公室

陆化普　高占军　徐　丽　于泽华

序
Preface

　　国家要强盛,交通须先行。交通驱动要素流动,带动社会进步。自古以来,交通就在中华文明绵延发展中起到重要的推动作用,京杭大运河承载和见证了数千年的历史演进,丝绸之路为中西方文明的互鉴与交融架起互联互通的桥梁,促进了沿线国家经济发展乃至社会变革。交通运输的每一次重大革新都深深影响到人类文明的进程。

　　交通运输是国家国民经济发展的大动脉,具有基础性、服务性、引领性、战略性属性,是兴国之器、强国之基。新中国成立以来特别是改革开放以来,我国交通运输发展取得巨大进步,实现了历史性跨越,公路成网,铁路密布,高铁飞驰,巨轮远航,飞机翱翔。我国高速铁路、公路、桥梁、港口、机场等交通运输基础设施在规模、客货运输量及周转量方面均已位居世界前列。交通科技创新不断取得突破,安全和服务水平逐步提高,治理体系不断改善,国际影响力明显增强,与世界一流水平的整体差距快速缩小,有的领域实现了领先,我国已经成为世界交通大国,为建设交通强国奠定了坚实基础。

　　对比世界领先的交通强国,我国交通运输在技术装备、服务质量、效率成本、安全水平以及国际竞争力、影响力方面还存在较大差距,还存在发展不平衡、不充分等突出问题,不能很好满足人民群众日益增长的多样化、个性化和品质化要求,尚不能完全适应建设社会主义现代化强国的需要。

　　交通基础设施建设具有先导作用。建设交通强国是推动经济高质量发展的重要支撑,是实现伟大复兴中国梦的必由之路,也是把握新一轮科技革命带来交通运输重大变革机遇的有效途径。在新的历史起点上建设交通强国,努力实现由交通大国向交通强国的转变,具有十分重大的意义。

　　中国工程院是中国工程科学技术界的最高荣誉性、咨询性学术机构,是国家高端智库，为推进国家科学决策，开展前瞻性、针对性、储备性战略研究是中国工程院的神圣使命。为了充分发挥交通的先导性、支撑性作用，走中国特色的交通强国之路，中国工程院会同交通运输部于2017年1月18日启动了"交通强国战略研究"重大咨询项目，项目组由工程院傅志寰院士、孙永福院士担任项目组组长，由工程院副院长何华武院士、中国公路学会翁孟勇理事长担任副组长，包括工程院32位院士，以及科研院所、高校、企业在内的12家单位100多位研究人员参加了项目研究。

党的十九大将建设"交通强国"上升为国家战略，这是党中央根据新时期国内外形势的变化、国家发展目标与建设任务做出的重大战略部署，是新时代赋予中国交通运输业的崇高使命。项目组在深入学习领会十九大精神的基础上，以高度的历史责任感和严谨的科学态度，开展了多学科、多专题分析研讨。通过深入分析现有交通问题，预测未来交通需求发展趋势，借鉴建设交通强国的国际经验，项目组会同交通运输部确定了"人民满意、保障有力、世界领先"的交通强国建设内涵；提出了建设"安全、便捷、高效、绿色、经济"现代化综合交通运输体系的发展目标；重点从工程科技和工程管理角度对建设交通强国的历史使命、战略目标、主要内涵、战略重点、关键突破点、评价指标、实现途径、政策建议，以及实现交通强国的保障体系等内容开展了系统研究。经过两年研究，项目组撰写完成了《交通强国战略研究总报告》和17份课题报告。

这些研究成果，将为国家相关部门制定我国交通运输领域未来发展战略与政策决策提供参考和支撑，为各级决策人员、专家学者进一步深入研究提供参考借鉴，为走出一条中国特色的交通强国之路提供系统思路、理论与政策指导，为加快我国从交通大国走向交通强国的伟大历史进程、实现在21世纪中叶建成社会主义现代化强国伟大目标贡献智慧。

中国工程院院长 李晓红

2019年3月1日

前言
Foreword

交通是强国之基。为了在实现中华民族伟大复兴中发挥好交通运输"基础性、服务性、引领性、战略性"作用，中国工程院会同交通运输部于 2017 年 1 月启动了中国工程院重大咨询项目——"交通强国战略研究"。研究项目组成员包括中国工程院 32 位院士以及来自科研院所、高校、企业、银行等单位的 100 多位研究人员。

研究工作得到中国工程院和交通运输部主要领导同志的高度重视。项目组由中国工程院院长李晓红院士、原院长周济院士、交通运输部杨传堂书记、李小鹏部长、中国铁路总公司董事长陆东福等同志担任顾问。他们对"交通强国战略研究"发挥了十分重要的指导作用。

立项伊始，项目组开展了广泛调研，到北京、上海、江苏、浙江、湖北、湖南、贵州、广东等省市有关政府部门、研究机构和运输企业征求意见。调研重点是企业，其中有中国铁路总公司、上海航运、申通地铁、国家开发银行等国有企业，也有阿里菜鸟、顺丰、携程、高德地图、滴滴打车、ofo 共享单车等民营企业。与此同时，项目组还走访了交通领域一些领导干部，举办有经济学家、社会学家、智能专家、交通专家参加的系列研讨会，听取意见。有的项目组成员还到日本、英国进行了考察。这些对于开阔研究思路尤为重要。

2017 年 10 月 24 日十九大闭幕。建设"交通强国"作为国家战略写进十九大报告，项目组成员深受鼓舞。大家认真学习领会报告精神，深刻认识到建设交通强国是全面建设社会主义现代化国家的基础支撑，是满足人民美好生活的需要，也是构建世界领先交通运输系统的必由之路，大大增强了历史责任感。项目组成员以习近平新时代中国特色社会主义思想为指导，展开了深入系统的研究，重点从工程科技和工程管理角度对建设交通强国的历史使命、战略目标、主要内涵、战略重点、关键突破点等问题提出了咨询建议,并撰写了《交通强国战略研究总报告》(简称总报告)和 17 份课题报告。

总报告在对我国交通发展现状、国内外交通发展趋势、面临的机遇与挑战进行深入分析的基础上,按照十九大精神和党中央对交通运输的要求,确定了建设"安全、便捷、高效、绿色、经济"现代化综合交通运输体系的交通强国总目标;凝练出交通强国"人民满意、保障有力、世界领先"的主要内涵。

总报告分为五章。第一章我国交通发展形势与使命,突出强调要走中国特色交通强国之路。第二章交通强国目标与指标体系,主要阐述了交通强国内涵、战略目标、评价指标体系。第三章战略重点,分别论述了构建现代化综合交通基础设施网络、创新驱动交通发展、提升交通智能化水平、实现世界一流交通服务、坚持绿色交通发展、提高交通安全水平、破解城市交通拥堵、完善乡村交通运输体系、建设通达全球的交通体系等重大问题。第四章交通治理体系现代化,内容包括构建完善的交通法律体系、高效率的管理体系、可持续的投融资体制、高素质的人才队伍体系。第五章政策建议,提出了深化交通管理体制改革,完善法律法规;扩大投资要精准发力,实现交通基础设施高质量发展;多措并举,推动运输结构优化;加强顶层设计,支持交通科技创新;突破公共交通导向开发模式(TOD)的发展瓶颈,从源头上破解"大城市病";建立持续稳定的交通建设资金保障机制,化解债务风险等重大政策建议。此外,还提出了关于建设"示范工程"的建议。

与此同时,总报告又进一步聚焦近期工作,将"一体化、绿色化、智能化、共享化"作为交通领域创新发展的关键突破点。即把握转型升级"窗口期",优规划、补短板,推进不同交通方式的无缝衔接,实现交通一体化和高质量发展;重点发展轨道交通和新能源汽车,支撑绿色发展新格局;以智能技术为抓手推动交通系统变革升级,构建世界领先的城市智能交通系统;创新管理理念,提高治理能力,支持共享交通发展。

总报告还突出强调了若干研究亮点。其中有:关于交通"引领性"("交通+")的认识;关于 2020 年后将出现交通基础设施建设"变坡期",开始展现 10 年调整的"窗口期"的看法;关于制定"交通运输法"的建议;关于解决交通基础设施债务问题紧迫性的意见。此外,根据我国国情提出了不同于国外的交通评价指标体系,富有新意;打破我国交通运输研究传统,尝试增加对小汽车的运量分析,以使公路客运总量预测以及对运输结构研究更为科学。

为了使研究工作及时发挥效用,项目组边研究,边基于阶段性成果,陆续凝练提出咨询意见。2017 年 12 月以中国工程院名义向中央报送"关于深化综合交通运输体制改革的建议",时任国务院副总理马凯作出批示;2018 年 9 月将"交通强国战略研究"报告(概要版)上报中央。此外,还向交通运输部领导同志提出"制定交通运输法"的建议,以及"关于发展车路协同自动驾驶"的建议,得到采纳。

在工作方法上,项目组既坚持独立研究,又与交通运输部密切配合,以多种形式与部领导及有关同志深入交换意见。在研究过程中,项目组许多成果被起草中的《交通强国建设纲要》所吸收。

《交通强国战略研究总报告》和课题报告,是两年来项目组全体院士、专家智慧和心血的结晶,同时也得益于有关研究的多年积淀。此前中国工程院和交通运输部均大量开展了关于综合运输的研究,为本项目组开展工作创造了十分有利的条件。

最后,在《交通强国战略研究》即将付梓之际,深切期望本书能够为政府部门决策、企业经营、科研院所和学者们的研究工作提供有益的参考,同时也敬请读者对不足之处予以指正。

中国工程院院士 傅志寰

2019 年 2 月 18 日

目录
Contents

课题报告 7
交通运输装备及其系统创新战略研究

课题报告 8
绿色交通发展战略研究

课题报告 9
智能交通发展战略研究

课题报告 10
交通安全发展战略研究

课题报告 11
提高交通运输国际影响力研究

课题报告 5

创新驱动交通发展战略研究

课题组主要研究人员

课题顾问

    卢春房

课题组长

    张志明（组长）   鲁光泉（副组长）

课题组主要成员

    郭树东   钱 丽   张 军   吴宏波   曹凤帅

    商剑平   贾光智   赵福全   严新平   贾利民

    丁 川   蔡开泉   刘宗巍   王镠莹   刘玉凤

    杨则云   袁裕鹏   杨怀茂

课题主要执笔人

    曹凤帅   鲁光泉   郭树东

内容摘要 Abstract

交通运输业是基础性、服务性、引领性、战略性产业,其发展关乎生产、流通、消费、生活,关乎国家综合国力、竞争力、军事能力和地缘政治。党的十九大明确提出建设交通强国战略,这是党和国家赋予交通行业发展的新使命。站在新的历史起点上,国民经济和交通运输自身的发展,都对交通科技创新提出了新的需求,迫切要求交通运输业在科技创新驱动下把握机遇、加快发展。本课题立足科技创新驱动交通发展的现实需求,调研了我国交通技术现状水平,分析了相关领域的亮点和技术短板,提出了与交通强国发展需求的差距,从体制、人才、市场、产业和资金等方面总结了我国在技术创新驱动交通发展的优势条件,阐述了创新驱动交通发展的可行性。在此基础上,研究提出了创新驱动交通发展战略的总体思路和分阶段的战略目标,在创新体制机制、创新人才队伍建设、科技创新平台建设三个方面提出了创新能力建设的具体要求,在交通基础设施设计建设技术研究、交通运输装备技术研究、综合交通管控与服务三个方面提出了具体的科技创新重点任务及创新驱动交通发展战略的相关保障措施。

Abstract

Transportation industry is characterized by fundamental, service, leading and strategic function. Its development concerns the country′s production, circulation, consumption, life as well as the aggregate national strength, competitiveness, military capability and geopolitics. The Nineteenth National Congress of the Communist Party of China clearly put forward the strategy of building China′s strength in transportation, which is a new mission entrusted by the Party and the country to the transportation industry. With a new historical start, the development of national economy and transportation has urgently brought forward new demands of seizing opportunities and accelerating development for the transportation industry driven by scientific and technological innovation capability. Based on the realistic requirement of science and technology innovation driving transportation development strategy, this paper studies the current situation of transportation technology in China, analyses the technical highlights and vulnerabilities in related fields, points out the gap with the development of countries with strong transportation network, summarizes the advantages of national technology innovation driving transportation development capability on the aspects of system, talent, market, industry and capital, and elaborates feasibility of science and technology innovation driving transportation development strategy. The study suggests general approach and phased strategic objectives of the innovation driving transportation development strategy. Specific demands of innovation capabilities development are proposed on aspects of innovation on system and mechanism, creative talents cultivation as well as scientific and technological innovation platform construction. Detailed key tasks of scientific and technological innovation on the aspects of technical studies of transportation infrastructure design and construction, transportation equipment, comprehensive traffic control and service are also included. Relevant safeguard measures of science and technology innovation driving transportation development strategy are put forward.

CHAPTER ONE

第一章
创新驱动交通发展需求分析

　　创新是引领发展的第一动力,科技进步是交通运输高质量发展的最重要推动力量。新时代要求我国交通运输行业进一步深入推进创新驱动发展,以科技创新引领交通运输全面创新,实现从跟跑向并行、领跑的历史性转变,攻克交通技术"难点",更好地服务经济社会发展和国家安全大局,不断满足人民群众和交通行业自身发展的需求。

第一节　新时代需求

　　党和国家高度重视创新驱动发展。习近平总书记在党的十九大报告中明确指出要加快建设创新型国家。在 2018 年两院院士大会开幕会上,习近平总书记指出关键核心技术是要不来、买不来、讨不来的,要以关键共性技术、前沿引领技术、现代工程技术、颠覆性技术创新为突破口,敢于走前人没走过的路,努力实现关键核心技术自主可控,把创新主动权、发展主动权牢牢掌握在自己手中。中国要强盛、要复兴,就一定要大力发展科学技术,努力成为世界主要科学中心和创新高地。要瞄准世界科技前沿,引领科技发展方向,抢占先机,迎难而上,建设世界科技强国。党中央、国务院针对科技创新制定实施了一系列战略及政策性文件,对当前及今后一个时期国家创新发展做出顶层规划设计和总体部署,对交通科技创新也提出具体要求,明确了建设交通强国,强调了交通科技创新的数字化、智能化、绿色化发展方向。中共中央、国务院发布的《国家创新驱动发展战略纲要》,指出要大力发展大飞机、高速铁路、海洋工程装备和高技术船舶等智能绿色制造技术;发展交通基础设施的标准化、数字化、智能化技术;在无人驾驶汽车等领域发展引领产业变革的颠覆性技术。国务院印发的《"十三五"国家科技创新规划》,强调要重点发展具有国际竞争力的高速列车、高中速磁悬浮铁路、快捷货运技术与装备,发展轨道交通的安全保障、智能化、绿色化技术。

立足新时代,交通运输行业必须要脚踏实地、行稳致远,站在更高的起点、以更高的标准落实国家创新驱动发展战略,系统谋划和部署技术创新工作。要加快云计算、大数据、网络化制造技术等在交通运输业的深度应用,大力发展智能化、新能源、高效能、高安全的系统技术与装备,形成完善的现代交通运输核心技术体系,培育新能源汽车、高端轨道交通装备、民用航空等新兴产业,推动交通运输业向价值链高端攀升,为交通强国和创新型国家建设提供有力支撑。

第二节　人民美好生活需要

随着我国经济社会的发展及综合交通运输体系的完善,人们出行需求不断增长,对运输便捷性和服务多元化提出更高要求。在运输总量上,近年来客货运量呈增长趋势,2017年,我国全社会共完成客运量184.86亿人次、旅客周转量32812.55亿人·km;完成货运量472.43亿t、货物周转量192588.50亿t·km。在运输便捷性方面,人们对快捷出行、快捷货运、快递配送的需求持续增加,对运输成本、时间、效率和通达性的要求更高。在服务多样化方面,人们出行偏好发生转变,非生产性客运需求比重增加,追求出行品质和多样化、个性化、自助式成为主流,绿色共享出行成为趋势。

为更好适应经济社会和人民生活对交通的期待,必须牢牢把握高质量发展要求,依靠科技创新深入推进交通运输供给侧结构性改革,全面推广应用现代信息技术、智能技术和新材料、新能源、新工艺,着力完善基础设施网络,研制更加智能、绿色的陆路运输装备,发展新一代民用飞机技术,以及智能船舶、特种船舶等水运运输装备,深化城市、城市群、区域交通运输指挥控制和服务技术研究,升级推广自助式服务设施设备,推动共享出行模式发展完善,大幅提升交通运输能力和服务品质,为全面建成小康社会和不断提升人民群众的幸福感、获得感奠定坚实基础。

第三节　交通自身发展要求

近年来,国际交通市场竞争愈演愈烈,国内交通运输发展仍存在一些短板,面对严峻的发展形势,必须推动全行业发展方式由要素驱动向创新驱动转变,使创新成为交通运输业发展的新引擎。

首先,应对世界交通科技竞争,亟须加强战略前沿技术研究。目前世界交通运输呈现更高速度、更智能、更安全、更绿色的发展趋势,磁悬浮列车、超级高速铁路等新型轨道交通运输方式不断发展,将对交通行业产生颠覆性影响。我国加快推进交通行业自主创新的任务十分紧迫,稍有落后就可能在国际竞争中处于不利地位。我们需要瞄准世界科技前沿,加强基础材料、基础零部件、基础工艺、基础软件等共性关键技术攻关,大力提升关键装备技术自主研发水平,摆脱核心技术受制于人的局面,务必在发展中掌握战略主动,促进装备与工程、研发与应用协同创新,力争形成更多领先的独有独创技术,开发出更多革命性新产品,在磁悬浮列车、超级高速铁路、新能源汽车、无人驾驶汽车、无人船舶、大飞机等战略前沿技术领域占领制高点,在大量新技术、新装备规模化应用方面走在世界前列,打造国际交通市场长期竞争优势。

其次,降低社会物流成本,亟须发展综合交通融合技术。当前我国不同运输方式之间配套衔接不足,多式联运发展滞后,导致社会物流成本居高不下。根据最新统计,2017年社会物流总费用占 GDP 的比例为 14.6%,实现了"五连降",但相比主要发达国家8%~9%和新兴经济体11%~13%的水平还有较大差距。必须加快推进综合交通融合技术创新,开展多式联运运营组织、驼背运输等技术研究,加强新型集装箱、新型货车装卸作业技术及装备研究,开展交通信息精准感知与可靠交互、交通系统协同式互操作、泛在智能化交通服务等共性关键技术研究,提升综合交通运输体系运作效率,降低社会物流成本。

最后,增强行业创新能力,亟须提升企业活力与效率。企业是交通运输行业发展的核心力量,提升行业创新能力必须要增强企业的创新活力,要积极开展理念创新、制度创新、管理创新、商业模式创新、服务创新,促进企业产品升级、技术升级、人才队伍升级、企业文化升级,推动产业链、供应链、价值链实现全方位提升,有效支撑交通运输行业创新能力提升。

CHAPTER TWO

第二章
现状和发展机遇

交通运输是国民经济的命脉。在以"绿色、智能、泛在"为特征的群体性重大技术变革之下，交通运输成为大数据、云计算、移动互联网、人工智能、智能制造、新能源和新材料等新兴技术的重点应用领域。载运工具智能化、交通设施智能化、管理服务协同化发展推动了交通运输领域新产业、新业态不断涌现，交通运输系统自主创新和升级换代呈现出前所未有的活力。

经过多年改革发展，多节点、全覆盖的综合交通运输网络初步形成，"五纵五横"综合运输大通道基本贯通，一大批综合客运、货运枢纽站场（物流园区）投入运营，运输装备发展不断升级，运输服务水平显著提升，科技创新和应用实现重大突破，交通运输市场体系、管理体制和法规体系不断完善。

交通运输是国民经济的先行和基础产业，是社会生产、生活组织体系中不可缺少的重要组成部分。"十二五"是我国交通运输发展最快的五年，也是交通基础设施投资力度最大的五年。《"十三五"现代综合交通运输体系发展规划》明确指出到 2020 年综合交通网总里程达 540 万 km，高速铁路覆盖 80% 以上的城区常住人口 100 万人以上的城市。截至2017 年底，我国高速铁路运营里程、高速公路通车里程、城市轨道交通运营里程及港口泊位数量均位居世界第一，综合交通网络骨架初步形成。与此同时，我国交通运输装备及其系统同步快速发展：随着高速列车技术的成熟，我国进入 350km 时速高速铁路时代；按照最新国际适航标准自行研制、具有自主知识产权的大型喷气式民用飞机 C919 试飞成功；内燃机汽车整体技术水平有明显提升，同时基本掌握了电动汽车的关键核心技术和整车产品的关键产业化技术，我国新能源汽车的核心竞争能力持续提升。

在交通基础设施、交通装备、交通信息化与智能化、交通安全等方面，取得了一批标志性的重大科技创新成果，极大地提升了我国交通运输业的核心竞争力和可持续发展能力，发挥了科技对交通运输的支撑和引领作用。如形成了系列交通基础设施建设关键成套技术,建设了一大批具有重大影响力的世界级工程,总体上处于世界先进水平,部分处于领先水平;突破了一批交通运输重点装备的关键技术,使我国高速列车、重载列车、城市轨道交通列车等交通运输装备水平跃居世界前列;攻克了一批交通运输信息化和智能化关键技术,为奥运会、世博会等国家重大活动提供了强有力的技术保障,推动了我国交通系统的发展转型,初步培育并形成了我国智能交通产业;同时,建设运营了一批包括国家重点实验室、国家工程技术研究中心、国家工程实验室等在内的国家创新能力平台,组建了一批国家产业技术创新联盟,形成了机制化的协同创新模式,夯实了我国交通科技可持续发展的基础。

第一节 交通技术水平现状

一、基础设施建设技术

1. 建设与养护技术长板

近年来,全国交通基础设施建设步伐加快,我国"五纵五横"综合运输大通道基本贯通,基本形成了由铁路、公路、水路、民航等多种运输方式构成的综合交通基础设施网络。我国交通运输行业持续发挥科技创新对交通运输的支撑和引领作用,突破了高寒高海拔高速铁路和高速公路建设、特大桥隧建设、桥梁智能制造、自动化码头建设等一批交通运输基础设施建设技术难题,形成了高速铁路、高速公路、特大型桥隧、深水港口、大型机场等交通基础设施建设成套技术,建成了京沪高铁、港珠澳大桥、洋山深水港、虹桥综合交通枢纽等一批震撼世界的超级交通工程。

1)铁路建设与养护技术

铁路建设方面,我国自主研发了无砟轨道板制造技术、无砟轨道绝缘处理措施及接地技术、轨道板精确定位测量技术,解决了松软土地区路基的工后沉降问题,全面掌握了整孔箱梁设计、制造、运输、架设等成套技术。2011 年 6 月正式通车的京沪高铁,全长1318km,是目前世界上一次建成线路里程最长、标准最高的高速铁路。京沪高铁研究攻克了复杂工程环境下高速铁路工程建造技术,构建了高速铁路复杂结构桥梁建造技术体系,建成了世界通过速度最高的深水、大跨、六线的南京大胜关长江大桥;创新了高速铁路超长高架桥上无砟轨道无缝线路建造技术,首次实现在165km 超长桥梁和180m 大跨桥梁上铺设无砟轨道无缝线路;构建了基于铁路大型客站的现代综合交通枢纽规划与设计技术,建成集多种运输方式为一体的上海虹桥综合交通枢纽;建立了复杂工程环境下高速铁路路基刚性桩复合地基成套技术;创新了高速铁路接触网大张力和材料关键技术。京沪高铁自开通以来,客流量不断攀升,开通3年即实现盈利。京沪高铁2017年全年发送旅客1.8亿人次,至2017年底累计发送旅客7.4亿人次。2017年每日开行列车平均超过450列,日均发送旅客47.5万人次,平均客座利用率近90%。京沪高铁大幅改善了我国东部地区交通条件,为加速区域经济一体化、推进产业结构升级、助推城镇化进程等发挥了重大作用,也为推进我国高速铁路"走出去"奠定了良好基础。

隧道建设方面,攻克了围岩探测、地质灾害防护、隧道断面优化等系列工程难题,掌握了在水下、高压富水岩溶、高瓦斯、膨胀岩、高地应力及软岩大变形等众多复杂条件下的长大隧道修建成套技术。运用超前地质预报、钻探等综合手段,掌握围岩信息分析探测技术。充分把握特殊地质灾害特征,探索形成成套防护技术体系:采用"注浆封堵、加固地层"等方式,解决涌水突泥问题;通过疏排或封堵岩溶水,对溶腔进行加固,以及在隧道内修"隧中桥"等措施解决岩溶问题;通过预释放应力和特殊支护,解决高地应力变形问题。深化隧道结构优化技术攻关,采取特殊洞口结构,增加隧道断面,优化断面形式,有效降低列车进入隧道和会车时的压力波,满足了旅客舒适度的要求。目前,我国铁路已成功建设了大量复杂地质长大隧道,例如,青藏铁路新关角隧道全长32.6km,建设中解决了高寒缺氧、岩石失稳变形、施工通风等高原特长隧道技术难题;兰渝铁路西秦岭隧道全长28.2km,是我国第二长铁路隧道,也是我国采用目前世界上最先进的隧道掘进机(TBM)修建的最长铁路隧道,采用隧道开挖现代化作业设备和技术,在保证工程质量及施工安全的前提下,最大限度地改善了作业环境、降低粉尘等有害气体的污染,减少对生态环境的影响;石太客运专线太行山隧道全长27.8km、最大埋深445m,是我国开通运营最长的高速铁路山岭隧道,建设中解决了膏溶角砾岩段围岩大变形、断层突涌水等重大技术难题,填补了长大深埋高速铁路隧道群建造技术多项空白。

铁路养护方面,信息化技术已广泛应用于铁路线路基础设施的养护维修。国外铁路重视重载铁路状态检测技术和预测评估技术在线路养护维修中的应用,建立了基于状态维修(Condition Based Maintenance,简称CBM)的维修模式;推行"管、检、修"分离模式,可实现检查与维修的异体监督,提高维修的专业性与机械化水平;采用专业化大型养路机械进行维修作业,提高维修质量与维修效率。我国开发了系统的线路设备管理系统,可实现线路基础设施的智能化管理,建立了铁路工务管理信息系统(PWMIS),形成了基于故障预测与健康管理(Prognostic and Health Management,简称PHM)的大跨度桥梁的智能养护维修技术,实现了大跨度铁路桥梁的关键构件服役状态的智能化监测和健康管理。在维修组织方面,国内已全面推行"检、养、修"分开的模式,采用集中修、机械修、天窗修和一体专业检查方式,提高了线路检查和维修质量,大大减少作业处所,提高了安全生产管理水平。

2）公路建设与养护技术

公路建设方面,公路桥梁施工正在向工业化、系统化方向发展;施工设备控制正在向精确化、智能化方向发展。隧道建设特别注重智能化发展,机械化程度不断提高;重视地质勘测及超前预报技术应用;已形成成熟先进的修建方法。我国已掌握大直径钻孔桩、大直径钢管桩、钢管复合桩、大型群桩基础等施工技术,研发了混凝土桥塔液压爬模技术、混凝土超高泵送技术和钢桥塔预制吊装与高精度拼装施工技术,掌握了混凝土梁的运输、架设、预制拼装施工技术。研发了斜拉桥热挤聚乙烯防护拉索技术和软、硬组合三级牵引的超长斜拉索架设技术,掌握了 PPWS 和 AS 工法的主缆架设技术。隧道建设方面,针对山岭隧道提出了掘进机法和钻爆法,针对浅埋隧道,提出了明挖法、盖挖法、浅埋暗挖法和盾构法;针对水底隧道,提出了沉埋法和盾构法。在港珠澳大桥工程中,针对沉管隧道结构,提出了"半刚性管节"沉管隧道新结构概念,解决了深埋带来的高覆土荷载问题;创新了"组合基床"沉管隧道新基础结构,将沉管隧道基础的沉降与差异沉降控制在较好的水平;创新主动止水整体式最终接头技术,沉管隧道的水下合拢难题取得突破;发明了"记忆支座",降低沉管隧道管节接头部位因差异沉降而开裂或损坏的风险。路基施工的机械化以及工业化已经实现,数字化施工设备及质量控制设备的一体化技术逐步形成,桩基施工及填筑压实的信息化技术已经应用,智能压实控制技术与多机联合作业交互技术研究处于发展阶段。

公路养护领域,国外发达国家的养护维修工艺优良,注重新材料、新工艺、新机械的开发研究,其机械化程度高,新材料应用广泛,投资多,更加注重预防性养护;应用计算机管理系统,把动态数据存储在数据库中,通过管理系统决定公路的养护等级。我国形成了成熟的大型养路机械的研发与生产能力,采用专业化大型养路机械进行大修与综合维修作业。通过引进技术、联合设计、合作生产、自主研发等方式,掌握了大型养路机械的制造技术,完善了生产组织,大幅度提高了大型养路机械的制造水平。新材料、新工艺、新技术、新机械不断在养护维修工程中得到应用,建立了较为完善的公路养护、维修与加固技术体系。

3）水运基础设施建设与养护技术

水运基础设施建设方面,随着港口建设不断向外海、深水化发展,建筑物结构大型化及形式多元化的趋势日益显著,外海深水港口工程施工技术与装备的研制一直是发展的重要方向。同时,随着网络和信息等技术的不断应用,海上大型施工装备的智能化水平越来越高,施工效率也越来越高。水下地基处理是深水港口工程建设中的关键技术难题,安全、高效的深水地基处理技术及装备研发是主要的发展趋势。近年来,结合深水码头、外海人工岛和大型河口航道整治建筑物等,我国研发了超大型沉箱施工技术与装备、深水整平技术与装备、挤密砂桩与碎石桩施工技术、深层水泥搅拌技术,解决了深水建港中地基处理、大型结构构件运输和安放等难题，形成了离岸深水港建设成套技术，在外海深水筑港领域技术优势明显。攻克了自动化集装箱码头装卸系统等一系列关键技术，研发了超大型岸桥无人化、远程化的自动化控制系统、全电动无人驾驶集装箱拖运车、无人化集装箱场桥、国内首创的装卸设备远程控制与调度系统、自动化码头装卸综合控制与管理系统，创立了全新的自动化集装箱码头装卸技术体系，在青岛港和上海洋山深水港建成了全自动化集装箱码头。

水运基础设施养护领域，为满足不同需求，国外码头建筑物加固和改造升级的方法日趋多样化。新材料、新工艺、新技术、新设备不断涌现，如水下施工不扩散灌浆料、活性粉末混凝土、纤维增强复合材料（FRP）、体外预应力技术、利用电化学沉积技术修复钢筋混凝土的裂纹和损伤技术、无线遥控水下机器人维护作业等技术。我国系统研究了码头结构加固方法、升级改造方法和结构加固改造中的检测关键技术，提出了一套结构加固改造方法和实施指南。

2. 基础研究与设计方法存在不足

近年来，我国在交通基础设施设计、建设和养护的理论创新方面取得了较大突破，产生了一批标志性的成果。桥梁方面，逐步完成了由容许应力法到极限状态法的转变，初步形成了在多种恶劣气候、自然灾害及外力作用下的桥梁防灾减灾技术理论体系；土工结构方面，建立了精细化的铁路路基填料分组体系，形成了多年冻土等典型特殊土公路路基的完整设计理论体系，提出了土体广义极限平衡理论，形成了港口工程非均质土地基、非均布边载和非水平土体表面的承载力精确计算方法；港航和海岸工程技术方面，掌握了复杂条件下水沙运动机理，初步攻克了不同类型河段整治技术；综合交通枢纽方面，实现了铁路客站与综合交通枢纽建设理念、建设技术、系统优化、协调共享等方面的创新突破；路面、道床和跑道工程技术方面，掌握了高速铁路无砟轨道系统设计理论与方法；车辆—轨道—桥梁耦合振动理论方面，提出了国际上四大代表性模型之一的"翟—孙模型"，建立了桥梁刚度控制指标和墩台刚度控制指标的规范体系。高速铁路隧道空气动力学理论方面，掌握了420km/h速度通过和列车交会条件下动车组车体内外和隧道内瞬变压力的变化规律；路基理论研究方面，创建了高速铁路路基基床动力作用及微变形控制理论。

在看到成绩的同时，也要清醒地认识到，我国在交通基础理论研究和设计方面与国际领先水平还有一定差距，主要表现在以下几个方面。

1）综合交通运输体系尚不完善

与国外交通运输发达国家相比，我国交通运输网络布局、交通运输结构有待进一步优化。这除了有综合交通运输法规体系、系统规划设计等方面的问题，还有设计理念和建设技术相对落后，不同运输方式基础设施配套性、兼容性较差，衔接程度较低等问题。真正意义上的综合交通运输枢纽数量较少,具有铁公水空联运功能的综合性枢纽总体不足。因此,在实现客运"零距离换乘"、货运"无缝化衔接"的综合交通枢纽建设等方面尚需深入开展研究工作。

2)信息化、智能化水平不高

与国外交通发达国家相比,我国交通基础设施建设信息化、智能化水平仍需进一步提升。如发达国家建筑信息模型(BIM)应用相对较为成熟,而我国起步较晚,BIM标准体系尚不完善,对建设期间各施工环节的自动化监测与信息采集尚未普及,数据与BIM模型的结合和应用也还处于探索阶段,大数据、云计算等信息技术在交通基础设施中的应用也需持续加强研究。随着德国"工业4.0"和美国"再工业化"等工业发展战略的实施,发达国家加大了装备的软件研发投入,其施工装备信息化、一体化水平相对较高,我国施工装备还有一定提升空间。

3)材料工业有待提升

我国交通工程常用混凝土标号与国外有一定的差距。在基于疲劳与环境综合作用下混凝土结构耐久性评估与寿命预测技术,长寿命结构混凝土设计与制备技术,具有自诊断、自调节、自修复功能智能混凝土制备技术,混凝土结构/钢结构长效防护与再防护技术体系等方面还需开展进一步研究。与发达国家相比,我国高强度、高韧性、高耐候性、易焊接性等高性能钢材的研发与应用水平还有待加强,高分子材料、复合材料及智能材料的研发和应用尚需深入研究。

4)绿色环保技术研究和设计方法需进一步加强

在设计技术方面,虽然开始引入全寿命周期设计理念,但是还处于起步阶段,绿色环保理念在设计方面的应用仍得不到普遍的重视,加重了生态环境的负担。在施工技术方面,虽然努力推行品质工程建设,但与发达国家相比,部分施工设备老旧,清洁能源使用比例较低,机械设备的能源清洁化水平有待提升;在施工措施、施工工艺、施工标准与政策等方面还存在一定差距,施工中环保理念需进一步加强。在养护技术方面,与发达国家相比,我国在养护时资源消耗量较大,环境问题相对突出。在结构耐久性方面,标准还不高,使用年限与国外有一定差距。建筑材料尚未达到绿色环保要求,材料的回收利用及建筑垃圾处理尚需加强。

二、交通装备技术

1. 交通装备关键核心技术亮点

我国交通运输行业始终瞄准国际交通科技发展前沿,在交通装备方面的技术创新取得了重大突破,并取得了一批标志性的重大科技成果,极大地提升了我国交通运输业的核心竞争力和可持续发展的能力。高速列车、C919 大型客机、振华港机、新能源汽车等一大批自主研制的交通运输装备成为"中国制造"的新名片。"复兴号"成功运营,高性能铁路装备技术达到世界领先水平。大型客机 C919 成功首飞,支线客机 ARJ21 成功载客运营,以国产鲲龙 600 型为代表的水上飞机逐步走上快速发展道路。

1)高速铁路装备技术

近 20 年来,我国在轨道交通运载装备、基础设施服役保障、安全保障和运营管理等方面取得了显著成就,高速铁路、城市轨道交通等已实现自主设计和装备批量制造,为更高速度高速列车和更高品质城轨列车研制,以及"走出去"战略实施创造了有利条件。复兴号高速列车迈出由跟跑到领跑的关键步伐,成为我国"走出去"战略实施的"先行官"和"国家名片"。

但是,高功率密度、高可靠、低损耗 IGBT 芯片与模块等依靠进口。

2)节能与新能源汽车技术

我国新能源客车产业化规模居世界第一位,涵盖了插电式、增程式、纯电动等多种技术路线,以及慢充、快充、电池更换、在线充电、双源快充等多种能源补给方式。我国是全球最大的电动汽车市场,国产电动汽车产销量排全球第一。在电动汽车大量生产过程中,培育了电动汽车关键零部件相关产业,使得电动汽车零部件的国产率相对较高。在整车集成技术、动力电池单体、动力传动技术、整车控制、高压低压系统控制技术、高压配电系统、仪表显示系统、远程数据采集车载系统等方面具有相对成熟的产品,在技术成熟度、产品成本控制等方面具有竞争力。

但是,生产的车辆大部分为 A0 级或 A00 级,缺少高端的 B 级和 C 级车辆;电池成组技术、动力电池全寿命热管理技术、动力电池系统的热失控预测技术、单体一致性控制等技术差距大;高比功率驱动电机、高性能电机控制器等产品技术差距大;大功率器件IGBT、碳化硅功率器件等产品技术有待提升。

3)车辆智能网联与车路协同技术

"十五"以来,国内在汽车安全辅助驾驶、车载导航设备、驾驶人状态识别、车辆运行安全状态监控预警、交通信息采集、车辆自组织网络等方面进行了大量研究,基本掌握了车辆运行状态辨识、高精度导航及地图匹配、高可靠信息采集与交互等智能汽车核心共性技术。围绕车路协同开展了专项技术研究,开展了车路协同关键技术测试。总体来看,我国在车辆智能网联与车路协同技术领域,与欧洲、美国、日本技术差距很小,政府和企业都在积极推动,具备赶超和引领的条件。

但是,车辆运行状态联网感知、车辆协同管控与智能驾驶服务关键技术体系还不完备;开放式移动互联车辆安全接入认证、车车/车路核心通信芯片及协议、智能车路协同集成测试与评估等基础共性关键技术的研究不足;缺乏对车路协同技术和装置进行大规模系统测试认证的成套技术、系统平台和标准规范。

2. 交通装备关键核心技术短板

1) 动力传动系统

我国汽车、飞机和船舶动力及传动系统与国际先进水平相比存在较大差距。低油耗低排放发动机、无凸轮轴进排气系统、高性能增压系统、汽油机直喷系统、柴油机高压共轨系统、新型工作循环发动机等系统技术落后或存在空白。自动变速器集机电液控于一体，是载运工具核心的总成之一，长期依赖进口和外资，跨国公司对我国采用严密的技术封锁和市场垄断。虽然经过最近十多年的自主创新，我国在自动变速器领域已经基本实现了核心技术的突破，但产业化突破仍然面临巨大的挑战。

民用航空动力技术相对落后，尚未形成国产民用涡扇发动机产业，相关市场全部被国外产品占领。尚未建立民用大涵道比涡扇发动机的设计和验证体系；声学工程、民用高负荷低压涡轮内部流动机理、先进低压涡轮设计技术、低污染排放等民用航空动力的关键技术设计与验证方法研究基础薄弱。

船舶动力系统研发方面，特别是新型推进系统，如吊舱推进器、直翼推进器以及无轴轮缘推进器尚无成熟的自主产品。目前国内由于缺乏设计制造经验以及大量的实用运行数据，针对新型推进器研发工作尚处在起步阶段。各科研单位和院校主要在数值计算、性能分析、仿真控制、总体设计方法上进行了深入研究，也研制了小型的实物样机，但在大型推进器的研发方面还未建立相关的设计、研发以及验证体系。

2) 电子控制核心元器件

在车辆电子控制领域，核心控制器缺少自主知识产权产品，车辆动力系统中的发动机控制器、传动系统中的自动变速器控制系统、整车安全中的 ABS、EPS、TCS 等控制系统基本未实现自主化；汽车级核心电子元器件、发动机控制、变速器控制、底盘控制、车身控制、后处理系统控制、仪表显示管理、车灯控制等嵌入式处理器、汽车级功率器件、汽车级集成电路、传感器专用处理芯片、高密度连接器等自主知识产权产品缺乏。

在航空领域，民航客机飞行管理系统、通信导航系统与综合监视系统等机载核心航空电子系统均由国外供应商提供，自主知识产权产品匮乏，缺乏体系化设计、过程管理与开发验证手段，关键技术储备不足，标准规范建设及适航能力薄弱，民机发展受制于人。

在船舶自动化领域，电控系统缺少具有自主知识产权的产品。主机遥控系统被 MAN 公司、KONGSBERG 公司、SAM 公司和 Nabtesco 公司占据主要市场份额；电控喷油柴油机控制系统以 MAN 公司、Wartsila 公司产品居多；电站监控系统多采用挪威、德国、丹麦和美国等公司的技术和产品；液货配载、阀门遥控、液位遥控、监测报警等系统自主知识产权产品缺乏；动力定位系统核心技术有待发展。

三、交通运输管理与服务技术

随着综合交通体系建设的不断完善，客货运输服务的质量和效率也有了很大提高。交通运输基本公共服务供给和管理得以加强，重大道路交通基础设施安全监测、预警和养护技术取得重大突破，交通运输安全保障能力得到显著提升。云计算、大数据等新一代信息技术在交通运输领域得到广泛应用，在城市交通运行状态估计与共享出行服务技术方面，初步形成了技术与市场优势。

1. 交通运输管理与服务关键核心技术亮点

1）重大道路交通基础设施安全监测与预警

我国在重大桥梁、隧道、边坡等重点基础设施自动监测等方面开展了大量研究工作。在桥梁运营安全保障方面，围绕结构损伤识别与安全评价、全寿命灾变控制、灾变安全监测预警与应急管理、智能决策养护管理等开展研究，重点解决了既有桥梁群的安全监测与评价问题，研发了国家长大桥梁安全监测与应急管理平台，推动了桥梁运营安全保障技术的发展。在隧道监测方面，开展了隧道常见病害诊断、隧道安全施工控制等技术研究，建立了隧道结构从施工到营运服役期的全过程检测、监测和安全评价体系。在边坡监测技术方面，研发了集边坡地质结构三维可视化、监测信息数据库、灾害预警决策、预警信息实时发布为一体的多任务、多目标山区公路边坡危险源信息管理与灾害预警系统，以及边坡地质灾害远程监测系统。高速铁路地震预警系统已研制成功并开始试用。随着智能技术的进一步发展，道路交通基础设施智能化已开始从桥梁、隧道节点拓展到高等级道路路基路面，并开始研发智能养护技术与装备。

但是，依然存在安全监测与预警技术未全覆盖、部分设施数据收集处理自动化水平低、专家决策系统应用不足等问题。

2）电动汽车充换电服务

我国建立了电动汽车充换电设施仿真技术的能量变换模型、车网结构与车网能量供需模型，开展了仿真平台开发、电力潮流计算、充换电安全性的经济性评估；实现了充换电设施分布式、集群式建设规划和有序充换电技术的研究和突破；掌握了基于交流和直流能源供给模式的多种变换容量的充换电设备接口技术、充换电过程控制技术、电能计量技术、安全可靠性技术，实现了40kW单口三相交流车载充电技术和450kW直流非车载充电技术的应用实践。

但是，快换站储能安全、分布式发电、可再生能源综合利用，智能快换设备、车载快换装置和安全管理等问题还需要解决。

3）交通大数据应用与出行服务

破解交通拥堵的需求和交通大数据、云计算、移动互联和人工智能等技术的进步使我国城市交通管理领域交通大数据应用与智能出行服务发展迅速。近年来我国城市将交通管理、出行服务需求与大数据技术相结合，在拥堵状态评估、城市交通大脑、出行导航、共享出行等方面进行了大量研究，提高了交通运行状况分析研判和出行服务的智能化水平。总体来看，我国在交通大数据应用和出行服务技术领域，特别是城市交通运行状态估计与共享出行服务技术方面，具有一定的技术与市场优势。

2. 交通运输管理与服务关键核心技术短板

1）机场与航道运营管理与服务

我国对机场运营管理与服务技术的研究主要集中在智能道面性能状态感知、飞行区智能围界、外来物监测与预警、飞行区灯光状态监测与管理系统等方向，并对智能飞行区的各项技术进行了初步验证，机场综合运营服务技术还有待提升。在水路方面，目前我国主要依靠人工巡视的方式开展航道整治建筑物服役状态监测，仅在部分重点航段采用了闭路电视监控系统（CCTV）采集航道整治建筑物水面以上状态信息。在航道信息传输与交互方面，针对长江航道要素信息传输需求开展了 AIS 网络和 ZigBee 的联合实验，在多源数据融合与处理方面取得了一定突破，但整体上仍存在数据整合不充分、数据挖掘不深入等问题。

2）智能化交通控制系统与交通仿真软件

目前国内城市交通控制系统产品，以及交通规划与设计的主流软件几乎完全被国外产品垄断，这些系统完全遵循国外交通模式和特点设计开发，虽具有点控和线控的功能，但不适合我国混合交通模式。尤其是我国大城市交通网络复杂、车流密度庞大，需要建立本地、区域和大范围交通分级控制体系。为摆脱国外对交通控制核心技术的垄断，解决适合我国交通特点的新一代智能交通控制技术的瓶颈问题，亟须发展符合我国国情的交通控制核心技术。

3）空中监视和导航系统

空管基础设施建设明显滞后于航班运行需求。以空管雷达建设为例，空管雷达是保障飞行安全、提高空域利用效率的重要基础设施。目前，美国 FAA 有 1000 余套雷达设备为其提供全空域监视服务，而我国空管系统现有运行的雷达台站仅 110 多座，雷达设备仅 140 余套，即使在我国东部发达地区，部分机场进近区域仍然存在雷达盲区，西部地区中低空尚未实现雷达连续覆盖，新疆大部分区域甚至还没有雷达覆盖。

四、国内外发展对比

我国交通基础设施建设和装备制造技术取得了可喜成就，在基础理论与设计方法、重大工程建设、重大装备制造等方面的技术创新取得了重大突破,部分技术实现了赶超。其中,基础设施建设技术总体处于领跑地位,智能、绿色工程建设两方面仍处于并跑地位;交通运输装备中高速铁路技术、新能源汽车技术、车路协同技术处于并跑地位,在动力与控制系统、核心元器件等方面处于跟跑地位;运输管理与服务技术中,重大道路交通基础设施安全监测与预警、电动汽车充换电、铁路运行服务、交通大数据应用与出行服务等总体处于并跑地位,交通控制系统与交通仿真软件、机场与航道运营服务、空中监视与导航技术等处于跟跑地位。

按照"交通强国"战略要求,在以下几个方面还存在差距。

1. 基础理论创新能力有待进一步提高

如隧道结构设计与建设技术理论与标准体系,更大体量、特殊复杂环境条件下交通基础设施设计、建造和养修技术,混凝土结构劣化与灾变机理,交通基础设施建养一体化技术,更高速度轮轨系统、磁悬浮、真空管道等新型交通运输技术,BIM、大数据、云计算等信息技术在交通基础设施中的应用,交通基础设施中新材料、新技术、新设备、新工艺的研发,综合交通枢纽建设和绿色低碳环保交通基础设施建设理论与方法等方面都是交通领域国际研究热点问题,国内需开展深入研究,以引领交通基础设施建设技术的发展。

2. 部分运输装备制造差距明显

目前,我国在民用飞机、汽车、高技术船舶等重要装备的核心技术受制于人。满足国际市场特色需求和适应跨国互操作的轨道交通技术和装备谱系化程度亟待提高;汽车、飞机和船舶的发动机、电控系统等交通装备的自主创新能力有待提高;复杂场景下的自动驾驶控制等技术还制约着无人驾驶的推广应用;船用设备系统集成、总成配套能力,主要配套设备及关键零部件生产能力,船用设备自主研发能力需要强化;面向未来发展和国际市场新技术、新装备和新系统的研究和试验验证能力建设需要加强。

3. 运营服务与管理技术水平不高

要摆脱国外对交通控制核心技术的垄断,解决适合我国交通特点的新一代智能交通控制的瓶颈问题;综合交通信息服务发展不平衡、不充分的特点突出,还不能充分满足旅客出行和客货运输对综合交通信息的个性化需求;大型枢纽机场、低空空域存在管理手段和能力不足;高速铁路运输效率有待提高;航空应急救援管理技术和应急救援能力缺乏;柔性工程等理论在水上交通风险防控中的应用研究有待开展;尚待突破大型滚装船、客(渡)船、危险品船舶等重点船舶的实时信息获取、态势评估与预测技术等。

第二节 技术创新驱动交通发展的优势条件

一、体制优势

习近平总书记指出,我们最大的优势就是我国社会主义制度能够集中力量办大事。在交通运输领域,我国实行大部制管理,在国家统一要求和战略部署下,统筹推进铁路、公路、水运、民航科技创新规划,紧紧抓住交通科技发展战略制高点,不断深化科技体制改革,加快建立以政府引导、企业为主体、市场为导向、产学研用紧密结合、适应交通运输全面协调可持续发展需要的科技创新体系,行业科技创新能力和支撑交通运输发展的能力持续提升。在充分发挥集中力量办大事体制优势的同时,要注重关键核心技术研发项目的科学决策,避免盲目决策;鼓励原始创新,建立完善鼓励大胆探索、宽容失败的容错机制和创新环境。

我国高速铁路的创新发展,充分体现了中国特色社会主义制度的体制优势。

国家层面,党和国家着眼经济社会发展全局,统筹构建了中国高速铁路发展的宏伟蓝图,对加快高速铁路技术创新和发展高速铁路提出明确要求,并出台了一系列支持铁路建设发展的政策措施,为加快高速铁路技术发展提供了良好的创新环境和强大的制度保障。

行业层面,在高速铁路技术引进过程中,铁路主管部门坚持以我为主的方针,把国内市场需求集中起来,对外形成一个"拳头",牢牢掌握了技术引进的主动权。在技术创新攻关过程中,根据不同领域专业技术特点,确立了原始创新、集成创新、引进消化吸收再创新同时并举且各有侧重的总体思路。在创新组织过程中,突出大科研课题、大团队、大平台、大交流的管理方式,采用建设、运营、产品标准一体化构建,科研、试验一体化部署,固定设施与移动装备一体化安排,路内外政产学研用单位一体化组织方法,形成了专业融合、上下贯通、协调一致的创新模式。

企业层面,大量铁路工程建设、装备制造、运输经营企业以及科研院所、高校等围绕高速铁路技术创新开展了持续大规模投入。围绕中国标准动车组研制,铁路总公司、中国中车等企业开展了一系列研发项目,为相关技术创新投入了大量的资金和人才支持;行业重点企业大力推进实验室建设,为研究形成大量科技创新成果、研制大批先进技术装备搭建了平台;为加快科技创新成果应用,铁路总公司充分利用既有线路和建成尚未开通的新线资源开展试验验证,有力推进了科技成果快速、有效转化。

二、人才优势

交通运输领域深入实施人才发展战略,以高层次人才、高技能实用人才及有关重点领域急需紧缺人才为重点,加强人才培养,优化人才结构,强化创新氛围和激励机制建设,为发展现代交通运输业提供了人才保障和智力支持。依托高等院校和科研院所,大力开展交通基础科学和应用科学研究,形成了一批交通发展急需的高层次创新型人才。依托交通运输重点学科专业、重大建设工程、重点科研项目和重点科研基地,形成了以两院院士为代表在国内外有重大影响的创新型交通科技领军人才。加强交通运输基础设施建设、运营管理和运输服务领域的技能型实用人才培养实训基地和职业教育示范院校建设,打造了交通运输领域高素质技能型人才队伍。加大对基础前沿研究和重大应用研究的支持,促进优秀科技人才和团队持续承担政府、企业科技计划项目。逐步优化科技成果评价办法,突出成果的实用性、创新性、成熟性及对行业发展的实际贡献。弘扬学术道德和科研伦理,在行业营造尊才重才、招才聚才的浓厚氛围,凝聚了一大批优秀人才投身交通运输科技创新事业。以中国交通建设股份有限公司为例,通过遵循企业发展规律和人才成长规律,不断探索人才培养新模式,人才资源潜力得到有效挖掘和利用,实现了人才资源向人才资本的充分转化,目前专业技术人才占比68.3%,管理岗位的专业技术人才占比26.2%,技能操作人才占比21.5%,为行业创新发展奠定了坚实的人才基础。

三、市场优势

我国是交通大国,"五纵五横"综合运输大通道基本贯通,客货运量持续增长,庞大的市场需要大量安全、高效率、高质量产品和技术提供保障,推动了交通技术的不断创新与变革。例如,中国大飞机的发展背后有庞大的市场作为支撑,C919在首次试飞之前就已经获得了23个客户的570架订单,截至2018年2月26日,国内外订单总数高达815架,签单用户达到28家。大量订单为大飞机技术创新提供了强大动力。此外,随着人们出行需求多样化、个性化发展,市场需求不断升级,对前沿技术创新的需求更为迫切,为交通运输领域技术创新带来了更大的拉动力。例如,为解决交通"最后一公里"出行、交通拥堵、空气污染等问题,新的互联网出行方式——共享单车出现并迅速盛行,目前已成为城市交通的重要工具。近年来网络购物模式的兴起,推动了快递业的蓬勃发展,带动了全自动仓储、纯电动物流车、无人机送货、高铁快运等科技成果的创新应用。

四、产业优势

我国拥有门类齐全、独立完整的工业制造体系,是世界制造业第一大国,强大的工业配套能力为交通运输业发展提供了有力支撑,成为行业技术持续创新、成果不断涌现的良好土壤。我国交通运输行业拥有完整的工业链、强大的制造能力和工程施工能力,为铁路、公路、航空等交通运输方式在短时间内实现科技重大突破提供了保障。例如,大飞机被誉为"工业皇冠上的明珠",在我国研制大飞机之前,许多国家开展了实践,但因产业体系存在短板,均遭到了挫败。我国航空工业完整的产业链,包括原材料、结构件、航电系统、机身系统、机身零部件、飞机总装等,为成功研制大飞机 C919 提供了坚强保障。

五、资金优势

我国交通运输行业在研发投入方面,形成了企业投入为主、财政资金支持、金融机构及其他资本参与的良好局面,为技术创新提供了有力的资金支持。近年来企业对科技创新的重视程度不断增加,科研投入实现了稳步增长,科技创新主体作用不断巩固。根据有关统计,2016 年,在铁路、船舶、航空航天和其他运输设备制造业领域,规模以上工业企业研究与试验发展(R&D)经费为 459.6 亿元,投入强度为 2.38% 。为推进交通运输体系建设发展,国家长期以来给予大量科研资金支持,不仅直接推动交通运输业科技研发,还带动了地方和企业的资金和资源投入到科技创新活动中,政策引导作用明显。例如,为推动新能源汽车产业发展,从 2012 年起,中央财政从节能减排专项资金中安排部分资金予以支持,截至 2015 年底,中央财政已经累计发放补贴资金 334.35 亿元,带动大量社会资本投入该领域。此外,目前我国主流商业银行均成立了科技支行,科技小额贷款公司也实现了快速发展,金融机构为交通运输行业开展科技创新活动提供了更多资金来源渠道,成为科技创新资金投入的有力补充。

第三章
创新驱动交通发展战略目标和重点任务

第一节 总体思路

　　以习近平新时代中国特色社会主义思想为指导,深入贯彻党的十九大精神,牢固树立创新、协调、绿色、开放、共享的发展理念,全面落实国家创新驱动发展战略。以创新能力建设为基础,以交通强国目标为引领,以满足构建我国安全、便捷、高效、绿色、经济的现代综合交通运输体系和国家总体安全重大需求为核心,以一体化、协同化创新为主要手段,统筹重大科技研发,增强基础研发能力,提升建造技术和关键装备技术水平,强化运营服务技术研究,突破一批服务国家重大战略和经济社会发展的核心技术瓶颈,着力解决目前基础研发能力不强、关键装备技术水平不高的问题,加快新技术成果推广应用。进一步建立健全行业科技创新体系,加快科技创新国际化进程,强化资金、人才等科技创新资源保障,增强科技对交通发展的支撑能力,不断提升我国交通科技水平,推动交通运输质量变革、效率变革、动力变革,建设现代化交通运输体系。强化人工智能、新材料和新能源等赋能/赋性技术与交通运输需求的深度融合,大力发展高效能、高安全、综合化、智能化的系统技术与装备,形成满足我国需求、总体上国际先进的现代交通运输核心技术体系。培育壮大新能源载运工具、现代轨道交通、现代航空运输、智能水运装备等产业,提升我国交通运输业和装备制造业的核心技术全球竞争力和产业可持续发展能力。为我国由交通大国向交通强国、从适应发展到引领发展的整体跃升提供有力支撑。为建设社会主义现代化强国当好先行,实现对世界交通强国的赶超。

第二节 战略目标

一、第一阶段（到 2030 年）

交通科技水平与创新能力显著提高，主要核心技术实现自主可控。交通土建技术、轨道交通技术领先世界；新能源汽车实现"换道超车"；智能交通整体进入世界先进行列、重点领域世界领先；高技术船舶、大型民用飞机技术攻关及其产业化取得重大进展；交通服务水平大幅度提升，实现基本公共服务均等、客运服务便捷高效、安全可靠。

实现建筑信息模型（Building Information Modeling，简称 BIM）自主开发应用，桥梁、隧道、远海工程建造技术迈上一个新台阶，建筑结构寿命期延长，形成交通基础设施提质改造成套技术，既有交通基础设施寿命延长 20% 以上，施工技术装备实现大型化、智能化、便捷化，交通基础设施建设的创新能力和水平进入世界前列。

交通运输装备实现自主化，轮轨系高铁列车时速达到 400km，低真空管（隧）道高速磁悬浮铁路时速达到 600km 级。新能源汽车产销占比达到 40%，高度/完全自动驾驶汽车市场占有率达到 10%，乘用车平均燃料消耗量降至 3.2L/100km，高技术船舶国际市场份额达 60%，民用飞机形成支线飞机、单通道干线飞机、双通道干线飞机三大系列产品，主要航空营运装备国产化率达 80% 以上。

综合交通运输实现较高程度的网络化、智能化和协同化，多式联运技术装备达到国际先进水平；客货运输信息化、智能化、服务水平显著提高；高速铁路运输效率比现阶段提高 25%。

二、第二阶段（到 2045 年）

交通科技创新能力进一步提升，基础理论和设计理论研究取得重大突破，部分成果世界领先，科技论文、发明专利数量世界领先。建造渤海湾跨海通道、琼州海峡跨海通道等一批世界级超级工程，施工装备、建筑材料和施工技术世界领先。完成以大中型客机、重型直升机为代表的一大批先进航空产品研制，并交付市场，智能网联汽车取得重大进展，实现船舶的智能化、绿色化建造，运输装备制造水平世界先进、部分领先。综合交通工程科技取得重大进展，多种运输方式协同组织与运行优化趋于完善，形成一体化综合交通服务体系，交通运输与经济建设、社会生活深度融合，各种交通运输方式提供高品质、差异化的交通服务。交通科技与创新能力进入世界前列。部分关键技术引领世界发展，为交通强国和国家第二个百年目标的实现提供强有力的支撑。

第三节　创新能力建设

一、完善创新体制机制

1.构建开放协同的创新体系

打通交通科技与经济的通道,强化部门、行业、国内外创新能力协同的制度性安排,以技术、资本、人才等要素为纽带,以资源开放共享为手段,加强各类创新主体间协同与合作,充分发挥企业技术创新主体作用,促进产学研用紧密结合,完善政产学研金服用协同创新机制,推进科教融合发展,深化军民融合创新,构建多主体协同互动的高效创新体系。

2.建立一体化创新机制

深化交通管理体制改革,加强顶层设计,通过政策引导,充分发挥重点科研平台、产学研联合创新平台作用,加大交通共性技术一体化、系统性、协同化研究开发力度,全面提升综合运输效率和服务水平。

3.建立基础研究方面的政策引导机制

高度重视基础理论、设计方法研究,加强基础研究资金保障,完善基础研究投入机制,充分发挥国家对基础研究投入的主体作用,加大中央财政对基础研究的支持力度,加大对基础学科、基础研究基地和基础科学重大设施的稳定支持。进一步明确高校、科研机构及企业在基础研究方面的使命定位,保证运行模式和治理结构与其使命定位相适应,充分调动科学家、科研院所、高校、企业等方面的积极性和创造性。针对基础性研究特点,改革基础性研究分配、奖励制度,构建多元化、个性化的激励体系,保障基础性研究人员利益。建立符合基础研究特点和规律的评价机制,建立鼓励创新、宽容失败的容错机制,营造宽松科研环境,鼓励科研人员大胆探索、挑战未知,使科研人员潜心、持续从事基础研究。

4.强化科技创新成果转化

探索建立政府推动、市场引导、企业化运作的科技成果转移新模式、新机制,促进创新成果与生产实践对接。健全不同层次交通科技成果转化平台,建设科技推广示范基地,加快科技成果示范推广,增强科技支撑保障能力。

5.积极探索知识产权保护新机制

建立权界清晰、分工合理、责权一致、运转高效的知识产权综合管理体制,打通知识产权创造、运用、保护、管理、服务全链条,实现各类知识产权的综合效益。重点突出对新技术、新业态知识产权保护,营造激励创新的良好氛围。充分发挥多元主体作用,尊重各国国情,构建层次清晰、结构完整的知识产权国际保护良好秩序,更好地服务于"一带一路"建设。

6. 鼓励国产技术与装备应用

加强对国产技术和装备应用的政策和资金支持,建立交通领域重大技术与装备推广指导目录,打造应用示范工程,促进已经具备国产化能力的设备在工程项目中充分应用,保护和激发国内装备企业自主创新的积极性。

二、强化科技创新人才队伍建设

1. 加强科技创新人才培养

瞄准世界科技前沿和战略性新兴产业,高度重视培养高层次人才,注重两院院士、勘察设计大师后备人才的培养,造就一批治学作风严谨、学术造诣深厚、引领作用突出的领军人才。特别是在我国相对薄弱的基础理论研究领域,要重点培养具有超前思维、善于探索和发现科学问题的高端人才。

建立适合青年科技人才成长的用人制度,培育一批具备国际视野、了解国际科学前沿和国际规则的中青年科研与管理人才。

加强国际化人才培养,适应"一带一路"建设和提升交通服务世界的能力。向有关国际组织输送更多的专家,增强影响力和话语权。围绕国家重大需求,面向全球引进首席科学家等高层次创新人才,支持引进海外人才深度参与交通领域科研项目和重大工程。

2. 完善科技人才评价和激励机制

完善奖励机制,形成以政府奖励为导向、用人单位奖励为主体、社会力量奖励为补充的人才奖励体系。完善分类考核制度,对基础研究人才以同行学术评价为主,应用研究和技术开发人才突出市场和社会评价。突出能力和业绩导向,有效落实对创新人才实行股权、期权、分红等激励措施。加强科研职业道德建设,深入开展诚信教育,建立科研人员诚信体系和惩戒制度,遏制科学研究中的浮躁风气和不良学术风气。

三、建设高水平科技创新平台

围绕交通强国目标和战略需求,整合行业现有各类创新平台资源,完善交通科技创新平台体系,建设一批世界一流的综合性交通科技创新中心,集聚和培养一流人才,推动交通行业重大科技问题研究,形成一批引领性原创成果。建立目标导向、绩效管理、协同攻关、开放共享的科技创新平台运行机制,建立健全科技资源开放共享机制,开展重大科研基础设施、大型科研仪器现状调查和开放能力评估,建立资源清单和开放共享平台;分类制定开放共享目标,建设交通行业科技基础数据库,建立信息共享机制,大幅提升科技资源利用效率。

第四节　科技创新重点任务

一、国外技术发展预测

国外交通基础设施建设和装备技术向标准化、信息化、绿色化、智能化等方向发展。

桥梁工程技术方面,高强、耐久、智能、绿色材料在桥梁建设中将得到广泛应用;桥梁智能管养新体系全面建成。隧道工程技术方面,装配施工技术、新型隧道施工技术、新型耐久性混凝土材料将得到进一步应用,桥梁、隧道设计使用年限达到 200 年。土工结构工程技术方面,将越来越向资源节约型、环境友好型发展;高速公路实现智能化监测检测与养护维修。港航与海岸工程技术方面,港口建设不断向外海、深水化发展,建筑物结构大型化及形式多元化的趋势日益显著。疏浚与造陆技术方面,逐步实现沿海疏浚工程装备大型化、内陆河湖疏浚小型精细化、疏浚产业与相关产业协同化、环保疏浚多元化,疏浚领域完全进入人工智能时代。路面、道床和跑道工程技术方面,路面跑道的建造、养护、营运全面实现智能化;有砟轨道道砟的回收利用得到实现,人造道砟在工程中得到应用;无砟轨道耐久性方面取得突破。

铁路装备领域,国外铁路积极研发更高速度等级、更大载重范围的客货运输装备,预计轮轨高速动车组时速不超过 400km,低真空管(隧)道高速磁悬浮铁路时速达到 600km级,重载货运列车轴重不超过 40t。

航空装备领域,美国、欧盟都将进一步节能减排作为未来航空领域发展的重要目标,美国还提出到 2030 年,小型超音速公务机有望投入商业服务。2045 年,新一代超声速干线民用飞机将投入洲际商业运营。俄罗斯重点关注航空工业的发展,提出到 2025 年,建立具有高竞争力的航空工业,保证航空产品生产规模排名全球第三。

海运装备领域,日本提出要通过发展燃气轮机、燃料电池混合动力型电力推进、新能源电力推进等技术实现 CO_2 排放量减少 80% 的目标;德国提出要研发一套客渡轮集成航海控制系统和集成自动化系统。

汽车装备领域,2030 年,借助各种互联通信技术将实现和物联网的全时互联。按国际预测,2035年完全自动驾驶汽车将进入商用化阶段,全球自动驾驶汽车将达5400万辆,智能交通体系将全面实现,智慧出行成为社会、经济、生活实现高效、绿色、和谐发展的关键依附点。新能源汽车将逐渐进入全面普及期,动力电池能量密度将明显提升。国外交通运输技术发展指标预测见表5-1。

国外交通运输技术发展指标预测   表5-1

类　　别	相　关　指　标
桥梁工程技术	跨度达到3000m,设计使用年限200年,建造效率提高30%
隧道工程技术	公路隧道单隧长度达到40km,铁路隧道单隧长度达到80km,设计使用年限200年
土工结构工程技术	高速公路设计速度达到160km/h,路基使用寿命突破70年,实现智能化施工、监测检测与养护维修
港航与海岸工程技术	海上建筑物适水深度超过80m,海上大型预制构件尺度达到200m级,离岸施工不再受距离限制
疏浚与造陆技术	疏浚设备、疏浚完全实现人工智能、绿色环保
路面、道床和跑道工程技术	路面跑道的建造、养护、营运全面实现智能化;有砟轨道道砟实现回收利用,人造道砟在工程中得到应用;无砟轨道耐久性从60年延长至100年
高速铁路	轮轨高速动车组时速不超过400km,低真空管(隧)道高速磁悬浮铁路时速达到600km级,重载货运列车轴重不超过40t
飞机	飞机进一步节能、减排、降噪;2030年,小型超音速公务机有望投入商业服务;2045年,新一代超声速干线民用飞机将投入洲际商业运营
船舶	减少80% CO_2 排放量,研发航海控制系统和集成自动化系统
汽车	2035年新能源汽车普及,完全自动驾驶汽车进入商用化阶段,全球自动驾驶汽车达5400万辆;实现智能制造

二、交通基础设施建设技术研究

1.基础理论与设计方法研究

1)基础力学理论

重点攻克容许应力法到极限状态法的转变问题,推进桥梁设计理论发展。重点推进大型三维离散元、多体动力学等先进软件对铁路碎石道床的仿真分析。开展基于卫星等观测数据的水文气象模拟、长周期波浪形成机理及其与结构物相互作用、复杂条件下泥沙运动模拟、船闸输水系统三维水流模拟等技术研究工作,推进港航工程向数字化转型。

2)交通环境振动与噪声控制理论

重点研究交通环境振动的传播机理,完善移动荷载作用下土体振动分析模型,根据建筑结构安全、精密仪器使用和人体舒适性要求制定合理的交通环境振动影响评价体系,研究噪声传递有限元分析方法,研究振动源降振、传播途径隔振和受环境振动影响的建筑物隔振技术。重点掌握轮轨噪声、气动噪声、弓网噪声的发生机理和传播规律，制定噪声影响评价标准和噪声控制标准，开发新型降噪材料，研究声屏障、吸音板等降噪结构的受力性能和降噪性能。重点关注磁悬浮交通和管道交通等新型交通形式的环境振动和噪声的前瞻性研究。

3）结构设计理论与方法

构建工程结构全寿命周期设计的基础目标和深化目标体系。开展工程结构全寿命周期性能设计方法研究，包括安全性、实用性、耐久性及其他相关的特殊性能等；工程结构全寿命周期成本分析研究，包括建设成本、社会成本和用户成本；工程结构使用寿命研究，包括设计使用寿命、技术性使用寿命、功能性使用寿命和经济性使用寿命。基于可靠性的结构优化设计理论与方法，主要包括结构系统可靠性理论与分析研究、结构系统优化设计理论与方法研究、基于遗传算法等进化算法的可靠性结构优化设计方法研究、基于可靠性的结构拓扑优化研究、基于可靠性的结构布局优化研究。基于性能的设计理论与方法，主要包括抗震设防标准的确定、合理性能水平的划分、性能目标的合理选取准则研究、基于结构性能抗震的设计方法研究。

4）绿色交通基础设施设计理论和方法

建立绿色交通基础设施的评价指标体系，提出超长使用年限结构耐久性设计理论与方法，形成生态环境恢复与生态航道设计理论，开展建筑废料在交通工程中再利用研究，形成资源节约、环境友好交通基础设施建设成套技术。

5）综合交通系统供需平衡与运输协同理论

揭示多模式交通网络化环境下的交通需求与供应的形成机理，移动互联环境下的交通供需状态与结构演变规律，建立主动调控的交通资源配置系统耦合模型，进行随机环境和灾变条件下复杂耦合交通大系统的动态特性分析，提出多模式竞合网络资源配置与协同理论方法，建立多式联运敏捷供应链建模及敏捷性测量基础理论等。

6）真空管道高速飞行列车基础建设理论

重点突破复合多物理场耦合作用、系统安全及可靠性控制、结构振动与控制等理论，并攻克高可靠/低成本/超大型真空系统研制、高精度真空环境控制、线路基础设施平纵断面连接与大跨结构变形控制、高精度轨道及线路桥梁设计及建造、轨道瞬时大面积高热量密度散热、基础设施系统养护维修等关键技术，支撑形成真空管道高速飞行列车基础设施设计、建造、运营、养护成套技术。

2. 建造技术研究

1）勘察设计

研发新型智能化、数字化勘察设备及试验仪器，大力发展地球物理探测技术、地勘技术与计算机技术的深度融合与创新,实现数据采集信息化、硬件系统网络化、勘测资料处理信息化、图文处理自动化的目标,工程勘察逐步实现智能化。

研发智能分析软件,围绕总体设计、局部设计、与 BIM 一体化技术、人工智能四方面,短期内实现升级完善现有功能,中期实现高度自动化功能,最终在融合现代信息技术和人工智能技术后,实现有效的智慧决策与智能设计。搭建建养全过程信息化平台(BIM 平台),完善我国 BIM 标准体系,实现自动化、参数化 BIM 建模,建立国家重大交通工程的数字化模型库,并开发出自主知识产权的 BIM 技术平台、数据库及核心 BIM 软件,最终实现一个模型贯穿应用于设计分析、制造、施工、管养到拆除的全生命期。

开展高效、便捷综合交通枢纽建设技术研究,攻克枢纽客货流预测及仿真模拟技术,研究综合交通枢纽选址关键技术,分析设施布局模式和流线组织,形成客运"零距离换乘"、货运"无缝化衔接"的综合交通枢纽建设成套技术。

2)材料

面对未来的建养任务,土木工程材料技术需针对以下重点方向开展研究工作:

(1)高性能混凝土材料。开展高性能混凝土配比、施工工艺及工厂化预制工艺的研发,全面提高混凝土材料的强度、韧性、耐久性、和易性及混凝土构件的工厂化预制水平。针对外海环境、高盐碱环境、高寒环境开展研究工作,提高混凝土在各类恶劣服役环境下的强度及耐久性,提高混凝土在全生命期内的服役性能,保证未来重大工程 200 年使用寿命。优化超高性能混凝土(UHPC)混凝土生产流程,降低工程应用成本,实现其在土木工程结构构件中的大范围应用。配合海绵城市建设,发展适用于城市交通路面的高透水性混凝土材料,在保证路面服役性能的情况下实现高渗水率。

(2)高性能钢材及缆索。开展高强度、高韧性、高耐候性、易焊接性高的钢材研发工作,全面提升土木工程用钢材的性能,保证外海环境、高盐碱环境、高寒环境中钢材的耐久性及韧性,同时提高钢材防腐工艺,降低钢结构全生命期建设成本。增大高性能钢板厚度,实现 Q1000 高性能钢材的国产化。为配合土木工程结构的装配化设计施工,实现高性能型钢的轧制;为配合三千米级悬索桥及斜拉桥的建设,需开展 2500MPa 级钢丝及钢绞线的研发工作并实现国产化。

(3)复合材料及智能材料。开展纤维增强复合材料(Fiber Reinforced Polymer,简称FRP)等在桥梁修复、加固等方面的应用工作,同时研究其在缆索结构中的适用性。针对智能材料,开展记忆合金、压电材料、光导纤维、智能自修复混凝土等新型智能材料在桥梁监测检测和加固改造等工程中的研究和应用工作。配合新能源汽车、无人驾驶技术在未来的推广应用,开展无线充电道路、太阳能道路的研究工作。针对沉管隧道、悬浮隧道等特殊水中结构,研发出适用于 200 年耐久性结构的配套密封条、防水涂层等各类防水材料。

3）施工技术及装备

随着国内外未来重大交通基础设施建设越来越向外海和复杂高海拔山区拓展，建设条件将更加复杂，规模尺度与自然灾害条件将颠覆以往工程范畴，如琼州海峡、渤海海峡、台湾海峡、直布罗陀海峡、白令海峡等国内外超级跨海工程，西部高寒高海拔地区的重大工程、沙漠交通基础设施、远海岛礁工程等，很多超级工程面临着全人类前所未有的重大和颠覆性的技术挑战。施工设备和工艺将以重大工程需求为导向，以智能化、一体化、装配化、精细化等"四化"为目标进行研发。

（1）桥隧施工方面。重点突破承载公路、铁路、高压管线等综合功能的长大桥梁的装配式智能制造技术及高效施工工艺，基于BIM、互联网和物联网的三维施工全过程无应力几何控制方法及软件。进一步完善运营时速400km高速铁路和轴重40t重载铁路施工技术。逐步掌握时速600km级的低真空管（隧）道高速磁悬浮铁路系统成套施工及运营技术。重点突破基于人工智能技术的大型施工架设装备；大力提升大型吊装设备、自动化安装设备、精密测控设备、结构安全动态监测设备、大直径钻机、水下机器人、桥梁3D打印等关键技术水平；实现300m以上钢箱梁整跨吊装、3000m跨度以上悬索桥高效施工、装配式混凝土桥梁施工效率在现有基础上提升50%。

（2）隧道施工方面。攻克岩溶突水、不良气体突出、高地应力岩爆、软岩大变形、活动断裂带等不良地质及穿越沉降控制要求严格的复杂建筑群等隧道建设关键技术，以及深埋交通隧道、大体积地下工程建造技术。对于超高水压、超长跨海通道建设，发展完善复杂环境下超大直径盾构法水下隧道施工控制技术，研发出长度超过100km跨海隧道的施工技术。研发各种工法隧道施工装备机器人，实现隧道施工的自动化远程控制。研发隧道建造一体机，实现适用于各种地质条件的隧道建造超前预测、掘进、支护一体化。

（3）土工结构方面。针对特殊性的岩土工程问题，重点解决海域滩涂地区公路建设技术和强（过）盐渍土地区高等级公路建设技术。海域滩涂地区公路建设技术，包括深厚超软土地基处理技术、路基施工及监测技术、公路建设对海域滩涂地区生态环境影响及预防对策等。强（过）盐渍土地区高等级公路建设技术，包括盐渍土勘察、试验与评定技术，盐渍土地基加固处理技术，毛细势、降雨、大温差场等多场耦合作用下路基稳定性技术，干旱条件下路基施工压实技术等。研发大功率、环保型海域滩涂公路路基压实和地基加固施工装备，盐渍土地基加固处理设备，强（过）盐渍土地区干旱条件下路基施工压实设备等。

（4）机场跑道方面。重点研发无人机检测设备，推行无人机道面检测技术。通过整合BIM 4D、BIM 5D技术、装配式道面技术、工厂智能化工艺、无人驾驶和机器人技术，利用物联网连接，通过中央处理器实现机场跑道建设全自动化。

（5）疏浚方面。结合无人艇、无人机的发展，研发无人测绘设备，掌握无人测绘航向制定、无人测绘精度分析和修正技术,掌握超声、声呐、磁力探测和钻孔相结合的物探技术。建立基于全生命期 BIM 技术的疏浚系统,拥有智能化疏浚设备,掌握智能化疏浚技术,使疏浚领域进入人工智能时代。重点突破超大型疏浚装备的自主研发和制造,包括超大型泥泵系统研制、超大型系列化绞刀及吸入系统研制(适用于超大型绞吸船 10000kW 挖掘功率的岩石、硬土等系列绞刀)、超大型系列化耙头研制、超大型船体及动力配置、超大型船舶定位系统(同等波浪周期下风浪适应能力提高 0.5m)。

(6)吹填造陆方面。开展无排放和精细化吹填造陆技术研究,通过研究泄水通道、新型泄水口设计、泄水快速处理等,达到低成本无排放吹填造陆。进行吹填期间的精细化控制和工艺优化研究,提升吹填区域的土质均匀度,减少后期地基处理的难度。进行淤泥固化剂研究,掌握疏浚淤泥土源指标确定、固化剂配方设计、固化土的制备工艺、固化后指标预测等一系列技术,形成淤泥固化整套操作工艺。研发淤泥脱水处置、固化剂定量投入与搅拌、固化淤泥输送、固化淤泥浇筑一体吹填造陆的固化装备。

(7)港航和海岸工程方面。重点突破装配式码头结构建设技术、全钢结构码头建设技术、海上大型结构物施工技术、浮式结构锚系技术及动力定位技术、远海岛礁建港技术、深水地基处理技术、海岸防护结构损毁应急修复技术、老码头加固与升级改造成套技术、智能化码头建设技术;建立基于大数据分析的港口工程智能建造技术;研发深水航道减淤、智慧航道建设技术;研发高水头通航建筑物建设(200m 级升船机,100m 级单级船闸)技术、大型运河绿色节水建设技术、航道减淤技术、智慧航道建设技术。研发海上大型结构物施工装备、深水地基处理装备、适应外海长周期波施工装备、深水取砂装备等大型施工装备,形成适应 80m 水深结构和地基处理成套技术。

4)监测养护

建立基于大数据和 BIM 技术、PHM 技术的建养一体化技术,建养一体化平台,以信息化、智能化实现建养一体化引领交通基础设施养护维修技术发展,实现精细化、动态化管理。通过数字化养护,充分挖掘和利用信息数据,建立全生命期的数字化、信息化档案,在此基础上进行应用、评价、决策,从而实现"全生命期内的监管养护"目标。

以信息化、智能化及大数据技术为基础,建立国家及区域级交通基础设施养护管理平台,为提升我国养护管理能力和水平、保障平安交通提供技术支撑。围绕巨大的交通基础设施养护和安全保障需求,开展监测检测、评估预警、延寿保障、维修加固新材料、智能维护加固与更换、安全保障、应急处置与救援等技术及装备研究,重点突破结构评估诊断与长期性能演化分析理论、方法以及智能监测检测、结构评估诊断与智能预警、智能延寿与安全保障等技术及装备,构建监测检测、评估预警、维护加固、安全保障一体化智能管养新体系。构建交通基础设施状态维修评价体系和指标,建立状态参数监测、状态评估和维护决策系统,形成系统的交通基础设施状态维修方法和标准。

5）提质改造升级

我国交通基础设施发展重点将逐步从新建转向既有线路、设施改造升级和运用维护，应从安全、寿命、效能、成本、智能等方面，系统开展交通基础设施服役性能优化和提升技术研究。

围绕提升综合交通运输效能，重点研究铁路、公路、航空、水运等交通基础设施及运行系统提质改造工程建设方案、模式及关键技术，研究综合性枢纽基础设施优化与改造技术，提高载运工具运营速度和基础设施载重水平，提升线路和设施等级，显著改善交通基础设施、载运工具、运行系统服务能力，显著延长使用寿命。

开展新型智能材料在路基（路面）、桥梁、隧道、轨道、码头改造升级等工程中的应用技术研究。加强交通基础设施智能化升级改造技术研究，提升传统基础设施智能化水平。

6）重大工程示范

在上述基础理论、勘察设计、建筑材料、施工技术与装备、监测养护等相关关键技术研发基础上，结合相关交通发展规划，选取典型的跨海通道、内河航运综合开发等工程项目进行工程应用示范。

三、交通运输装备技术研究

1. 基础理论与方法研究

1）人车路耦合机理与车路协同控制理论与方法

研究人车路冲突的客观危险程度和主观危险感量化方法，构建驾驶人主观危险感与工作负荷的关系模型；研究不同车路协同水平对驾驶人的感知、决策、操作能力的影响，揭示人车路耦合机理；研究协同环境下的多源信息融合技术，构建车路协同控制的决策模型；建立基于驾驶行为与驾驶心理的安全预警模型；研究大规模异构车辆网络分层分布式组网及动态自组网技术保障方法；研究车路协同环境下车辆群体的优化控制理论与方法。

2）空天地一体化网络构建与高可靠综合交通信息交互方法

构建高动态、多层次、大时空跨度、低延迟的空天地一体化网络；探究空天地一体化交通信息感知和交互技术，建立异构网络环境下交通信息交互模型，搭建空天地一体化信息集成平台；揭示空天地一体化网络融合条件下跨域数据传输特征，研究抗干扰、防篡改、数据加密的信息交互机制，建立高可靠的综合交通信息交互方法。

3）智能网联汽车信息安全防护理论与方法

揭示智能网联汽车信息安全机理，明确智能网联汽车信息安全边界；研究智能网联汽车信息安全与功能安全映射关系，建立智能网联汽车信息安全模型；建立面向全生命周期的智能网联汽车信息安全防护理论;研究车载信息系统可信计算与互联问题,建立面向车辆"感知—决策—控制"的多域信息防护机制;开展智能网联汽车信息安全测试与示范并形成标准。

4)网联条件下的新一代交通信号优化理论与方法

揭示网联条件下交通信息数据类型与特点,设计城市级的交通信号联动方案;研究交通冲突关系,构建多元的信息数据融合模型,研究网联下的交通信号最优决策理论;搭建大数据融合的交通信号平台;研究城市级的实时交通信号灯控制策略;采用多模信息服务技术,重点加强公共交通信息服务、运营监管和应急保障等关键技术的研发及应用,包括公交线路优化及信号优先保障技术。

2.轨道运输装备技术研究

我国轨道交通装备发展要充分依托数字化、信息化技术平台,广泛应用新材料、新能源、新技术和新工艺,研制更安全、更高速、更智能、更环保的轨道交通装备,加强无缝对接、多式联运服务及相关技术研究,强化综合实验基地建设,建立健全世界领先的轨道运输装备技术体系。主要任务包括以下产品及技术研究。

1)研制中国标准系列化产品

研制时速400km轮轨系动车组、时速200km级中低速和时速600km级低真空管(隧)道高速磁悬浮铁路、开展磁悬浮技术与低真空管(隧)道技术相结合的高速铁路技术研究;研制安全性能高、用户体验好且具有自检测、自诊断、自决策能力的智能动车组,研发高速列车自动驾驶系统(ATO),形成安全可靠、先进成熟、节能环保的智能绿色谱系化产品;研制具备跨国和跨标准互联互通能力的高可靠性、高安全性、高环境友好性的轨道交通车辆,为跨国互联互通提供关键技术及装备。

2)轨道交通系统全局效能评估及综合效能提升关键技术

针对轨道交通牵引传动系统能耗、轻量化、车载储能系统可靠性等问题,开展基于"互联网＋"、新型拓扑变换、新能源、新材料和新结构等技术的牵引变流、永磁直驱牵引传动系统研究;系统掌握轨道交通动力系统的高效能量管理及安全保障技术;开展列车运行径路及股道运用方案优化技术研究,缩短高铁列车追踪间隔,实现追踪间隔3min连发列车不少于4列,每小时发车16列,高峰时段运输效率提高25%。

3)轨道交通系统全息感知与泛在融合智能化技术

基于"互联网＋"的系统设计、智能制造、云端融合交互等技术,开展轨道交通系统融合网络、大数据驱动、类人智能、云计算、超大容量实时高可靠移动通信等一体化应用技术研究,深化高速铁路由计划修变为状态修的技术研究,降低维修成本,增大线路运输能力,全面提升轨道交通装备制造及运维智能化水平。

4）轮轨高速列车提速降噪技术

研制空气阻力更小、节能效果更好的新型动车组;研究新型轨下基础,使用泡沫铝和聚合物等新型材料,降低振动噪声;研究整体或高强吸音材料声屏障技术。

5）新型高速铁路列车运行控制技术

攻克以考虑前行列车位置与速度的移动闭塞、地面集中控制的定制化和精细化运行控制、高速列车智能驾驶、基于北斗的高安全高精度列车定位、高可信实时宽带无线通信为代表的空天地一体化高速铁路列车运行控制技术,创新新型高速铁路列控系统。

6）高速铁路核心零部件技术

研究轨道交通用宽带半导体晶体制备、关键芯片设计制造、器件及模组封装及工艺技术;研究高功率密度、高可靠、低损耗 IGBT 芯片与模块技术。

7）轨道运输服务技术

研究形成以轨道交通为骨干的无缝多式联程联运的铁路货运服务、不同模式轨道交通系统与其他交通方式之间设施与服务互联、轨道交通系统能源效率提升等技术、标准和装备体系。

3. 道路运输装备技术研究

我国已经连续 9 年成为世界最大的汽车市场,汽车产业链长、产值高、就业率拉动性大,是国民经济重要的支柱产业之一。全球气候变暖和日益严重的环境污染,对汽车工业节能减排提出了日益严苛的要求。大力发展节能与新能源汽车技术,突破清洁能源、混合动力、插电式混合动力、纯电动以及电子控制、自动驾驶、智能车辆等关键技术,是我国由汽车大国走向汽车强国的必由之路。另外,节能与新能源汽车技术对于提升陆军装备技术水平和战斗力,保证国防安全也具有非常重要的意义,汽车产业成为引领制造业技术全面变革的关键产业之一。主要任务包括以下技术研究。

1）纯电动汽车核心技术

优化纯电动汽车技术平台,重点升级整车安全技术和能效优化技术,形成具有国际竞争力的整车集成技术水平。提高自主电动一体化底盘技术开发能力,掌握悬架系统及制动系统优化、整车操纵稳定性、电池组安全防护技术等。突破新一代分布式驱动技术,掌握四轮转矩分配控制的协调与匹配等关键技术。开发新型核心零部件与子系统技术。

2）插电式混合动力汽车核心技术

升级插电式混合动力汽车产品技术平台。优化主流插电式车型混合动力性能,开发高性价比的乘用车/商用车插电式混合动力总成。大幅降低电量维持阶段混合动力系统燃料消耗,建立插电式混合动力整车性价比优势和国际市场技术竞争力。

3）智能汽车与智慧移动系统

重点是发展具备高度信息化、智能化功能的汽车装备,以轨道交通、智能汽车为核心载体建成与未来城市环境兼容的智慧移动系统,打造高效、舒适、智能、安全、公平的"零伤亡""零拥堵"和谐交通社会。重点突破具备高度/完全自动驾驶功能的智能汽车技术,实现有条件自动驾驶汽车(CA)技术规模产业化,智能网联汽车技术发展跟上世界潮流。

4）基于网络的汽车设计、制造、服务一体化技术

基于汽车产品生命周期管理系统和工业的自动化软件技术,实现虚拟和现实的相互融合、无缝互联的汽车数字化、智能化制造,打通汽车全产业链条而形成相互增益的有机整体,推动汽车制造业从大规模生产到个性化、定制化柔性生产的转型升级。

5）动力电池与电池管理技术

建立全球领先的动力电池技术链和产业链,重点突破高比能金属锂二次电池技术、高比能量锂离子电池技术、高功率长寿命锂离子电池技术、动力电池系统集成及管理技术、动力电池系统安全性技术、动力电池工艺和装备技术等。高安全性锂离子动力电池单体比能量达到 $350W \cdot h/kg$。

6）电驱动与电力电子技术

全方位大幅度提升电驱动系统的技术水平,掌握高效轻量化电机关键技术、控制器功率密度倍增技术,形成国际市场竞争力。抓住新一代电力电子技术变革机遇,突破以宽禁带半导体为基础的电驱动控制器技术,实现规模产业化。构建电驱动技术创新体系,补齐试验平台、高端试验设备、专用器具、生产装备和系统集成等技术短板,大幅提升高端系统软硬件通用开发能力和非标设备自主创新水平。

7）汽车超低 CO_2 与超低污染排放技术

核心是大力发展超低碳与超低污染汽车装备,加快推进车用清洁能源的普及和绿色汽车制造的升级,促进各种关键汽车节能技术的进步和应用,实现我国汽车产品制造与使用等全生命周期的超低 CO_2 与超低污染物排放。以混合动力技术为重点,全面提升传统燃油汽车节能技术水平,乘用车新车平均油耗不高于 $3.2L/100km$。

4.航空运输装备技术研究

航空运输业的迅猛发展势必对空中交通运营管理的理念革新和基础技术进步提出越来越高的要求。新一代空中交通管理系统越来越重视交通的安全性、便捷性、舒适性以及环保性能,整体呈现出精细化、协同化、灵活化的趋势。发展空管系统技术不但是保障航空运输发展的要求,也是保障公共安全和国防安全的要求。

围绕民用飞机"经济、安全、高效、环保"的发展方向,加快新产品研发和新技术创新,不断提高自主创新能力,突破重型直升机、大型民用飞机等核心技术,提高关键装备的自

主及标准化水平,形成支线飞机、单通道干线飞机、双通道干线飞机三大系列产品,空管系统装备自主化率80%以上,使我国从航空大国走向航空强国。主要任务包括以下技术研究:

1)无人机物流关键技术

针对即将爆发增长的快递物流无人机设计需求,研究安全、高效、节能的电驱动垂直/短距起降(V/STOL)无人机平台,面向物流应用的无人机模块化、轻量化结构设计与制造技术,无人机与物流、仓储平台的自动交汇技术,无人机智能飞行控制与管理决策技术,高可靠机载控制器、地面站、远距离数据图像实时链路集成技术,无人机运输网络优化配置策略,多机、多任务组织调度策略。结合无人机安全管控技术,开展无人机物流关键技术应用验证。

2)新一代民用飞机技术

完成C919、C929、重型直升机、大型水陆两栖飞机等航空新产品的工程研制,实现国产客机、直升机和通用飞机的系列化发展;并开展超声速运输机、高速直升机、喷气式公务机、超长航时太阳能无人机技术研究,为启动新一代民用飞机的研制奠定基础。

3)航空发动机自主创新技术

完成大型客机发动机、重型直升机发动机和先进涡桨支线客机发动机研制,突破超声速客机发动机、分布式电推进、高效太阳能动力系统等新一代航空发动机关键技术,满足未来飞机超声速巡航、极低耗油率、超长航时、超大容量运输系统对各类型航空发动机的需要;建成高水平的航空发动机基础研究、技术开发与产品研制体系。

4)机载系统的综合化、智能化技术

掌握综合模块化航电系统(IMA)技术、自主控制、多电系统、能量优化、冷原子导航、微机电系统(MEMS)等机载系统前沿技术,开展人工智能、大数据、纳米技术、量子技术、仿生技术在航空中的应用研究,增强机载系统技术的自主创新能力。

5.水路运输装备技术研究

未来,绿色和智能将成为船舶的两大特征。通过绿色船舶技术将使船舶实现节省资源和能源消耗,减小或消除环境污染;通过智能船舶技术将实现船舶自动感知和获得船舶自身、海洋环境、物流、港口等方面的信息和数据,并在船舶航行、管理、维护等方面实现智能化运行。随着国际航运业对船舶功能需求日益复杂,绿色船舶技术和智能船舶技术在发展过程中势必相互融合、相互渗透,形成有机整体。因此,要开展绿色智能船舶工程研究,推动船舶实现更绿色、更智能、更高效、更安全的运营,提升高技术船舶的自主设计建造能力,到2030年自主设计、建造的高技术船舶的国际市场份额达到60%,具有知识产权的国产关键系统和设备配套率达到90%。水路运输装备及其系统发展的主要任务包括以下技术研究：

1）智能港口与码头运营管理技术

研究智能港口运营调度优化与决策支持技术、智能口岸平台构建技术与协作管理、适应海上丝绸之路建设的智能口岸信息系统与标准，物联网、大数据背景下港口优化调度与决策支持技术，基于港口的海运全程供应链优化技术，自动化集装箱码头作业调度协同优化技术，装卸作业多层次控制及高效优化技术。

2）深远海船舶交通监管与指挥控制集成实验评估平台

突破船舶航行数据、机舱数据、船载货物状态（特别是危险货物状态）数据以及船舶关键设备运行状态数据的全方面立体感知手段的集成技术，研究基于北斗的远洋运输应急监管系统的功能测试方法，形成恶劣海况下遇险目标快速搜寻与精确定位技术及系统的集成与实验评估能力。

3）智能船舶设计制造技术

研究智能船舶的总体设计、环境感知与认知、智能航行、智能机舱、智能能效、智能船体、智能货物管理、智能集成管理平台、航行脑的设计与集成技术。

4）极地航行船舶设计技术

研究极地航行船舶总体设计、冰水池试验、冰区航行稳性、快速性和操纵性、船体强度的线性、非线性（屈曲）、疲劳与风险及极地环境环保与应急救援等技术。

5）大型邮轮设计制造技术

研究大型邮轮结构设计、邮轮美学设计、振动噪声控制、节能环保、动力系统集成与多智能体综合电网系统、邮轮支持系统、邮轮安全与管理、设备研发应用与国产化以及邮轮标准规范、标准体系等技术。

6）特种船舶制造技术

研究大型 LNG 船、深远海监管指挥船、高速巡航救援船、深远海大吨位打捞救援船、半潜式远海应急维修保障船、大型溢油回收处置船等总体设计及关键配套设备自主研制等技术。

7）船用清洁高效动力系统设计技术

研究大型船用发动机、柔性控制发动机总体设计、近零排放发动机总体设计、清洁能源混合动力系统协同设计、超临界 CO_2 发电技术、岸基能源船舶驱动、分布式蓄电池电力推进、船舶综合直流组网设计等技术。

8）船舶新型推进器设计制造技术

研究无轴轮缘推进器设计、直翼推进器、磁流体推进和仿生推进器的设计与制造等技术。

四、综合交通管控与服务研究

综合交通运输与智能交通技术深度融合,作为人工智能在交通领域应用制高点,正在加快综合交通运输业的升级换代,集成现代管理技术与现代装备技术、信息技术,推进运输过程一体化。以大数据为支撑的更加精细、准确、完善和智能的交通管理与服务需求也加速了交通产业生态圈跨界融合,对促进未来综合交通运输系统的运行组织模式和服务模式变革起到决定性作用。在交通大数据和智能交通管理与服务领域取得领先优势,不但对推动人工智能、电子技术、信息技术的快速发展和进步具有重要作用,也是信息产业发展的重要推动力量。综合交通管控与服务发展的主要任务包括以下技术研究:

1)区域综合交通运输网络协调运行与服务决策支持技术

突破区域交通运输态势监测、区域综合交通运输组织调度、应急指挥与协调联动、区域交通信息服务走廊等关键技术,研发区域综合交通运行监测与智能化分析平台、区域综合交通应急指挥与协调联动平台、区域综合交通信息公众服务集成平台、运输通道交通信息综合服务平台,提升区域综合交通运行效率和服务水平。

2)城市群智能客运系统技术

突破基于大数据的海量时空离散客运出行数据信息采集、汇聚与融合,移动互联环境下客流特性动态预测与预警,城市群多级客运网络协同优化,城市群客运走廊状态监测与动态资源分配等技术,形成城市群高精度客流监测分析体系,建成城市群智能客运大数据平台、客运走廊运行状态监测与道路资源动态分配系统、城市群多尺度客运智能化评估支持系统;形成移动互联环境下需求响应式公交客运、共享交通的社会模型和服务体系,突破非常规客流下客流引导组织与应急处置、城市群客运运力供需实时评价和动态排班调度等技术,建成城际需求响应式客运系统、区域快速客运协调调度系统和智能客运一体化终端及系统检测平台。

3)城市综合交通系统智能化协同管控技术

面向城市交通多模式、综合性和复杂性,研究突破城市交通协同管控、综合交通集成服务、交通系统在线动态仿真等关键技术;构建多模式交通协同管控与综合服务集成测试平台,建立城市多模式交通系统智能化协同管控平台,城市综合交通系统互联与集成服务平台;构建城市交通系统运行仿真测试平台,建立多模式交通计算机仿真环境及人机交互环境,交互式城市交通系统运行动态仿真平台;形成城市综合交通协同管控、动态仿真等方面的技术标准和规范,提高城市交通系统运行效率和综合服务水平。

4)高效货物运输与智能物流技术

立足"互联网+"高效物流,突破多式联运发展需求下载运装备标准化与专业化、货物运输组织与管理、物流信息综合集成与智能化服务等关键技术,形成多方式、多载运工具、全运输流程间高效匹配衔接的装运和转运技术装备体系,建立以多式联运为核心的跨方式、跨行业、跨区域一体化高效货物运输组织与服务体系,为提升全社会物流服务效率与品质、降低社会物流成本提供技术支撑。

5)综合交通运输网络运行风险辨识与防控技术

研究多方式个体交通行为特征识别与解析、基于大数据的群体交通行为风险辨识等技术,构建面向综合运输运行风险防控的交通行为风险监测与调控系统;研究多种运输方式下的交通网络运行风险评估及服务优化,构建多种交通运输方式下的交通网络运行风险评估与决策支持平台;研究主干交通运输网络运行风险感知及快速处置系统,形成重点交通对象通行风险全程化监管体系,构建具有立体化监测、智能化研判及全方位预警等功能的交通运行风险处置与决策支持平台。

6)新一代综合交通系统技术

随着科技的进步和智能交通的快速发展,网联、无人驾驶等技术将成为未来交通的支撑,并将建立起空地一体的新型立体交通系统。重点研究协同式无人驾驶与运行优化、移动互联环境下的遥控驾驶与智慧运行、立体无人智能交通系统、基于北斗导航系统的智能交通系统等技术,提升综合运输安全水平。

第四章
保障措施

一、加强交通科技创新顶层设计

以交通运输部为主导,中国工程院为咨询,制定涵盖公路、铁路、水运、民航及城市公交、轨道等大交通领域的统一科技创新规划,充分发挥科技创新在推动交通产业迈向中高端、增添发展新动能、拓展发展新空间、提高发展质量和效益中的核心引领作用。规划必须面向综合交通运输发展,有效整合和协调大交通行业人才、技术、资金、平台等创新要素,强化基础研究、互联互通标准制定和共性重大技术攻关,以现代信息技术与人工智能技术引领道路网、公交网、铁路网、航空网、水运网的合理配置、相互衔接及综合交通枢纽建设,构建智能网络、高效协同、绿色环保的现代综合交通运输体系。

继续利用经济、技术、政策手段,支持电动等新能源车船开发、推广。制定低真空管(隧)道高速磁悬浮铁路、大飞机、自动驾驶、空管系统等关键技术发展的顶层设计和实施路线图,保持已有技术优势,弥补短板。进一步整合政、产、学、研、金、用联合攻关,实现交通关键技术的赶超。

加速国家智能交通发展战略制定与实施,重视和解决信息共享和信息安全问题。建立基于交通大数据平台的国家交通监控中心。围绕国家重大战略需求,加强国家级交通科研基地建设和智库建设,形成面向全球的合作、开放、共赢的创新平台体系。

二、加快建设国家级技术创新平台

充分发挥政府、科研院所、高校等作用,加快推进轨道交通国家实验室建设,积极筹建综合交通国家实验室。综合交通国家实验室优先考虑设在雄安新区。

实验室瞄准"交通强国战略"需求,以重大交通基础设施智能建养、综合运输与智慧服务、绿色新能源运载工具技术的研发和产业化发展为目标,统筹集聚创新资源,深度融合创新链和产业链,固化成功创新模式,形成多方共建、共享、共治体制与技术、项目、人才、资金等全方位开放共享体制,构建覆盖全国、面向全球的技术创新平台体系和产业创新能力体系,着力发挥科技创新引领作用。

实验室重点针对国家和行业重大需求,优先考虑可实现产业化发展和应用的领域,突破现代交通领域的关键技术;同时,面向全球交通建设市场,聚焦交通基础设施与装备重大共性技术和复杂重大工程,兼顾其他对行业发展、技术进步具有重要意义的研究方向,确保实验室创新功能、创新资源配置与创新过程的良性可持续发展。在交通系统各学科领域实现并跑和领跑,产出国际一流成果,形成面向全球、服务全行业的合作、开放、共赢的创新平台。

三、推进交通科技创新对外合作与交流

以"走出去"战略和"一带一路"倡议为契机,全面展示我国交通建设成绩、经验、技术,为全球交通建设贡献"中国方案"和"中国智慧";积极向国际组织推送优秀人才,深入参与国际组织重要议题谈判,经常组织或参加国际学术交流活动,鼓励国际人才互访,不断提升我国话语权与影响力。

以技术创新与合作为引领,推进交通基础设施互联互通和大通道建设,积极开辟多式联运跨境交通走廊,大力推进六大经济走廊建设、海上丝绸之路建设,促进国际运输便利化,不断提升对"一带一路"倡议的支撑力。

积极推进中国标准和技术国际化。积极参与国际标准化组织和国际标准化活动,加大国际标准跟踪、评估力度,加快转化适合我国国情的国际标准。推动与主要贸易国之间的标准互认,推进优势、特色领域标准国际化,创建中国标准品牌。结合海外工程承包和对外援建项目,推广中国标准,带动我国产品、技术、装备、服务"走出去"。推进我国标准规范在海外的属地化建设,鼓励企业建立适合国外自然条件和经济发展水平的标准规范。鼓励企业在海外工程建设中积极应用中国技术,促进中国技术的出口与创新。

强化国际合作。充分利用全球科技创新资源,鼓励国内外一流交通科研机构建立稳定的合作伙伴关系,主动参与或牵头开展国际交通领域大科学计划和大科学工程科技合作,支持国际高水平科学家来华开展合作研究,不断提升合作层次和水平。积极推进"一带一路"交通科技国际合作,鼓励企业在海外设立技术研发中心,建立国际科研合作平台。

四、资源保障

确保资金投入。优先保障基础科学研究财政性资金合理、稳定、持续,大力支持行业重点科研平台基础条件建设。争取国家科技资源支持,加大交通运输战略与前瞻性技术、共性关键技术等研究投入。通过后补助、购买服务、间接投入等方式鼓励企业和其他社会

力量投入,发挥金融创新对交通运输技术创新的助推作用,建立健全多元化科技资金投入机制,确保科技资金稳定投入,形成财政资金、金融资本、社会资本多方投入的新格局。

要把人才作为创新的第一资源,加强人才引进与培养。完善科技人才评价和激励制度,鼓励科技人才竞争流动;鼓励企业、科研院所、高等院校联合培养技术人才;加大高端国际人才、复合人才引进与培养力度。依托重大科研、建设项目、科研基地,以及国际学术交流与合作项目,加大学科带头人的培养力度,带动创新团队建设。

REFERENCES

参 考 文 献

[1] 杨传堂,李小鹏.奋力开启建设交通强国的新征程[J].交通财会,2018(3):22-24.

[2] 周济.智能制造—"中国制造2025"的主攻方向[J].中国机械工程,2015(17):2273-2284.

[3] 卢春房.中国高速铁路工程质量管理创新与实践[J].中国铁道科学,2015(36):1-10.

[4] 王梦恕,张梅.铁路隧道建设理念和设计原则[J].中国工程科学,2009(12):4-8.

[5] 《中国公路学报》编辑部.中国隧道工程学术研究综述·2015[J].中国公路学报,2015
(28):1-65.

[6] 《中国公路学报》编辑部.中国桥梁工程学术研究综述·2014[J].中国公路学报,2014
(27):1-96.

[7] 孙子宇,谢世楞,田俊峰,等.离岸深水港建设关键技术[J].中国港湾建设,2012(10):
1-11.

[8] 吴澎,蔡艳君,曹凤帅.我国港口与航道工程建设技术进展[C].港口工程及工程排水与加
固理论与技术进展论文集,2017(10):267-274.

[9] 中国交建设股份有限公司.中国交建港口与海洋工程10项核心技术[M].北京:中国质
检出版社,2018.

[10] 翟婉明,赵春发.现代轨道交通工程科技前沿与挑战[J].西南交通大学学报,2016(51):
209-211.

[11] 张军,王云鹏,鲁光泉,等.中国综合交通工程科技2035发展战略研究[J].中国工程科
学,2017(1):43-49.

[12] 张喜刚,刘高,马军海,等.中国桥梁技术的现状与展望[J].科学通报,2016(61):
415-425.

[13] 陈厚嫦,张岩,何德华,等.时速350km高速铁路隧道气动效应基本规律试验研究[J].中
国铁道科学,2014,35(1):55-59.

[14] 王云鹏,鲁光泉,于海洋.车路协同环境下的交通工程[J].中国工程科学,2018(2):
106-110.

［15］ 赵福全,刘宗巍,郝瀚,等.中国汽车工业强基战略与实施建议［J］.中国软科学,2016（10）:1-10.

［16］ 王云鹏,田大新,沃天宇.车辆联网感知与控制［M］.北京:科学出版社,2018.

课题报告 6

交通基础设施建设技术研究

课题组主要研究人员

课题顾问

卢春房

课题组长

张志明（组长）　赵　勇（副组长）

课题组主要成员

张　军	钱　丽	刘　高	张千里	杨国平
高　伟	芦志强	王树国	班新林	廖朝华
张留俊	范学伟	杨正军	曹凤帅	胥祥伟
吴宏波	刘继国	韩自力	刘延芳	曾繁志
汪日灯	罗庆中	蔡超勋	望　毅	杜延威
杨怀茂				

课题主要执笔人

吴宏波　蔡超勋　张　军

内容摘要 Abstract

近年来,我国交通运输业实现了历史性大发展,在交通基础设施建设领域,攻克了高速铁路建设、长大桥梁和隧道建设、离岸深水港建设、内河航道整治等关键技术,多项创新成果达到国际领先水平。党的十九大立足新时代新征程,作出了建设交通强国的重大决策部署。交通基础设施是交通运输业发展的前提,也是实施交通强国战略的基础,是交通强国建设的重要组成部分。交通基础设施建设为实施交通强国战略提供重要支撑,需全面提升科技进步水平。

本报告把握国内外通用技术及专业技术,认清国内交通基础设施建设技术发展的优势和不足,在基础理论、材料技术、设计理论和方法、智能建造、施工设备和工艺、建设组织管理、养护维修、既有基础设施提质改造、标准规范9个关键领域布局重点任务,为后续交通基础设施的发展指明了方向。此外,针对经济社会发展对交通基础设施建设技术创新的重大需求,提出面向交通强国战略目标的交通基础设施建设技术发展重大科技专项及重点工程,并围绕交通强国战略目标,就贯彻落实创新、协调、绿色、开放、共享的发展理念,深入实施创新驱动发展战略,提出了交通基础设施建设技术发展保障措施与对策建议。

Abstract

In recent years, transportation industry of China has achieved huge development, in the field of transportation infrastructure construction, the key technologies such as high-speed railway construction, long bridges and tunnel construction, offshore deep-water port construction, and inland waterway remediation have been overcome, a number of innovations have reached international leading level. The 19th National Congress of the Communist Party of China is based on a new era and a new journey, and has made major decision-making arrangements for building a powerful transportation country. Transportation infrastructure is the premise of the development of the transportation industry, and also the basis for the realization of the strategy of a strong country in transportation and an important part of the construction of a strong transportation country. The construction of transportation infrastructure supports the strategy of strengthening the country by transportation, and it is necessary to comprehensively improve the level of scientific and technological progress.

This report grasping the general technology and individual technology at home and abroad, and recognize the advantages and disadvantages of the domestic transportation infrastructure construction technology level. Layout tasks in nine key areas, including basic theory, material technology, design theory and method, intelligent construction, construction equipment and technology, construction organization management, maintenance and repair, upgrading of existing infrastructure, standard specification, which can specify the direction for the development of subsequent transport infrastructure. In view of the major demand for economic and social development of transportation infrastructure construction technology innovation, it proposes major scientific and technological special projects and key projects for the development of transportation infrastructure technology which for the strategic goals of transportation power. Focusing on the strategic goals of a powerful transportation country, we will implement the development concept of innovation, coordination, green, openness, and sharing, implement the innovation-driven development strategy in depth, and propose the development measures and countermeasures for the development of transportation infrastructure to ensure the development of transportation infrastructure technology.

第一章
交通基础设施建设技术发展
基础与需求分析

第一节　发展基础

　　交通运输业是国民经济中的基础性、服务性、引领性、战略性产业。近年来,我国交通运输业实现了历史性大发展,以公路、铁路、航空、水运等为主的综合运输网络初步形成,在人口众多、基础薄弱、经济高速发展背景下,人民群众不断增长的巨大交通需求基本得到满足。

　　截至2017年底,我国高速铁路里程、高速公路里程均位居世界第一。我国桥梁总数已超过100万座,居世界首位,公路桥梁总数接近80万座,铁路桥梁总数超过20万座。世界十大悬索桥、十大斜拉桥、十大梁桥,我国分别占据5座、8座和8座。主跨逾1000m的大桥我国拥有10座以上。在10座世界最高的大桥名单当中,除了第七和第八外,其余8座桥梁都来自我国。截至2017年底,我国运营隧道总里程居世界首位,运营隧道近31000座。投入运营的公路隧道近16000座,总长近14000km;投入运营的铁路隧道近15000座,总长近15000km,其中长度大于10km的特长铁路隧道102座。在世界排名前50长隧道中,我国占据了一半以上。

　　港口拥有生产用码头泊位27578个,在全球港口货物吞吐量和集装箱吞吐量排名前十名的港口中,我国港口均占有7席,内河航道里程、万吨级及以上泊位数量均居世界第一,颁证民用航空机场达229个,民航运输总周转量、旅客周转量、货邮周转量等均居世界第二。

　　多年来,交通运输行业深入实施创新驱动发展战略,统筹推进重大科技研发、创新能力建设和成果推广应用等各方面工作,取得了卓越的进展和成效。在交通基础设施建设领域,攻克了高速铁路建设、长大桥梁和隧道建设、离岸深水港建设、内河航道整治等关键技术,多项创新成果达到国际领先水平,建成了京沪高速铁路、青藏铁路、港珠澳大桥、上海虹桥综合交通枢纽、武汉天兴洲长江大桥、北盘江大桥、厦门翔安海底隧道、京新高速、洋山深水港、长江口深水航道、三峡船闸和升船机等一大批超级工程,科技创新的支撑引领作用进一步增强。

在交通基础设施建设领域,中国交建、中国中铁、中国铁建等一批大型国有企业已形成技术先进、体系完备的建设团队。以企业为主体,产、学、研结合的创新模式已初步形成,充分发挥了企业、高校、科研机构在成果转化与工程实践、基础理论研究与人才培养、应用技术研发与科研团队建设等方面的优势,实现了多领域、跨学科、多样化的协同创新模式。

行业重点科研平台建设取得显著进展,建成了高速铁路建造技术国家工程实验室、新型道路材料国家工程实验室、公路隧道建设技术国家工程实验室、山区公路隧道建设技术国家工程实验室、港口水工建筑技术国家工程实验室、桥梁结构安全技术国家工程实验室、盾构及掘进技术国家重点实验室等一批国家级科研平台,配合一大批行业的重点研发平台,基本形成了功能明确、布局合理的科研平台体系。依托相关科研平台的建设和发展,培养了一批行业内学术带头人和优秀创新团队。

第二节 需求分析

党的十九大立足新时代新征程,作出建设交通强国的重大决策部署。在新的历史起点上建设交通强国,努力实现由交通大国向交通强国的转变,这是以习近平同志为核心的党中央对交通运输事业发展阶段特点和规律的深刻把握,是全国人民对交通运输事业的殷切期望。从满足人民美好生活的需求看,我国交通运输供给不足的状况已经发生根本性转变,满足人民出行需求的关键已从"有没有"转为"好不好",人民群众希望得到更加个性化、多样化、品质化、高效率的交通运输服务。从建设现代经济体系的需要看,交通运输一头连着生产,一头连着消费,是实体经济的重要一环,是现代化经济体系的重要支撑。建设交通强国,推动交通运输高质量发展,有利于深化供给侧结构性改革,提高供给体系质量和效率,有利于打造现代供应链,支撑现代化经济体系建设。从全面建成社会主义强国的需求看,建设交通强国,是全面建设社会主义现代化国家的重要组成部分,也是现行领域的重要战略支撑。加快建设交通强国,打造现代化综合交通运输体系,能有效支撑制造强国、贸易强国、海洋强国、科技强国等具体强国目标的实现,为全面建成社会主义现代化强国提供有力支撑。

交通基础设施是交通运输业发展的前提,也是实施交通强国战略的基础,是交通强国建设的重要组成部分。交通基础设施建设为实施交通强国战略提供重要支撑,需全面提升科技进步水平。当前及未来一个时期,交通运输总体需求依然旺盛,发展空间不断拓展,刚性约束持续增强,基础设施建设和养护技术难度加大,公共服务水平亟待提高,建设、养护、管理和运输服务协调发展任务仍然艰巨。这就要求交通基础设施建设科技创新聚焦"四个交通"发展,在提高基础设施耐久性和可靠度、提升运输服务水平、促进现代物流发展、有效降低运输与物流成本、推进交通运输绿色循环低碳发展、增强安全保障与应急处置能力等领域,突破一批共性关键技术瓶颈,全面提升科技进步水平,促进行业发展转型升级。要抓住新一轮科技革命和产业变革带来的新机遇,推动新一代信息技术与智能技术广泛应用,深入实施交通基础设施建设技术领域"互联网+"行动,提升全产业链技术,建立全寿命信息通道,实现建设和养护智能化、一体化、绿色化,推动产业结构优化,促进产业由价值链中低端向高端跃升,实现交通基础设施建设技术从总体上先进水平到全面先进水平,再到全面领先水平的伟大转变。

第二章
交通基础设施建设技术发展现状与趋势

第一节 通用技术

一、信息技术

1. 国外

欧洲、美国等国家和地区在交通基础设施建设过程中采用了大量的信息化工作方式，建立了较为普及的工程建设信息化系统，内容涵盖项目招投标、项目评价、勘察设计、施工项目管理、建设期监控等方面，对交通基础设施的勘察、设计、施工与管理起到了积极作用。

建筑信息模型（Building Information Modeling，简称 BIM）技术是建筑领域信息技术发展的方向。通过 BIM 技术，可以将工程设计、制造、施工信息在三维模型上进行形象展示与综合管理。国际上，美国、英国、日本、澳大利亚、韩国等发达国家已经将 BIM 技术的推动提升到国家层面上，为 BIM 技术的推广应用确立了明确的时间表，建立了较成熟的 BIM 标准体系及相关制度。熟练运用 BIM 技术已经成为设计和施工单位承接项目的必备能力之一，许多大型企业已经具备了 BIM 技术应用能力。

2. 国内

国务院相继发布了《国务院积极推进"互联网＋"行动的指导意见》（国发〔2015〕40 号）、《促进大数据发展行动纲要》（国发〔2015〕50 号），交通运输部门也全面推进行业信息化重大工程和示范试点工程建设，如铁路部门以建设"精品工程、智能京张"高速铁路为示范，深入开展智能铁路技术顶层架构及关键技术研究。

国内 BIM 技术的研究和应用起步较晚。2007 年,中国勘察设计协会首次在全国性行业会议上研讨了 BIM 技术在建筑设计中的革新及运用。交通运输部在"十三五"发展规划中将综合交通信息化作为未来研发重点,在公路水运方面,开展了 BIM 技术政策研究工作,发布了《交通运输部办公厅关于推进公路水运工程 BIM 技术应用的指导意见》(交办公路〔2017〕205 号),并启动了公路水运 BIM 技术标准的编制工作。相关企业开发了专业的 BIM 技术平台和开放共享协同平台,并开展了工程应用。在铁路建设方面,已发布铁路工程建设信息化总体规划,并组织实施以下工作:①开展铁路 BIM 技术标准的研究工作;②依托铁路 BIM 联盟,开展铁路 BIM 数据分层组织的研究;③初步形成工程建设信息化平台,构建了符合国际规范的数据、应用接口,实现了 EBS 工程分解结构标准,为支撑铁路 BIM 技术的长期发展奠定了基础;④逐步开展建设期桥梁、隧道、路基、轨道各专业施工质量控制关键环节的自动化监测系统、信息化管理系统的研发与应用。

随着政策引导和市场逐步规范,BIM 技术集成应用不断提升,与云技术、地理信息系统(Geographic Information System,简称 GIS)、虚拟现实(Virtual Reality,简称 VR)、仿真、3D 打印、激光扫描等其他信息技术的融合应用不断创新,应用领域不断拓展,融合深度不断加强。

总体来看,发达国家已经在大型工程的设计、施工及管理中迅速推动并应用 BIM 技术。BIM 技术正在向广泛应用 4D、5D 模型的方向发展,并逐步建立起基于 BIM 的全生命期资产管理系统。我国起步相对较晚,各专业 BIM 标准体系尚不完善,对建设期各施工环节的自动化监测与信息采集尚未全面普及,各种信息数据与 BIM 的融合与应用也还处于探索阶段,因此还需加大力度开展针对 BIM 技术的研发与应用工作。

二、材料技术

工程材料是保障交通基础工程结构质量的重要基础,其性能优劣直接决定了工程结构的耐久性及其服役寿命。交通基础设施建设工程中使用的工程材料一般包括混凝土、钢材、高分子材料和其他新型材料。

1. 国外

高强和高性能混凝土在交通基础工程结构中得到普遍应用,如桥梁混凝土主要采用 C60 ~ C80 高性能混凝土;美国、加拿大则研究应用了 RPC200 超高强活性粉末混凝土。随着技术的进步,以自密实混凝土、轻质混凝土、再生骨料混凝土、超高性能混凝土(UHPC)为代表的新型混凝土材料引起了研究者的关注,并逐渐投入工程应用。功能材料与智能结构逐渐引入到混凝土结构中,具有自诊断、自修复、自愈合特点的混凝土材料也成为研究热点,为交通基础工程结构混凝土裂缝的抑制与预防提供了新的技术途径。

国外钢材多采用 Q420 及以上材料,并尤为重视材料的工作性、耐久性、绿色环保性以及推广应用。2000 年,日本的高性能钢已占桥梁用钢量的 22%;美国在 2000 年前后就批量生产并使用了 HPS 485W 和 HPS 690W 高性能钢材。此外,国外很多桥梁采用 1860MPa 及以上的高强度缆索。

高分子等功能性材料在交通基础工程结构中同样发挥着举足轻重的作用,常用的高分子材料包括防水材料、防腐蚀材料、加固补强材料、修补材料等。在防水方面,硅烷/硅氧烷作为混凝土防护材料在欧洲应用已有 30 余年,其他防水材料如沥青类防水封闭材料、嵌缝密封材料等也得到了广泛的应用。在防腐蚀方面,已经形成了针对不同服役环境的多种防腐涂装体系,主要材料包括环氧涂料、聚氨酯涂料、氟碳涂料等。在交通工程养护维修方面,树脂类材料、修补砂浆、注浆修复材料等产品的应用逐渐成熟,碳纤维复合材料等新型产品也逐渐得到推广。

2. 国内

高性能混凝土已经在我国交通基础设施结构中得到广泛应用。例如,预应力混凝土结构中以 C50 ~ C60 为主,C80 以上高强混凝土用于一些特殊工程和预制高强管片、应力高强度混凝土(PHC)管桩等结构中。为解决严酷环境下交通基础设施混凝土结构耐久性较差的问题,逐渐形成基于环境作用类别的耐久混凝土材料。自密实混凝土、纤维混凝土、活性粉末混凝土、轻质混凝土、堆石混凝土等新型混凝土材料也在工程中得到较广泛应用。不同的交通行业逐渐形成具有专业特色的混凝土设计、制备、施工和验收等整套标准体系。针对不同结构使用工况、施工方法、服役特点等,形成了不同结构部位混凝土制备技术体系。随着建设规模的不断扩大,材料高性能化、智能化、轻型化、工厂化预制水平和使用寿命的进一步提高成为今后的重点研究领域。

我国桥梁中大量使用 Q345、Q370、Q420 等钢种,Q500 已研发成功并开始应用,耐候钢、环氧涂层钢筋、不锈钢钢筋等也逐步得到应用。强度、断裂韧性、焊接性、耐腐蚀性以及加工性能等方面优于传统钢材的高性能桥梁用钢已成为高性能材料发展的一个新方向,例如码头板桩结构中钢拉杆已采用强度达 650MPa 的高强钢。在高强度缆索方面,我国已实现 1770MPa 钢丝、1860MPa 钢绞线在工程上的应用,1960MPa 钢丝(锌铝合金)也已研发成功并开展应用。为进一步提升土木工程用钢材的性能,耐久性和防腐蚀性能更好、强度更高的钢材、钢丝及钢绞线的研发和应用成为亟待解决的问题。

我国交通基础设施建设中常用的高分子材料包括外加剂、防护材料、修补材料、修复加固材料等。随着高性能混凝土的推广与新型混凝土的出现,聚羧酸减水剂、增稠剂、内养护剂等功能性外加剂在混凝土中得以应用;在防护材料方面,主要包括以氟碳、聚氨酯为主的涂装型防护材料和以硅烷/硅氧烷为主的憎水型防护材料;在密封防水材料方面,形成了硅酮和聚氨酯两大类嵌缝防水材料技术体系;在新型轨道结构方面,开发了道砟封闭材料、道砟固化材料等,形成了具有自主知识产权的聚氨酯固化道床技术;在养护维修方面,使用了快速修复聚氨酯注浆材料、植筋胶、聚氨酯抬升材料以及碳纤维复合材料等修复材料。除常规材料外,复合材料、智能材料等多种新型材料成为今后研究的重点,如已开展的纤维增强复合材料(FRP)等复合材料在桥梁修复、加固等方面的应用研究和压电材料、光导纤维等智能材料的研究等。

三、标准和规范

1. 国外

美国、欧洲、日本等发达国家和地区基本上形成了以"技术法规—技术标准"为主的标准规范体系,在标准体系管理方面可分为政府主导、政府授权和自由市场化管理三种方式,除美国实行高度市场化、相对宽松的管理模式外,欧洲各国、日本等大多数国家都采用政府主导方式。在标准编制方面,国际上普遍采用政府部门授权或法律授权的方式或聘请其他专门机构组织标准的编制。国际先进的交通技术标准体系的完善经历了很长的一段历史过程,其标准编制单位及编制人员较为稳定,标准发展的延续性及技术先进性也相对较高。

在交通基础设施建设技术领域方面,各发达国家规范体系和理论标准体系基本健全,在国际标准制修订方面占据有利地位,其标准国际化程度相对较高。美国在1995年就制定了标准方面的"统一发展战略",加强了各行业之间标准的协调性;随着欧盟的成立,欧洲各国加快推动了各行业及各地区标准协调和融合工作。另外,各发达国家均重视标准的动态管理,随着技术发展与进步,加快了标准体系的完善,也让新技术、新工艺、新方法更快地进入市场并得以应用。

2. 国内

我国自改革开放以来,交通运输标准化工作取得了重大进展,在规范市场秩序,提升工程、产品和服务质量等方面发挥了积极作用,促进了交通运输业持续快速发展。成立了交通运输部标准化管理委员会,构建了26个覆盖交通运输主要领域的标准化专业技术组织,基本建立了标准化管理体系;构建了较为完善的铁路、公路、水运、民航技术标准体系;发布了综合交通运输、交通物流、信息化、工程建设、道路运输、城市客运等重点标准体系;加大了急需标准制修订力度。截至2017年底,现行交通基础设施建设有效标准400余项,基本满足了行业发展需求。

近年来,铁路部门开展了基础设施设计规范从容许应力法向极限状态法的转轨工作,促进了交通行业设计标准体系之间的融合,并初步实现了与国际接轨。铁路、公路、水运等行业正着力搭建 BIM 技术标准体系。

四、监测检测技术

1. 国外

国外一些国家和地区在结构状态监测检测和健康管理方面采用了很多先进技术,建立了较完善的监测检测技术标准及装备技术标准。

对于大型桥梁,国外一些国家和地区研制了相关的监测检测仪器装备,应用了无线传感技术、全球定位系统(Global Position System,简称 GPS)、物联网技术等传感测试技术,数据采集及通信技术先进,仪器精度及稳定性较高。同时对远红外线热成像、新型超声波、微波探测、磁漏探测等多种先进技术展开了研究与应用。

自动化施工监测技术也是港口工程施工技术的发展方向。国外一些国家和地区针对自动化施工监测系统的研发已有数十年,测量技术、传输技术已十分成熟,系统的集成化、智能化程度很高。鉴于码头结构复杂、形式多样,码头结构整体检测评估技术、水下自动化检测技术和装备一直是国际研究应用的重点。

由于海洋水文气象的复杂性,发达国家十分重视对基础资料的搜集工作,已普遍在沿海及相关海域建立了水文气象观测站。国外一些国家和地区针对海洋水文观测已经建立了系统的观测体系,拥有长期、大范围的观测数据,可应用于相关分析研究。

在信息技术迅猛发展的背景下,一些发达国家率先提出将信息智能技术应用于道路监测、检测及养护维修方面,从而使监控数据及时得到采集、反馈、共享、会诊,使道路智能化系统发挥安全健康监控和预测的作用。日本的 UTMS 提出了一种基于红外线感应器和光信标传感器的信息采集和处理系统,可以建立智能化道路监控系统,并能够将信息迅速传递至交通参与者;法国在网络传输中通过实时监测系统的数据特性,建立功能强大的数据库系统,形成统一管理平台,为智能监控系统提供实时、可靠、安全、高效的数据传输服务。

随着计算机和科学技术的快速发展,人工智能也开始在各类交通基础设施的监测检测技术和病害识别方面发挥作用。

2. 国内

近年来,我国的桥梁监测、检测技术得到快速发展,建成了不少长大桥梁健康监测系统,系统集成技术日臻成熟;研发了多种检测技术及检测设备,桥梁检测手段不断丰富,检测精度和效率得到有效提高。

基于高速铁路长期服役能力保障的需求,我国铁路针对轨道、路基、重点桥隧等基础设施安全风险重点问题,研究提出了高速铁路工务设备检测监测体系的网络化、智能化总体框架,形成了我国高速铁路工务设备检测监测体系总体技术条件;开展了高陡边坡、高填土及特殊路基的实时健康监测和全生命期安全评估技术研究,进行了高速铁路道岔状态监测系统、隧道衬砌病害快速检测系统等技术攻关和设备研制,并取得了初步成果。

在港航方面,我国研发了基于"数字航道"和"智能航道"理念的长江电子航道图系统,全面提升了航道的公共服务能力和水平。针对我国港航工程建设现状,形成了高桩码头和重力式码头检测、评估及加固改造成套技术,重点解决了高桩码头隐蔽性部位检测、预应力构件残余预应力检测等技术难题。

在公路道路监测、检测方面,我国也相继研制了路面横向测试车、路况快速检测系统(CiCS)等多种设备,可以快速检测路面技术状况,包括路面损坏、路面平整度、前方图像、路面车辙、路面构造深度等参数,为道路养护维修提供相关技术依据。

随着科学技术的快速发展,我国交通行业也积极探索利用大数据、云计算、人工智能等先进技术来提升检测监测技术能力和水平。如中国铁路总公司已开始建设铁路大数据中心,为进一步提升运营质量和旅客服务水平提供支撑;阿里云、腾讯云等技术平台也积极参与智慧交通建设,在城市交通疏导等方面显现潜力。

第二节 专业技术

一、基础理论创新

1. 国外

各发达国家交通基础设施已较为完善,其技术理论体系基本建立。在专业技术方面,也有相应理论体系进行支撑,如在隧道技术方面有新奥法、新意法、挪威法等。近年来,一些国家和地区在结构劣化机理与状态评估理论、结构振动与控制理论、大跨结构几何非线性分析与稳定控制、磁悬浮与真空管(隧)道等新型交通运输方式、信息技术在基础设施中的应用理论等方面开展了研究工作,并取得了一定的进展。

2. 国内

随着我国经济的快速发展,交通运输行业始终瞄准国际交通科技发展前沿,在桥梁、隧道、路基、港航工程等方面的理论创新取得了重大突破,产生了一批具有标志性的科技成果,极大地提升了我国交通运输业的核心竞争力和可持续发展能力,具体如下。

1）桥梁防灾减灾理论

我国在防灾减灾理论方法、实验平台能力及实验技术、防灾减灾控制技术与装备等方面取得了积极进展,提出了桥梁三维颤振分析的状态空间法和全模态分析法、斜风作用下抖振分析法、风振概率性评价方法、基于寿命期与性能的桥梁抗震设计理论和多点平稳/非平稳随机抗震分析的虚拟激励法、基于性能的桥梁船撞设计方法,研发了数值波流水池模拟技术和自主知识产权分析软件,初步形成了涵盖风、地震、船撞、波流、车辆等作用的桥梁防灾减灾技术体系,保障了桥梁功能的实现和安全。目前,我国桥梁防灾减灾技术研究正从单因素灾变向多灾害耦合灾变方向发展,已开展了桥梁地震-动水、风-雨、风-浪-流等耦合作用的分析理论方法、试验模拟和观测技术研究,探索了桥梁多灾害耦合作用机理。

2）车辆-轨道-桥梁耦合振动理论

我国突破了传统车辆-轨道-桥梁分析模型的局限性,提出了国际上四大代表性模型之一的"翟-孙模型"和适合于大系统动力分析的快速数值积分方法,开发了车辆-轨道-桥梁耦合振动分析软件,开发了高速列车过桥动态模拟与安全评估系统。依托联调联试系统试验方法,建立了纳入保证列车运营安全性和舒适性的桥梁刚度控制指标和保证轨道受力安全的墩台刚度控制指标的规范体系,开发了基于列车运营安全的桥梁大风预警系统、车载地震预警系统、桥墩撞击报警系统、桥梁故障预测和健康监测系统。

3）高速铁路路基基床动力作用及微变形控制理论

在铁路方面,通过既有线提速改造及高速综合试验,获得了铁路路基基床结构的动力响应规律和荷载传递特征,形成了铁路路基基床结构动力分析与累积效应控制理论、基于颗粒的相互作用和膨胀填充抬升效应,建立了混合填料微冻胀、微膨胀分析理论。

4）高速铁路隧道空气动力学理论

我国自主研发了列车/隧道耦合空气动力效应模型试验装置,通过资料调研分析、数值模拟计算及现场实测,对高速铁路隧道气动效应进行了研究,形成了380km/h速度通过以及350km/h速度交会条件下动车组车体内外和隧道内瞬变压力的变化规律、洞口微气压波的影响因素和变化规律及缓冲结构的设置条件、隧道附加阻力的试验方法和具体增量、隧道内辅助设施需要承受的气动荷载要求以及长大隧道远程监控技术等研究成果。

5）土体极限分析-广义极限平衡法

针对水运工程软土地基特点,建立了土体的一种新极限分析方法——广义极限平衡法,将屈服函数的极值条件作为土体极限分析的基本方程之一,与平衡方程和屈服条件一起构成了一个完备的极限平衡问题。

6）粉沙质海岸泥沙运动分析理论

我国发现了波浪、水流共同作用下粉沙质海岸底部高浓度含沙水体的运动状态并进行了理论解析,创建了粉沙质海岸港口航道水域泥沙淤积模型和计算公式,揭示了粉沙质海岸泥沙运动特征以及引起港口航道泥沙骤淤的主要原因,提出了粉沙质海岸定义,科学划分了海岸的类型,为粉沙质海岸港口建设奠定了理论基础和科学依据。

二、设计理论和方法

1.桥梁工程

1)国外

国外一些国家和地区已针对200年使用寿命的超级桥梁工程开展基础研究工作,全寿命设计理论方法以及基于性能的设计理论方法、相关指标和规范体系已比较完善。

2)国内

在力学方面,我国依托弹塑性力学等理论的发展,逐步完成了由容许应力法到极限状态法的转变;在对不确定性的认识方面,结构可靠度理论推动了桥梁工程设计由定值法、半概率法到近似概率法的发展。此外,全寿命、耐久性、可持续发展等设计理念进一步推动了桥梁设计理论内涵与外延的发展。当前,着眼于全寿命周期的近似概率极限状态设计方法正成为主流,并开始注重概念设计方法和基于性能的设计方法的研究和应用。但我国针对全寿命设计理论方法、基于性能的设计理论方法的系统深化研究与应用仍需加强,指标和规范体系仍有待完善。

2.隧道工程

1)国外

一些发达国家关于隧道设计的理论和方法基本健全,并形成了各自特有的理论标准体系。奥地利学者总结了大量隧道施工实践经验,以岩石理论为出发点,提出衬砌和围岩共同承载的新奥法,在隧道设计、施工和监测中得到广泛应用;挪威学者将正确的围岩评价、合理的支护参数和高性能的支护材料三部分组成一体进行综合考虑,提出了挪威法;意大利学者对数百座隧道进行理论和现场试验研究,创立了岩土控制变形分析方法,即新意法;日本学者提出了隧道复合式衬砌修建技术标准体系及其系统科学的设计方法。这些设计理论和方法对隧道工程的设计和施工具有重要的指导作用。

2)国内

随着我国的经济高速发展和技术的快速进步,国内学者在引进国外设计理论和方法的基础上,积累了大量经验,总结、归纳、形成了特有的地下结构设计方法。例如,有依据大量工程实践经验进行设计的工程类比法,可细分为直接类比法和间接类比法;有将支护与围岩分开考虑,支护结构作为承载主体,围岩作为荷载的来源和支护结构弹性体的结构力学法;有将支护结构与围岩相互作用组成一个共同承载体系,且围岩作为主要承载结构的岩土力学法;有用现场监控量测的数据与理论分析或初步设计比较,根据实际情况修正理论分析或初步设计参数的收敛-约束法;有在最不利荷载组合作用下,结构的尺寸保证其内力不超过材料的极限承载力的破损阶段法;还有考虑荷载、结构尺寸、材料特性等因素的变异和概率分布,建立表达结构功能的状态函数和极限状态方程的概率极限状态设计法等。

3. 土工结构

1)国外

在铁路路基方面,德国、法国、日本等铁路技术发达国家从 20 世纪 60—70 年代就非常重视基床表层或垫层的作用。在基床结构的设计计算方面,德国、法国等采用传统层状结构构造分析方法,以路基面的压实检测指标 E_{v2} 满足要求进行控制。这是一种经验处理方法,并未与行车或轨道结构的要求相联系。日本以路基表面沥青混凝土封闭层的防开裂要求,进行基床动变形的控制,但这不是行车与轨道结构的要求,且其实测值与分析值也相距甚远。在填料分类方面,美国多用统一分类法,苏联则主要采用大粒径质量累积法。

在公路路基方面,一些国家和地区针对各类土体路基设计形成了完整设计理论、不良地基处理方法、土体本构关系及配套分析软件;期望在结构全寿命设计基准期外延长结构的使用寿命,推行了基础设施长寿命化基本计划,开展了"永久性路面"研究;同时,对路基的强度及应变提出了更高要求,即路基设计指标采用基于路面响应的强度与应变双指标控制;此外,还注重土工结构的景观与环保。

在机场地基方面,一些国家和地区在大面积软土地基、高填方地基和特殊土地基处理方法上形成了一整套的设计理论,尤其是复合地基技术、微生物注浆加固技术的应用,解决了机场飞行区场道区域的不均匀沉降问题,延长了跑道的使用寿命。微生物灌浆加固技术是最近发展起来的一种新型土体加固方法,通过向松散砂土中灌注菌液以及营养盐,利用微生物矿化作用在砂颗粒间快速析出方解石凝胶,改善土体的物理力学性质。

2)国内

在铁路路基方面,为避免基床发生大的累积变形,控制基床的动应变,使基床不发生实质性的改变、不产生累积效应、强度不渐进性降低,在高速铁路路基基床结构设计上,临界体积效应应变可通过动三轴和扭转共振试验或经验图表获得。针对特定的填料,我国通过设置不同的结构厚度,使基床和下部填土能够满足动应变以及防排水、防冻及施工工艺等其他要求,并提出了基于不同填料、环境以及不同等级的铁路路基基床结构。在铁路填料分类中,调整了填料不均匀系数界限,合理划分了填料级配分组、级配等级,建立了精细化的铁路路基填料分组体系,并对防冻胀填料提出了明确要求;对于软弱地基路基设计,首先对天然地基进行稳定、沉降计算,进而对检算不合格的工点,根据地基条件选择合适的地基处理方法(主要有桩网、桩板等结构),并进行稳定、承载力以及沉降分析。

在公路路基方面,我国在多年冻土、膨胀土、软土、盐渍土、黄土等典型特殊土公路路基修筑方面取得了十分宝贵的经验,形成了完整的设计理论体系,并各有代表性工程建成。在工程建设中,通过相关技术研究,公路路基工程专业在路基设计方法及指标、特殊土路基、路桥(涵)过渡段处理、路基防护与排水、道路废料利用、智能化监测、检测和养护维修等领域形成了一批创新性技术,重点解决了不良地质土加固处理与路基改良、基于节约土地与保护环境原则的路基合理高度和结构形式、路桥(涵)过渡段控制标准及处理措施等问题。在路基动态模量试验方法、基于路面响应、动强度的路基设计方法等方面取得了突破,但尚未建立完整的路基路面一体化设计方法与指标体系,且路基工程设计往往以经验为主,路基结构分析很多采用国外的结构分析方法与本构关系。

在机场地基方面,近年来我国机场建设进入高潮,针对利用工业废渣、废料及城市建筑垃圾进行地基换填处理的研究取得了较大的进步,被广泛应用到膨胀土、湿陷性黄土和盐渍土地基处理中。另外,对最大填方高度或填方边坡高度大于160m的高填方工程进行了专项研究,制定了勘察和测量、试验段、原地基处理、填筑方工程、边坡工程、排水工程、施工过程控制、质量检验、监测分析和动态控制的标准,以指导、解决机场建设中碰到的各类突出的工程地质问题。随着土地资源的紧张和航空运输吞吐量的增长,机场建设的占地问题成为城市发展的突出矛盾。海上机场的建设为沿海城市提供了一种解决方案,未来我国机场建设将在这一领域产生较大需求,因此,应尽快形成自己的设计理念和技术体系。

4. 港航和海岸工程技术

1)国外

在全寿命周期设计方面,关注港口工程从建成、投入使用、运营维护直到退役的全寿命周期,注重性能与全寿命周期成本的多目标优化,仍然是全寿命设计理论的研究热点和发展趋势。在相关领域,一些国家和地区已有全寿命理念在实际工程中的应用实例。

在防灾减灾方面,一些国家和地区开展了地震及其引发的海啸和极端自然天气对港口的影响和应对措施等大量研究工作,已初步掌握了灾害模拟技术和相应的应对措施。

在港口水工结构方面,由于钢结构具有自重较轻、抗振(震)性和抗冲击性好、制造的工业化程度较高、施工便捷、可重复利用等特点,一些发达国家和地区在港口和海岸工程中使用较多。美国、日本和欧洲都十分重视港口工程结构的抗震性能。目前,国际上大多采用基于性能的多水准抗震设计方法,从结构承载力和变形等方面保证结构在地震过程中的可用性和震后的可修复性,最大限度减小由于地震带来的损失。国外一些国家和地区在港口工程抗震设计标准、抗震分析方法、抗震措施及震后修复技术等方面均较先进。

在生态环保方面,绿色港航工程建设的环境评估及预测技术研究已成为国际前沿热点。国外一些国家和地区在港口水质监测、污染物扩散、工程建设对环境影响评估方面的相关技术已在工程中得到广泛应用。国外一些国家和地区在生态护岸建设、生态护岸护滩结构研究及使用方法等方面起步较早,在生态护岸结构、绿化混凝土技术、喷射护坡绿化技术等方面有较深的理论基础和较丰富的工程实践经验。此外,由于内河航运具有节能、环保的优势,一些发达国家和地区十分重视内河航道网建设。例如,欧洲一些国家通过修建运河连通主要水系,同时在航运开发建设时注重对水资源的综合开发,取得了较高的社会和经济效益。

2)国内

在港航和海岸工程技术方面,国内主要有如下技术创新:

(1)揭示了复杂条件下的水沙运动机理。针对复杂自然条件下港口总体设计难题,初步形成了多因子动力地貌演变数值模拟技术、波浪潮流共同作用下泥沙运动物理模型模拟成套技术、侵蚀性粉沙质海岸的侵蚀机理及模拟技术、浮泥及适航水深应用技术、粉沙质海岸泥沙运动规律及航道防淤减淤技术,建立了土体三维极限分析理论和三维边坡稳定性分析方法,重点解决了在沙岛-潟湖海岸、粉沙质海岸、辐射沙洲等复杂海岸条件下港口与航道总体设计难题,以及三维边坡稳定和地基承载力分析计算问题。

(2)解决了沿海深水航道设计和内河航道整治难题。在航道设计方面,开展了深水航道选线、长航道一体化、岛礁区航道布置等研究,形成了航道骤淤备淤深度、长航道多站联合乘潮水位、大角度多转向平面布置等技术,为沿海深水航道工程建设提供了技术支撑。在内河航道技术领域,初步攻克了不同类型河段整治技术,内河航道建设取得了突出成绩,但在生态航道、智慧航道建设方面仍处于起步阶段。

(3)系统性形成了高水头通航建筑物设计和能力提升技术。在通航建筑物技术领域,形成了以综合通气技术为核心的阀门分级防空化成套技术、以精细化计算模型和辅助决策系统为手段的通航枢纽总体布置方法、以复合阶梯效能结构为核心的输水系统创新形式、保障三峡升船机运行安全的创新技术,支撑了桂平二线船闸,长洲三线、四线船闸工程建设。

(4)研发了多种港口水工新型结构。针对不同港口和海岸特点,研发了重力式复合结构、遮帘板桩码头新结构、桩基码头 T 构地连墙组合结构、插入式圆筒结构、梳式防波堤结构、箱筒型基础防波结构、半圆形防波堤结构、空心方块斜坡堤结构、透空消浪块体护岸结构等新型结构,形成了系统的设计与施工方法。

5.大型房屋建筑工程技术

1)国外

在综合交通枢纽建设方面,美国、欧洲等发达国家和地区从 20 世纪 80 年代开始重视集航空、铁路、城市轨道交通、公共汽车等多种交通为一体的新型枢纽的建设。无论是在枢纽的布局规划设计与换乘组织的实际操作上，还是在理论研究方面都有着丰富的成果和经验，其中以巴黎戴高乐航空客运枢纽最为典型。该枢纽可以非常便捷的实现航空、铁路（TGV）、地铁、公交之间相互的换乘，成为枢纽建设的典范。此外，日本国铁东京新宿站（日客流300余万人次）以及日本东京站、法国巴黎里昂站等铁路客运枢纽也是非常重要的换乘枢纽，其主要是采用多层立体衔接的方式，使各种交通方式集中设于统一站区内，为旅客提供便捷的换乘，并引导人流在地下空间内进行快速的疏散。在机场航站楼建设方面，其布局模式主要有集中式、分散式和复合式，平面布局有较为成熟的前列式、走廊式、卫星式、转运式、组合式等，竖向布局分为单层系统、一层半系统及两层系统等。

在筒仓建设方面，国外的超大型筒仓单仓容量已达10万t以上，如加拿大的加法芝水泥有限公司的装配式预应力筒仓，容量为12万t，筒仓内径65.2m，仓壁高为地上40m，地下24m。用于贮煤的超大型筒仓也做到了3万t以上，如日本电源开发公司石川火电厂的贮煤筒仓，容量为3.1万t，筒仓内径37m，仓壁高48.5m。

在干煤棚建设方面，国外的干煤棚以钢架、钢筋混凝土薄壳较多，但近些年修建了一些充气膜的干煤棚。

2）国内

随着铁路快速发展和智能化程度的不断提升，铁路客运站的建设从建设理念、技术创新、系统优化、协调共享等方面实现了突破，完成了铁路客运站由传统模式向适应新时期要求的现代化综合交通枢纽转变的过程。铁路客运站的主要技术创新有：①基于综合交通理论，综合交通枢纽站实现了多种交通方式一体化规划、设计、建设、运营，满足旅客出行换乘的要求。②铁路客运站实现了场站一体化和空间整合设计。在"以人为本，服务旅客"理念引导下，旅客站房设计愈发向着公交化方向发展，客运站的通过性逐渐加强，滞留性逐渐减弱。如北京南站、武汉站对站台雨棚与候车厅进行一体化设计，形成整体建筑形象。③综合交通枢纽站交通与客流组织引入仿真分析技术，建立计算机数学模型，通过直观的模拟场景，调整道路、广场、室内空间和通道规模与节点处理方式，优化交通和客流组织方案，提高规划、布置的科学性、合理性。④铁路客运站已开始使用BIM技术设计、建设和管理，如天津西站、杭州南站、沈阳南站、北京丰台站应用BIM技术搭建了全专业的整体建筑信息模型，通过对不同的建筑方案进行性能分析、模拟、比较，优化建筑功能，提高了设计品质。

我国铁路客运站与国外客运站相比，在如下方面还存在诸多不足：①受设计、建设、运营管理体制制约，导致以铁路客运站为主的大型客运枢纽场站功能单一，空间利用不充分，集散网络不配套，经济社会效率不高。②与其他交通方式的换乘还不尽合理，旅客换乘距离长、出行时间长、成本高，群众出行感受不佳。③枢纽建设方式相对粗放，与其他交通方式间的集约化发展水平不高,信息技术应用和开放共享不完备,现代化运输服务供给不足。此外,就结构技术而言,国外车站建筑较多的采用了装配式结构体系,运用了主、被动振动控制技术,考虑了与周边环境相适应的生态环保问题。而我国虽采用了大量新的结构形式,但在做到形式新颖的同时,在主/被动激励、助动器、耗能器、控制系统及新型支座的采用方面还刚刚起步。

在筒仓建设方面,近年来我国兴建的巨型筒仓主要应用于电力系统,比如云岗煤矿洗煤厂3万t贮煤筒仓、北京石景山热电厂3万t储煤筒仓、哈尔滨热电厂3万t筒仓(2个)等。随着我国经济的快速发展及对环境保护、用地节约的要求越来越高,大型筒仓的优势已经开始逐渐在港口行业得到认可,如黄骅港三期、四期3万t筒仓(48个)等。这些巨型筒仓可以代表我国现有大型筒仓的最高水平。

在干煤棚建设方面,国内干煤棚的主要类型有:拱架、门式刚架、网架和网壳等。工程经验表明,这些类型在受力性能和经济技术指标方面有一定差异。近年来,计算机技术的发展,使得网格结构形式干煤棚体现出越来越大的经济优势。网格结构的干煤棚平均用钢量在30~60kg/m²,比门式刚架或拱结构平均用钢量(80~120kg/m²)降低50%以上。国内典型的干煤棚项目主要有:扬州电厂干煤棚(103.6m×120m)、北京华能电厂干煤棚(120m×210m)等。在港口堆场中,典型工程有福建将军帽罗源湾干煤棚(111m×340m)。

在机场航站楼建设方面,除参考国际上成熟、先进的技术外,我国还对有需要的航站楼布置进行消防性能化分析、绿色建筑设计以及耗能模拟与节能设计研究等。针对航站楼流程复杂、设施种类繁多等特点,开展了航站楼全专业的BIM设计;另外,由于航站楼建筑形体及结构布置不规则条项较多,如平面不规则、大开洞、错层占比大等,结合航站楼作为重点设防类建筑,可对航站楼结构选取合理的性能目标进行相应的抗震性能化设计。

6. 路面、道床和跑道工程技术

1) 国外

混凝土道面的设计方法主要采用解析法和有限元法,理论相对成熟。国际上使用广泛的是FAA的6D(Advisory Circular AC150/5320-6D)法、LED-FAA(Layered Elastic Design of FAA)法和FED FAA(Finite Element Design of FAA)法。

在无砟轨道方面,日本研发了单元板式轨道结构,大规模应用于山阳、上越、东北、北陆及九州新干线等线路中。德国现浇混凝土式无砟轨道主要代表结构有Rheda型、Zublin型等,其中Rheda型无砟轨道应用较为广泛,已在世界上十多个国家或地区进行工程应用。

在港口铺面方面,国外港口铺面采用的类型与国内基本一致,比较大规模采用的主要有高强连锁块铺面结构和水泥混凝土铺面结构。目前,国外研究连锁块的理论主要有三种:弹性理论、有限元分析法、弹性半空间理论,主要应用于英国、澳大利亚、荷兰、日本等国家。

2)国内

在民航方面,按照我国《民用机场水泥混凝土道面设计规范》(MH/T 5004—2010)的要求,我国混凝土道面的设计应用弹性地基薄板理论,以平面有限元为基础,类似于 FAA 的 6D 设计法。沥青混凝土道面设计则主要采用经验法和力学经验法,我国《民用机场沥青混凝土道面设计规范》(MH/T 5010—2017)要求采用道面结构整体抗剪强度的极限平衡关系,即 CBR 法计算标准道面结构厚度,补强设计采用国际通用经验公式计算加铺层厚度。总体来说,我国民航沥青混凝土道面设计方法已达国际领先水平,而水泥道面未来的发展趋势则是综合考虑荷载、环境、结构、材料等因素,建立科学合理的、适应大型特种飞机和普通飞机的水泥混凝土道面结构设计方法。未来一段时间内,机场跑道精细化设计的方向主要是大力推广使用类似于 Civil3D 的软件进行 BIM 设计、加强 BIM 专利保护、尽快制定并推行民航机场跑道领域 BIM 设计标准化等。

在铁路方面,我国系统地开展了高速铁路无砟轨道理论研究,在无砟轨道系统功能分析、设计理论与方法、列车荷载、温度影响、基础变形计算方法、设计计算参数、限值、荷载组合等方面,取得了显著成果,并初步建立起相对完整的无砟轨道设计计算理论与方法。列车荷载作用计算方法采用"弹性地基梁板理论",并考虑了温度影响和基础变形对无砟轨道受力及使用性能的影响。采用轮轨系统动力学理论开展了无砟轨道动力特性评价研究,建立了较系统的无砟轨道结构动力检算方法。无砟轨道的设计方法以容许应力法为基础,综合考虑疲劳性、耐久性和刚度设计等内容。设计中所选用的材料应满足使用寿命达到 60 年的要求。轨道板、道床板和底座应依据列车荷载和温度影响进行配筋设计,并进行强度、裂纹和疲劳等检算。轨道板和双块式轨枕等预制件应进行运输施工的临时荷载检算。耐久性设计应考虑无砟轨道附属结构与主体结构的寿命期配套及维修更换。

在港口铺面方面,我国港口铺面结构中面层结构主要采用高强连锁块、水泥混凝土大板、沥青混凝土、独立块体铺面及粒料铺面,基层一般采用半刚性基层,使用经验成熟。港口铺面的设计方法主要有经验法、理论法和半理论法。

三、施工设备和工艺

1.桥梁工程

1)国外

早在 20 世纪 90 年代,加拿大诺森伯兰海峡大桥已实现桥梁上、下部全预制结构的工业化建造。目前,美国正在进行系列化、标准化桥梁快速建设技术研究和推广应用。国际上桥梁施工正在向工业化、系统化方向发展,施工设备控制正在向精确化、智能化方向发展。

2)国内

我国目前已掌握大直径钻孔桩、大直径钢管桩、钢管复合桩、大型群桩基础等施工技术,自主研发了包括打桩船、液压打桩锤、钻机、混凝土搅拌船、双轮铣槽机等在内的桥梁基础施工装备。此外,我国还研发了混凝土桥塔液压爬模技术、混凝土超高泵送技术和钢桥塔预制吊装与高精度拼装施工技术,掌握了混凝土梁的运输、架设、预制拼装施工技术,钢箱梁整体吊装、架设与施工技术,自主开发了浮吊、架桥机、桥面吊机、缆载吊机、大型龙门吊、滑模设备等关键装备,首创出一种用于解决桥梁分阶段施工的理论控制方法——分阶段成形无应力状态法,研发出斜拉桥热挤聚乙烯防护拉索技术和软、硬组合三级牵引的超长斜拉索架设技术,掌握了 PPWS 和 AS 工法的主缆架设技术。

2. 隧道工程

1)国外

国外隧道施工设备和工艺主要体现在以下几个方面:①特别注重经济实用和智能化,机械化程度高,主要采用大型机械化作业,作业人员少;②特别重视地质勘测及超前预报,国外隧道工程地质勘查非常细,投入费用大,勘察时间长;③修建方法成熟、先进,如山岭特长隧道多采用 TBM 法,城市地铁隧道多采用盾构法。

2)国内

随着我国交通基础设施的规模化建设,隧道工程地质条件的复杂程度和保证高质量安全生产对施工设备和工艺提出了更高要求。国内众多学者和工程师针对我国的实际情况,提出了一系列的隧道施工方法,研制出了一些具有自主知识产权的机械装备。在施工工艺方面,针对山岭隧道提出了掘进机法和钻爆法,其中钻爆法又可分为全断面开挖法、台阶法和分部开挖法,分部开挖法又可分为环形开挖留核心土法、中隔壁法、交叉中隔壁法和双侧壁导坑法四种;针对浅埋隧道,提出了明挖法、盖挖法、浅埋暗挖法和盾构法;针对水底隧道,提出了沉埋法和盾构法。在施工设备方面,我国自主研发了新型衬砌台车、防水板铺挂台车、温控喷雾养护台车等一系列谱系化台车,研制出适应国内隧道现场环境的通风照明装备、防灾救援逃生装备以及自行式仰拱栈桥等附属设备。然而,与国外隧道先进技术相比,我国的隧道施工设备和工艺还存在一定差距,整体技术水平还需要进一步提高。

3. 土工结构

1)国外

一些发达国家路基工程的施工基本实现了数字化,并严格进行精确、高效及高质量的施工控制,逐渐走向智能化。如基于挖掘机、摊铺机、平地机、压路机、桩机等设备的三维引导和控制系统的综合应用,建立联合工地,通过实时信息流对人力、材料、机械等信息进行收集、处理和交流,提高施工效率。在路基压实设备方面,美国、德国、瑞典等国家研究了压实设备的智能判断与自动调节控制技术以及路基智能压实设备等。

2)国内

我国在科学管理、规范操作的基础上,建立了"三阶段、四区段、八流程"的路基施工工艺。路基施工的机械化以及工业化已经实现,数字化施工设备及质量控制设备的一体化技术逐步形成,桩基施工及填筑压实的信息化技术已经得以应用,但针对智能压实控制技术与多机联合作业交互技术的研究还处于发展阶段。

目前,我国针对疏浚吹填的大面积软黏土地基处理需求,研发了自密封真空预压加固技术、真空联合电渗法加固技术、超软土浅表层快速加固技术、超软弱淤泥化学加固新技术、真空预压联合强夯快速加固深层软基技术、深井降水联合强夯软基加固技术以及现场监测数据自动记录和传输技术,初步解决了大面积超软黏土,尤其是新吹填超软土地基快速加固技术难题。

4. 疏浚与吹填造陆技术

1)国外

目前,国际疏浚与吹填造陆发展的趋势是沿海疏浚工程装备大型化、内陆河湖疏浚小型精细化、疏浚产业与相关产业(深水采矿、水下管沟开挖与回填、海上风电安装)协同化、环保疏浚多元化。

疏浚工程装备大型化主要体现在挖泥船的生产能力方面,其舱容可达 46000m^3,最大挖深达 155m,总装机功率 41650kW。

内陆河湖疏浚小型精细化主要体现在装备小型灵活方面,如可以分体的环保疏浚绞吸船和水陆两栖水工设备。

疏浚产业与相关产业协同化主要体现在疏浚公司开展深水采矿、水下管沟开挖与回填、海上风电安装等业务。水下挖掘机器人结合垂直水力输送的方案设计深海采矿装备,并在深海钻石开采领域已经有成功应用的案例。

环保疏浚多元化主要体现在疏浚污染水土的处理方面。水土处理设备需要环保疏浚作业专用设备、净水装置、沉淀物处理装置、污染土脱水装置等,每个环节都需要进行定制化设计与开发。

2)国内

我国已成为疏浚大国,自航耙吸船舱容量和非自航绞吸船装机总功率均位列世界第一,大型疏浚船舶的设计、建造技术实现突破,基本达到或接近当前国际先进水平。进入21世纪,我国绞吸船的发展实现了爆发式飞跃,在船舶的主尺度、性能和装机功率、自动化程度上都发生了巨大变化。新型船舶也应用了柔性台车系统、波浪补偿桥架系统、疏浚设备的变频控制等国际先进技术。

目前,我国最大绞吸挖泥船的绞刀功率达6600kW,可以开挖单侧抗压强度50MPa以内的岩石。目前我国最大耙吸船泥舱装载量达21000m³,最大挖深可达90m。此外,200m³抓斗式挖泥船已建成投入使用。

在超大型装备的自主研发和制造方面,我国已与国际先进水平相当,但在船舶的尺度或规模上仍未达到国际领先水平。国际疏浚公司早就在海底沟槽开挖与回填、深海采矿等领域开展了连续的研究,然而我国疏浚公司在本领域的研究却刚刚起步,对后续新型领域的发展积累仍显不够。吸取发达国家对排放要求日益严格的经验,我国也对环境污染控制逐步重视,因此,挖泥船整船减排和绿色施工技术面临挑战。在当前大数据和人工智能发展的新时代,人工智能进入疏浚领域已经迫在眉睫,但目前技术储备还不充分是我国面临的一大挑战。

5. 港航和海岸工程技术

1)国外

随着港口建设不断向外海、深水化发展,建筑物结构大型化及形式多元化的趋势日益显著,外海深水港口工程施工技术与装备的研制成为发展的重要方向。同时,随着网络和信息等技术的不断应用,海上大型施工装备的智能化水平和施工效率也越来越高。

水下地基处理是深水港口工程建设中的关键技术难题,安全、高效的深水地基处理技术及装备研发是主要的发展思路。从国际上看,日本应用水下挤密砂桩技术的时间较长,在大量的工程建设中积累了丰富的基础数据资料。

2)国内

近年来,我国结合深水码头、外海人工岛和大型河口航道整治建筑物的建设,研发出超大型沉箱施工技术与装备、深水整平技术与装备、挤密砂桩与碎石桩施工技术、深层水泥搅拌技术与装备、自动铺排技术与装备、全回转打桩船、多锤联动液压打桩锤、混凝土搅拌船等装备,初步解决了深水建港中地基处理、大型结构构件运输和安放等难题。目前,我国海上浮吊最大起吊能力达12000t,基床整平深度可达40m,可以进行水面以下66m深的挤密砂桩地基处理。12锤联动振动锤组工艺的成功运用,可以振沉直径28m、入土25m的钢圆筒,快速成岛技术世界先进。

我国"振华30"起重船,以其单臂架12000t的吊重能力和7000t、360°全回转的吊重能力位居世界第一。"三航砂桩6"挤密砂桩船,可以进行水面以下66m深的挤密砂桩地基处理,最大成桩直径可达2m,复合地基置换率可达70%。"四航固基"深层水泥搅拌船,最大处理深度可达水面以下36m,一次处理面积13.92m²。"津平1"基床铺设作业平台船,可铺设水深 10～40m 范围的基床垫层,在不移动船身的情况下,其碎石铺设整平作业范围可达 48m × 25m。"航工铺 2"铺排船,可进行 2.0～7.0m 水深的铺排作业,铺排宽度达 40m。沉管浮运安装一体船(在建),拖带沉管时自航航速可达 5km/h。

今后,出于外海深水恶劣自然条件下施工需求和环境保护的要求,大型、高效、环保、智能施工技术和装备是我国海上施工技术研发的重点。

四、养护维修技术

1.铁路领域

1)国外

随着计算机和科学技术的快速发展,人工智能已广泛应用于铁路线路基础设施的养护与维修中。国外铁路重视重载铁路状态检测技术和预测评估技术在线路养护维修中的应用,建立了基于状态修(CBM)的维修模式。状态修是指通过定期或连续对线路设备状态进行检测和诊断分析,预测或及时发现可能线路病害,以达到主动避免某些病害发生或根据不同状态采取相应维修方案,从而实现维修时间少、速度快、费用低,并提高维修准确性和线路设备可靠性目的的维修模式。

国外铁路推行"管、检、修"分离模式,一方面可实现检查与维修的异体监督,提高维修的专业性与机械化水平;另一方面采用专业化大型养路机械进行维修作业,提高维修质量与维修效率。如日本高速铁路采用"管、检、修"严格分离模式,其铁路公司只负责设备管理、发包、检查和验收,检测与维修作业均外包。欧洲高速铁路为"管、检、修"部分分离模式,将大部分大修和部分计划维修业务外包。

2)国内

随着信息化技术的不断普及,国内已开发出线路设备管理系统,可实现线路基础设施的智能化管理。此外,我国还建立了铁路工务管理信息系统(PWMIS),该系统以 GIS 为平台,应用智能技术,可最大限度实现数据与信息资源共享以及信息获取、组织管理、实施计划、指挥调控等作用,方便对铁路工务设施进行有效管理,提高铁路信息化水平。另外,还形成了基于 PHM 的大跨度桥梁的智能养护维修技术,实现了大跨度铁路桥梁的关键构件服役状态的智能化监测和健康管理。

在维修组织方面,国内已全面推行"检、养、修"分开的模式,采用集中修、机械修、天窗修和一体专业检查方式,提高了线路检查和维修质量,大大减少作业处所,提高了安全生产管理水平。维修组织模式主要有工务、电务和供电综合维修和专业维修模式两种,生产一体化管理可实现统一组织架构、统一天窗安排、统一生产计划、统一组织、统一应急处置,提高天窗利用率和维修作业效率。

在维修技术方面,国内已拥有成熟的大型养路机械的研发与生产能力,采用专业化大型养路机械进行大修与综合维修作业。通过引进技术、联合设计、合作生产、自主研发等方式,掌握了大型养路机械的制造技术及核心技术,完善了生产组织,大幅度提高了大型养路机械的制造水平。同时,国内已研发出系列的线路基础设施维修加固新材料、新方法和新工艺,并建立了成套的铁路线路基础设施维修与加固技术体系。

2. 公路领域

1）国外

国外发达国家的养护、维修工艺优良,注重对新材料、新工艺、新机械的开发与研究,机械化程度高,新材料应用广泛,投资多,注重预防性养护。此外,还应用计算机管理系统,将动态数据存储在数据库中,通过管理系统决定公路的养护等级。

2）国内

近年来,我国公路养护的机械化程度不断提高,新材料、新工艺、新技术、新机械不断在养护维修工程中得到应用,碳纤维等复合材料、体外预应力加固等新方法和新工艺开始应用于桥梁维修加固,拉(吊)索更换技术、主梁更换和加固技术等得到了较快发展。常温低温混合料修补坑槽技术、沥青玛蹄脂碎石(SMA)混合料罩面技术、土工合成材料防止路面裂缝等技术,橡胶沥青洒布车、稀浆封层机等设备应用于路面养护和维修中,形成了较为完善的公路养护、维修与加固成套技术成果,建立了较为完善的公路养护、维修与加固技术体系。

但是,我国公路养护维修技术多借鉴发达国家的经验,对于预防性养护技术的研究还缺乏系统性,基础数据积累和挖掘利用不够,相应的管理体制、标准、管理平台系统等方面仍落后于发达国家。养护机械化程度偏低,关键养护维修设备主要依赖进口,自主创新能力还有待提高。

3. 水运领域

为满足不同需求,国外码头建筑物加固和改造升级的方法日趋多样化,新材料(如水下施工不扩散灌浆料、活性粉末混凝土、FRP材料)、新技术(如体外预应力技术、利用电化学沉积技术修复钢筋混凝土的裂纹和损伤技术)、新设备(如水下机器人)等不断涌现。

在结构维护方面,我国颁布实施了《港口水工建筑物修补加固技术规范》(JTS 311—2011)和《港口设施维护技术规范》(JTS 310—2013),对港口设施的维护管理起到了积极的指导与推动作用。

我国还对海港码头加固改造技术进行了深入探索,针对不同类型码头,系统研究了码头结构加固方法、升级改造方法和结构加固改造中的检测关键技术,初步提出了一套结构加固改造方法和实施指南。

<table>
<tr><td>第三节</td><td>国内外技术比较</td></tr>
</table>

第三节　国内外技术比较

交通运输是国民经济的动脉,是社会生产、生活组织体系中不可缺少和不可替代的重要组成部分。自21世纪以来,我国交通运输业蓬勃发展,高速铁路运营里程、高速公路通车里程、城市轨道交通运营里程及港口泊位数量均位居世界第一。高速公路"五纵五横"和高速铁路"四横四纵"基本贯通,综合交通网络骨架初步形成,综合交通枢纽建设明显加快,各种运输方式衔接效率显著提升。

我国交通基础设施建设技术也取得了可喜的成就,在基础理论与设计方法、重大工程建设、施工装备与施工工艺等方面的技术创新取得了重大突破,交通基础设施建设技术总体水平进入世界先进行列,部分技术已处于世界领先水平。

我国交通基础设施建设技术的主要优势体现在如下四个方面。

(1)设计理论和计算方法先进。精细的有限元分析理论在交通基础设施设计中得到普遍应用;开展了基于全寿命可靠度的工程结构、大型结构抗风抗震设计等设计理论与方法的研究,研发了高速铁路轮轨关系理论、海岸工程泥沙动力分析、三维边坡稳定性分析、车线桥耦合作用等理论并应用于交通基础设施设计,保证了结构的安全适用;在软土地基沉降变形控制、大型桥梁抗风抗震设计、高地应力软岩大变形隧道设计理论、特殊复杂条件下结构设计及计算方法等方面取得了重大突破,解决了一系列重大工程难题。

(2)施工设备先进。重大工程施工设备屡创新高,如黄韩侯铁路芝水沟特大桥2000t级64m跨节段预制拼装造桥机、宜昌长江大桥1400t级移动模架双向造桥机、平潭海峡公铁两用大桥直径4.5m的超大直径钻孔桩钻机、重庆菜园坝大桥420t缆索吊机、直径9.03m的国内最大直径"彩云号"硬岩掘进机(TBM)、世界最大断面"阳明号"类矩形盾构机(宽11.83m、高7.27m)、世界首创"马蹄形"盾构机、直径14.93m的"天和号"超大泥水气压复合盾构机、每小时挖泥6000m³的"天鲲号"自航绞吸挖泥船、7500t级"蓝鲸号"全回转自航浮吊等施工设备均处于世界先进水平。

(3)施工工艺高。研发了1000t级高速铁路整孔简支箱梁运架设备,形成了BIM设计、信息化预制、千吨级运架设备和智能运架技术于一体的铁路简支箱梁制运架成套技术;开展了复杂地质及恶劣气候条件下交通基础设施施工技术研究,在大跨度桥梁、深水基础、不良地质条件下长大隧道、地下交通枢纽、远海岛礁、全自动集装箱码头等基础设施施工技术方面取得突破;提出了"液氮人工冻结法",解决了长三角地带、高压富水地层盾构隧道建设中的涌沙冒水的关键难题;形成了隧道钻爆法中的"三台阶、七步流水""三阶段、四区段、八流程"路基填筑、大质量立交桥转体施工、大跨度钢结构屋架顶推、铁路轨道板"流水机组法"、快速成岛施工等先进工艺,提高了交通基础设施建设水平。

(4)建设组织水平高。组织建成了一批如京沪高速铁路、港珠澳大桥等具有代表性的重大工程,施工质量高、安全事故率低、创新成果丰硕,成就斐然。

京沪高速铁路全长1318km,面对世界长大距离高速铁路持续高速运行的重大科学问题,其艰巨性、复杂性、特殊性史无前例,建设管理者提出了"建(设)运(营)融合,一体化管理创新"的思路,通过精心组织,仅用38个月就建成了世界上一次建成里程最长、速度最高的高速铁路。京沪高速铁路的建设运营形成了自主知识产权的技术标准,取得了举世瞩目的成就。

港珠澳大桥的工程建设条件十分复杂,包括远离陆地、受台风等恶劣天气影响频繁以及跨越航运最为繁忙的珠江口海域和中华白海豚保护区。结合国内外多座已建成和正在建设的跨江跨海特长桥梁的工程特点及施工经验,大桥施工组织管理者采用了"工厂化、装配化及机械化"的人性化施工方案,大量减少海上作业工作量和海上作业时间,将大桥建设对航运、航空、海事、环保的影响程度降至最低,同时大大降低了施工风险,保证了大桥按期、优质地完成建设。其中,港珠澳大桥沉管隧道是全球最长的公路沉管隧道和全球唯一的深埋沉管隧道,生产和安装技术有一系列创新,为世界海底隧道工程技术提供了独特的样本和宝贵的经验。

随着我国交通基础设施建设持续稳定地有序推进,土建技术取得一系列重大突破,但与实现我国"交通强国"战略的要求相比,部分技术与国际领先水平还有一定的差距,主要表现在以下四个方面。

(1)基础理论创新能力有待进一步提高。如隧道结构设计与建设技术理论与标准体系,更大体量、特殊复杂环境条件下交通基础设计、建造和养修技术,混凝土结构劣化与灾变机理,交通基础设施建养一体化技术,更高速度轮轨系统、磁悬浮、真空管道等新型交通运输技术,BIM、大数据、云计算等信息技术在交通基础设施中的应用,交通基础设施中新材料、新技术、新方法、新工艺的研发等都是国际、国内在交通领域中的研究热点,针对上述问题,我们都应开展深入研究,以引领交通基础设施建设技术的发展。

(2)信息化水平有待提高。如一些发达国家BIM应用相对较为成熟,而我国起步较晚,BIM标准体系尚不完整,对建设期各施工环节的自动化监测与信息采集尚未普及,对数据与BIM模型的结合与应用也还处于摸索阶段,与国际先进水平存在较大差距。随着"德国工业4.0"和美国"再工业"等工业发展战略的实施,发达国家加大了对装备的软件研发投入,其施工装备信息化、一体化水平相对较高。与之相比,我国施工装备还有一定的提升空间。

(3)材料工业有待提升。我国交通工程常用混凝土标号与发达国家尚有一定差距。

在基于疲劳与环境综合作用下混凝土结构耐久性评估与寿命预测,长寿命结构混凝土设计与制备技术,具有自诊断、自调节、自修复功能智能混凝土制备技术,混凝土结构、钢结构长效防护与再防护技术体系等方面还需开展进一步研究。与发达国家相比,我国高强度、高韧性、高耐候性、易焊接性等高性能钢材的研发与应用水平还有待加强,高分子材料、复合材料及智能材料的研发和应用也尚需深入研究。

(4)绿色环保技术需进一步加强。在设计技术方面,虽然我国已开始引入全寿命周期设计理念,但是还处于起步阶段,绿色环保理念在设计方面的应用仍得不到普遍的重视,绿色化水平不高,加重了生态环境的负担。在施工技术方面,虽然我国努力推行品质工程建设,但与一些发达国家相比,部分施工设备老旧,清洁能源使用比例较低,机械设备的能源清洁化水平有待提升。此外,在施工措施、施工工艺、施工标准与政策等方面还存在一定差距,施工中环保理念需进一步加强。在养护技术方面,与发达国家相比,我国在养护时资源消耗量较大,环境影响问题相对突出。在结构耐久性方面,标准还不高,使用材料尚未达到绿色环保要求,材料的回收利用及建筑垃圾处理尚需加强。

CHAPTER THREE

第三章
交通基础设施建设技术发展的思路与目标

第一节　指导思想

我国交通基础设施建设技术发展的指导思想是围绕交通强国战略目标,贯彻落实创新、协调、绿色、开放、共享的发展理念,深入实施创新驱动发展战略,积极服务国家"三大战略",建成"安全、便捷、高效、绿色、经济"的现代化综合交通运输体系,实现交通率先突破,不断加强科技创新能力建设,更好地发挥科技创新对交通运输的支撑和引领作用。超前基础理论研究,加强应用技术攻关,建设综合试验室和试验场线,产学研用协同创新,公铁航地一体化组织,充分发挥社会主义制度集中力量办大事的优势,大步迈向交通基础设施建设技术世界领先者的行列。

第二节　总体思路

我国交通基础设施建设技术发展的总体思路是:

(1)智能化。深入推进基于BIM技术的智能建造,实现桥梁、隧道、港口、大型房屋建筑等工程全生命期的数据化、可视化管理。研究开发适用于铁路、公路、海岸、港口工程的基础软件和应用软件,实现全部工程采用BIM技术设计,从而使线上与线下工程、建筑与设备安装工程、桥隧涵与土工结构工程、土建工程与通信信号电力工程的有机衔接,避免差错等问题的出现。在施工方面,研究设计3D基础上的4D技术,并与机器人扫描、监测技术相结合,形成信息化平台,将建设管理中的质量、安全、进度控制、验工计价等统一纳入平台管理,提高管理效率和水平;将钢结构加工、主材用料尺寸和数量、工程数量统计分析等技术工作也统一纳入平台管理,使技术管理从以人主观判断为主向智能化决策方向转化。在养护维修方面,研究 5D 技术,与大数据、PHM(故障预测与健康管理)技术相结合,随时发现运营过程中基础设施的变化,准确判断其风险高低程度,及时分析原因并提出解决方案,保持设施状态良好,保证运营安全。

(2)一体化。构建综合交通基础设施完善、运能充分、规模适宜、运输结构合理的一体化综合交通网络和无缝衔接的综合交通枢纽体系。研究实施铁路、公路、城市轨道交通、管道、高压电缆等一体化跨越天然屏障的方案,包括一体化桥梁、一体化隧道,以节省土地、节省投资,充分发挥大交通的优势,充分利用有限的江河通道资源。研究实施桥梁、隧道、房屋、海岸、港口、房建等土建技术一体化创新的体制机制,打通行业间、专业间的阻隔,共同对基础理论、设计施工技术、材料装备技术等开展攻关,集中力量解决重大技术问题,提高科研效率,加快科研成果的转化。研究实施铁路、公路、水运、航空等综合枢纽建设和基础设施建设管理的一体化创新,围绕建设一流工程、赶超世界先进水平的目标,利用系统工程原理和现代科技手段,在项目管理的内涵、方法、文化等方面一体化组织管理创新,不断提高建设的决策、控制、组织水平。

(3)装配化。认真落实国办《关于大力发展装配式建筑的指导意见》(国办发〔2016〕71 号),大力开展装配式房屋、桥梁、隧道、码头等结构物的一体化集成设计研究,成熟一个应用一个。开展大部件装配化施工设备的研制,适应设计要求,满足现场机械化装配需要。开展预制件工厂化标准化生产研究,建设异地、重复使用的工厂,研制标准化的部件以及生产工装和工艺。开展装配化施工质量检测、评估技术研究,制定质量评判标准,建立指标体系。

(4)精细化。精心设计、研究工程勘察的新设备、新仪器,如研制高分辨率、高效率的探地雷达、红外线探水仪,同时充分利用遥感卫星,逐步实现地质勘探工作的无损化和精准化。将云计算、大数据与 BIM、GIS 技术相结合,实现设计手段的智能化。精心施工,以机械化、信息化、智能化为支撑,以技术标准、作业标准为依据,以高素质管理、技术、技能人才为依托,精心做好每一项工作。以工艺质量保工序质量,以工序质量保整体工程质量。精细管理,从规划设计、施工到工程竣工验收,都明确工作目标、工作流程和责任人,实行信息化实时监控,使每项工作得到有序推进、有序衔接及有效控制。

第三节　发展目标

我国交通基础设施建设技术发展共分两个阶段,其中,第一阶段(到 2030 年)的发展目标是:交通科技水平与创新能力显著提高,在智能化、一体化、装配化、精细化方面突破一系列重大关键技术瓶颈,取得一系列国际领先、实用性强的自主创新成果;创新驱动发展成效显著,推动产业结构优化,促进产业由价值链中低端向高端跃升,交通基础设施建设综合创新能力领先于世界水平,能够有力支撑基本实现交通现代化的目标。

(1)创新能力位于世界前列。科技创新的管理能力全面提升。补充、完善行业重点科研平台,运行机制更加健全,重点领域和地域布局更加完善,平台创新领跑作用更加突出。大型仪器设备和科学基础设施实现向全社会开放共享,形成行业内外协同创新的新格局。培养并遴选150名中青年科技创新领军人才、80个重点领域创新团队和30个科技人才培养示范基地。

(2)重大科技研发取得一系列新突破。在建筑信息模型(BIM)、复杂桥隧、远海工程、水运主通道高坝与北方内河通航、深远海交通基础设施建设、综合交通枢纽建设、基于车路协同的道路交通安全等重大关键技术开发与应用上取得一批拥有核心自主知识产权、实用性强的研发成果,新一代信息、智能技术在交通运输领域得到广泛应用,互联网与交通运输发展深度融合。

(3)有利于创新的体制机制成熟定型。科技创新机制、制度基本完善,科技创新治理能力建设取得重大进展。以企业为主体、市场为导向的技术创新体系更加健全,行业创新体系整体效能显著提升。完善科技投入稳定增长的长效机制,投入产出整体效率明显提升。加强知识产权的创造与保护,创新的动力与活力显著增强。科学精神进一步得到弘扬,创新文化氛围更加浓厚,创新成为社会、企业和职工的自觉行动。

(4)成果推广应用取得新成效。形成覆盖交通运输科技创新全链条的科技服务体系,通过成果公开共享、科技示范工程、技术交流培训等形式,在推广先进成熟适用技术成果方面取得新的显著成效。

第二阶段(到2045年)的发展目标是:科技实力和创新能力进一步提升,再突破一批重大关键技术,取得一系列国际领先、实用性强的自主创新成果,创新驱动发展成效进一步显现,实现产业结构优化。产业价值链居于高端,交通基础设施建设技术综合创新水平居于世界引领者地位,能够有力支撑交通率先完全实现现代化目标。

一、桥梁工程技术

今后一段时间内,重大桥梁建设将越来越向外海和复杂高海拔山区拓展,建设条件将更加复杂,规模尺度与自然灾害条件将颠覆以往工程范畴。从桥梁养护需求看,桥梁"老龄化"和服役条件恶化导致的大量桥梁病害问题突出、安全事故日益增多、维护成本巨大已成为世界各国共同面对的问题。因此,今后一段时间内我国将重点对桥梁设计理论及方法、标准规范、高性能材料、建造设备及技术、智能建养及管养一体化进行研究,从而实现我国桥梁行业的"健康、绿色、长寿"。

1. 总目标

桥梁设计理论及方法实现新突破。健全完善桥梁建设标准化体系,加快新技术的标准规范编制,推进桥梁标准规范国际化。研发高性能材料,实现桥梁材料高强高性能化、长寿命化、轻型化、智能化,最终实现高性能和智能材料的工程化。重点突破长、大桥梁的装配式智能制造技术及高效施工工艺、基于人工智能技术的大型施工架设装备,实现桥梁施工设备及技术的高效化和智能化。构建监测检测、评估预警、维护加固、安全保障一体化桥梁智能管养新体系,建立国家及区域级桥梁养护管理平台。

2. 阶段性目标

第一阶段(到2030年)的发展目标是:实现桥梁设计理论及方法突破,健全、完善桥梁建设标准化体系,加快新技术的标准规范编制。突破桥梁装配化施工、新型装配式桥梁结构体系及关键构造、装配式桥梁建造装备,并实现工程示范应用。研发高性能和智能结构钢、钢筋、缆索、混凝土和复合材料,大幅提高材料的力学性能、施工性能、耐久性能和智能性。围绕巨大的桥梁养护和安全保障需求,突破桥梁结构评估诊断与长期性能演化分析理论、方法以及智能监测检测、结构评估诊断与智能预警、智能延寿与安全保障等技术及装备,构建监测检测、评估预警、维护加固、安全保障一体化桥梁智能管养新体系。实现全寿命管理平台在大跨度桥梁上的工程示范。建造效率提高15%以上,全寿命成本降低15%以上,修复改造危桥20000座以上。

第二阶段(到2045年)的发展目标是:推进桥梁标准规范国际化,实现高性能和智能材料的工程化。突破装配式桥梁智能建造技术与装备、桥梁3D打印技术及装备等关键技术,并实现工程示范应用。建立国家及区域级桥梁养护管理平台,为提升我国桥梁养护管理能力和水平、保障平安交通提供技术支撑。发展基于大数据的桥梁建养全过程信息挖掘理论与方法,研发基于大数据和BIM技术的桥梁建养一体化技术,建立基于大数据和BIM技术的桥梁建养一体化平台,以信息化、智能化实现建养一体化引领桥梁工程现代化发展。建造效率提高25%以上,全寿命成本降低25%以上,修复改造危桥40000座以上。

二、隧道工程技术

今后一段时间内,穿海湾与江河特长深埋隧道、深水域悬浮式隧道、特长山岭隧道等特殊地质条件对隧道建设提出了更高要求,因此,隧道建设技术亟待进一步突破。

1. 总目标

隧道工程建造理论有新突破,形成我国隧道修建标准体系,进而成为国际隧道标准体系的组成部分。做好统筹规划设计,铁路、公路、管道、电缆槽道、地铁等隧道建筑实现一体化设计,做到节约土地及资源共享。主要建筑结构实行工厂化生产、机械化装配、智能化建造,满足质量精品、绿色环保要求。隧道装备采用机器人智能化操作,实现自感知、自学习、自决策、自控制。建造工艺实现地质智能探测、动态优化设计、结构 3D 打印、安全节能耐久。运营维护实现自动获取信息、分析制定方案、智能维护作业、保障运营安全。

2. 阶段性目标

第一阶段(到 2030 年)的发展目标是:实现隧道建造理论的突破,形成我国隧道标准建造体系。形成隧道行业完整的规范体系。铁路隧道与综合管廊、公路隧道与综合管廊、公路隧道与地铁隧道共建设计。城市铁路和公路隧道、地铁隧道均实现全预制拼装建造、山区深埋隧道轨下结构和管线沟槽实现现场预制拼装。大部分隧道装备实现机器人操作、智能化建造。超前地质预报实现智能探测,并实现信息化动态设计。运营维护实现"人工 + 物联网 + 机器"的半自动化诊断与维护。

第二阶段(到 2045 年)的发展目标是:形成隧道行业统一的规范体系,中国标准成为国际隧道标准体系的重要组成部分。铁路隧道与地铁隧道共建,铁路与公路、地铁、管廊隧道实现一体化规划设计。开发出隧道建造机,使其能够适用于各种地质形态的隧道智能掘进,并利用破碎的岩体作为主体结构的材料,进行 3D 打印。运营维护实现全智能作业。建成一批极复杂地质山岭隧道、深埋城市隧道和超长海底隧道工程。

三、土工结构工程技术

今后一段时间内,超大型交通工程的建设将越来越向资源节约型、环境友好型发展。由此,其带来土工结构的一系列变革,要求我们在设计技术、施工技术、养护维修技术方面实现进一步突破。

1. 总目标

建立地基路基路面一体化设计方法与指标体系。研发出轻质高强新型土工材料并进行工程应用。研发出配套的大功率、环保型路基快速压实和地基加固装备。实现路基支挡、防护、排水等设施装配化、标准化、生态化,使道路弃土能被大量利用。建立基于大数据的路基、边坡全生命期健康监测与预警平台,实现路基智能化养护和维修。

2. 阶段性目标

第一阶段(到 2030 年)的发展目标是:建立地基路基路面一体化设计方法与指标体

系。研发出轻质、高强新型土工材料并进行工程应用。新建道路支挡防排水措施,并实现环境友好型、耐久型、自然恢复生态型运用。减小路基运营期沉降与不均匀沉降,提高路基的长期使用性能和整体质量,提高公路的行驶速度和使用寿命。高速公路路基容许工后沉降标准提高到一般路段 23cm,涵洞、箱涵、通道处 15cm,桥台与路堤相邻处 8cm。高速公路设计速度达到 140km/h,路基使用寿命达到 60 年。道路弃土能够被大量利用,特殊填料结构路基、轻质结构路基、预制装配与现场浇筑相结合的路基结构与快速建筑技术、全方位的信息化施工技术、新型边坡防护和防排水结构得到发展。在超软土地基加固理论,深厚软土、深水软土、吹填超软土地基处理,地基变形监测与控制技术等方面取得突破性进展。

第二阶段(到 2045 年)的发展目标是:高速公路路基容许工后沉降标准提高到一般路段 15cm,涵洞、箱涵、通道处 10cm,桥台与路堤相邻处 5cm。高速公路设计速度达到 160km/h,路基使用寿命达到 80 年。路桥(涵)过渡段不均匀沉降实现智能化监测。路堤边坡防护、支挡措施实现生态、科技、景观协同发展。路桥(涵)过渡段不均匀沉降实现智能化监测和自动化恢复。道路弃土利用率进一步提高,在浮式基础结构路基、3D 打印技术与装备、路基集群化智能施工技术、路基结构的多功能利用技术等方面实现突破。建立基于大数据的路基、边坡全生命期健康监测与预警平台,实现路基智能化养护和维修。

四、疏浚与吹填造陆工程技术

近年来,由于货运量不断增长、运输船舶发展趋于大型化,加之沿海土地资源紧张,疏浚和吹填造陆技术亟待大力发展。由此,以提高生产率和降低成本为目标的一大批高技术含量的疏浚创新产品相继问世。今后一段时间内,疏浚及吹填造陆技术将朝着绿色、高效、智能、功能集成等方向发展,疏浚及吹填造陆装备整体要逐渐实现大型化、高效化、环保化、信息化、自动化。

1. 总目标

实现航道及海洋水底环境的高效化、自动化测绘。针对外海及内河航道的疏浚要求及通航条件,研发出各具针对性的疏浚装备,同时建立数字化航道模型。针对受污染土体、絮状软土及 60MPa 以上岩石等各类土质,实现绿色高效的土体无毒化处理、脱水固结及削切。实现超大型疏浚及吹填造陆装备的自主研发和制造,在超大型泥泵系统、超大型系列化绞刀及耙头、超大型船体、动力配置及复杂环境定位系统等关键问题上实现重大突破。实现疏浚与造陆技术及装备的智能化、高效化、环保化,整体达到国际领先水平。

2. 阶段性目标

第一阶段(到2030年)的发展目标是:掌握高精度水下测绘技术、无人测绘航向制定、无人测绘精度分析和修正技术,掌握超声、声呐、磁力探测和钻孔相结合的物探技术,实现水底环境的高效勘探及测绘。掌握无溢流疏浚技术、浑浊区域控制技术、无扰动软底质疏浚技术,底泥的无害化处理、脱水处理和资源化利用技术等环境友好的整体疏浚技术。研制出可分体组装的大型疏浚装备,建立内河航道的整体数字化模型,为航道的疏浚计划、水量调度与自然冲砂提供依据。开发出疏浚BIM系统,掌握基于全生命期BIM技术的疏浚系统应用,实现疏浚工程项目整体数字化管理。建造适合超大型耙吸船、绞吸船泥泵及其辅助系统,同时开发适用于超大型绞吸船10000kW挖掘功率的岩石、硬土等系列绞刀。针对恶劣水文条件作用下对绞吸船定位系统的冲击,研制更高性能定位系统,使同等波浪周期下风浪适应能力提高0.5m。同时,进行长距离垂直水力输送特性研究和输送装备研发。疏浚装备整体能力和水平达到国际先进水平。

第二阶段(到2045年)的发展目标是:在船舶的尺度或规模上达到国际领先水平,实现疏浚装备的平台化、组合化、多功能化。通过环保的疏浚和吹填造陆技术研究以及环保装备的研制,满足国内外保护海洋、滩涂岸线和江河湖泊等水环境生态的前提下,发展高精准度、高质量、绿色的疏浚及其延伸业务技术体系。拥有智能化疏浚设备,掌握智能化疏浚技术,使疏浚领域完全进入人工智能时代。完全掌握硬土质疏浚技术以及淤泥固化技术。全面提升外海作业能力施工工艺,形成多种挖泥船联合外海作业的全套工艺。完成深水高压输电、水下装备及环境监测设备、信号传输、分站式水下装备精确定位等关键技术研究。疏浚装备整体能力和水平处于国际领先地位。

五、港航和海岸工程技术

港口和航道是国家重要的交通基础设施,也是国家综合交通运输体系重要组成部分。改革开放以来,我国港口发展取得了巨大成就,港口吞吐量多年位居世界首位,内河高等级航道网络基本建成,水运对国民经济和对外贸易的发展发挥了重要支撑作用。今后一段时间内,随着工程建设不断向深水、外海发展,加之所面临的自然条件也愈加恶劣,港航及海岸工程建设会逐渐向装配化、自动化、智能化、绿色化、耐久化及全生命期经济化发展。

1. 总目标

探索海洋环境多灾害耦合机理、多灾害应对设计方法,并给出有效防护方案。通过建设理念和建造技术的国际化和精细化,确保新建工程和已建工程更加安全、更高效率、更趋协调、更可持续。加紧推进我国港航和海岸工程相关标准国际化工作。

2. 阶段性目标

第一阶段(到 2030 年)的发展目标是:研究海洋环境多灾害耦合机理及设计方法,实现多灾害模拟、长周期波模拟,通过精细化设计保证港航及海岸工程的全生命期的经济性。突破港航海岸工程的装配化技术、智能化技术、耐久性提升及维护技术,配套研发适用于外海长周期波环境的大型化、智能化施工装备。深入掌握航道淤积机理,提出减淤措施,改进航道尺寸技术,重点攻克远海平台快速建设技术、大型升船机建设技术、高水头船闸建设技术、省水船闸建设技术等。在港口、航道、通航建筑物、人工岛、海岸等工程建设的设计理念和方法、施工技术等方面取得一批拥有自主知识产权、适用性强的创新成果,先进的信息技术、智能技术在工程中得到广泛应用,工程建设技术水平位于世界前列。

第二阶段(到 2045 年)的发展目标是:重点突破基于大数据分析的港口工程全概率设计技术。形成绿色与智能建造技术、3D 打印技术应用、港口生态环境保护与恢复等关键技术。重点攻克地下船闸建设技术、隧洞通航技术、立体交叉通航、枢纽过鱼设施建设技术,以支撑三峡新通道、山区河流航运开发、大运河复航等工程建。重点攻克生态环境保护与恢复技术、智能港航工程建设技术,并打造安全、高效、绿色、智能水运交通体系,使整体技术水平处于世界前列。

六、大型房屋建筑工程技术

由于今后一段时间内,大型房屋建筑对环保、高效、重复利用与产业化提出了更高的要求,因此,施工现场应致力于发展智能化装配模式(IAM),并采用附加值高的装配式构件与部品,缩短工期,提高施工效率,提升房屋建筑的产业化水平。同时,基于 BIM 与"互联网 +"的技术融合,提升定制环境内部的网络化程度,并实现定制环境与整个装配企业的网络化。实现定制环境与企业产业链信息系统等各子系统的装配交易。

1. 总目标

积极开发、推广先进防震减震技术,提出超大跨度空间结构和超大容量仓储建筑的系统设计理论和方法。通过普及和深化 BIM 技术应用,提高工程项目全生命期各参与方的工作质量和效率,保障工程建设优质、安全、环保、节能。

2. 阶段性目标

第一阶段(到 2030 年)的发展目标是:建筑行业勘察、设计、施工企业及政府管理部门全面掌握 BIM 技术,并实现企业、政府管理机构的技术衔接。在高烈度地区新建建筑物方面,隔震消能技术普遍得到应用。集约型、复合型铁路客运枢纽与机场航站楼设计技术大幅提升,初步实现建设智能化、一体化、精细化、环保化。

第二阶段(到 2045 年)的发展目标是:完成 90% 以上新旧建筑的全面数字化、绿色节能改造,全面实现建设智能化、一体化、精细化、环保化。

七、路面、跑道和道床工程技术

随着我国高速运输网络的完善,今后一段时间内,交通运输将向高速化、智能化发展。因此,路面、道床和跑道工程需要在设计技术、新型材料、施工技术及设备、智能养护维修技术方面实现突破。

1. 总目标

(1)路面:路面最终是为人和车辆提供服务的平台,因此,路面技术的发展首先要满足车辆发展的要求,其次要满足人的需求,最终目的是使车辆和人不但能够安全、快捷地使用路面,而且能在使用过程中得到更多的满足和享受。同时,路面的施工、养护等都必须简单、快速,将对交通的干扰和影响降到最低。与此同时,应把道路修建和养护过程中对环境产生的影响降至最低。

(2)机场跑道:建立科学合理的、适应大型特种飞机和普通飞机的道面结构设计方法。同时,全国主要枢纽机场跑道建设向智慧化、数字化方向发展。

(3)有砟道床:有砟道床仍然是现在铁路常用基础型式之一,针对高速铁路列车时速不断提升的需求,重点在有砟道床设计理论和维修养护技术、道砟回收再利用技术、人工道砟技术方面实现突破。

(4)无砟道床:无砟轨道因其高平顺、高稳定、少维修等突出优点,成为各国高速铁路轨道结构的首选形式,是高速铁路的核心技术之一。要在装配式无砟轨道结构优化技术,新型工程材料应用技术,耐久性提升技术,无砟轨道高效、智能维修技术,智能检测、监测技术等方面重点突破,以保障高速铁路建设高效、运营安全和结构耐久。

(5)码头面层:港口机械大型化、重型化,以及码头自动化、绿色港航建设的发展趋势,对港区铺面提出了新的要求。研究开发重载条件下强度高、不均匀沉降适应性强、耐久性高、绿色透水的码头面层。针对自动化码头,研究混凝土铺面中钢筋替换材料,实现在一定范围内不设钢筋的目标。

2. 阶段性目标

第一阶段(到 2030 年)的发展目标如下。

（1）路面：初步实现路面工程的智能施工和智能养护，并结合汽车工业的发展，局部实现可以和无人驾驶汽车相适应的路、车、人相互感知和信息传输的新型路面。

（2）机场跑道：实现机场跑道道面设计施工一体化，改变机场跑道建设过程设计与施工分离的现状。跑道设计阶段应使用 BIM 建模生成跑道信息模型，在施工管理阶段推行 BIM4D、BIM5D 技术，通过建立云平台，动态智能管理跑道建设全过程，实现设计成果自动优化。推行无人机道面检测技术，建立丰富的道面病害数据库、决策矩阵库，利用图像识别技术，通过数据库匹配，自动对道面状况作出评价，并由计算机自动生成最优道面维护决策和维护时机。基本实现新建机场水泥道面装配化，形成适用于装配式水泥道面的全套设计规范和施工规范。

（3）有砟道床：进一步深化理论研究，揭示道砟道床的劣化机理，预测分析线路设备状态和维修工作量的变化趋势，深化轨检车、加载车、测试货车、雷达检测、合成孔径雷达干涉（InSAR）技术等在道床状态检测中的综合应用研究，逐步实现道床状态修正。开展高速铁路道床关键技术研究，解决道砟飞溅问题，提出适用于时速 350km 高速铁路的道床结构。

（4）无砟道床：研究既有无砟轨道结构智能检测、监测及维护技术，保障高速铁路持续安全、平稳运营。完善固化道床的轨道结构配套部件，推进装配式无砟轨道结构在不稳定区段无砟轨道维修中的应用。研究、开发不同结构类型的无砟轨道无损抬升技术和注浆设备，提升注浆抬升设备的自动化、集成化设计水平。

（5）码头面层：开展重载高弹性模量、长寿命沥青混凝土以及柔性基层的设计研究，以满足重载条件下使用要求，并同时开展绿色码头透水式铺面研究。

第二阶段（到 2045 年）的发展目标如下。

（1）路面：大范围实现真正意义上的智能路面，使路面不仅成为交通的载体，还可以成为路域内信息交互的载体，且要求这种路面必须兼顾智能养护、智能安全保证等功能。

（2）机场跑道：实现全国主要枢纽机场跑道智慧化、数字化，通过跑道内部传感器（包括温度，应力，应变等传感器）实时获取跑道运行状态数据，为跑道的维护提供更加准确的数据依据。重点枢纽机场建设智能太阳能跑道，利用跑道自身的发电满足机场助航灯光，机场照明等需求，实现机场用电自给化。通过整合利用物联网连接的 BIM4D、BIM5D 技术、装配式道面技术、工厂智能化工艺、无人驾驶和机器人技术，由中央处理器实现机场跑道建设全自动化。

（3）有砟道床：开展关于道砟回收再利用技术的研究，将清筛后的道砟进行清洗和分类处理，再应用于不同的领域，使道砟得以循环利用。在道砟力学性能和工作机理等理论研究的基础上开展人造道砟的研究，解决道砟资源短缺的问题。

（4）无砟道床：重点研究不影响运营条件下的无砟轨道结构高效、智能维修技术。进一步优化高聚物注浆材料，提高注浆材料耐久性。在无砟轨道耐久性方面取得突破，将无砟轨道寿命从 60 年延长至 100 年。

（5）码头面层：开展针对自动化码头混凝土铺面中钢筋替换材料研究及应用，实现一定范围内码头铺面混凝土中不设钢筋的目标，开展针对老旧码头改造中破损面层的二次利用研究。

第四节　发展路线

一、桥梁工程技术

桥梁工程技术的发展路线如图 6-1 所示。

时间	现状	2020年	2025年	2030年	2035年	2040年	2045年
跨度	＜2000m	2500m			3500m		
铁路速度	350km/h	400km/h			600km/h		
公路速度	120km/h	140km/h			160km/h		
设计使用年限	100年	150年			200年		
建造效率	—	提高15%以上			提高25%以上		
全寿命成本	—	降低15%以上			降低25%以上		
海上磁悬浮技术	初步研究	形成技术体系			工程应用		

图 6-1　桥梁工程技术发展路线

二、隧道工程技术

隧道工程技术的发展路线如图 6-2 所示。

三、土工结构工程技术

土木结构工程技术的发展路线如图 6-3 所示。

四、疏浚与吹填造陆工程技术

疏浚与吹填造陆工程技术的发展路线如图 6-4 所示。

时间	现状	2020年	2025年	2030年	2035年	2040年	2045年
单座公路隧道长度	20km级	30km级			50km级		
单座铁路隧道长度	30km级	50km级			100km级		
规范体系	各行业不统一	交通行业统一			引领国际		
跨障碍测量技术	无精密工程地球重力场模型	初步建立			工程应用		
止水材料耐水压能力	1.0MPa	1.5MPa			3.0MPa		
混凝土材料耐久性	100年	200年			300年		
大直径复合盾构直径	15m	17m			20m		
装配式技术	部分应用	城市隧道全预制拼装			应用范围进一步扩大		
新技术	沉管隧道	悬浮隧道			真空隧道		

图 6-2　隧道工程技术发展路线

时间	现状	2020年	2025年	2030年	2035年	2040年	2045年
高速公路、一级公路容许工后沉降标准	一般路段30cm;涵洞、箱涵、通道处20cm;桥台与路堤相邻处10cm	一般路段20cm;涵洞、箱涵、通道处15cm;桥台与路堤相邻处10cm			一般路段15cm;涵洞、箱涵、通道处10cm;桥台与路堤相邻处5cm		
高速公路设计速度(最高值)	120km/h	140km/h			160km/h		
路桥(涵)过渡段不均匀沉降控制	人工监测为主	实现自动化监测			实现智能化监测		
道路弃土应用	约30%再利用	60%再利用			80%再利用		

图 6-3　土工结构工程技术发展路线

时间		现状	2020年	2025年	2030年	2035年	2040年	2045年
绞吸船装备	绞刀功率	6600kW		10000kW			15000kW	
	排距	15000m		20000m			30000m	
	智能化水平	部分自动挖泥		自动挖泥			人工智能实时优化	
耙吸船装备	舱容	21000m³		50000m³			70000m³	
	挖深	−90m		−155m			−200m	
	挖掘能力	无挖掘岩石能力		5MPa岩石			10MPa岩石	
	智能化水平	部分自动挖泥		自动驾驶			人工智能实时优化	
疏浚环保水平		施工期间有影响		施工期间有轻微影响			整个过程无影响	

图 6-4　疏浚与吹填造陆工程技术发展路线

五、港航和海岸工程技术

港航和海岸工程技术的发展路线如图 6-5 所示。

时间		现状	2020年	2025年	2030年	2035年	2040年	2045年
海上施工技术水平	海上建筑物适应水深	40m		50m			100m	
	海上大型预制构件尺度	70m级		100m级			200m级	
	深水地基处理技术	60m		80m			100m	
	离岸距离	30km		100km			不受限制	
通航建筑物建设	单级船闸工作水头	45m		60m			120m	
	升船机提升高度	113m		150m			200m	
	内河通航船舶吨级	5000t级单船		8000t级单船			10000t级单船	
码头设计使用年限		50年		70年			100年	

图 6-5　港航和海岸工程技术发展路线

六、大型房屋建筑工程技术

大型房屋建筑工程技术的发展路线如图 6-6 所示。

时间	现状	2020年	2025年	2030年	2035年	2040年	2045年
隔震效能技术应用比例	典型项目应用	50%			90%		
BIM技术应用比例	典型项目应用	80%			90%		
单仓贮煤容量	3万t	5万t			10万t		
大型自动化立体汽车库	6000辆/库	8000辆/库			12000辆/库		
综合枢纽建筑跨度	147m	300m			400m		
综合枢纽平均换乘时间	—	缩短15%			缩短30%		

图 6-6　大型房屋建筑工程技术发展路线

七、路面、跑道和道床工程技术

路面、跑道和道床工程技术的发展路线如图 6-7 所示。

时间	现状	2020年	2025年	2030年	2035年	2040年	2045年
路面建造、养护与运营	智能建造技术开始出现，单一功能的智能路面开始从试验室走向实体工程	建造智能化；养护智能化			突破路面材料的障碍，全面实施智能路面		
路面建造、养护与运营	二维静态设计为主，三维BIM设计初步应用；道面检测人机协作；跑道施工机械化	设计施工一体化；道面检测智能化；机场跑道装配化			智慧跑道；绿色跑道；基于物联网的智能建造技术		
无砟道床	形成了适应时速350km及以下中国高速铁路标准板式无砟轨道成套技术	装配式无砟轨道结构			智能检测与自修复		
有砟道床	时速250km高速铁路成熟应用	适用于时速350km高速铁路有砟道床结构			研制出人造道砟		
码头堆场铺面	结构偏于刚性，施工半机械化	结构半刚性，施工机械化			结构柔性建造、维护智能化		

图 6-7　路面、跑道和道床工程技术发展路线

CHAPTER FOUR

第四章
交通基础设施建设技术发展的关键领域及重点任务

第一节 基础理论研究

基础理论研究是技术进步和经济发展的先锋,是一个国家科技水平的重要体现,基础理论研究可为新技术、新工艺、新流程、新产品的产生提供源泉。我国要建设交通强国,必须在交通基础设施建设技术领域的相关基础理论研究中实现突破。

一、基础力学理论研究

结构力学、流体力学、弹性力学、土力学等基础力学是交通工程设计的基础。随着力学基础理论的不断发展、完善以及各种有限元软件的开发,交通工程的设计方法也应不断随之进行改进。例如,在桥梁设计理论方面,依托弹塑性力学等理论完成由容许应力法到极限状态法的转变;对于铁路碎石道床,采用大型三维离散元、多体动力学等先进的软件对道床进行仿真分析,进而揭示道砟道床的劣化机理。在港航工程中,深入开展基于卫星等观测数据的水文气象模拟技术、长周期波浪形成机理及其与结构物相互作用、复杂条件下泥沙运动模拟技术研究、船闸输水系统三维水流模拟技术等研究工作。

二、轮轨关系理论研究

轮轨刚性滚动接触是轮轨系统独有的行为特征,是连接车辆系统与轨道系统动态相互作用的核心。轮轨关系的合理匹配不仅决定列车运行平稳性、安全性和舒适性,也决定轮轨使用寿命以及噪声、振动水平。基于现有轮轨关系基础理论建立的轮轨接触模型依靠诸多假设,且难以兼顾计算效率与精度,因此,有必要研究高精度和高效率的轮轨接触模型和算法。特别是应深入研究区间直线、曲线轨道轮轨关系特点及道岔区变截面、多点同时接触的复杂轮轨接触特征,建立体现多股钢轨相对运动的道岔区模型,提高道岔区动力学特性的计算精度,以准确反映道岔区物理特性。轮轨关系理论的进步可有效推进轮轨接触伤损、磨耗预测模型等方面的相关研究,有效预测在复杂运营环境下的材料力学性能的演变规律、伤损及磨耗发展规律,从而可以根据运营环境选择性能适当的材料类型,延长部件寿命,确保运营安全。

三、交通环境振动与噪声控制理论

交通路网的完善推动了城市的发展,但由交通车辆引起的结构振动通过周围地层向外传播,进一步诱发附近地下结构以及邻近建筑物的二次振动和噪声的问题愈发显现。因此,针对地面交通、高架交通和地下交通的振源特点,进一步揭示交通环境振动的传播机理,完善移动荷载作用下土体振动分析模型,根据建筑结构安全、精密仪器使用和人体舒适性要求制定合理的交通环境振动影响评价体系,以及振动源降振技术、传播途径隔振技术和受环境振动影响的建筑物隔振技术的研究尤为重要。随着轨道交通列车运营速度越来越高,轨道交通引发的噪声问题越来越突出,因此,需要进一步进行轮轨交通噪声源研究,掌握轮轨噪声、气动噪声、弓网噪声的发生机理和传播规律,制定噪声影响评价标准和噪声控制标准,研究噪声传递有限元分析方法,研究车辆结构、轨道结构等噪声源降噪技术,开发新型降噪材料,研究声屏障、吸音板等降噪结构的受力性能和降噪性能。对于磁浮交通和管道交通等新型交通形式,应开展环境振动和噪声的前瞻性研究。

四、高速飞行列车基础设施理论研究

高速飞行列车利用超导磁悬浮技术与地面脱离接触消除摩擦阻力,利用其内部接近真空的管道线路大幅减少空气阻力,从而实现高速飞行列车超声速的"近地飞行"。高速飞行列车对线路的平顺度、超高、坡度、结构特征等参数提出了极高的要求,因此,应在真空管道技术标准、工程选线、基础设施建设和安全保障等方面开展研究,并在复合多物理场耦合作用、系统安全及可靠性控制、结构振动与控制等理论方面取得突破,同时攻克可靠性高、成本低的超大型真空系统、高精度真空环境控制、线路基础设施平纵断面连接与大跨结构变形控制、高精度轨道及线路桥梁设计及建造、轨道瞬时大面积高热量密度散热、基础设施系统养护维修等关键技术,最终形成高速飞行列车基础设施设计、建造、运营、养护的成套技术。

五、防灾减灾理论研究

我国自然灾害频发,地震、台风、滑坡、泥石流等各类灾害严重影响交通基础设施安全,给人民生命和财产带来巨大损失。随着我国交通基础设施向着外海、山区等地区发展,防灾减灾工作的重要性愈发突出,因此有必要针对各类自然灾害开展防灾减灾技术研究,例如针对重大地质灾害问题开展重大地质灾害早期识别与风险评估研究和重大地质灾害机理与防控技术研究。针对台风灾害问题开展台风特征参数识别及风险评估研究、结构抗风机理及抑振研究。针对沿海及外海区域开展风浪流耦合研究。针对各类灾害组合问题,开展多灾害防控设计及评估研究工作。针对灾害预警问题,研发适用大型关键结构的健康监测系统、评估及预警技术,开展重大灾害精准识别与信息化管理平台研究,建立全国范围的灾害监测预警系统。

六、养护维修理论

截至 2017 年底,我国在理论方法和评估技术方面,缺乏实用的基于结构状态和退化模型的长期性能预测、养护规划与决策等方面的理论与方法。因此,需在针对长期性能、承载能力评估及耐久性评估诊断技术等的研究上进一步取得突破。

应结合物联网、大数据、云计算等技术,开展交通基础设施建养全过程信息数字化、存储、分享和建养全过程信息挖掘理论研究,发展基于大数据的建养全过程信息挖掘理论与方法,研究高性能并行计算技术下的海量数据处理技术和深度数据挖掘核心算法,形成建养全过程多源信息存储、传递、分析、分享和管理技术。

围绕提升交通基础设施评估诊断与预警的精度、效率及可靠性,开展结构评估、病害及损伤诊断、智能预警等基础理论与方法研究,提升结构安全水平,重点在结构状态评估理论与方法、结构病害及损伤诊断理论与方法、智能预警理论与方法、长期性能退化机理与演化规律及长期性能演化分析评估理论与方法方面取得突破。

七、海上超大浮体结构水动力响应理论研究

海上超大浮体结构是指尺度以千米计的浮式结构,其具有永久性、可移动性、多用途性等特点,可作为海上机场、海上货物仓储和中转基地、跨海通道等的交通基础设施,是今后一段时间内海洋工程界的研究热点。为支持海上超大浮体建设,应开展针对海浪、潮流等环境因素的时空和频率分布特征,超大型浮体的流体弹性响应特性,浮式结构系缆锚定系统在环境荷载作用下的运动响应机理、浮式结构及其连接构件疲劳分析等的理论研究工作,研发三维波浪、潮流与结构物耦合分析计算软件,确定海上超大浮体设计标准,推荐合理的结构形式,提出相应的设计理论、方法和施工技术,形成成套建设技术。

<table>
<tr><td>第二节</td><td>材料技术研究</td></tr>
</table>

第二节　材料技术研究

工程材料的性能与设计理念及设计方法密切相关,它会对结构的施工工艺、全生命期服役性能、养护维修工程量及难度产生重要影响。现阶段,土木工程材料技术是我国从交通大国走向交通强国的一个制约点,土木工程材料技术的发展对我国交通工程基础设施建设水平的提高具有重要意义。面对未来的建养任务,应在如下重点方向开展研究工作。

一、高性能混凝土材料

开展针对高性能混凝土配比、施工工艺及工厂化预制工艺的研发工作,全面提高混凝土材料的强度、韧性、耐久性、和易性及混凝土构件的工厂化预制水平。针对外海环境、高盐碱环境、高寒环境开展研究工作,提升混凝土在各类恶劣服役环境下的强度、耐久性以及在全生命期内的服役性能,保证未来重大工程 200 年使用寿命可以顺利实现。在标准化施工流程下,混凝土强度提高到 C100 强度等级以上。优化 UHPC 混凝土生产流程,降低工程应用成本,实现其在土木工程结构预制构件中的大范围应用,并应用于现场浇筑。配合海绵城市建设,发展适用于城市交通路面的高透水性混凝土材料,在保证路面服役性能的情况下实现高渗水率。

二、高性能钢材及缆索

开展高强度、高韧性、高耐候性、易焊接性高性能钢材的研发工作,全面提升土木工程用钢材的性能,保证外海环境、高盐碱环境、高寒环境中钢材的耐久性及韧性,同时提高钢材防腐工艺,降低钢结构全生命期建设成本。增大高性能钢板厚度,实现 Q1000 高性能钢材的国产化。为配合土木工程结构的装配化设计施工,完成高性能型钢的轧制;为配合 3000m 级悬索桥及斜拉桥的建设,需开展 2500MPa 级钢丝及钢绞线的研发工作并实现材料国产化。

三、复合材料及智能材料

为保证今后一段时间内智能交通的实现,需进一步开展针对复合材料及智能材料在土木工程中应用的研究工作。针对 FRP 等复合材料,开展其在桥梁修复、加固等方面的应用工作,同时研究其在缆索结构中的适用性。针对智能材料,开展记忆合金、压电材料、光导纤维、智能自修复混凝土等新型智能材料在桥梁监测、检测和加固改造等工程中的研究和应用工作。配合新能源汽车、无人驾驶技术在未来的推广应用,开展无线充电路面、太阳能电池板路面的研究工作。针对沉管隧道、悬浮隧道等特殊水中结构,研发出适用于 200 年耐久性结构的配套密封条、防水涂层等各类防水材料。

第三节 设计理论和方法

设计理论和方法是指导工程设计的依据,是实现工程建设目标的基础。合理的设计理念和方法对工程项目建设的适用性、安全性、经济性至关重要。随着经济社会的发展,人们对交通工程建设的要求也不断提高。因此,在交通基础设施建设的设计理论和方法领域,应从以下四个方面实现突破。

一、基于全寿命周期的结构设计理论与方法

工程结构全寿命周期是指工程结构规划、设计、施工、运营、老化、退役的整个时间历程。基于全寿命周期的结构设计是从"全寿命周期"的角度出发,建立工程结构全寿命周期设计的目标体系,对工程结构进行设计的一种理论和方法。

工程结构全寿命周期设计的目标体系由基础目标和深化目标两个层次组成。基础目标包括质量目标、费用目标和时间目标,是任何结构设计都必须满足的;深化目标是基础目标的发展和深化,包括用户满意目标、环境协调目标以及可持续发展目标等。

基于全寿命周期的结构设计理论与方法包含三大主要研究内容,即工程结构全寿命周期性能设计、工程结构全寿命周期成本分析和工程结构使用寿命研究。工程结构全寿命周期性能设计包括安全性、实用性、耐久性及其他相关的特殊性能等,工程结构全寿命周期成本分析包括建设成本、社会成本和用户成本;工程结构使用寿命研究包括设计使用寿命、技术性使用寿命、功能性使用寿命和经济性使用寿命。

二、基于可靠性的结构优化设计理论与方法

结构可靠性优化设计是在常规优化设计基础发展起来的一种新的结构设计方法,它将结构的可靠度或失效概率作为一种约束条件或者作为一个目标函数,参与到优化结构设计中,得到结构参数的最优解,它的基本框架源自结构可靠度理论与数学规划方法的有机结合。

结构可靠性优化设计按优化内容不同可分为四个层次,即基于可靠性的构件截面尺寸优化、基于可靠性的结构形状优化、基于可靠性的结构拓扑优化和基于可靠性的结构布局优化。优化的层次越高,其优化范围就越大,优化的效益也就越高。但与此同时,其数学模型和求解方法也就越复杂,求解难度越大。截至 2017 年底,基于可靠性的构件截面尺寸优化已经相当完善,基于可靠性的结构形状优化随着结构有限元网格自适应技术的解决也日趋完善,并逐渐在工程设计中得到应用。基于可靠性的结构拓扑优化和基于可

靠性的结构布局优化仍处于研究发展阶段,是今后一段时间内研究应用的重点。

三、基于性能的设计理论与方法

基于性能的设计是选择一定的设计标准、恰当的结构形式、合理的规划和结构比例,保证建筑物的细部构造设计,控制建造质量和长期维护水平,使得建筑物在遭受一定水平地震作用下,结构的破坏不超过一个特定的极限状态的方法。

基于性能的设计思想主要包含四个方面,即建筑物整体结构的设计、建筑物性能水平与性能目标的合理确定、结构概念设计以及细部抗震构造措施和可靠合理的设计方法。

基于性能的设计方法主要有基于承载力的设计、基于位移的设计、基于能量的设计、基于损伤指数的设计和基于可靠度的设计等方法。

基于性能的设计由于其性能目标多而具体,因此具有很强的适应性及可操作性,大大提高了设计人员设计时的灵活性。在满足规范的前提下,设计人员可以根据业主的要求选择设计目标和相应的构造措施,有利于新材料、新技术的应用;基于性能的设计过程,扩大了设计人员与用户之间的沟通与交流,使设计的结构能够更直接地满足不同用户的需求。

四、绿色交通基础设施设计理论和方法

绿色设计又称生态设计、环境设计、环境意识设计,是指在工程整个生命周期内,着重考虑工程对自然资源、环境的影响,将可拆除性、可回收性、可重复利用性等要素融入工程设计的各个环节中去的设计方法。在满足环境要求的同时,应兼顾工程应有的基本功能、使用寿命、经济性和质量等。

应围绕绿色交通工程基础设施建设的需求,在规划、建设、运营、维护等环节开展资源节约利用、生态环境保护、节能减排等关键技术研究,加快资源节约型、环境友好型工程建设,实现工程建设、运营的可持续性发展。重点开展绿色交通基础设施设计理论和方法研究,攻克绿色工程评价体系、工程建设对环境影响、超长使用年限结构耐久性设计理论和方法、生态环境恢复、生态航道设计、过鱼建筑物设计、建筑废料在交通工程中的再利用等关键技术。

第四节 智能建造

一、智能建造的内涵

智能建造是信息与智能技术通过技术链和产业链两条主线广泛渗透与深度融合的产物,可实现安全、高效、长寿、环保的建养目标。智能建造包含三个基本要素:建养技术、信

息技术和智能技术,其三大基本特征是:①智能建造的工业化可以保证快速建造、质量稳定,从而实现高效建造;②智能建造的信息化可以保证实时监测、动态管控,从而实现有效管养;③智能建造的智能化可以保证科学建造、智能决策,从而实现长效服役。

智能建造的发展具有三条路径:①提升全产业链技术;②建立全寿命信息通道;③实现建养的智能决策。其中,提升全产业链技术是智能化的基础,建立全寿命信息通道是智能化的保障,实现建养智能决策是智能建造的目标,并最终实现智能设计、智能建造、智能管养。

二、智能设计

智能设计的目标是研发智能分析软件,围绕总体设计、局部设计、BIM 一体化技术、人工智能四方面,短期内实现升级、完善现有功能,中期实现高度自动化功能,最终在融合现代信息技术和人工智能技术后,能实现有效的智慧决策与智能设计。搭建建养全过程信息化平台(BIM 平台),完善我国 BIM 标准体系,实现自动化、参数化 BIM 建模,建立国家重大交通工程的数字化模型库,并开发出具有自主知识产权的 BIM 技术平台、数据库及核心 BIM 软件,最终实现一个模型贯穿应用于设计分析、制造、施工、管养到拆除的全生命期。智能化设计方法应在短期内明确其智能设计发展方向,进行研发平台建立和智能算法研究,中期拥有可投入使用的研发平台并随着技术需要不断更新,最终通过不断地融合新技术,研发出拥有自主知识产权的智能化设计核心软件,并掌握一套先进的全寿命智能化设计理论。

三、智能建造技术与装备

在智能建造技术与装备方面,应重点在装配化施工、基于模块化的装配式组合结构智能建造、新型装配式结构体系及关键构造、智能化数字制造技术、自动化安装技术、精密测控技术、结构安全动态监测技术、施工全过程 BIM 管理技术、3D 打印技术及装备等智能建造新技术与装备方面取得突破,并实现工程示范应用。

四、智能管养及建养一体化

在智能管养及建养一体化方面,应围绕巨大的交通基础设施养护和安全保障需求,开展针对监测检测、评估预警、延寿保障等技术及设备方面的研究,重点在结构评估诊断、长期性能演化分析理论与方法以及智能监测检测、结构评估诊断与智能预警、智能延寿与安全保障等技术及装备,构建监测检测、评估预警、维护加固、安全保障一体化智能管养新体系,建立国家及区域级养护管理平台等方面取得突破,为提升我国交通基础设施养护管理能力和水平、保障平安交通提供技术支撑。发展基于大数据的建养全过程信息挖掘理论与方法,研发基于大数据和 BIM 技术、PHM 技术的建养一体化技术,建立基于大数据和 BIM 技术的建养一体化平台,以信息化、智能化实现建养一体化来引领交通工程现代化发展。

第五节　施工设备和工艺

今后一段时间内,国内外重大交通基础设施建设越来越向外海和复杂高海拔山区拓展,交通基础设施建设条件将更加复杂,如琼州海峡、渤海海峡、台湾海峡、巽他海峡、直布罗陀海峡、白令海峡等国内外超级跨海工程,西部高寒高海拔地区的重大工程、沙漠交通基础设施、远海岛礁工程等,很多超级工程面临着全人类前所未有的重大和颠覆性的技术挑战。因此,施工设备和工艺将以重大工程需求为导向,以智能化、一体化、装配化、精细化"四化"为目标进行研发。

一、施工工艺及施工控制技术研究

(1)桥梁工程技术方面:重点突破承载公路、铁路、高压管线等综合功能的长大桥梁的装配式智能制造技术及高效施工工艺,以及基于 BIM、互联网和物联网的三维施工全过程无应力几何控制方法及软件。研发轮轨系统时速 400km 级的高速列车系统。攻克时速 600km 级的低真空管(隧)道高速磁悬浮铁路关键技术。

(2)隧道工程技术方面:对于不良地质、复杂环境隧道,解决岩溶突水、不良气体突出、高地应力岩爆、软岩大变形、活动断裂带等不良地质及穿越沉降控制要求严格的复杂建筑群关键问题,攻克不良地质和复杂环境隧道建造技术,以及深埋交通隧道、大体积地下工程建造技术。对于超高水压、超长跨海通道的建设,发展完善复杂环境下超大直径盾构法水下隧道施工控制技术,研发出长度超过 100km 级跨海隧道的施工技术。

(3)土工结构技术方面:针对特殊性的岩土工程问题,重点解决海域滩涂地区公路建设技术和强(过)盐渍土地区高等级公路建设技术。其中,海域滩涂地区公路建设技术包括深厚超软土地基处理技术、路基施工及监测技术、公路建设对海域滩涂地区生态环境影响及预防对策等;强(过)盐渍土地区高等级公路建设技术包括盐渍土勘察、试验与评定技术,盐渍土地基加固处理技术,毛细势、降雨、大温差场等多场耦合作用下路基稳定性技术,干旱条件下路基施工压实技术等。

(4)疏浚技术方面:结合无人艇、无人机的发展,研发无人测绘设备,掌握无人测绘航向制定、无人测绘精度分析和修正技术,掌握超声、声呐、磁力探测和钻孔相结合的物探技术。建立基于全生命期 BIM 技术的疏浚系统,拥有智能化疏浚设备,掌握智能化疏浚技术,使疏浚领域进入人工智能时代。

(5)吹填造陆技术方面:开展无排放和精细化吹填造陆技术研究,通过研究泄水通道、新型泄水口设计、泄水快速处理等,实现低成本无排放吹填造陆。进行吹填期间的精细化控制和工艺优化研究,提升吹填区域的土质均匀度,减少后期地基处理的难度。进行淤泥固化剂研究,掌握疏浚淤泥土源指标确定、固化剂配方设计、固化土的制备工艺、固化后指标预测等一系列技术,形成淤泥固化整套操作工艺。

(6)港航和海岸工程技术方面:重点突破装配式码头结构建设技术、全钢结构码头建设技术、海上大型结构物施工技术、远海岛礁建港技术、深水地基处理技术、老码头加固与升级改造成套技术、自动化码头建设技术。建立基于大数据分析的港口工程智能建造技术。研发深水航道减淤、智慧航道建设技术。研发高水头通航建筑物建设、大型运河建设技术。研发人工岛快速与绿色成陆技术、深水软弱地基快速加固处理技术,大型结构构件运输与安装技术、浮式结构锚系技术及动力定位技术。研发海岸防护结构损毁应急修复技术等。

(7)大型房屋建筑工程技术方面:研发超大型巨型筒仓(5万~10万t)建设成套技术以及基于 BIM 模型的加工制造、建筑运输、虚拟安装技术与施工现场管理平台和建筑部件计算机辅助加工(CAM)技术。研发综合交通枢纽集约高效、绿色低碳建设技术,使其既符合人的行为规律又能满足人的需求和爱好,达到绿色、智能、高效的目的。

二、施工设备研究

(1)桥梁施工设备方面:重点突破基于人工智能技术的大型施工架设装备。大力提升大型吊装设备、自动化安装设备、精密测控设备、结构安全动态监测设备、大直径钻机、水下机器人、桥梁 3D 打印技术及装备等关键技术。实现 300m 以上钢箱梁整跨吊装、3000m 跨度以上悬索桥高效施工、装配式混凝土桥梁施工效率在现有基础上提升 50%。

(2)隧道施工设备方面:研发各种工法隧道施工装备机器人,实现隧道施工的自动化远程控制。研发隧道建造一体机,使其能够适用于各种地质条件的隧道建造超前预测、掘进、支护一体化。

(3)土工结构设备方面:研发大功率、环保型海域滩涂公路路基压实和地基加固施工装备,盐渍土地基加固处理设备,强(过)盐渍土地区干旱条件下路基施工压实设备等。

(4)疏浚设备方面:重点突破超大型疏浚装备的自主研发和制造,包括超大型泥泵系统研制、超大型系列化绞刀及吸入系统研制(适用于超大型绞吸船10000kW 挖掘功率的岩石、硬土等系列绞刀)、超大型系列化耙头研制、超大型船体及动力配置、超大型船舶定位系统(同等波浪周期下风浪适应能力提高 0.5m)。

(5)吹填造陆设备方面:研发淤泥脱水处置、固化剂定量投入与搅拌、固化淤泥输送、固化淤泥浇筑一体吹填造陆的固化装备。

(6)港航和海岸工程设备方面:重点研究海上大型结构物施工装备、深水地基处理装备、适应外海长周期波施工装备、深水取砂装备等。

(7)大型房屋建筑设备方面:研发适用于跨度超 300m 交通建筑、容量达 5 万~10 万 t

的超大型巨型筒仓的施工设备,综合交通枢纽集约高效、绿色低碳施工装备以及大型机场智慧化服务设备。

第六节　建设组织管理

一、工程管理理论研究

截至2017年底,我国铁路、公路、水运、航空等基础设施建设基本上都在推行项目建设标准化管理。这一管理方法以系统工程管理理论为依据,根据当前的管理人员素质、工程建设技术、装备、劳动力等要素情况而研究实施,收到了较好的效果。但其理论高度尚有欠缺,因此需在此基础上应用现代科技手段、大数据分析和理性思维进行研究,逐步形成体系,使其不仅可以应用于我国交通工程和其他工程建设,还可在世界工程管理理论中占有一席之地。

二、施工组织设计研究

施工组织设计是工程施工的大纲。截至2017年底,我国不论是铁路、公路,还是其他交通工程,施工组织设计都侧重于以资源配置和施工技术方案保工期,而对节省投资关注度很低。开展以投资效益为主线的施工组织设计研究,建立各单项工程开工时序的数学模型,工期受影响时方案调整和分期投产的数学模型,以及工期、质量、安全、环境保护、投资控制、队伍稳定等多目标管理的数学模型。

三、质量管理方法研究

截至2017年底,我国交通工程建设中普遍推行全面质量管理,各参建方也普遍建立了质量责任体系,但工程质量仍存在管理失控的情况。因此,需开展基于我国国情的新的工程质量管理办法研究,重点在建立质量法律法规体系、制度体系、奖惩体制、监控体系、文化体系,以逐步实现自学习、自控制、智能化管理的目标。

第七节　养护维修

经过30余年的大规模建设,交通基础设施进入了一个新的发展阶段,即由粗放型向集约型、高质量型加快转变的阶段。因此,加强养护管理成为行业发展繁重而紧迫的任务。在建管养一体化技术开发和平台建设方面,要借鉴发达国家的经验。截至2017年底,我国在预防性养护技术研究方面还缺乏系统性研究,基础数据积累和挖掘利用不够,相应的管理体制、标准、管理平台系统等方面落后于发达国家;关键管养设备主要依赖进口,自主创新能力还有待提高。交通基础设施建养和安全长寿的巨大需求,以及工业化、信息化、智能化的发展趋势,使得加强交通基础设施养护维修成为保持交通事业可持续发展的重要途径,建设节约型交通行业的必然选择和构建便捷、通畅、高效、安全的综合运输体系的重要基础。

一、信息化、智能化及大数据

应围绕巨大的交通基础设施养护和安全保障需求,将信息智能技术应用于交通基础设施监测、检测及养护维修方面,使监控数据及时得到采集、反馈、共享、会诊,实现交通基础设施的安全健康监控和预测。

建立基于大数据和 BIM 技术、PHM 技术的建养一体化技术和建养一体化平台,以信息化、智能化带动建养一体化来引领交通基础设施养护维修的现代化发展,从而实现精细化、动态化管理。通过数字化养护,充分挖掘和利用信息数据,建立全生命期的数字化、信息化档案,在此基础上进行应用、评价、决策,从而实现"全生命期内的监管养护"的目标。

在全面应用信息及物联网技术基础上,形成全面、有机联系的管理体系,建立智能安全预警系统,实现数据的采集与收集、数据的传输与分析、数据的关联性分析与智能外演、数据优化处理算法的智能化优化。建立全面的安全影响因素信息采集、状态判断、相关性分析、风险评估、预防措施、分级报警等策略,打破"信息孤岛",彻底实现信息资源共享、系统互联互通,最终形成能够智能学习的安全预警系统,实现整体数字化管理。

以信息化、智能化及大数据技术为基础,建立国家及区域级交通基础设施养护管理平台,为提升我国养护管理能力和水平、保障平安交通提供技术支撑。

二、技术手段与装备

截至 2017 年底,我国在数据采集设备、方法和手段上较落后,基础数据积累和挖掘利用不够,且缺乏海量数据存储、分析、挖掘等技术。

在监测检测、养护技术手段和装备方面,无线传感测试技术、数据采集及通信技术等还与发达国家存在差距,仪器精度及稳定性还有待提高,高精度监测设备和隐蔽工程检测设备、非接触性检测设备等大多依赖进口,缺乏快速检测技术与设备和关键构件的无损检测技术与设备,结构内部缺陷快速检测与诊断前沿技术、关键检测技术和自主装备等远不能满足交通基础设施养护管理的需求。

应围绕提高交通基础设施监测检测精度和效率,以远程、智能、自动化、快速、同步等为目标,突破远程智能监测技术及装备、快速同步智能检测技术及装备,研发分布式全域传感智能监测感知与传感网络技术（光纤传感的监测技术，无线传感监测技术，移动无线传感技术，仿生传感技术，移动智能感知技术与网络等）、高精度与长寿命智能传感器、永久作用下非破损检测技术及装备、无损可视化检测技术及装备（微波增强红外成像技术，基于光学测量的检测技术等）、多功能快速同步检测技术及机器人（检测车，无人机检测技术，机器人检测技术等）、远程智能全自动养护装备、自动化维修与加固装备、快速更换与拆除装备、绿色运营维护材料及装备、高效应急处置与快速救援技术及装备等。

围绕巨大的交通基础设施养护和安全保障需求，开展针对监测检测、评估预警、延寿保障、维修加固新材料、智能维护加固与更换、安全保障、应急处置与救援等技术及装备的研究，重点突破结构评估诊断与长期性能演化分析理论、方法以及智能监测检测、结构评估诊断与智能预警、智能延寿与安全保障等技术及装备，构建监测检测、评估预警、维护加固、安全保障一体化的智能管养新体系。

第八节 既有基础设施提质改造

为了适应我国交通基础设施规模庞大、未来发展重点逐步从新建转向既有线路改造升级和运营维护的趋势，应从安全、寿命、效能、成本、智能等方面，系统开展交通基础设施服役性能优化和提升技术研究。桥梁隧道建造技术跃升新水平，到 2030 年结构寿命延长 20 年。

一、安全保障与延寿技术

应围绕满足交通基础设施长寿命、安全发展要求，加强交通基础设施全息化智能感知、快速辨识、风险评估、预警和处置相关技术研究。深化基于材料与结构的力学、理化、服役环境影响性能分析评估和功能设计研究，构建基础设施全寿命周期综合评估与保障技术体系，研究服役状态快速感知和评估、性能保持与恢复、功能提升等关键技术。研究基础设施长寿命结构材料、混凝土材料、功能提升材料等绿色材料，大力发展大数据、虚拟现实、机器人全自动养护技术。研究高效智能延寿技术，增强交通基础设施长寿命功能。

围绕满足交通基础设施安全发展要求，运用 BIM 技术、云计算、大数据、物联网、人工智能等信息技术，开展自动化多维感知体系的基础设施全生命周期状态智能感知、快速辨识和智能诊断，形成交通基础设施服役状态智能诊断技术以及基于物联网的线桥路隧及站房结构检测监测、健康管理及故障预警成套技术，同时加强强风、雨量、雪量、地震等自然灾害检测技术以及异物侵限、火灾等突发状况监测技术研究，开展损伤快速定位、程度快速识别、后果快速预测等技术研究，建立完整的自然灾害及异物侵限监测系统。研发高精度、长寿命、智能化传感器，开发自动化路基和隧道状态雷达检测设备、基于图像识别的衬砌病害快速检测设备、基于无人机技术的桥梁状态检测设备等高新技术装备,发展基础设施损伤和缺陷的可视化、智能化检测诊断方法及装备体系。在此基础上,加强交通基础设施风险评估、预警和处置技术研究,深化基于材料与结构的力学、理化、服役环境影响性能分析评估和功能设计研究,并将实时监测数据与地面数据综合分析处理中心相结合,形成统一的数据管理系统和数据分析评价系统,构建基础设施全寿命周期综合评估与保障技术体系,为交通基础设施的养护维修提供决策信息,为其安全运营提供技术保障。

围绕满足节能减排和绿色环保的要求,为提高交通基础设施服役寿命,重点开展基础理论、材料设计和制备、智能化施工和既有结构功能提升等方面的研究。加强交通基础设施工程结构耐久性基础理论研究,综合分析不同环境条件、侵蚀介质和荷载状况等对结构劣化的影响规律,合理确定耐久性极限准则,充分考虑服役环境和承受荷载的耦合作用,建立合理的、有针对性的多种因素作用下寿命预测模型,制定相应的耐久性设计标准,完善工程结构耐久性理论。研究基础设施长寿命结构材料如混凝土、钢材等的设计和制备理论,通过合理选择原材料、优化材料配比和组成,从源头上保障材料综合性能,减小工程结构的破坏风险。针对严酷环境下工程结构劣化问题与防护要求,开发防腐蚀、防开裂等功能提升材料,为延长工程结构服役寿命提供基础。强化智能化施工方法和技术研究,大力发展大数据、虚拟现实、智能建造、机器人全自动养护等技术,研究高效智能延寿、服役状态性能保持与恢复、功能提升等关键技术,增强交通基础设施长寿命功能,为保障工程结构质量和服役寿命提供支撑。

二、效能提升与成本控制

应围绕提升综合交通运输效能,重点研究铁路、公路、航空、水运等交通基础设施及运行系统提质改造工程建设方案、模式及关键技术。研究综合性枢纽基础设施优化与改造技术,提高载运工具运营速度和基础设施载重水平,提升线路等级,显著改善交通基础设施、载运工具、运行系统服务能力。

综合运用多维信息技术,开展交通基础设施动态设计、智能建造和精细维护,实现基础设施面向性能的设计与建造、安全可靠的正常运营、及时经济的养护维修,实现交通基础设施设计、建造和运维各阶段的建养修一体化,以提高交通基础设施全生命周期的技术经济性和运输效能。以提升交通基础设施运输能效为目的,开展交通运输设施及运输系统提质改造关键技术研究。在路基方面,进一步开展路基填料高分子改良材料研发、轻型填料置换装备研制和轻便施工工艺研究;在桥梁方面,开展混凝土梁碳纤维板体外预应力加固技术,桥梁支座更换和高度调整技术,混凝土桥涵耐久性修复技术,桥梁换梁改造技术,桥面防水层更换技术等的深化研究;在隧道方面,深入开展隧道拱墙衬砌开裂、局部掉块整治技术,拱墙衬砌大范围开裂和掉块整治技术,隧道基底病害锚注一体化成套整治技术,隧道基底病害换底整治技术,隧道整体道床沉降或上拱整治技术,隧道拱墙、水沟及道床冻害整治技术等研究,重点是材料时效性、耐久性、工装轻便化和工艺流程化等;在无砟轨道方面,重点研究无砟轨道抬升纠偏技术、上拱整治技术、支承层修复技术、翻浆冒泥整治技术、轨道板更换技术以及聚氨酯固化道床技术等;在公路路面方面,深化研究大面积龟裂、坑槽、拥包、泛油、车辙等病害的快速厂拌再生和铣刨重铺技术,进一步研究冒水唧泥病害的精细化定点整治技术;在水工建筑物方面,系统研究已有设施检测技术、评估技术、加固与升级改造方案、施工工艺等,形成成套技术;在机场跑道方面,深入开展道面板角剥落、角隅断裂、交叉裂缝、沉陷、错台、胀裂、唧泥、脱空、坑洞等的翻修、修补技术研究及高性能材料研制等。

围绕降低交通运输系统运营成本,开展交通系统全生命周期运营成本控制技术研究,形成包括核心技术、关键装备、集成应用与标准规范在内的成果体系。强化高性能工程材料及其循环利用技术在既有基础设施中的应用,加强适应多式联运需求的载运装备标准化与专业化、运输组织与管理、物流信息综合集成与智能化服务等关键技术研究,提升运输网络的一体化、低成本、可持续发展能力。

围绕降低交通运输系统运营成本,建立全生命周期运营成本控制理论,研究适用于洲际、国际、省际和城际等不同运距的最优成本交通运输网络结构。研究考虑基础设施寿命、能源消耗成本、基础设施养修费用、地质灾害风险控制、振动噪声影响等多因素限制和不同运距要求的铁路最佳运营速度和技术体系。针对交通运输系统,研究建立设计、施工、制造、运维等全生命周期各个阶段的综合成本优化控制技术,将全生命周期运营成本控制理念贯穿到设计、施工、制造和运维各阶段的标准体系中。开展交通运输系统全生命周期运营成本控制技术研究,形成技术经济性能最优的交通运输核心技术、关键装备、集成应用与标准规范在内的交通技术成果体系。在既有技术体系基础上,建立开放、包容的交通运输基础理论和技术创新体系,通过吸收新理论、新材料、新技术等国内外最新研究成果,不断提高基础设施结构和部件的强度、寿命等技术经济性能。建立交通运输基础设施和关键装备的更新迭代机制体制,强化新理论、新材料、新技术的应用,开发废旧材料的循环利用技术,提高基础设施和关键装备服役寿命,降低交通运输系统运营成本。利用信息化技术,开展交通基础设施的协同设计、智能建造技术研究,实现交通运输智能化、确保交通运输网络实现低碳、低排放、高效率、高安全和高舒适的目标,从而提高交通系统基础设施全生命周期的技术经济性。加强适应多式联运需求的载运装备标准化与专业化、运输组织与管理、物流信息综合集成与智能化服务等关键技术研究,开展多式联运换乘组织、综合站场设计和运维标准化研究,提升运输网络的一体化、低成本、可持续发展能力,建立更便捷、更高效的现代化交通运输网络体系。

第九节 标准规范

一、标准化体系

在标准体系上,进一步优化国家标准、行业标准、企业标准和团体标准体系结构。加快推进强制性国家标准编制工作,优化、完善行业标准,培育、发展团体标准,放开、搞活企业标准,鼓励企业和相关社会组织制定严于国家标准、行业标准的企业标准和团体标准,将拥有自主知识产权的关键技术纳入企业标准或团体标准,促进技术创新、标准研制和产业化协调发展。全面建成结构合理、技术先进、覆盖全面、适应经济社会发展需求的标准体系。

二、新技术、新领域标准规范

在工程建设与养护领域,注重创新研究成果标准化工作,重点开展工程全生命期建设与运营、全概率设计方法、结构耐久性、新型建筑材料、精细化施工、结构整体检测评估等标准规范的编制工作。

在综合交通运输领域,着力推进铁路、公路、水运、民航等领域涉及两种及以上运输方式协调衔接和共同使用的标准修订工作,主要包括综合客货运枢纽、旅客联程运输、货物多式联运等在交通基础设施方面标准规范的编制工作。

在智慧交通工程建设领域,重点开展 BIM 技术应用、自动化码头建设、基于大数据分析的智能施工等标准规范编制工作。

在节能环保领域,重点开展工程建设环境保护评价、环境保护监测、材料循环利用、生态环境修复等方面标准规范的编制工作。

三、标准规范国际化

鼓励参与国际标准化活动,加大国际标准跟踪、评估力度,加快转化适合我国国情的国际标准。加强中国标准外文版翻译出版工作,推动与主要贸易国之间的标准互认,推进优势、特色领域标准国际化,创建中国标准品牌。结合海外工程承包和对外援建项目,推广中国标准,以中国标准"走出去"带动我国产品、技术、装备、服务"走出去",实现交通基础设施建设的互联互通。坚持以人为本的理念的发展理念,推进我国标准规范在海外的属地化建设,鼓励企业建立适合国外自然条件和经济发展水平的标准规范。

第五章
交通基础设施建设技术发展
重大科技专项及重点工程布局

　　我国经济已由高速增长转向高质量发展,正处在转变发展方式、优化经济结构、转换增长动力的关键期。推进供给侧结构性改革,促进经济提质增效、转型升级,急需依靠科技创新培育发展新动力。协调推进新型工业化、信息化、城镇化、农业现代化,建设生态文明,迫切需要依靠科技创新突破资源环境瓶颈制约。

　　党的十九大提出,要深化供给侧结构性改革,促进我国产业迈向全球价值链中高端,培育若干世界级先进制造业集群;加强水利、铁路、公路、水运、航空、管道、电网、信息、物流等基础设施网络建设。目前,国内外重大交通基础设施建设需求非常旺盛,但是交通基础设施建设面对的环境越来越复杂。交通基础设施的"老龄化"和服役条件的恶化,使得数量庞大的交通基础设施对养护技术提出远程、快速、同步、智能等要求。新一轮的科技革命和产业变革的孕育兴起,全球科技创新呈现出新的态势,移动互联、人工智能、新材料等前沿技术、颠覆性技术的不断涌现,迫切要求交通基础设施建设技术应与新技术加速融合,以推进传统产业的升级发展。党的十九大报告明确提出要构建市场导向的绿色创新体系,因此,必须把发展的重点放在创新上,充分发挥科技创新的引领作用,为建设交通强国提供有力的技术支撑。

　　为此,针对经济社会发展对交通基础设施建设技术创新的迫切要求,提出面向交通强国战略目标的交通基础设施建设技术发展重大科技专项及重点工程。

一、开展重大工程前期研究

　　(1)开展琼州海峡、渤海海峡、台湾海峡、直布罗陀海峡等跨海工程前期研究。

　　(2)开展跨海通道工程示范,重点关注舟山连岛工程、琼州海峡和渤海海峡通道工程,将自主创新技术应用于示范工程中。

（3）开展赣粤运河、京杭大运河北段复航及白洋淀出海通道等内河水道综合开发工程前期研究。近期，习近平总书记等中央领导作出重要批示，要求保护好、传承好、利用好大运河宝贵遗产，再现"千年运河"内涵，打造中华文化名片。航运功能是大运河的根本动因，是文化的最主要载体。京杭大运河联通京津冀和长江经济带，复航意义重大。

二、立项开展"智能交通基础设施建设技术研究"

由科学技术部立项开展此项研究。研究内容主要由"交通基础设施智能设计建造技术及装备""交通基础设施智能管养技术及装备"和"交通基础设施智能建养一体化技术及平台"三个项目群组成，并按照基础前沿、共性关键技术、系统集成及产业化示范布局项目，针对交通基础设施设计、施工、管养、材料、装备、软件等全产业链，实现互联网、物联网、大数据与云计算等新一代信息技术和交通基础设施建养技术深度融合，提升交通基础设施建养技术水平和产业化能力。

三、立项开展"超级智能高速铁路基础设施技术研究"

由国家立项，开展以京张高速铁路、京雄高速铁路为代表的智能铁路系统工程（2020—2030年）研究，时速600km级的低真空管（隧）道高速磁悬浮铁路示范线（2030年）研究，包括技术标准、工程选线、基础设施建设和安全保障等内容。

四、立项开展"深远海交通基础设施建设关键技术研究"

由科学技术部立项开展此项研究。研究内容包括远海自然条件获取技术及施工作业窗口精细化预报技术研究、深远海交通基础设施工程结构关键技术研究、深远海交通基础设施工程材料与耐久性关键技术研究、深远海交通基础设施施工技术与装备等方面，以突破深远海交通基础设施建设中的规划设计、结构安全性及耐久性、珊瑚礁疏浚及地基处理、外海施工等技术难题，形成系统的深远海交通基础设施建设技术，为我国深远海交通基础设施的开发建设提供技术支撑。

五、抓紧开展"川藏铁路建设技术研究"

川藏铁路经过四川盆地、川西高山峡谷区、川西高山原区、藏东南横断山区、藏南谷地区五大地貌单元，先后跨越大渡河、雅砻江、金沙江、澜沧江、怒江、易贡藏布、雅鲁藏布江等江河，穿越二郎山、折多山、沙鲁里山、芒康山、他念他翁山、伯舒拉岭、色季拉山等山岭，具有地形高差明显、板块活动强烈、山地灾害频发、生态环境敏感等工程环境特征，被称为世界上"最难建的铁路"。

川藏铁路建设技术的示范内容是在世界上最复杂的地理和环境条件下的铁路建造技术。

第六章
交通基础设施建设技术发展
保障措施与对策建议

围绕交通强国战略目标,贯彻落实"创新、协调、绿色、开放、共享"的发展理念,深入实施创新驱动发展战略,积极服务国家"三大战略",全力推进"安全便捷、经济高效、绿色智慧、开放融合"的现代化综合交通运输体系建设,需要不断夯实科技创新的物质条件基础,提升科研条件保障能力,进而促进科技创新能力的发展,更好地发挥科技创新对建设交通强国战略的支撑和引领作用。

一、加强资源统筹和组织实施

从城市规划、土地资源、建设资金、产学研用结合、关键技术攻关、人才引进和培育、公共服务等方面为交通基础设施建设发展提供全方位保障,鼓励在行政、经济管理体制机制、科技体制创新及成果转化、城市规划和土地供给保障、人才引进与培育、投融资体制及金融服务模式等方面探索创新。交通系统各有关部门要按照职能分工,加强沟通配合,细化落实确定的主要目标和重点任务,制定和完善相关配套政策措施,统筹协调推进重大项目,确保顺利实施。研究所需要的政策支持、科研环境和保障条件,坚持以调动科研工作者的积极性和创造性为目的,形成推动与支持我国交通基础设施建设发展的政策工具及管理措施。推动目标与任务统筹实施,加强实施保障,落实监督考评,建立符合交通基础设施建设技术发展的管理机制和保障措施。

二、发挥各主体责任担当,确保资金来源及投入合理稳定

交通基础设施建设科技资金投入是重要的公共性战略投资。因此,要建立稳定的交通科技资金,充分发挥政府在投入中的引导作用,通过财政直接投入、税收优惠等多种财政投入方式,增强政府投入调动全社会科技资源配置的能力。正确处理政府推动与市场

配置资源之间的关系,合理制定差异化的资金政策,形成财政资金、金融资本、社会资本多方投入的新格局。国家财政投入主要用于支持市场机制不能有效解决的基础研究、前沿技术研究、社会公益研究、重大共性关键技术研究等公共科技活动,并引导企业和全社会的科技投入,要结合国家财力情况,统筹安排技术创新所需经费,切实保障重大专项的顺利实施。调整和优化投入结构,提高科技经费使用效益,加快基础设施建设融资平台建设,开展多方金融合作,扩展交通基础设施建设融资渠道。继续争取中央和地方财政加大对交通基础设施建设技术研究的支持力度。

三、把握交通基础设施建设技术发展的方向,加强人才队伍建设

技术进步是推动交通运输发展的巨大动力,是实现交通强国战略的根本保障。在交通强国建设过程中,应坚持以需求导向来选择技术创新重点,同时为新技术的发展提供机会与土壤。人才是创新能力体系最重要的组成要素,要依托重大科研、建设项目、科研基地以及国际学术交流与合作项目,加大学科带头人的培养力度,积极推进创新团队建设。加强科技创新与人才培养的有机结合,鼓励科研院所与高等院校合作培养研究型人才,鼓励企业与高等院校和科研院所共同培养技术人才。完善交通基础设施建设科技人才的获取、培养和使用机制体制,多方式、多渠道培养高层次工程技术人才。倡导拼搏进取、自觉奉献的爱国精神,求真务实、勇于创新的科学精神,团结协作、淡泊名利的团队精神。激发创新思维,活跃学术气氛,努力形成宽松和谐、健康向上的创新文化氛围。加强科研职业道德建设,遏制科学技术研究中的浮躁风气和学术不良风气。

四、健全创新过程管控与保障机制

强化部门、行业、国内外创新能力协同的制度性安排和纠错机制,确保国家创新资源能围绕创新目标与任务有效配置。加强技术预测、重点专项凝练、专项实施过程管理在创新任务、研究内容、成果指标、研发质量等方面一致性保障的制度和机制安排。理顺技术创新链,尽快完成保障国际创新能力资源有效集成的体制机制安排。建立面向质量保障、过程淘汰、围绕创新目标的创新资源重组的过程管理与控制机制,保障科技创新规划目标的实现。

五、推进建设"交通基础设施建设技术国家实验室"

实验室应瞄准"交通强国"战略需求,优化交通基础设施建设科技资源配置,实现资源共享,开展科技创新,以解决国家急需、具有重大战略意义的基础设施重大科学和技术问题,最终建设成为我国交通基础设施建设技术基础理论和前沿技术研发基地、学术交流中心、交通智库和人才培养载体,代表我国桥梁、隧道、轨道、港口、海岸、疏浚等专业领域的最高研究和技术水平,形成我国交通基础设施建设技术的科技创新体系。

REFERENCES

参 考 文 献

[1] 杨传堂,李小鹏.奋力开启建设交通强国的新征程[J].交通财会,2018(3):22-24.

[2] 张喜刚,刘高,马军海,等.中国桥梁技术的现状与展望[J].科学通报,2016(Z1):40-45.

[3] 褚波,宋婕.论国内外工程建设标准体系[J].工程建设标准化,2015(6):54-57.

[4] 于连超,王益谊.美国标准战略最新发展及其启示[J].中国标准化,2016(5):89-93.

[5] 梁天宇.国内外交通运输标准化概况[J].中国质量与标准导报,2018(08):34-36.

[6] 高策,薛吉岗.铁路桥梁结构设计规范由容许应力法转换为极限状态法的思考[J].铁道标准设计,2012(2):41-45.

[7] 刘旭东.电子航道图等深线自动生成算法的研究[D].大连:大连海事大学,2009.

[8] 陈厚嫦,张岩,何德华,等.时速350km高速铁路隧道气动效应基本规律试验研究[J].中国铁道科学,2014,35(1):55-59.

[9]《中国公路学报》编辑部.中国隧道工程学术研究综述·2015[J].中国公路学报,2015,28(5):1-65.

[10] 熊俊.大直径预应力混凝土筒仓设计方法研究[D].南京:东南大学,2010.

[11] 赵鸿铎,凌建明,周正峰.中美机场水泥混凝土道面设计方法对比分析[J].同济大学学报:自然科学版,2006,34(9):1196-1200.

[12] 彭再权.集装箱重箱堆场铺面结构的探讨[J].中国水运月刊,2016,16(12):258-259.

课题报告 **7**

交通运输装备及其系统创新战略研究

课题组主要研究人员

课题顾问

张　军　李　骏　樊邦奎　田红旗

课题组长

王云鹏（组长）　鲁光泉（副组长）

课题组主要成员

贾利民　赵福全　严新平　曹先彬　丁　川

卞雪航　蔡开泉　陈　鹏　褚春超　高广军

龚　明　郝　瀚　李东升　李　颖　刘宗巍

秦　勇　孙帮成　王俊利　杨　超　杨则云

姚一玮　袁成清　袁裕鹏　张卫华　张晓艳

张信学

课题主要执笔人

鲁光泉　丁　川

内容摘要 Abstract

在社会经济快速发展和新一代信息技术深度应用与跨界融合的新形势下，交通技术发展面临着安全、高效和环保等方面的重大挑战。为此，美国、欧盟等世界发达国家和地区均对交通运输装备及其系统的发展做出了战略性规划。党的十九大报告明确提出要建设"交通强国"，意味着将在新时代开启建设交通强国新征程。交通运输装备及其系统是"交通强国"建设的重要基础，因此提出我国交通运输装备及其系统的战略与演进路径显得尤为必要。本报告针对我国经济社会发展和交通运输发展重大需求，调研国内外交通运输装备及其系统的科技发展状况，总结出我国与发达国家之间的技术差距，深入研究以高效能、高安全、综合化、智能化为核心的交通运输装备及其系统的发展方向和发展路线，提出我国未来交通运输装备及其系统发展的重点任务与重大工程，为未来我国交通运输装备及其系统的发展奠定基础，以期实现我国交通运输装备及其系统的快速发展，为交通强国提供支撑。

Abstract

Under the new situation of rapid socio-economic development and deep application and cross-border integration of new generation information technology, the development of transportation technology faces major challenges in terms of safety, efficiency and environmental protection. To this end, the United States, the European Union and other developed countries and regions in the world have made strategic plans for the development of transportation equipment and systems. The report of the Nineteenth National Congress clearly states that we should build a " strong transportation country" , which means that we will start a new journey to build a strong transportation country in the new era. Transportation equipment and its system are the important foundation for the construction of "strong transportation country". In this context, it is particularly necessary to propose the strategy and evolution path of China's transportation equipment and systems. Aiming at the major needs of China's economic and social development as well as transportation development, This project investigates the scientific and technological development of domestic and foreign transportation equipment and systems, summarizes the technological gap between China and developed countries, conducts an in-depth research of the development direction and route of transportation equipment and systems with the core of high efficiency, high security, comprehensiveness and intelligence, puts forward the key tasks and major projects and lays the foundation for the development of transportation equipment and systems in China in the future, to realize the rapid development of China's transportation equipment and systems and provide support for the transportation power.

CHAPTER ONE

第一章
现状与问题分析

交通运输是国民经济的命脉。在"绿色、智能、泛在"为特征的群体性重大技术变革之下,交通运输成为大数据、云计算、移动互联网、人工智能、智能制造、新能源和新材料等新兴技术的重点应用领域。载运工具智能化、交通设施智能化、管理服务协同化发展推动了交通运输领域新产业、新业态的不断涌现,交通运输系统自主创新和升级换代呈现出前所未有的活力。

第一节　发展现状

交通运输是国民经济构成中的先行和基础产业,是社会生产、生活组织体系中不可缺少和不可替代的重要组成部分。"十二五"规划期间是我国交通运输发展最快的五年,也是交通基础设施投资力度最大的五年。《"十三五"现代综合交通运输体系发展规划》明确指出,到 2020 年综合交通网总里程达 540 万 km,高速铁路覆盖 80% 以上的城区常住人口 100 万人以上城市。截至 2017 年底,我国高速铁路营业里程、高速公路通车里程、城市轨道交通运营里程及港口泊位数量均位居世界第一,综合交通网络骨架初步形成。与此同时,我国交通运输装备及其系统也是同步快速发展:随着高速列车技术的成熟,我国已进入 350km/h 高铁时代。按照国际民航规章自行研制、具有自主知识产权的大型喷气式民用飞机——C919 大型客机试飞成功。内燃机汽车整体技术水平有明显提升,同时基本掌握了电动汽车的关键核心技术和整车产品的关键产业化技术,我国新能源汽车的核心竞争能力在持续提升。我国在造船完工量、新接订单量、手持订单量这全球造船三大指标上全面领先,位居世界第一位,而且能建造大型客滚船和超大型集装箱船(VLCS)等在内的各种高附加值船舶;建成了全球规模最大、自动化程度最高的码头,实现了集装箱装卸、水平运输、堆场装卸环节全过程的智能化;港口装备及系统的发展已突破传统模式,向绿色港口和智慧港口转型。

可以说,我国交通运输行业始终瞄准国际交通科技发展前沿,在交通装备、交通信息化与智能化、交通安全和交通基础设施等方面的技术创新取得了重大突破,并取得了一批标志性重大科技成果,极大地提升了我国交通运输业的核心竞争力和可持续发展的能力,发挥了科技对交通运输的支撑和引领作用。突破了一批交通运输重点装备的关键技术,使我国高速列车、重载列车、城市轨道列车、港口装备、超大型船舶和电动汽车等交通运输装备水平跃居世界前列;攻克了一批交通运输信息化和智能化关键技术,为奥运会、世博会等国家重大活动提供了强有力的技术保障,推动了我国交通系统的发展转型,初步培育并形成了我国智能交通产业;掌握了交通运输安全保障核心关键技术,极大地促进了交通运输向更加安全和可持续的方向发展;同时,交通科技创新平台建设硕果累累,建设运营了一批包括国家重点实验室、工程技术研究中心、国家工程实验室在内的国家创新能力平台,组建了一批国家产业技术创新联盟,形成了机制化的协同创新模式,夯实了我国交通科技可持续发展的基础。

第二节 面临问题

近年来,我国的交通装备制造已取得非凡成就,汽车产销量连续九年稳居世界第一,轨道交通装备产业规模和产销量均居世界第一,船舶产业规模和产销量均居世界第一,这些数据标志着我国已成为交通装备制造大国。但是,在道路运输、航空运输和水路运输的装备产业中,部分装备"核心技术空心化"现象依然存在,汽车、飞机和船舶的发动机、电控系统等交通装备自主创新能力仍然不足。随着"中国制造2025"战略的发布及实施,建设制造强国的氛围正在形成,交通运输装备制造成为装备制造业重点发展的十个领域之一。确立自主创新驱动的发展模式,提高科技创新支撑的自主化程度、提升国际创新能力和产业竞争力、发挥产业带动效应,推动交通装备及其系统由大到强,已成为引领我国由"交通大国"迈向"交通强国"的必由之路。

一、载运工具基础共性技术不足

面向国际市场的技术和装备试验认证仍依赖发达国家试验认证能力;面向未来发展和国际市场新技术、新装备和新系统的研究和试验验证能力需要加强;面向未来发展的基础理论和共性基础技术研究对形成产业引领的核心技术研发支撑力不足。

我国汽车、飞机和船舶领域,都面临着设计平台薄弱、数据库积累不够、测试评价体系不完备的问题;没有建立整套的开发流程规范及相关标准的数据库平台,性能设计、开发目标不清晰,参数选取、验证方法不明确,技术标准、法规体系不完整,长期采用跟随策略。

我国的汽车重大测试评价装备长期依赖进口;汽车标准体系基本采纳了"欧洲体系",部分考虑了我国的国情,支撑了我国汽车产业从小到大的发展过程,但系统的标准化技术、测试评价技术研究仍然薄弱。在适航方面,作为通用航空器安全性保障的最低标准,国内外的适航标准一致,但是达到同等安全性要求的有效实现方法比较欠缺。我国目前本土船用设备平均装船率不足50%,船用设备系统集成、总成配套能力弱,主要配套设备及关键零部件生产能力不足和船用设备自主研发能力薄弱的问题突出,造船与配套发展不协调的状况尚未得到根本改变,我国船舶配套业的发展仍不能适应我国造船业快速发展和船舶产品结构优化升级的需求。

二、汽车、飞机、船舶的动力与控制系统核心技术存在空心化问题

我国汽车、飞机和船舶动力及控制系统研发基础薄、能力弱,使得高效低排动力总成与国际先进技术存在较大差距。

我国在汽车发动机关键部件先进核心技术上起步晚,与国外差距较大;电控系统虽可实现基本功能,但控制策略不完整,产品成熟度低。如我国自主品牌生产的新型汽油机产品中,已包含了缸内直喷、涡轮增压、可变气门正时(VVT)等新技术,但其技术指标与国际先进水平仍有差距,特别是电控系统等核心组件大多掌握在国外供应商手中。总体而言,我国汽车发动机先进技术融合的集成匹配与优化能力较弱,与国外有较大差距。

我国民用航空动力技术相对落后,尚未形成国产民用涡扇发动机产业,相关市场全部被国外产品占领。我国系统开展民用涡扇发动机设计技术的研究尚属起步阶段,没有建立民用涡扇发动机的设计体系和验证体系。尚未建立民用大涵道比涡扇发动机设计和验证的体系;声学工程、民用高负荷低压涡轮内部流动机理、先进低压涡轮设计技术、低污染排放等民用航空动力的关键技术设计与验证方法研究基础匮乏。

我国在船舶动力系统研发,特别是新型推进系统研发方面,如吊舱推进器、直翼推进器以及无轴轮缘推进器尚无成熟的自主产品。目前国内由于缺乏设计制造经验以及大量的实用运行数据,针对新型推进器的研发工作尚处在起步阶段。各科研单位和院校主要在数值计算、性能分析、仿真控制、总体设计方法上进行了深入研究,也研制了小型的实物样机,但在大型推进器的研发方面还未建成相关的设计、研发以及验证体系。

三、综合交通智能化技术对交通强国的支撑力不足

目前我国城市交通控制系统产品几乎完全被国外产品垄断,典型产品包括 SCOOT(Split Cycle Offset Optimizing Technique)、SCATS(Sydney Coordinated Adaptive Traffic System)以及

RHODES（Real Time Hierarchical Optimized Distributed and Effective System）等系统。这些系统对国外均质交通流更为合适，不完全适合中国混合交通模式。尤其是我国大城市交通网络复杂、车流密度庞大，需要建立本地、区域和大范围交通分级控制体系，智能化交通控制是未来我国大城市交通控制的新需求。为摆脱国外对交通控制核心技术的垄断，开发适合我国交通特点的新一代智能交通控制，亟须发展壮大我国智能交通产业。

尽管载运工具智能化技术发展迅速，但基于多传感器集成的复杂驾驶环境感知、支持自动驾驶的高精度数字地图、复杂场景下的自主驾驶控制等技术还制约着无人驾驶的广泛应用；综合交通信息服务处于发展初期，发展不平衡、不充分的特点突出，还不能充分满足旅客出行和客货运输对综合交通信息的个性化需求；人车路交互及协同控制机理、车载和路侧信息资源的优化配置等基础理论的研究尚不深入；高速状态下对远距离环境的感知以及传感器网络化条件下环境信息的感知尚缺乏有效手段；车载信息尚未实现优化与交互管理；完整的车车、车路协同系统标准规范体系尚未形成。

大型枢纽机场相关科技创新体系落后，科技投入严重滞后于航空运输业的发展。低空空域管理存在手段和能力不足的问题，给低空空域的使用管理带来严峻的挑战。航空应急救援管理技术和应急救援能力严重不足。内河航运安全管理与应急搜救方面，尚缺乏柔性工程等理论在水上交通风险防控中的应用研究；大型滚装船、客（渡）船、危险品运输船舶等重点船舶的实时信息获取、态势评估与预测技术等尚待突破。

CHAPTER TWO

第二章
国际经验与启示

世界发达国家都适时规划了各自的交通远景,明确将交通行业作为其国民经济和社会发展的支柱和命脉。节能与新能源载运工具和交通系统的高效运营已成为各国关注的焦点,科技创新贯穿始终,载运工具动力系统和控制系统已经成为研发重点,运营管理智能化、系统协同化与网络化已成为主要发展方向。

安全、绿色、高效和智能已经成为交通发展的目标。从技术层面上分析,实现这一目标的主要技术发展方向包括:载运工具动力多元化,排放洁净化;载运工具控制系统模块化、集成化;运营管理智能化、信息化、网络化。

第一节 国际经验

进入 21 世纪,欧美等发达国家和地区先后制定了一系列政策与规划,争相抢占交通发展先机。欧盟先后发布了《欧洲 2020 年交通远景战略规划》《欧盟交通第七框架(FP7)》和《迈向统一欧洲的交通发展路线图——构建竞争力强、高效节能交通系统》白皮书,启动实施以保持其全球领导地位和构建新一代铁路系统为目的的"Shift2Rail"计划,其主旨在于指导欧洲各国在交通安全、基础设施、环保与新能源应用、新型车辆设计等方面的研发投入,通过实施新能源汽车、高速铁路、新一代城际铁路、新航空排放标准以及智能交通系统,实现交通安全、清洁、智能的发展目标,并确保欧盟国家在交通科技领域继续保持竞争力。

2008 年,美国颁布了《2030 交通远景规划》,随后在 2015 年,美国发布了《超越交通——趋势和选择 2045》报告。两项研究报告均强调通过加强基础设施建设、加强交通装备研发、改善管理模式、提升公共交通服务水平、提高客货运效率、强化财政支持与多元合作、鼓励科技创新与加速新技术的产业化等手段,确保美国的交通更加安全、通畅。同时,制定下一代航空导航系统、车联网(V2V)、电动车、自动驾驶、汽车防撞预警、飞机无人驾驶等技术标准和监管政策,有效控制新技术带来的安全、环境等方面的潜在风险。

日本继续坚持政府与企业的合作模式发展交通相关产业,通过混合动力与新能源汽车、智能公路系统(Smart-way)、交通信息服务(VICS)、高效的高速铁路运营控制等多技术途径,保持其在交通领域的全球竞争力。2014年7月,日本国土交通省出台国土交通远景发展规划《国土大设计2050——形成促进对流国土形态》,以交通体系等国土基础设施规划建设为主要实现手段。该规划虽不是专门的交通规划,但基本反映了日本交通发展的战略方向:建设速度500km/h的磁悬浮中央新干线连接大都市圈;推广大数据、自动驾驶、应用先进技术,建设安全、智能、环保型的交通运输系统。

为了统筹协调各种运输方式,合理配置和利用交通运输资源,发挥综合交通的整体优势,美国以《2050年远景:国家综合运输系统》为导向,提出建设具有一体化、国际化、联合化、包容化、智能化、创新化的"6I"型综合交通运输系统;欧盟以《未来交通政策白皮书》为核心,注重道路网、公交网、铁路网、水运网的合理配置、相互衔接及综合交通枢纽建设,构建高效协同、绿色环保的综合交通运输系统;德国实施《联邦交通网发展规划》的国家战略,综合考虑自然环境、区域发展与城市建设的整体利益,建设低排放、低成本、高效率、高协同的环境友好型交通运输网络;日本以《综合交通政策体系》为战略导向,注重交通总体规划和交通方式的集约化,通过构建层次分明的内陆、海岸、航空等综合交通立体架构,实现高效有序的综合交通运输管理。综上所述,国外发达国家和地区交通工程科技发展的前沿是:以安全、高效、绿色为核心,推进综合交通运输系统的发展。

第二节　经验启示

节能与新能源载运工具和交通系统的高效运营已成为各国关注的焦点,科技创新贯穿始终,低碳、高效、安全、便捷成为各国交通发展的目标,智能化、网联化、协同化成为主要的技术手段。国外交通运输装备及其系统的发展经验与启示主要包括以下方面。

一、加强先进技术在行业的应用,引领交通运输发展,提升国家竞争力

美国、欧盟、日本注重交通发展与其工业化发展相适应。一方面,注重将工业化发展的产物——新技术、新能源、新材料融入交通发展自身,推动提升交通运输系统的安全性、适应性、灵活性和可靠性,并不断降低交通系统对环境的影响。另一方面,注重适应工业化新阶段带来的交通新需求。美国、欧盟、日本均应用先进技术引领本国交通运输发展,

支撑国土空间布局,支持国内经济、对外贸易以及实现可持续发展。如日本规划建设速度 500km/h 的高速磁悬浮新干线;美国规划推广应用下一代航空运输系统(Next-Gen)、车联网、汽车防撞预警、无人驾驶等;欧盟提出一体化信息系统、车—路感应基础设施建设等,均体现了先进技术引领行业发展的趋势。

我国将进入到工业化中后期发展阶段,新型工业化、智能制造、信息化共同交织,新技术、新能源、新材料将为交通发展带来新的变革。应加强交通技术研发,逐步实现由跟随到同步直至超越先进、引领世界先进技术方向的转变,并加强科研成果转化,使最新科技创新成果应用于交通运输的发展。

二、提升基础设施建设和装备系统技术水平,助力对外开放与区域一体化发展

欧盟、美国、日本等国家和地区城镇化发展的新形态是巨型都市圈。美国提出围绕巨型都市圈建设高速铁路、城际铁路的战略,应用下一代飞机导航系统等技术;日本提出高速磁悬浮 1h 交通圈的发展战略,还计划建设海上运输通道,在日本海和太平洋两侧加强与世界各国的联系;欧盟也提出欧洲交通一体化发展的战略,并部署未来空中交通管理系统。

未来几十年,我国城镇化将进一步快速发展,巨型都市圈将是国土空间布局的新形态,同时,为深化国家"一带一路"倡议落实,陆路和海上运输大通道建设也将加强。应借鉴国外交通区域一体化发展战略,研发、推广更高速的新型交通方式,提高复杂环境条件下基础设施建设和交通装备及系统的技术水平,增加高速铁路、航空、磁悬浮等快速交通方式的覆盖范围,加强对外开放合作,促进城市群、巨型都市圈的经济同城化、一体化发展。

三、提升交通智能化和信息化水平,增强交通运输服务品质

欧盟、美国、日本等国家和地区注重智能和信息化技术在交通装备和运输服务领域的应用,以提高其交通运输服务质量和决策水平,如美国提出发展交通运输大数据分析决策支持系统、车联网系统,日本提出发展交通信息通信系统,欧盟提出建立高品质、高容量的网络和相应的信息服务系统等,都是通过信息化、智能化手段提高交通运输服务质量水平。我国应顺应形势,结合"互联网 +"战略等,大力推进移动互联、物联网、云计算、新一代移动通信和北斗卫星导航系统等先进信息技术在交通运输领域的应用,研发智慧型交通运输工具,制定明确的相关技术发展路线图。

CHAPTER THREE

第三章
趋势分析与发展展望

近年来,我国经济社会快速发展,对交通运输装备及其系统发展提出了新的需求。与此同时,全球科技迅猛发展,科学技术前沿不断拓展,学科间交叉融合加速,产业体系汇聚重构已成常态。相关领域科技的快速发展并与交通运输行业深度融合,形成并强化了交通领域科技发展的新趋势。为满足更清洁高效、安全可靠、舒适智能、便捷准时的交通运输需求,驱动交通运输业向更节能、更环保、更安全、更智能方向创新发展,世界主要国家不断加大对先进的航空、船舶、轨道交通、汽车等交通运输装备及其系统的研发。

第一节　趋势分析

综合国际上现代交通技术领域发展的现状和趋势,可以发现安全、绿色、高效和智能已经成为交通发展的永恒目标。从技术层面上分析,实现这一目标的主要技术发展趋势包括以下方面。

一、载运工具动力多元化,排放洁净化

能源结构调整催生了载运工具电动化这一战略性新兴产业,也使得载运工具动力呈现多元化的技术发展趋势。各国在不断强化对传统燃油汽车降低平均油耗、降低排放水平的要求,同时也投入大量人力物力开展纯电动、混合动力、燃料电池、替代燃料等低排放技术的研发。

二、载运工具控制系统模块化、集成化、智能化

无论是汽车的电子控制系统还是飞机的航电系统,无论是轨道列车车载网络化检测

与控制系统,还是船舶的综合自动化系统,都呈现出模块化和集成化的发展趋势;精确传感和网络化控制成为载运工具控制系统的核心;人工智能在载运工具系统控制方面得到广泛应用,智能辅助与无人驾驶成为载运工具发展的趋势。

三、交通管理与服务信息化、网络化、智能化和协同化

随着电子、信息、网络、通信等技术的发展,各种交通方式的管理与服务向信息化、网络化、智能化和协同化的方向发展;集网联化、智能化、协同化为一体的新一代智能交通管理系统、人车路协同系统是各国竞相争夺的前沿技术制高点;为客流、物流提供更多的客货运输方式选择,提供高效可靠的、端到端的、无间隙的、多方式选择的联运服务,实现本地、区域性、国家级和国际层面的交通网络系统的互联互通成为新的发展方向。

第二节 发展展望

展望未来,交通领域正孕育着具有重大产业变革前景的颠覆性技术,北斗卫星定位导航系统、5G 通信、可信计算、移动互联、云计算、大数据、物联网、空天临地交通通信网等新一代信息技术的深度应用与跨界融合正在推动交通运输发展模式的革命性变化。

一、发展电动化、高效化和清洁化的交通能源动力

交通能源消耗是造成局部环境污染的主要原因之一,也是全球温室气体排放的主要来源之一。加速调整能源结构、转变能源开发利用模式,加快绿色、多元、高效、低碳的可持续能源应用是交通发展的必然要求,交通能源动力系统呈现出电动化、高效化、清洁化趋势。汽车动力向燃料多元化、驱动电气化方向发展,在进一步降低传统燃油汽车动力平均燃油消耗和排放的同时,积极发展纯电动、混合动力、燃料电池等动力系统的研发与推广应用;轨道交通发展低寿命周期成本(LLCC)、环境友好设计等可持续发展技术,促进节能环保指标的逐步提高;海洋运输将超低排放的高效船用柴油机、气体燃料和双燃料发动机、零排放技术作为未来的发展方向;航空运输领域则关注生物燃料和电能驱动在通用航空动力上的应用。

二、实现轻量化、数字化和一体化的交通运输装备设计制造

交通运输装备制造业历来是具有集大成特征的行业,对信息产业、电子工业、材料工业等相关产业具有很强的带动效应,交通运输装备的发展呈现出轻量化、自动化、集成化、模块化、信息化和智能化特征。高性能的复合材料已成功应用于汽车、轨道机车车辆、大型客机/轻型通用飞机、船舶等交通装备,轻量化成效显著;在信息化和工业化深度融合的

过程中,交通运输装备及其制造过程的数字化、智能化技术日新月异;借助大数据系统和云服务技术,交通运输装备设计、制造、检测、检验、运营、维护等各个环节不断向数字化、智能化、一体化发展。

三、构建多方式协同的新一代智能交通系统

当今科技在多个领域都取得了重要进展,并呈现交叉融合的态势。交通系统借助互联网的发展,以云计算、物联网技术、智能传感/大数据挖掘技术为代表的新一代信息技术有效地集成应用于轨道交通、道路交通、水运交通和航空交通系统,使交通系统集成呈现智能化、网联化、协同化趋势。陆海空交通资源将在信息技术的支持下全面整合,形成信息共享、资源协调、优势互补的网联化、协同化、智能化立体综合交通系统;移动互联网和大数据技术有效支撑综合交通信息的获取、交互、融合与决策,同一种交通方式的系统要素之间协调组织,不同交通方式之间互联互通、综合协同,交通运输行业的服务品质和科学治理能力全面提升;智能型设施成为智能交通的重要研究方向,成为支撑智能交通发展的重要基础;以无人驾驶、车路协同、船岸协同等技术为特征的新一代智能交通系统在移动通信技术的助力下进入了新的发展阶段,以无人驾驶、自主决策的载运工具为基础,具备自主感知、自主管控能力的自主交通系统初见端倪。交通参与者、载运工具、设施一体化协同系统成为交通系统发展的大趋势。

第四章
目标与重点战略

深入贯彻党的十九大精神,全面落实党中央、国务院的各项决策部署和国家战略,按照"立足中国、面向全球、自主自信、按需借鉴"的科技创新战略思想,坚持"问题导向、目标导向"的科技创新原则,提出面向"强国需求"和"技术引领"的交通运输装备及其创新战略研究目标体系及重点战略。

第一节 总体思路

以满足国家战略需求为目标,以国内外市场需求为导向,以行业技术发展趋势为引领,以产学研用协同创新为主要模式,解决一批制约交通运输装备及其系统发展的关键科学问题,研发一批引领交通运输装备及其系统发展方向的重大前沿技术,全面提升我国交通运输装备及其系统创新的技术水平,以支撑我国"新型城镇化"的创新发展,服务"一带一路"国际合作与全球治理新格局,落实"京津冀协同发展""长江经济带发展""粤港澳大湾区"等国家区域协同发展战略。

按照党的十九大战略部署以及基于"交通适度超前"的考虑,交通运输装备及其系统相关技术的发展思路可概括为:

(1)提高汽车、列车、飞机、船舶的自主创新能力,重点突破汽车动力系统、列车谱系化、轨道交通系统多样化、重型直升机和船用动力装置等交通运输装备发展的重大技术瓶颈,催生战略性新兴产业,升级传统产业。

(2)以提供高效、便捷的人性化交通运输服务为核心,发展交通系统信息化、智能化技术和安全高效的交通运输技术,提高运网协同能力和运输效率,实现交通信息共享和各种交通方式的有效衔接,提升交通运营管理的技术水平,发展综合交通运输。

（3）促进交通运输向更加低碳、节能、环保和安全的方向发展，交通运输安全保障、资源节约与环境保护等方面的关键技术取得重大突破并得到广泛应用。

第二节　发展目标

以实现"交通强国"为战略目标，以满足构建我国安全、便捷、高效、绿色、经济现代综合交通运输体系和国家总体安全重大需求为具体任务目标，强化人工智能、新材料和新能源等赋能/赋性技术与交通运输需求的深度融合，大力发展高效能、高安全、综合化、智能化的系统技术与装备，形成满足我国需求、总体上国际先进的现代交通运输核心技术体系。培育壮大新能源载运工具、现代轨道交通、现代通航运输、智能水运装备等产业，提升我国交通运输业和装备制造业的核心技术全球竞争力和产业可持续发展能力。

具体而言，在轨道运输、道路运输、航空运输、水路运输、综合运输等领域，应在 2030 年和 2045 年实现以下发展目标。

一、面向 2030 年的目标

1. 交通运输装备及其系统发展的 2030 总体目标

在轨道交通装备、节能与新能源汽车、高技术船舶、民用航空的关键元件、配套系统与设备、先进设计与制造工艺等前瞻性、探索性研究方面取得重大突破，科技创新能力大幅提升。

轨道交通装备关键技术体系完善，轨道运输系统的安全可靠性和智能化、绿色化水平国际领先。发挥我国电动汽车总体竞争优势，占领新能源汽车研发的制高点，形成自主可控完整的清洁汽车产业链，基本建成自主可控完整的智能网联汽车产业链与智能交通体系，乘用车平均燃料消耗量降至 3.2L/100km，商用车新车燃料消耗量与国际领先水平同步，新能源汽车销售量占汽车总体销量的比例达到 40%，高度/完全自动驾驶汽车市场占有率达到 10%。主流船舶绿色化、智能化水平国际先进，完全掌握高技术船舶的自主设计建造能力，自主研发设计、建造的高技术船舶的国际市场份额达到 60%；具有知识产权的国产关键系统和设备配套率达到 90%。民用飞机产业实现快速、可持续发展，形成支线飞机、单通道干线飞机、双通道干线飞机三大系列产品，主要航空运营装备国产化率 80% 以上。综合交通运输实现较高程度的数字化、自动化、网联化及智能化。

2. 轨道运输装备及其系统

具备研发、建造时速 400km 高速轮轨交通系统、时速 200km 级中速磁悬浮铁路、智能化轨道运输系统成套装备和时速 250km 的快速货运装备技术、产业，开展高速磁悬浮和低真空管(隧)道相结合的铁路技术研究;具备维护智能化、跨国联运、中速磁浮干线运营、货物快捷联运的技术和服务能力。到2030年,在上述科技创新形成的能力基础上,建成世界一流、充分国际化、完全开放、具有凝聚全球创新资源能力的轨道交通科技和产业创新能力平台体系;我国轨道交通产业规模不断扩大、研发能力达到国际领先水平;标准、产品平台、管理、服务体系化程度达到世界一流;轨道交通装备和系统的安全性、可靠性、可维护性以及智能化、绿色化水平达到国际领先水平,使我国成为具有全球竞争优势的轨道交通装备制造强国。

3.道路运输装备及其系统

形成自主可控、完整的节能汽车和新能源汽车产业链,形成智能网联汽车产业链并基本具备与之兼容的智慧城市与智能交通技术体系,迈入汽车强国行列。低碳化、网联化、智能化汽车技术取得重大进展,接近或达到国际先进水平,有力支撑汽车强国与和谐汽车社会。汽车产业升级为智能制造体系,初步实现基于充分互联协作的大规模定制化生产;部分汽车产品升级为节能与新能源的智能网联汽车,更加安全可靠、节能环保、舒适便捷,并实现互联互通、自动驾驶等功能;汽车商业模式升级为全新生态,制造型服务商与服务型制造商融为一体,"轻拥有、重使用"的汽车共享文化逐渐普及;汽车社会开始升级进入智能时代,自动化的智能共享出行、无人化的货物配送初具规模。

4.航空运输装备及其系统

围绕国家的战略目标,建立基本成型的中国民用航空工业管理体系、民用飞机技术创新体系和民用飞机产业体系。大型民用飞机产业健康发展,按照"支线飞机—单通道干线飞机—双通道大型干线飞机"的发展路线,民用飞机产业化实现重大跨越;超音速公务机研发取得突破;国产直升机在国内得到广泛应用,国内直升机达到可以与国际一流直升机直接竞争的水平;主要航空营运装备国产化率超过80%;民用无人机产业得到长足发展;超长航时的太阳能飞机将可能会投入使用,可以取代部分低轨卫星,且其分辨率和持续观测能力优于卫星。

5.水路运输装备及其系统

成为具有全球引领影响力的船舶制造强国。形成完善的船舶设计、总装建造、设备供应、技术服务产业体系和标准规范体系;部分领域设计制造技术和建造效率、质量水平国际领先;自主研发设计、建造高技术船舶的国际市场份额达到60%;具有知识产权的国产关键系统和设备配套率达到90%;全面建成数字化、网络化、智能化、绿色化设计制造体系;船舶智能化、绿色化技术进入世界前列。港口装备及系统实现单机运行自动化,系统运营智能化,大宗装卸设备连续化、高效化、绿色无污染化。形成绿色、智慧港口货物装卸、中转、物流运输的标准规范体系;在港口装备及系统绿色化、无人作业、智能化管理等技术方面处于国际领先地位。形成自主化的海事监管通信与水上安全应急救助与打捞系统。

6. 综合运输装备及其系统

综合交通运输实现较高程度的网联化、智能化和协同化,多式联运技术装备与国际先进水平同步;利用移动互联网、大数据、云计算、物联网等技术实现各种运输方式信息系统的互联互通,极大改善运输服务与信息服务;初步实现多种运输方式协同组织与运行优化,基本形成一体化综合交通管控与服务体系;以自主驾驶载运工具协同运行为基础的自主交通系统雏形初现。

二、面向 2045 年的目标

1. 交通运输装备及其系统发展的 2045 总体目标

交通运输关键系统和配套设备自主创新能力进一步增强,若干核心技术取得系统性、集成性突破,引领轨道交通、船舶产业与技术的发展;以自主感知、自主决策为主要特征的自主无人驾驶载运工具得到广泛应用;新一代信息技术、人工智能与交通运输行业深度融合,交通运输智能化运行管理关键应用技术达到国际领先水平;产业发展模式转为科技创新驱动型,智能制造模式普遍应用,汽车技术和航空工业达到世界先进水平。

引领全球轨道交通技术和产业发展,形成具有引领国际轨道交通装备研发、标准制定、技术转移与服务、平台搭建与移植的科技创新能力,形成智能、绿色、可循环、可持续发展的轨道装备技术和产业生态圈。汽车技术取得重大颠覆性进展,全面普及与智慧城市、智能交通系统兼容的绿色智能移动装备,达到国际先进水平,实现智能互联、安全可靠、舒适高效、公平和谐的道路运输。成为引领全球船舶产业和技术发展的船舶制造强国,建成全球领先的数字化、网络化、智能化、绿色化设计制造体系。航空工业达到世界先进水平,完成以大中型客机、重型直升机、无人机为代表的一大批先进航空产品研制,并交付市场。综合交通工程科技取得重大进展,多种运输方式协同组织与运行优化趋于完善,形成一体化综合交通服务体系,交通运输与经济建设、社会生活深度融合,各交通运输方式提供高品质、差异化的交通服务。

2. 轨道运输装备及其系统

具备研发、建造、交付和运维时速 600km 级的低真空管(隧)道高速磁悬浮铁路、各速度级全维度绿色轨道交通、机动重载轨道交通成套系统装备的技术;具备轨道交通系统智能化无人运行管控和智慧维护的技术、产业和服务能力。

3. 道路运输装备及其系统

智能网联汽车取得重大进展,全面成为与智能交通系统、智慧城市以及能源互联网兼容的绿色智能移动装备,达到国际先进水平,实现智能互联、安全可靠、舒适高效、公平和谐的道路运输。

4. 航空运输装备及其系统

建成国际先进的民用飞机产业体系,树立全球公认的民用飞机优势品牌;建立成型高效的中国民用航空工业管理体系、民用飞机技术创新体系和民用飞机产业体系;各类新概念、新构型和新能源民用飞机的研究不断深入并逐步推出;国产客机更经济、更安全、更舒适、更环保、更高效、更智能;引领国际智能空管系统装备生产制造。

5. 水路运输装备及其系统

成为全球船舶产业和技术发展的船舶制造强国,形成具有国际引领能力的船舶设计、总装建造、设备供应、技术服务产业体系和标准规范体系;船舶设计制造技术和建造效率、质量水平国际领先;建成全球领先的数字化、网络化、智能化、绿色化设计制造体系;引领世界船舶智能化、绿色化技术。建立便捷、安全、低成本的港口集疏运体系,实现内河港口与沿海港口的无缝式衔接服务;具有自主知识产权的港口设备及系统在国际市场具有绝对的主导地位,建成全球顶尖的智慧港口物流体系;实现多层海事信息的融合,建成船岸、船船的多点通信网络和应急救助体系。

6. 综合运输装备及其系统

网联化、协同化、智慧化的综合交通工程科技取得重大进展,交通基础设施和技术装备全面达到国际领先水平,多种运输方式协同组织与运行优化趋于完善,形成一体化综合交通管控与服务体系,有力支撑我国经济增长和社会进步;各交通运输方式实现信息共享与协同运行,提供无缝衔接、高品质、差异化、智能化的综合信息服务;以自主无人驾驶载运工具协同运行为基础的自主交通系统得到广泛应用。

第三节　重点战略

适应我国国民经济、国家安全、国家利益拓展、社会服务对交通运输系统的需求,瞄准交通运输系统战略性、前沿性、前瞻性技术问题,攻克低碳高效交通运输装备核心技术,突

交通强国战略研究 STRATEGIC RESEARCH ON TRANSPORTATION POWER

破安全高效运营管控技术瓶颈,促进低碳高效交通运输装备的战略转型,持续保持交通基础设施的功能,解决制约交通发展的低碳高效载运和一体化系统安全等技术难题,提升综合交通的安全性和运输效率,构建产学研用相结合的交通科技创新联盟平台。培育新能源汽车、高速轮轨和磁悬浮列车、重型直升机等交通运输装备战略性新兴产业增长点,提升我国交通运输行业的核心竞争力和可持续发展能力。

通过国家产业政策和国家技术标准的制修订,引导企业研发更节能、更低排放的载运装备,鼓励各类节能与新能源载运装备的推广应用;通过营造公平的竞争环境,推动交通运输装备及其系统产品、运营模式的创新发展;构建国家交通系统网络化、智能化和协同化技术发展的总体规划,为交通系统的网络化、智能化和协同化技术发展提供法律支持和试验环境保障。

一、高品质载运技术与装备

重点攻克时速600km级低真空管(隧)道高速磁悬浮铁路、时速400km级跨国互联互通轮轨高速列车、时速250km轮轨高速货运列车、智能船舶、重型直升机、大型民用飞机、新构型飞机等交通载运装备方面的核心技术,提升交通运输装备水平。重点突破节能与新能源汽车、多能源船舶、新能源驱动轨道交通移动装备等关键零部件和整车开发及产业化工程。重点攻克传统汽车动力系统、汽车自动驾驶、汽车开发数据库和测试评价、高速列车谱系化、轨道交通多样化、重型直升机传动、船用动力装置等关键技术和基础共性技术。

二、高效运输服务技术与系统

重点关注大城市交通控制、机场运行控制、极地航运控制问题,攻克大城市区域交通控制、动态信息服务、先进机场运行、运输组织与应急指挥一体化、极地航运实时通信等技术与装备难题。

三、一体化系统安全技术与装备

重点研究汽车安全多系统协同控制、轨道列车在途检测与安全预警、智能车路协同控制、船舶远程自主航行、飞行器适航、智能化空管系统等关键技术,形成一体化系统安全技术与装备。

第五章
主要任务与技术路线

本报告编写组在交通运输关键装备及其系统发展预见的基础上,提出我国交通运输关键装备及其系统技术发展演进路径,融交通运输装备与智能交通技术为一体,提出支撑"交通强国"的交通运输关键装备及其系统技术发展的重点任务和技术演进路径。

第一节　主要任务

一、轨道运输装备及其系统

对标国际轨道交通装备制造先发国家,我国在研发能力体系建设、标准体系国际化、智能制造和国际化经营等方面尚存在一定差距。未来我国轨道交通装备的发展重点依旧应该是依托数字化、信息化技术平台,广泛应用新材料、新能源、新技术和新工艺,重点研制安全可靠、先进成熟、节能环保的绿色智能谱系化产品,拓展"制造 + 服务"商业模式,开展全球化经营,建立世界领先的轨道交通装备技术和产业创新体系。主要任务包括:

(1)研制更高速度、更大运量、更加智能、更加环保,具备跨国和跨标准互联互通能力的高可靠性新一代轨道交通车辆,为跨国互联互通提供关键技术及装备。

(2)研究形成轨道交通系统节能和绿色化、超高速条件下列车噪声控制与治理、超高速条件下移动装备走行系统设计优化等方面的关键技术和产业化能力。

(3)研究形成以轨道交通为骨干的无缝多方式联程联运的铁路货运服务、不同模式轨道交通系统与其他交通方式之间设施与服务互联、轨道交通系统能源效率提升等技术、标准和系统装备体系。

（4）建立与整合国家轨道交通综合试验与系统测试基地，形成可以对各种轨道运输系统单元技术、系统技术和体系化技术进行实验、试验、测试、评估和认证的功能综合、条件完备、场景可配置的国家试验基地，具备向全球展示我国轨道交通技术能力、为全球轨道运输系统的科技创新提供全生命周期的支撑服务能力。

二、道路运输装备及其系统

通过深入挖掘未来汽车产业需求侧低碳经济、和谐汽车社会等需求要素与供给侧"互联网＋"、信息物理融合、人工智能等科技要素的综合驱动效应，结合国际发展趋势对标与技术预见综合分析结果，提出道路运输装备及其系统发展的三大重点任务：汽车超低二氧化碳与超低污染排放，智能汽车与智慧移动，以及基于网络的汽车设计、制造、服务一体化。主要任务包括：

（1）汽车超低二氧化碳与超低污染排放。核心是大力发展超低碳、超低污染的汽车装备。

①促进高效内燃机、混合动力、替代燃料等各种关键汽车节能技术的进步与应用；

②通过有效政策引导、鼓励基础研发、完善充电设施等措施，持续大力推动新能源汽车装备的发展与普及，充分发挥新能源汽车在促进我国能源安全、环境保护和产业升级等方面的战略性作用；

③推进绿色汽车制造体系的升级，并向低碳方向不断优化，调整道路运输能源的供给结构，最终实现汽车产品制造与使用全生命周期的超低二氧化碳与超低污染物排放。

（2）智能汽车与智慧移动。重点是发展具备高度信息化、智能化功能的汽车装备，以智能汽车为核心载体，建成与未来城市环境兼容的智慧移动系统，打造高效、舒适、智能、安全、公平的"零伤亡""零拥堵"和谐汽车社会。

（3）基于网络的汽车设计、制造、服务一体化。基于汽车产品生命周期管理系统和工业的自动化软件技术，实现虚拟和现实相互融合、无缝互联的汽车数字化智能化制造，打通汽车全产业链条而形成相互增益的有机整体，推动汽车制造业从大规模生产到个性化、定制化柔性生产的转型升级。

三、航空运输装备及其系统

围绕民用飞机"经济、安全、高效、环保"的发展方向，加快新产品研发和新技术创新，不断提高自主创新能力，使我国从航空大国走向航空强国。主要任务包括：

（1）掌握新一代民用飞机技术。完成 C919、CR929、重型直升机、大型水陆两栖飞机等航空新产品的工程研制，实现国产客机、直升机和通用飞机的系列化发展；开展超音速运输机、高速直升机、喷气式公务机、超长航时太阳能无人机技术研究，为启动新一代民用飞机的研制奠定基础。

（2）实现航空发动机自主创新发展。完成大型客机发动机、重型直升机发动机和先进涡桨支线客机发动机研制，突破超音速客机发动机、分布式电推进、高效太阳能动力系统等新一代航空发动机关键技术，满足未来飞机超音速巡航、极低耗油率、超长航时、超大容量运输系统对各类型航空发动机的需要；建成高水平的航空发动机基础研究、技术开发与产品研制体系。

（3）提高机载系统的综合化、智能化水平。掌握综合模块化航电系统（IMA）技术、自主控制、多电系统、能量优化、冷原子导航、微机电系统（MEMS）等机载系统前沿技术，开展人工智能、大数据、超材料、纳米技术、量子技术、仿生技术在航空中的应用研究，增强机载系统技术的自主创新能力。

（4）提高空管系统的协同化与智能化运行水平。开展天临空地一体化信息系统、智能化空管系统、无人机/有人机混合运行管控、无人机物流系统、亚轨道交通管控系统等方向的前沿技术研究，引领国际智能空管系统装备生产制造。

四、水路运输装备及其系统

为推动我国水运强国的建设，实现技术赶超和引领，水路运输装备及其系统发展的主要任务包括：

（1）智能船舶。研究智能船舶的总体设计、环境感知与认知、智能航行、智能机舱、智能能效、智能船体、智能货物管理、智能集成管理平台、"航行脑"的设计与集成技术。

（2）极地航行船舶。研究极地航行船舶总体设计，冰水池试验，冰区航行稳定性、快速性和操纵性，船体强度的线性、非线性（屈曲）、疲劳与风险，极地环境保护与应急救援等技术。

（3）大型邮轮设计制造。研究大型邮轮结构设计、邮轮美学设计、振动噪声控制、节能环保、动力系统集成与多智能体综合电网系统、邮轮支持系统、邮轮安全及管理、设备研发应用及国产化等技术及邮轮标准规范及标准体系。

（4）特种船舶制造。研究大型液化天然气（LNG）船、深远海监管指挥船、高速巡航救援船、深远海大吨位打捞救援船、半潜式远海应急维修保障船、大型溢油回收处置船等总体设计及关键配套设备自主研制等技术。

（5）船用清洁高效动力系统。研究柔性控制发动机总体设计、近零排放发动机总体设计、清洁能源混合动力系统协同设计、超临界二氧化碳发电技术、岸基能源船舶驱动、分布式蓄电池电力推进、船舶综合直流组网设计等技术。

（6）船舶新型推进器。研究无轴轮缘推进器设计、直翼推进器、磁流体推进器和仿生推进器的设计与制造等技术。

（7）智能港口装备。研究智能港口装卸设备设计、智能物境感知、智能安全诊控、智能高效能量回收与利用、自动化码头智能柔性运输装备设计、机船一体智能化运行控制等技术。

（8）水上交通控制管理装备。研究船舶、港口、航道等水上交通要素的智能感知和动态信息获取，水上交通多目标优化调度，动态信息的发布和社会化服务，无人水上交通控制等技术。

五、综合运输装备及其系统

通过对综合运输装备领域预见技术的综合分析及与国际战略、路线对标分析，"协同运行"与"智慧服务"应为综合交通运输装备及其系统战略发展目标，"综合交通运输效能优化""综合交通运输协同服务""新一代综合交通系统"为重点发展方向，主要任务包括：

（1）综合交通运输效能优化。未来30年仍是我国城镇化、机动化快速发展期，交通运输需求仍会持续增长。为解决供需矛盾问题，需要重点研究综合交通枢纽协同组织与运行优化、货物多式联运智能化、旅客一体化出行等技术，提高综合交通运输效能。

（2）综合交通运输协同服务。不断提升服务品质，是综合交通运输发展的主要目标之一。以大数据和移动互联技术为支撑，提高数据和信息的辅助决策能力，提升综合交通运输服务品质。重点研究综合交通大数据的多源感知与实时协同处理、移动互联环境下的综合交通信息服务等技术，提升综合运输服务品质。

（3）新一代综合交通系统技术。随着科技的进步和智能交通的快速发展，智能网联、无人驾驶等技术将成为未来交通的支撑，并将建立起空地一体的新型立体交通系统。重点研究协同式无人驾驶与运行优化、移动互联环境下的遥驾驶与智慧运行、立体无人智能交通系统等技术，提升综合运输安全水平。形成以自主无人驾驶载运工具为基础的自主交通系统技术体系。

第二节　技术路线图

一、轨道运输装备及其系统

面向交通强国的轨道运输装备及其系统发展路径如图7-1所示。

二、道路运输装备及其系统

面向交通强国的道路运输装备及其系统发展路径如图7-2所示。

项目节点		2020年	2025年	2030年	2035年	2040年	2045年
需求	1	满足国家发展高速轨道交通装备、引领技术的战略需求					
	2	满足国家经济社会发展对交通领域的需求					
	3	满足国家轨道交通运输全生命周期安全、高效、环境友好、绿色可持续的需求					
目标	1	面向细分运输需求的技术与装备的谱系化					
	2	运输组织、安全保障与服务的一体化					
	3	支持扩能、能力保持与低成本运营的智能化					
	4	技术、系统与装备的绿色化、人性化和高能效化					
	5	支持互操作的技术、装备和标准国际化					
重点任务 载运工具	时速600km级低真空管(隧)道高速磁悬浮铁路	技术研制与生产			干线运营		
	时速400km跨国联运高速列车	技术研制与生产	跨国运营		全球适应性运营		
	时速250km货运列车	技术研制与生产	货物快捷联运		技术持续提升		
	智能化高速列车	技术研制与生产	城市内运营		技术持续提升		
	超高速运输载运工具	高速磁悬浮列车研制及运营			技术研制与生产		运营
	全维度绿色智能列车	新能源新材料新技术等关键技术研究			技术研制与生产		无人化运营
重点任务 系统	全生命周期智能运维	智能维护系统			全生命周期智能运维		
	超高速运输系统	技术预研与验证、系统建设、试运营			运营		
	跨国无缝互联的国际联运系统	技术预研与验证、系统建设、试运营			成网运营		
	运能可配置列车控制与调度指挥系统	技术预研与验证、系统建设、试运营			成网运营		
	天空车地协同运输组织与运营保障系统	技术预研与验证、系统建设、试运营			运营		

图 7-1 轨道运输装备及其系统发展路径

三、航空运输装备及其系统

面向交通强国的航空运输装备及其系统发展路径如图 7-3 所示。

四、水路运输装备及其系统

面向交通强国的水路运输装备及其系统发展路径如图 7-4 所示。

五、综合运输装备及其系统

面向交通强国的综合运输装备及其系统发展路径如图 7-5 所示。

项目节点	2020年	2025年	2030年	2045年
需求	以科技创新为驱动,有效解决目前汽车领域所面临的能源、环保、拥堵与安全等社会公害,构建起绿色、智能、和谐的汽车社会		拥堵与安全等社会公害,建设成为汽车强国	
目标	基本建成自主可控智能新能源汽车产业链,迈入世界强国行列 形成自主可控完整的节能汽车和新能源智能网联汽车产业链		低碳化、信息化、智能化汽车技术取得重大进展,全面达到国际先进水平,有力支撑汽车强国与和谐汽车社会	
重点任务		超低二氧化碳与超低污染排放		
		智能汽车与智慧移动		
		基于网络的汽车设计、制造、服务一体化		
关键技术		超低碳化汽车技术	零排放汽车技术	
	新一代快速充电技术,感应式高效率充电技术			
	新一代高品质中国汽车产品与技术标准			
	基于网络的汽车数字化智能化设计、制造、服务技术			
	新一代汽车电子核心元器件技术			
	新一代汽车电子嵌入式软件技术			
	兼容环境的智慧出行系统			
	智能汽车的人工智能关键技术			
基础研究方向	内燃机高效燃烧系统研究:汽油机热效率高达50%,柴油机热效率高达60%			
	新一代能量储存系统研究:突破宽温度、长寿命、高集成化电池管理等技术难题,高集成化电池、低成本、全固态电池			
	基于信息融合与智能协同的车辆决策研究:基于信息融合与智能决策,实现多功能协同与整车集成控制			
	人机交互与驾驶系统研究:实现人机交互,人机决策与驾驶的协同;智能空气的雾霾识别关键技术与兼容环境的智慧出行系统			
	基于网络的汽车数字化智能化设计、制造、服务系统研究:突破汽车制造关键技术,建设信息物理融合系统能力			
发展措施	建议国家应以汽车为载体,成立汽车工程科技共性技术创新中心,以汽车科技创新为先导,带动上下游相关产业融合发展			
	加快建设国家实验室,搭建连接基础研究与工程应用的桥梁			
	政府或行业应发布并推动"先进节能与新能源汽车国家规划""先进智能网联汽车国家规划"等战略或路线图,引导工程科技发展方向,设立专项资金			
	国家应结合中国自有特点,完善中国版标准法规体系的制定与实施工作,加快建设相关配套措施,形成中国新一代汽车科技座垫,提升民族汽车业的综合竞争力			

图7-2　道路运输装备及其系统发展路径

项目节点	2020年	2025年	2030年	2035年	2040年	2045年	2050年
C919	C919研制生产		C919市场运营		C919改进改型		
CR929		CR929研制生产		CR929市场运营		CR929改进改型	
新构型民用飞机		新构型民用飞机技术预研		新构型民用飞机研制生产		新构型民用飞机市场运营	
新能源民用飞机		新能源民用飞机技术预研		新能源民用飞机研制生产		新能源民用飞机市场运营	
超声速民用飞机		超声速民用飞机技术预研		新构型民用飞机研制生产		新构型民用飞机市场运营	
						超声速民用飞机研制生产	
飞机—汽车功能组合体		飞机—汽车功能组合体技术预研		飞机—汽车功能组合体技术预研研制生产			
星基通信导航监视系统	技术预研与验证: 天临空地信息网络、广域监视、卫星导航增强		系统建设: 星载系统制造/星座构建、临空平台构建		运营服务: 卫星平台/临空平台运营、广域空管通信导航监视服务运营		
空管协同运行系统	技术预研与验证: 机载自主间隔保持、四维航迹运行控、空域流量协同运行		系统建设: 机载空管航电系统升级、四维航迹运行监控系统建设		运营服务		
空管智能运行系统	技术预研与验证: 有人机/无人机混合运行管控、地面无人管控系统		系统建设: 有人机/无人机混合运行管控、地面无人管控系统		运营服务		

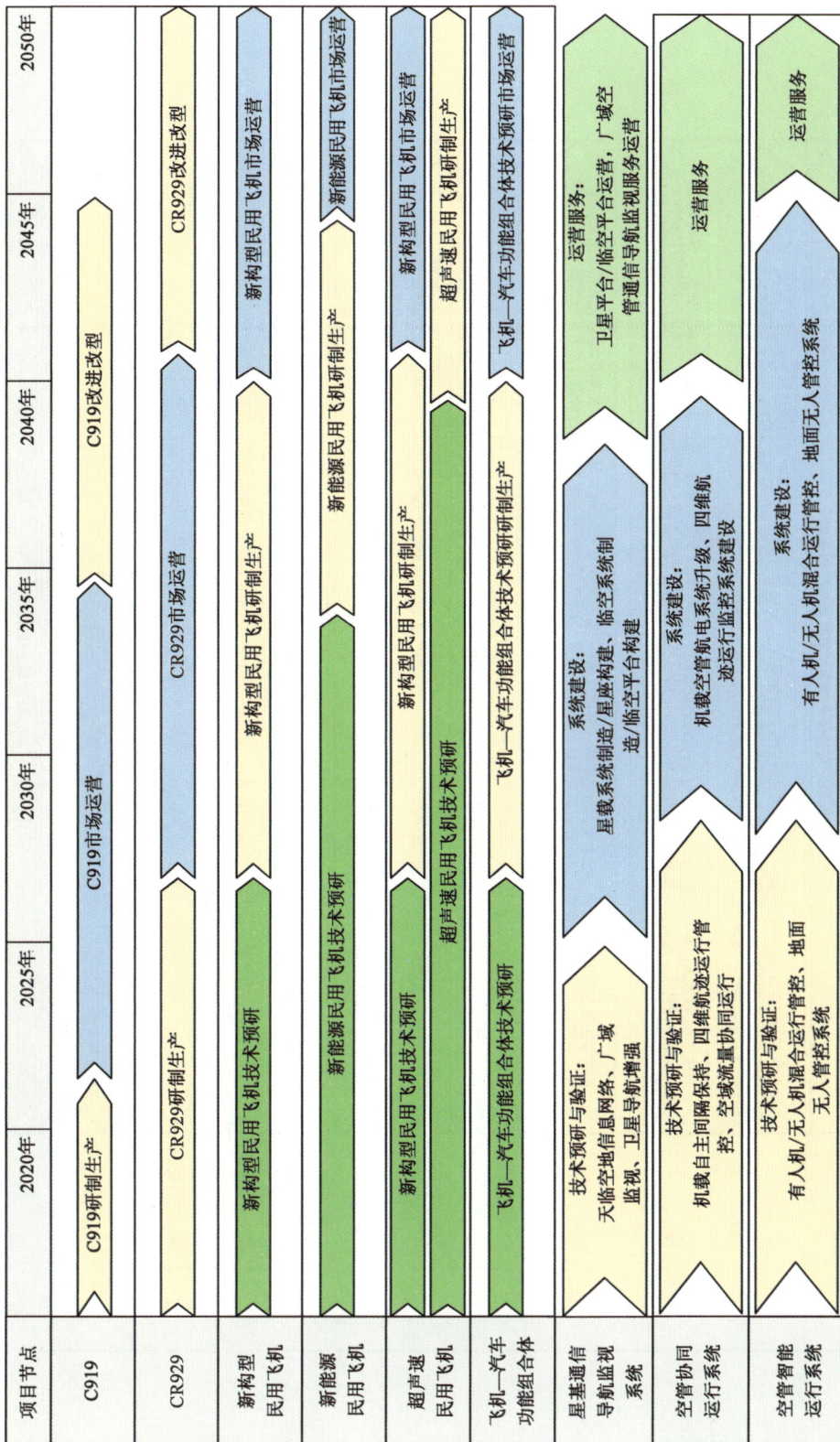

图7-3 航空运输装备及其系统发展路径

项目节点		2020年	2030年	2035年	2045年
需求		满足国家发展海洋经济、建设海洋强国的战略需求			
		满足国家经济社会发展和交通强国战略的需求			
目标		高技术船舶国际市场份额达到60%；具有知识产权的国产关键系统和设备配套率达到90%；全面建成数字化、智能化、绿色化设计制造体系，船舶口绿色化、无人化、智能化管理等处于世界前列		高技术船舶国际市场份额达到70%；具有知识产权的国产关键系统和设备配套率达到95%；建成全球领先的数字化、网络化、智能化、绿色化设计制造体系。引领世界船舶智能化技术	
		形成绿色、智慧港口货物装卸、中转、物流运输的标准规范体系；在港口绿色化、无人化、智能化管理技术等方面处于国际领先地位		建立便捷、安全、低成本的港口集疏运体系，实现内河港口与沿海港口的无缝接驳服务。具有自主知识产权的港口设备及系统在国际市场具有绝对的主导地位，建成全球顶尖的智慧港口物流体系	
		形成自主化的海事监管通信与水上安全应急救助、打捞海事监管通信系统，打捞救助系统，无人监管的规模初具规模，国产设备配套率达到90%。相关装备初具规模，功能完善，国产设备配套率达到90%		实现有人船舶、无人港口的融合实现无人水上交通运输，无人货物中转、无人监管等有效的自主水上交通运输系统，并实现多层海事信息的融合和船岸、船船的多点通信网络和应急救助体系	
重点任务	智能船舶	内河、近海智能船舶及船岸—陆互联数据服务中心		近洋无人运输船舶及水—陆—空—体大数据服务平台	
	极地航行船舶	极地运输船舶总体设计建造技术		极地运输船舶完善的设计、制造、配套技术	
	大型邮轮设计制造	大型邮轮协同设计等建造技术		大型邮轮自主设计、设备自主配套	
	特种船舶制造	大型LNG船、深远海管指挥船、高效溢射救援船、深远海吨位打捞救援船、大型溢油回收处置船总体设计开发		特种船舶关键配套装备自主研制	
	船用清洁高效动力系统	柔性燃料发动		清洁能源混合	
	船舶新推进器	无轴、直翼推进器等设计与制造技术	磁流体推进、仿生推进器的设计与制造		分布式蓄电池电力推进技术无线供电式岸基能源推进
	智能港口装备	绿色港口装备与智能控制		无人港口装备信息、组织、调度、一体化	
	水上交通控制管理装备	多功能水上交通控制管理系统		无人监管水上交通控制系统	
保障措施与建议		继续加大科技创新资金投入			
		进一步提高协同创新水平			
		加强多层次人才队伍建设			
		注重国际技术交流合作			

图7-4　水路运输装备及其系统发展路径

项目节点	2020年	2025年	2035年	2045年
需求	全面提升交通运输系统的安全、效率、节能、环保水平			
	推动交通基础设施、载运工具、运营管理、运输与出行服务等产业的转型、升级和可持续发展			
目标	基本建成现代综合交通网络		综合交通运输全面实现网联化、协同化、智能化	
	交通方式分担比例合理，技术装备与国际水平同步		实现信息系统互联互通，极大改善运输与信息服务	
重点任务	综合运输组织与优化			
	综合运输协同服务			
	新一代综合交通系统			
关键技术	综合交通枢纽协同组织与运行优化技术			
	货物多式联运智能化技术			
	旅客一体化出行技术			
	综合交通大数据多源感知与实时协同处理技术			
	移动互联环境下的综合交通信息服务技术			
	协同式无人驾驶与运行优化技术			
	移动互联环境下遥控驾驶与智能运行技术			
	立体无人智能交通系统技术			
基础研究方向	综合交通网络拓扑机智与动力学问题研究			
	移动互联环境下综合交通系统供需平衡理论与方法			
	大数据背景下多模式时空动态交通行为分析与需求引导			
	多尺度综合交通枢纽协同运行与组织优化方法			
	车路协同环境下的驾驶心理与驾驶行为			
	人车路耦合机理与车辆协同控制			
	人机共驾环境下的交通组织与交通行为分析			
	网联条件下的新一代交通信号优化理论与方法			
	智能网联汽车信息安全防护理论与方法研究			
	无人驾驶汽车的出行共享组织与优化			
	空天地一体化网络构建与高可靠综合交通信息交互			
发展措施	改变经费投入模式			
	重视基础理论与颠覆性技术研究			
	优化整合既有资源			
	注重需求引导，加强科学规划，完善评价体系			
	构架统一规划与管理组织体系			
	强化综合交通规划管理，促进各类计划衔接			

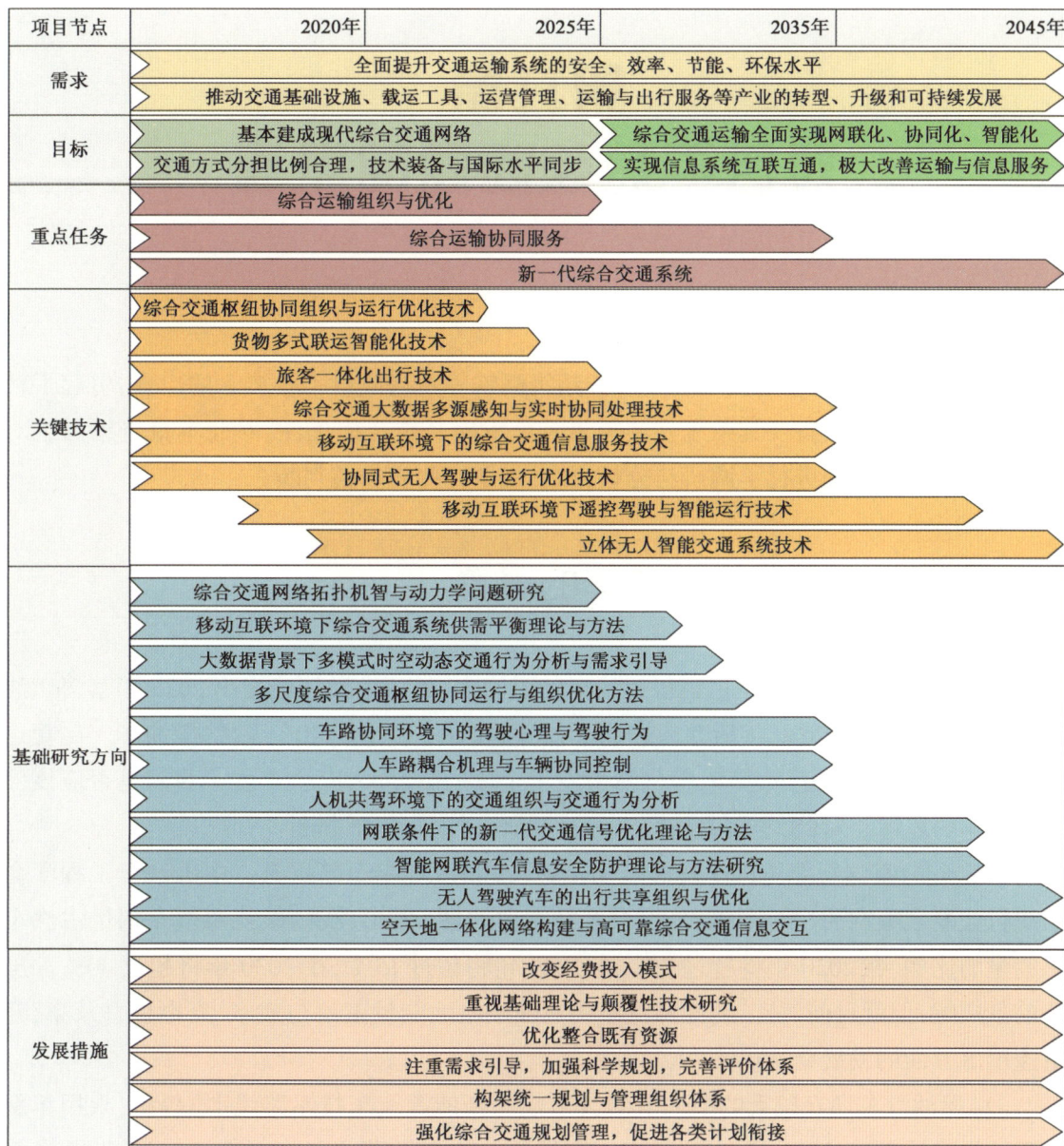

图 7-5 综合运输装备及其系统发展路径

CHAPTER SIX

第六章
对若干热点问题的思考

无人驾驶、电动汽车等技术的发展和超级高铁等新兴载运工具概念的出现,引起了社会各界对交通运输装备及其系统发展前景和技术路径选择的关注,对此本报告编写组对相关的一些热点问题进行了调研与分析,并形成了一些初步的判断。

第一节　对车用能源选择的思考

一些国家相继提出了停止销售燃油车的时间表,如荷兰和挪威提出 2025 年禁售燃油车,德国和印度提出 2030 年后禁售燃油车,法国和日本提出 2040 年禁售燃油车。尽管这些计划都并非官方的正式法律,但依然引发了全球的高度关注,也产生了我国是否应该停售燃油车的思考。对此,本报告编写组经过调研、讨论有如下判断:

(1)当前,我国新能源汽车发展较为迅速,市场占有率不断提升。中国汽车工程学会组织行业专家编制的《节能与新能源汽车技术路线图》提出,我国新能源汽车销量占汽车总销量的比例,在 2020 年将超过 7%,在 2025 年将超过 15%,在 2030 年将超过 40%。虽然前景广阔,但就目前而言,新能源汽车仍然面临电池能量密度与成本、充电桩普及率、充电速度等方面的发展瓶颈。

(2)燃油汽车还有较大的节油空间,《节能与新能源汽车技术路线图》提出,乘用车新车整体平均油耗到 2020 年要降至 5L/100km,2025 年要降至 4L/100km,2030 年要降至 3.2L/100km;与 2015 年相比,商用车平均油耗到 2020 年要降低 10% 以上,到 2025 年要降低 15% 以上,到 2030 年要降低 20% 以上。在未来 10~15 年,带有内燃机的汽车仍将在市场上占据主要份额,因此持续优化内燃机动力总成、提升燃油汽车节能水平仍然具有重要意义。

（3）由于我国能源结构以高碳的煤电为主，因此从全生命周期分析，电动汽车虽然总体上仍然比燃油汽车的碳排放更低，但其减碳环保效益并不像低碳电为主的发达国家那样显著。因此，未来我国推动以新能源汽车替代燃油车，必须充分考虑能源结构调整的规划与进程。

（4）长期来看，从能源安全和环保约束出发，传统燃油车向使用电能驱动的新能源车过渡是大势所趋。经过多年持续努力，我国纯电动汽车实现了快速发展，已经成为全球最大的新能源汽车生产国和销售国。新能源汽车在动力、控制机理等方面与传统汽车具有较大差异，且我国当前新能源汽车的发展水平与发达国家差距不大。因此，只要充分利用产业规模、技术研发、电池生产、充电基础设施建设等有利条件，发挥我国制度优势，就有可能抢占新能源汽车的制高点。应大力支持和鼓励清洁能源交通装备技术研究、推广使用，力争在新能源汽车的技术、产品方面取得并保持领先地位。

（5）停止研发、生产和销售燃油车是一个复杂的系统工程，特别对于全球汽车产业规模第一的我国来说，更要全面考虑汽车行业的结构调整以及由此带来的社会经济问题。

（6）在电池能量密度与成本、充电便利性等关键问题有效解决之前，电动汽车的市场接受度仍然面临挑战。在此情况下，汽车动力源的多元化将在可预期的未来成为必然趋势，仍然配置发动机的混合动力、插电式混合动力及增程式电动技术将有广阔的应用空间，同时燃料电池、替代燃料以及整车共性节能技术的研发也不能放松。

第二节 对轨道交通速度的思考

安全和效率是交通运输系统发展的永恒追求，保障安全前提下的运行速度对运输效率至关重要，更快速度载运工具是人类不断的追求。近年来利用超导磁悬浮技术和真空管道，通过磁悬浮减小摩擦阻力，致力于实现超音速的"近地飞行"，高速飞行列车技术成为国外民间投资、国内舆论和相关学术界的热点之一。2017年9月，我国京沪高铁恢复实现时速350km达速运营。未来高速铁路速度的发展与选择，备受关注。本报告编写组经过调研、讨论认为：

（1）当列车运行速度达200km/h时，气动阻力约占列车行进总阻力的70%；列车运行速度超过300km/h时，气动阻力占列车行进总阻力的85%以上；当列车运行速度超过500km/h时，气动阻力超过了列车行进总阻力的95%。高速列车的能耗与速度的平方成近似正比关系，噪声与速度的6次方成近似正比关系。也就意味着，高速列车速度从350km/h提高到500km/h，能耗将提高到时速350km时的2倍，噪声将增加到时速350km时的8.5倍。同时，高速列车行进过程中受到轨道不平顺影响加大。因此，就是否单纯提升列车速度而言,我国应更加关注如何保证列车高速运行的安全性、高速列车运行的高效率、乘车环境的综合舒适性以及列车运行的环境友好性。

(2)从经济、成本等角度看,时速400km以上的高速列车仍存在行驶时高能耗、强噪声等技术性难题。但一般认为,研究更高速度载运装备的实现,有利于提升相对低速装备的性能和可靠性。因此,从技术储备和探索高速列车极限工况性能边界的角度而言,国家应大力支持时速400km以上高速轨道交通关键技术的研发和试验。

(3)磁悬浮列车具有无摩擦、爬坡能力强、综合造价低、低污染、节能等综合优势,可将其用于区别轮轨交通系统的适用场景。高速磁浮交通系统可以填补目前时速400~800km轮轨交通系统的空白。从技术储备和满足国家社会经济发展需求的角度,应支持时速600km级低真空管(隧)道高速磁悬浮铁路系统关键技术(包括磁浮真空管道运输在内的超高速导向运输系统)的研发、试验验证。

(4)我国现有高速轮轨交通系统的设计速度多为300~350km/h,综合考虑既有和规划建设的路网布局、基础设施条件、配套装备能力、能耗水平、环境影响以及国际市场需求态势等因素,高速轮轨装备的运营速度选择建议为400km/h左右。

第三节 对超音速飞机发展的思考

"协和号"是最早投入商业使用的超音速客机,由英国和法国联合研制,能在15000m高空以2.02倍音速巡航。2003年10月24日,"协和号"飞机执行了最后一次飞行,全部退役。可以说,"协和号"在其领先的科技性上是个赢家,但却败在客户需求和经济性上。2017年,美国再次提出研制最高时速超过2000km的超音速载人飞机,可在4h内从洛杉矶飞抵北京。近年来,与超音速飞机相关的技术突飞猛进,已成为国内外的热点。对于未来超音速飞机的发展,本报告编写组经过调研、讨论认为:

(1)大规模的计算流体力学已经是航空界的常用技术,气动设计水平有了长足进步,已具备了设计升阻比更高、声爆水平更低的气动外形的能力。在结构设计方面,由于以复合材料为代表的新材料、新工艺的大量应用,现可设计出更轻质、更坚固的结构。发动机技术的进步也给低油耗、低排放的飞机带来了可能性。

(2)目前的航空设计水平不足以设计生产出经济与环境上能承受的大型超音速飞机。现阶段超音速飞机的技术研发主要集中在小型载人公务机上,其体积、重量与目前的超音速军用飞机接近,技术难度相对较小。对于大型超音速飞机而言,随着飞机尺寸与重量的增加,其在空气中运动的速度突破音速时产生冲击波所引起的声爆问题,亦成为制约其发展的重要技术瓶颈。

（3）虽然经济性和环境性制约了大型超音速飞机的发展。但从技术储备的角度而言，超音速飞机可作为研究目标，但从能耗、噪声、运行安全、运营效率角度考虑，目前不建议将其作为通用交通工具，可作为高端商务机的选项。

第四节 对自动驾驶技术发展的思考

自动驾驶是汽车产业与人工智能、物联网、高性能计算等新一代信息技术深度融合的产物，是当前全球汽车与交通出行领域智能化和网联化发展的主要方向之一，业已成为世界各国争相抢夺的战略制高点。对于未来自动驾驶技术的发展，本报告编写组经过调研、讨论认为：

（1）自动驾驶技术将有效减少交通拥堵、提升行车安全。一方面，自动驾驶车辆的反应速度终将超越人工驾驶车辆，由此车流间距可以更小，行车安全性可以更高，从而使道路通行效率大幅提升（车头时距减小到1s，基本通行能力可提升50%以上，但在人工驾驶与自动驾驶混合的情况下，道路通行能力的提升非常有限）。另一方面，充分网联、高度智能的自动驾驶车辆将成为智能交通体系中不可或缺的重要节点，通过出行工具的合理调配与管理，可以极大地改善交通状况。

（2）自动驾驶技术将带来汽车商业模式的深刻变革，特别是汽车共享将改变汽车产业和汽车社会的整体格局。中国要成为真正的发达国家，必须具备与之相匹配的移动出行能力，而由于资源约束，我国汽车保有量不可能无限增长，为此唯有通过汽车共享提升车辆的使用效率，以相同的汽车数量满足更多的出行需求。自动驾驶技术将为全域的汽车共享提供支撑，自动驾驶的共享汽车可以自行移动到出行需求点，从而实现无缝接驳。

（3）自动驾驶是系统工程和生态重塑，需要众多不同的参与方有效分工、融合协作。提供环境感知、智能决策、车辆控制技术的整车厂、集成供应商、科技公司、信息技术（IT）公司、地图商等，与提供智能交通设施、车用无线通信（V2X）及车路协同控制、法规标准的通信服务商、平台服务商、中央与地方政府，都需承担各自不可或缺的重要角色。例如，交通基础设施的智能化网联化程度与自动驾驶技术的大规模应用相互支撑、相互影响，城市全域自动驾驶既需要车辆本身的智能化技术，更依赖于智能交通基础设施、数字化城市的支撑。

（4）在自动驾驶场景下，车辆的可靠性和适应性以及信息安全问题不容忽视，这既需要多种环境下的大量测试，也需要法规标准体系的有力支持。实际上，在智能网联汽车产业生态的重构中，政府力量的重要性前所未有。为此，我国必须做好顶层设计，进行科学布局；以尽快商用为目标，加快推进路面测试法规和标准的出台，推动系统研发和基础设施建设;同时鼓励基于自动驾驶的创新商业模式。

(5)尽管自动驾驶技术取得了快速进展,但适应全域复杂环境的自动驾驶技术仍存在技术瓶颈。考虑自动驾驶车辆的渗透率,自动驾驶取代人工驾驶将是一个长期的过程,在2045年前,实现所有交通载运工具完全自动驾驶的可能性较小。综合研究结果表明,自动驾驶技术在诸如高速公路等特定行车环境下,可以显著缩短车间时距,提高道路基础设施的通行能力;而在常规的城市道路上,由于同时存在机动车、非机动车和行人,并同时受信号灯控制的混合交通流条件,自动驾驶对道路交通基本通行能力不会有本质性的改变。

(6)尽管自动驾驶取代人工驾驶还有很长的路要走,但在旅游区、高速公路等特定的运输需求和特定的运输场景下,率先实现自动驾驶,将有利于加速自动驾驶技术的发展与应用。

第七章
重大科技工程布局建议

针对交通运输装备及其系统的科技发展趋势以及经济社会发展对交通技术创新发展的重大需求,本报告编写组提出面向交通强国战略目标的交通运输装备及其系统的重大科技工程建议。

第一节 需求及必要性

作为国家部署优化经济发展空间格局的重要举措,"新型城镇化""京津冀协同发展""长江经济带"等国家发展战略和"一带一路"倡议的实施引发了新时期客货运输需求规模和需求结构的巨大变化,交通运输系统面临着转型发展的重大现实问题,即发展模式由基建拉动转向能力挖潜,管理模式由满足业务需求转向保障公共资源高效利用,服务模式由注重运行组织转向强化市场运行监管,运输模式由单一方式运输转向多式协同联运,信息模式由"孤岛"式封闭系统转向共享互联的开放系统。但在交通运输装备及其系统的转型发展进程中,还存在诸多的技术难题,尚不能完全适应转型发展的迫切要求。

在移动互联新形势下,通过科技创新驱动,提升交通运输综合协同运行能力和智慧管控能力,尽快实现我国交通科技向网络化、协同化、智慧化方向发展的重大目标,符合国家中长期科技发展规划纲要和国家重大战略部署,对加快形成高效、安全、低碳、节能的现代化综合交通运输体系,适应经济社会发展新常态,支撑国家发展战略实施等极为紧迫。

第二节 近期(2030年)重大工程建议

一、国家轨道交通综合试验与系统测试验证环境

在既有技术集成和研发必要技术的基础上,建设可对各种轨道运输系统单元技术、系统技术和体系化技术进行实验、试验、测试、评估和认证的功能综合、条件完备、场景可配置的国家试验基地,具备向全球展示我国轨道交通技术的能力、为全球面向或相关于导向运输系统的科技创新提供全生命周期支撑服务的能力。

二、枢纽航空港(群)交通综合管控技术集成示范工程

集成应用多源交通和环境信息感知与服务技术、空侧协同高效运行控制技术、关键环节与协同运营技术、多方式交通协同运行组织与控制关键技术、应急处置关键技术、港群间航路协同优化与流量控制技术,选择在建或将建的超大型枢纽机场为中心,覆盖其邻接航空港群,建设枢纽航空港(群)高效协同运行系统集成应用示范工程,对我国自主化技术与系统装备进行应用、验证评价和优化,彻底打破该领域国外对我国的垄断。

三、低空空域监管与利用关键技术示范工程

低空空域是国家重要战略资源,是通用航空的主要活动区域。适时、有序推进低空空域开放,是通用航空快速发展和安全有序运行、打开通航产业万亿级市场的必需。完善低空空域分类标准和运行管理规范,制定完善的法规标准;研发低空空域监管和服务技术,建设通航监控与服务保障体系,为通用航空飞行及时提供飞行跟踪、气象服务、应急救援以及要地低空防卫支持;设立省级低空空域管理改革试点空域,开展低空空域监管与利用关键技术示范工程。

四、水运通道及流域交通综合管理技术集成示范工程

集成应用智能航道、智能船舶、梯级接驳、支干接入、监控调度和应急处置等技术,研发多层次、多环节互操作技术,以长江等国家战略性水运通道为背景,覆盖支流水运通道,建设具备可复制、可配置和可扩展特点的国家战略性水运通道及流域交通综合管理与服务系统集成示范工程,为我国水运航道和流域能力协同跃升提供技术与系统装备基础。

五、港口智能化装备和管理技术集成示范工程

集成应用我国在智能港口、智能船舶、船联网、物联网等方面技术优势,以国家

"一带一路"典型港口为依托,研究港口智能化装备及机船一体智能化运行控制等技术,建设具有高度智能化、信息化的港口、船舶、货物运输综合管理和服务集成示范工程。

六、多点多空间水上交通控制管理装备研制与示范工程

当前,船舶的大型化、高速化以及航运业的快速发展,给港口、海峡、内河黄金水道等交通流密集水域的水上交通管理提出了严峻的挑战。水上交通控制管理的信息化、智能化已成为国际发展趋势。为建设具有自主产权的国产化多功能水上交通控制管理系统,形成多点互联、"海陆空"三位一体的交通监管与救助体系。急需研究船舶、港口、航道等水上交通要素的智能感知和动态信息获取、水上交通多目标优化调度、动态信息的发布和社会化服务、无人水上交通控制、e-航海新技术和新装备等技术。实现内河、内陆和海上安全及环境保护的目的,同时也为研发以及新标准的制定提供验证平台。

七、无人驾驶自主交通系统核心技术体系构建与测试验证工程

随着人工智能技术的发展,载运工具的智能化进程不断加快,载运工具正在从辅助驾驶向自动驾驶和无人自主驾驶方向发展,交通系统正在经历着从信息化向网联化、协同化、自主化方向发展。以无人驾驶自主交通系统建设为目标,重点开展多模态信息融合的载运工具定位定姿等感知方法、人—机—路—云的立体化交通状态协同感知方法、基于5G/LTE-V等多模式通信的信息交互方法与信息安全、基于大数据的多目标智慧决策、人机交互与行为主动干预和多载运工具群体智能控制等应用基础理论研究;基于城市数据与传感的混合增强智能、基于高性能计算(HPC)的智能交通云控基础平台和一体化云应用平台、满足智能载运工具运行的自主人工智能(AI)芯片、通用载运工具基础操作系统和载运工具机载计算平台、智慧城市与自主驾驶运载工具融合的虚拟仿真技术和试验测试评价、典型场景下的自主载运工具—智慧运行环境—云控平台闭环协同的自主式交通系统集成与应用等关键技术研发与测试验证。

第三节　远期(2045年)重大工程建议

一、宽带移动互联的空地立体交通运输系统测试验证环境

在既有技术集成和研发必要技术的基础上,建设完全不依赖于既有交通系统资源,可以对未来移动宽带互联条件下、无人驾驶载运工具为主体,轨道交通、道路交通、航空交通相互交织的立体交通运输系统单元技术、系统技术和体系化技术进行实验、试验、测试、评估和认证的功能综合、条件完备、场景可配置的国家试验基地。

二、无人驾驶自主交通系统建设重大工程

信息技术、人工智能、无线通信技术与交通运输的深度融合,带来了交通系统的革命性变化。无人驾驶载运工具正成为新兴技术集中应用和测试的载体,对新技术革命产生了重大推动力,也将成为新一代交通系统最显著的代际特征。在无人驾驶环境下,基础设施与交通管控、运营模式都需要根本变革。开展无人驾驶自主交通系统研究,构建基于网联、协同、无人驾驶的自主交通系统,既是推动新一代智能交通系统革新的需要,也是推动技术进步和培育战略高科技产业的需要。

第八章
保障措施与对策建议

以建设"安全、便捷、高效、绿色、经济"现代化综合交通运输体系为目标,加强交通系统安全保障、综合效能提升、可持续性和互操作等保障研究的科研条件建设,夯实科技创新的物质条件基础。

一、围绕重点任务布局,推进国家技术创新中心建设

围绕规划重点任务布局,加强以国家技术创新中心等国家级科研基地为重要载体的科学研究基地建设,以提升交通科技创新能力为目标,着眼长远和全局,统筹国内外科技资源共享服务平台和科研条件,在孕育原始创新、推动学科发展和前沿技术研发方面发挥重要作用,在交通系统各学科领域实现并跑和领跑,产出国际一流成果,形成面向全球、服务全行业的合作、开放、共赢的创新平台体系。重点推进高速列车等国家技术创新中心建设和面向全球的科技创新模式与体制机制构建。

二、坚持规划目标导向,加强资源统筹和组织实施

坚持目标导向,充分调动运输主管部门、科研机构、大专院校和交通企业的行业和社会科技资源,形成促进行业科技进步与创新的合力,围绕营造良好创新生态,加强创新链各环节规划协调和衔接,推进和保障科技重点任务的实施;研究所需要的政策、科研环境和保障条件,坚持以调动科研工作者的积极性和创造性为目的,形成推动与支持我国交通运输工程科技发展的政策工具及管理措施;形成规划引导资源配置的机制,从政策法规、资源配置、监督评估等方面加强统筹规划和完善任务落实机制。

三、发挥各主体责任担当,确保科技资金投入合理稳定

交通科技资金投入是重要的公共性战略投资,在国家预算内,建立稳定的交通科技资

金;发挥好财政科技投入的引导激励作用和市场配置各类创新要素的导向作用,优化创新资源配置,引导社会资源投入创新;正确处理政府推动与市场配置资源两者之间的关系,合理制定差异化的资金政策,形成财政资金、金融资本、社会资本多方投入的新格局;继续争取中央和地方财政加大对交通运输科技发展的支持力度。

四、聚焦创新能力需求,健全交通科技多层次人才建设

人才是创新能力体系最重要的组成要素。围绕创新能力需求,加强人才发展统筹规划和分类指导,组织实施人才培养计划,完善人才培养体系;以高层次战略性专家人才、各专业领域科技领军人才和创新型专门人才培养为重点,发挥交通科技创新战略性专家作用,完善交通科技人才的获取、培养和使用机制体制,优化交通科技带头人的培养机制,积极推进科技创新团队建设。形成培养中发挥、发挥中培养的人才培养新模式。

五、坚持需求导向,把握交通运输装备与系统技术发展的步伐

技术进步是推动交通运输发展的巨大动力,是实现交通强国的根本保证,在交通强国建设中应坚持需求导向来选择技术,同时为新技术的发展提供机会与土壤。既要坚持从经济、效益、安全、环保的角度选择最适合我国交通发展的技术路线,又要鼓励交通科技工作者不断创新,争取或保持在交通运输装备与系统技术领域的领先优势。

六、发挥政府和市场的优势,推动交通技术与运营模式的创新

理顺政府与市场在交通强国战略中的定位,发挥政府在产业政策引导、交通系统顶层规划中的积极作用,为交通技术发展和运营模式创新提供法律法规和技术规范支持,引导交通技术朝着交通强国战略、国家能源战略、制造业强国战略等需求方向发展。为创新性、颠覆性的交通技术发展提供试验、测试与验证环境,为交通科技企业的发展创造公平竞争的市场氛围,充分发挥市场在资源配置中的优势,为交通技术创新和运营模式创新提供优异的市场环境。

REFERENCES

参 考 文 献

[1] 贾利民,李平.铁路智能运输系统:体系框架与标准体系[M].北京:中国铁道出版社,2004.

[2] 上港集团,埃森哲.智慧港口:带动未来贸易[R].上海:上海国际港务(集团)服务有限公司,2016.

[3] 赵福全,苏瑞琦,刘宗巍.洞见汽车强国梦[M].北京:机械工业出版社,2016.

[4] 赵世佳,赵福全,郝瀚,等.中国新能源汽车充电基础设施发展现状与应对策略[J].中国科技论坛,2017(10):97-104.

[5] 周济.智能制造——"中国制造2025"的主攻方向[J].中国机械工程,2015(17):2273-2284.

[6] 赵福全,刘宗巍.工业4.0浪潮下中国制造业转型策略研究[J].中国科技论坛,2016(1):58-62.

[7] 刘宗巍.赵福全论汽车产业[M].北京:机械工业出版社,2017.

[8] 王悦,刘宗巍,赵福全.汽车产业核心技术掌控力评价体系研究[J].汽车工程学报,2015,5(4):235-243.

[9] 中国民用航空局空管行业管理办公室.中国民航航空系统组块升级(ASBU)发展与实施策略(IB-TM-2015-002)[Z].2015.

[10] 吴澎,蔡艳君,曹凤帅.我国港口与航道工程建设技术进展[C].港口工程及工程排水与加固理论与技术进展论文集,2017.

[11] 赵福全,刘宗巍,郝瀚,等.中国汽车工业强基战略与实施建议[J].中国软科学,2016(10):1-10.

[12] 赵福全,苏瑞琦,刘宗巍.供应链与汽车强国[M].北京:机械工业出版社,2018.

[13] 国际民航组织.航空系统组块升级计划:全球一体化框架[Z].2016.

[14] 孙子宇,谢世楞,田俊峰,等.离岸深水港建设关键技术[J].中国港湾建设,2012(10):1-11.

［15］ 中国交通建设股份有限公司.中国交建港口与海洋工程 10 项核心技术［M］.北京:中国质检出版社,2018.

［16］ 张军,王云鹏,鲁光泉,等.中国综合交通工程科技 2035 发展战略研究［J］.中国工程科学,2017(1):43-49.

［17］ 刘露.城市交通低碳发展的智能化选择［J］.中国科技论坛,2013(6):105-108.

［18］ 鲁光泉,王云鹏,田大新.车车协同安全控制技术［M］.北京:科学出版社,2014.

［19］ 王云鹏,鲁光泉,于海洋.车路协同环境下的交通工程［J］.中国工程科学,2018(2):106-110.

［20］ 王云鹏,田大新,沃天宇.车辆联网感知与控制［M］.北京:科学出版社,2018.

［21］ 赵福全,匡旭,刘宗巍.面向智能网联汽车的汽车产业升级研究——基于价值链视角［J］.科技进步与对策,2016,33(17):56-61.

［22］ 赵福全,刘宗巍,史天泽.基于网络的汽车产品设计/制造/服务一体化研究［J］.科技管理研究,2017,37(12):97-102.

［23］ Community Research and Development Information Service, European Commission. Seventh Framework Program［EB/OL］(FP7, 2007-2013). https://cordis. europa. eu/guidance/archive_en. html.

［24］ European Commission. Roadmap to a Single European Transport Area-Towards a competitive and resource efficient transport system［R］. Belgium,2011.

［25］ European Commission. European Transport Vision 2020 Strategic Plan［R］. Belgium,2010.

［26］ U. S. Department of Transportation. Transportation Vision 2030［R］. Washington,D. C. ,2008.

［27］ U. S. Department of Transportation. Beyond Traffic:2045［R］. Washington,D. C. ,2015.

［28］ Ministry of Land Infrastructure and Transport in Japan. Ground Design of the National Land 2050——Formation of Convection Promotion Type Land［R］. Tokyo,2014.

［29］ Federal Transportation Advisory Group (FTAG) in United States. Vision 2050:an integrated national transportation system［R］. Washington,D. C. ,2001.

［30］ Directorate-General for Mobility and Transport. White paper on transport［R］. Belgium,2011.

［31］ Federal transportation construction and housing in Germany. Transportation planning in Germany［R］. Berlin,2003.

［32］ Ministry of Land Infrastructure and Transport in Japan. Japan's integrated transport policy system［R］. Tokyo,2012.

［33］ 中华人民共和国国家发展和改革委员会.综合交通网中长期发展规划［R］.北京:中华人民共和国国家发展和改革委员会,2007.

[34] 赵福全,刘宗巍. 中国发展智能汽车的战略价值与优劣势分析[J]. 现代经济探讨,2016 (4):49-53.

[35] 刘宗巍,匡旭,赵福全. 中国车联网产业发展现状、瓶颈及应对策略[J]. 科技管理研究, 2016,36(4):121-127.

[36] 节能与新能源汽车技术路线图战略咨询委员会,中国汽车工程学会. 节能与新能源汽车技术路线图[M]. 北京:机械工业出版社,2016.

课题报告 **8**

绿色交通发展战略研究

课题组主要研究人员

课题顾问

何华武　孙永福　赵晓哲　凌　文

课题组长

陆化普(组长)

课题组主要成员

张永波　王健宇　李瑞敏　王　晶　肖天正

杨　鸣　罗圣西　胡　礼　邵晓君　欧阳陈海

陈明玉　王天实　牛　丰　赵永涛　朱　亮

课题主要执笔人

陆化普　张永波　王健宇

内容摘要 Abstract

　　国内外经验表明,绿色交通是世界交通发展的必然趋势,是方向和目标,也是我国解决交通问题和环境污染问题的途径。

　　基于我国人口密度大、土地资源和能源紧缺、环境容量有限的基本国情,以集约化、低碳化的交通运输方式为主导是中国绿色交通的本质特征。

　　本报告在详细说明中国特色绿色交通内涵的基础上,通过分析绿色交通发展面临的问题和挑战,并结合绿色交通发展的国际经验与教训,提出了绿色交通发展的目标,即构建"结构合理、集约高效、节能环保、以人为本"的绿色综合交通运输体系,提高资源利用效率,实现交通发展全环节、全寿命周期的绿色化,使我国绿色交通发展进入世界交通强国前列。

　　报告提出通过完成三大任务、五大战略重点要求来实现绿色交通的发展目标。

　　三大任务是构建交通集约、资源节约、用能高效和绿色低碳发展机制,实现交通规划建设使用管理全环节的绿色化;构建绿色交通主导的综合交通运输体系,破解交通拥堵和交通环境问题;创新发展绿色交通管理与服务,全面提升绿色交通服务水平和品质。

　　五大战略重点是通过交通规划引领,实现全环节的综合交通绿色发展;抓住调整交通结构关键,实现绿色交通分担率超过85%的发展目标;全面推进清洁能源交通装备研发与应用;建设绿色交通基础设施网络体系,实现交通基础设施的绿色建设、绿色使用和绿色养护;通过绿色交通组织管理,在资源投入、路权分配等方面实现绿色交通优先。

Abstract

Domestic and international experience shows that the green traffic is the inevitable trend of world transportation development, is the direction and goals, and is the way to solve traffic problems and environmental problems in china.

Based on the basic national conditions of high population density, shortage of land resources and energy, and limited environmental capacity, intensive and low-carbon transportation is the essential feature of green transportation in China.

On the basis of explaining the connotation of green transportation with Chinese characteristics in detail, this paper analyses the problems and challenges faced by the development of green transportation, combines the international experience and lessons of the development of green transportation, and puts forward the goal of the development of green transportation, that is, to build a green comprehensive transportation system with "reasonable structure, intensive efficiency, energy saving, environmental protection and people-oriented", to improve the efficiency of resource utilization and to realize the greening of the whole life cycle of traffic development, making our country's green traffic development into the forefront of the world's traffic powers, and turning our country into the model and demonstration of the world's green traffic development.

Through completing three major tasks and five key strategic requirements, we can achieve the development goal of green transportation.

The three major tasks are to realize the greening of the whole link of transportation planning, construction and use management by building a mechanism of intensive transportation, resource-saving, energy-saving and green low-carbon development; to solve traffic congestion and traffic environment problems by building a comprehensive transportation system dominated by green traffic; to improve the level and quality of green traffic services comprehensively by innovating and developing green traffic management and services.

Five strategic priorities are to achieve the green development of comprehensive transportation through traffic planning; to achieve the development goal of green transportation sharing rate exceeding 85% by grasping the key of adjusting traffic structure; to promote the research, development and application of clean energy transportation equipment comprehensively; to achieve the green construction, green use and green maintenance of transportation infrastructure by building a network system of green transportation infrastructure; to realize the priority of green traffic in the aspects of resource input and road right allocation through the organization and management of green traffic.

第一章
绿色交通的定义与内涵

第一节　绿色交通的定义及范围界定

伴随着城镇化和机动化进程的快速发展,不可再生资源日益枯竭,全球范围内环境污染日益加剧,人类的可持续发展面临严重威胁。这些严峻现实使人们认识到必须将经济社会发展同资源节约和环境保护结合起来,传统的发展模式已难以为继。

1972 年,罗马俱乐部发表了震撼世界的著名研究报告《增长的极限》,对迄今为止以资源(包括能源)的高消耗、污染的高排放和生态的严重破坏为代价的高增长理论首次进行了深刻反思,提出了对指数式增长持续性的怀疑,通过揭示"高增长"的不可持续性,直接推动了可持续发展观的形成;同年,联合国在斯德哥尔摩召开了"人类环境会议",发表了著名的《人类环境宣言》,引起了全球对环境问题的重视,特别是对环境恶化和"跨越边境的环境污染问题",以及经济发展与环境保护之间关系的高度关注。

1980 年,国际自然与自然资源保护联盟(International Union for Conservation of Nature,简称 IUCN)、联合国环境规划署(United Nations Environment Programe,简称 UNEP)、世界自然基金会(World Wide Fund for Nature or World Wildlife Fund,简称 WWF)联合发表了《世界自然资源保护战略》,第一次明确提出了可持续发展(Sustainable Development)的概念。

1994 年,经济合作与发展组织(Organization for Economic Co-operation and Development,简称 OECD)在墨西哥召开大会,会议主题为"实现清洁交通:能源效率与节能汽车",会上首次出现了可持续交通的提法。同年,加拿大学者克里斯·布拉德肖(Chris Bradshaw)根据交通对环境的影响程度率先提出绿色交通体系的概念,并同步提出"绿色交通等级层次"体系,即绿色交通工具使用的优先级,将绿色交通工具进行优先级排序,依次为步行、自行车、公共交通、共乘车以及单人驾驶的私家车。

1996 年，OECD 在温哥华召开主题为"面向可持续发展的交通系统"的会议，并发表了加拿大交通可持续发展报告。

2002 年，联合国约翰内斯堡峰会（Johannesburg Summit）明确提出了可持续交通的发展目标：改变现有交通发展模式，减少交通污染和对人体健康的危害。

2006—2008 年，清华大学针对可持续交通问题开展了为期 3 年的研究，提出绿色交通的定义如下：绿色交通是以最小的资源投入、最小的环境代价、最大限度地满足社会经济发展所产生的合理交通需求的综合交通系统。该系统应该具有的主要特征为：安全、畅通、舒适、环保、节能、高效率和高可达性。

交通运输系统的高效率和高可达性是保障国民经济持续快速发展、提高人民生活水平、保障国家安全的关键。高效率是指各种交通方式分工合理、无缝衔接、无效交通少、行程时间短。高效率的交通运输系统能够大大降低生产成本，促进区域经济圈、经济带发展，降低物流成本，提高国际竞争力。高可达性是指综合交通系统的覆盖率高、利用方便、可选性好，且体现公平性原则。

绿色交通既是理念，也是交通系统规划建设的指导思想和原则。基于绿色交通理念建设的交通系统是以提高交通效率、降低资源消耗、促进环境友好、节省建设维护费用为目标的综合交通系统。

绿色交通的狭义概念强调交通系统的环境友好性，主张在交通系统的规划建设和运营管理过程中注重环境保护和生活环境质量。绿色交通的广义概念是指可持续交通。

第二节　我国的国情特点

一个国家或地区应该采用何种交通结构、以哪种交通方式为主导，取决于国家或地区的交通需求特性、自然资源条件、环境条件和发展理念。我国的国情特点决定了我国综合运输系统的结构特点和发展方向。

一、人口特性

人口基数大。截至 2017 年底，我国内地总人口为 13.9 亿人，是目前世界人口最多的国家。实施全面两孩政策后，预计"十三五"时期人口总量将继续保持低速增长。2030 年前后总人口将达到峰值，约为 14.5 亿人。此后将进入持续缓慢下降状态，预计 2035 年下降至 14.1 亿人，2050 年减少至 13.5 亿人。

人口分布不均匀、地区间人口密度差异大。1935 年，胡焕庸先生在《论中国人口之分布》中揭示了我国人口分布规律即提出了"胡焕庸线"。根据第六次全国人口普查数据，2010 年东南半壁占大陆地区 43.41% 的国土面积，聚集了 93.68% 的人口，人口密度为 303.92 人/km²；西北半壁占大陆地区 56.59% 的国土面积，而人口占比仅为 6.32%，人口密度为 15.72 人/ km²。"胡焕庸线"与人口密度分布如图 8-1 所示。

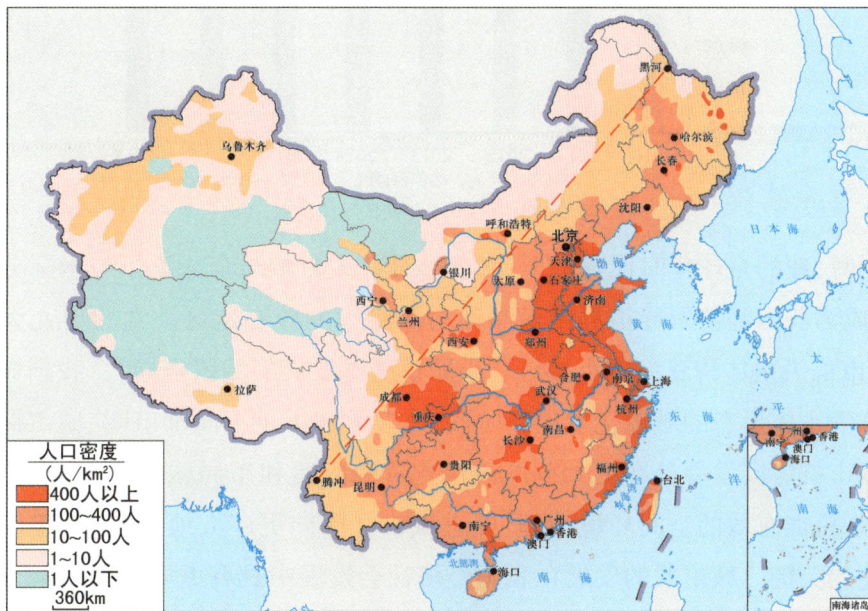

图 8-1　"胡焕庸线"与人口密度分布(2010 年)

　　不同的人口密度决定了不同的交通需求特性，进而决定了不同的交通发展模式和合理交通结构。对于高人口密度地区，交通需求总量庞大，时空分布相对集中，需要以集约化的交通方式为主体。低人口密度地区交通需求强度、交通需求总量均不大，除城市建成区以外，交通需求的集中程度低。

二、城乡结构

　　改革开放以来，伴随着工业化进程加速，我国城镇化经历了一个起点低、速度快的发展过程。国家统计局数据显示：1978—2017 年，城镇常住人口从 1.7 亿人增加到 8.13 亿人，城镇化率从 17.92% 提升到 58.52%，年均提高 1.04 个百分点，城市数量从 193 个增加到 658 个。2010—2017 年我国城镇化率如图 8-2 所示。

　　根据国家发展和改革委员会综合运输研究所的预测(低方案)，2020 年我国城镇化率将达到 60%，2030 年达到 66%，2045 年达到 70%。随着我国城镇化进程的深入发展，我国客运需求的总量将持续增加，需求多样性会显著增加。

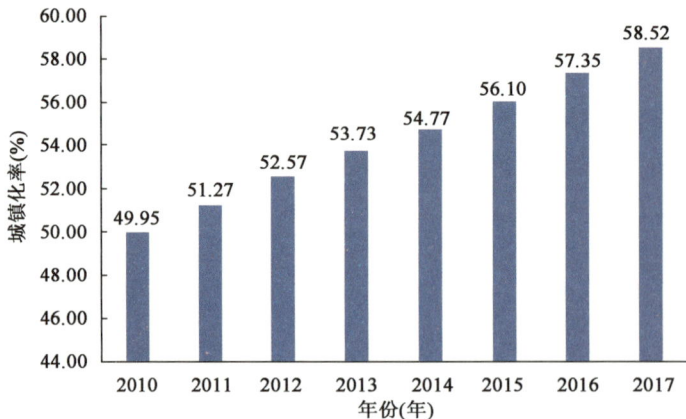

图 8-2 2010—2017 年我国城镇化率

与此同时,新的全球化时代背景下,城市群日益成为参与全球竞争与国际分工的全新地域单元,成为我国经济发展格局中最具活力和潜力的核心地区。党的十九大报告明确提出"以城市群为主体构建大中小城市和小城镇协调发展的城镇格局"。我国城市已经进入以城市群为主体形态的城镇化发展新阶段,许多大城市正在向都市圈、城市群的发展形态转变。城市群协同发展是在更大范围内优化资源配置和布局城镇体系,推动城乡一体化发展,进行更加有效的空间环境治理,促进城市文明向更广大地区辐射,建设更加美好的生活环境的关键。城市群的发展在我国经济社会发展中具有重要的战略地位和深远影响,也必将改变交通需求特性。在《中华人民共和国国民经济和社会发展第十三个五年规划纲要》(以下简称《十三五规划纲要》)中提出,我国将加快 20 城市群建设发展,包括:京津冀、长江三角洲、珠江三角洲等世界级城市群,山东半岛、海峡西岸、哈长、辽中南、中原地区、长江中游、成渝地区、关中平原、北部湾、晋中、呼包鄂榆、黔中、滇中、兰州—西宁、宁夏沿黄、天山北坡、藏中南地区城市群。城市群的空间布局如图 8-3 所示。

三、经济发展

截至 2017 年底,我国国内生产总值(Gross Domestic Product,简称 GDP)达到 82.7 万亿元人民币,GDP 总量位于世界第二位,超过日本,仅次于美国。但是从人均 GDP 来看,我国仅为 9481 美元,低于 1 万美元的世界平均水平,世界排名第 70 位,相比世界强国,我国经济发展仍有较大的差距。

根据《十三五规划纲要》,为实现 2020 年全面建成小康社会目标,2016—2020 年经济年均增长底线是 6.5%,人民的生活水平将会有显著改善。然而,经济的快速增长将加速机动化的进程,特别是人口密集地区,伴随机动化的迅速发展,交通拥堵、大气污染、交通噪声等大城市病都迫切要求交通发展选择绿色、集约、高效的方向。

图 8-3 "国家十三五规划"城市群发展布局

四、资源环境

近年来,随着我国工业化、城镇化进程不断推进,资源短缺和环境污染问题也逐渐成为亟待解决的重要问题。

伴随我国经济的快速增长,目前我国已成为全世界最大的能源消耗国。2017 年石油对外依存度为 67.4%,能源安全问题突出。2015 年我国石油能源消费总量为 55160.2 万 t,其中交通运输、仓储和邮政业石油消费总量占比超过 37%。高昂的油价以及石油的不可再生性决定了以石油为主要动力来源的小汽车发展模式不符合我国国情和可持续发展的要求。

在我国能源结构中,一次能源中煤占 70% 以上,燃煤产生大量的烟尘、二氧化硫、一氧化碳、一氧化氮等大气污染物。根据世界卫生组织公布的 2016 年全球空气质量检测数据,2016 年世界空气污染最严重的 30 个城市中,我国占 20%,全部集中在河北省。环境保护部公布的《2016 中国环境状况公报》显示,全国 338 个地级及以上城市中,环境空气质量达标的城市数量仅占 24.9%,254 个城市环境空气质量超标,占 75.1%。其中,20% 的城市人口生活在空气严重污染的环境中。

针对当前的资源环境现状,国家无论是在总体发展规划、还是专项发展规划中,都越来越重视节约资源和保护环境,尤其是提出"到2030年,全国城市环境空气质量基本达标,生态环境质量全面改善,经济社会发展与环境保护基本协调,生态文明水平全面提高"的目标。在这一大环境背景下,加速推进"绿色交通建设",减少交通对环境的影响和资源与能源消耗,强化交通系统绿色发展和交通污染综合防治,既是必然要求,也是严峻挑战。

第三节　绿色交通的中国内涵

我国人口密集地区面临的两大主要交通问题是交通拥堵和大气污染,这是我国社会经济持续健康发展面临的严峻挑战,任何交通政策,尤其是城市交通政策,都必须以破解交通拥堵、节能减排为首要任务,这就是中国国情。从这点出发,显而易见,个体交通工具即便是零排放,也只能解决大气污染问题而不能解决交通拥堵问题,因此,作为个体交通工具的私人小汽车,只能作为交通运输的补充。基于我国人口密度大、土地资源和能源紧缺、城市区域环境容量有限的基本国情,以集约化、低碳化的交通运输方式为主导是中国特色绿色交通的本质特征。

据此,我国发展的绿色交通系统城市间包括铁路、水运以及长途客运系统;城市内包括城市公共交通系统、步行和自行车交通系统。

在集约化方面,绿色交通包括铁路运输、水路运输、公路长途客运和城市公共交通;在低碳化方面,绿色交通要求使用清洁能源、低排放、对环境影响小、对生态冲击程度小的交通方式及交通工具,包括步行和自行车,绿色公共交通以及绿色车船,从而节约土地资源,充分利用建筑垃圾,实现交通系统全环节的绿色化。

实现我国交通运输系统全环节绿色化的主要内涵及发展重点如下。

一、以绿色规划为引领

(1)做好各种运输方式的一体化规划,合理配置交通资源,集约使用土地、岸线和水域等资源,形成节约、集约利用资源的绿色交通发展模式,实现交通建设用料循环利用,减少对生态的冲击,降低对环境影响。

(2)注重以公共交通为导向的土地开发模式(Transit Oriented Development,简称TOD),推进交通与土地利用的一体化规划建设,促进职住均衡,提高土地利用效率和出行便捷程度,提供良好的步行、自行车出行条件,提高生活环境质量,实现绿色出行。

二、以绿色交通方式为主导

1. 建设结构合理、绿色主导的综合客运体系

推进铁路、公路、水运、民航各交通方式的无缝衔接,尤其要实现客运高速铁路与城市

轨道交通和航空交通深度融合;促进城市轨道交通与城市地面公交和步行、自行车交通无缝衔接,实现零距离换乘。城市群、大城市构建以轨道交通为骨干、以公共汽电车、步行和自行车交通为主体,以私人小汽车为补充的综合交通系统。城市内短距离出行以步行、自行车为主,中长距离采用公共交通;城市间中短距离出行以铁路、水运和公路客运为主。

2. 构建绿色货物运输体系

基于铁路市场化改革,通过提高铁路运达速度、服务质量和灵活性,大幅度提高铁路分担率;通过提高运输装备的标准化水平、各种交通方式的无缝衔接程度和智能化水平,显著提高集装箱运输比例以及集装箱海铁联运、公铁联运比例,推动多式联运快速发展;加快内河高等级航道建设,实现大中型海港与铁路网和内河水运系统的无缝衔接;加强管道运输的规划建设。

3. 完善换乘、换装转运设施

以建设综合交通枢纽为重点,完善不同运输方式间的无缝衔接和零距离换乘、换装转运设施,大力推进运输装备标准化,推进公路、铁路、水运、航空等交通系统一体化,解决好"最后一公里"问题,提高"门到门"的交通服务效率和服务质量。

4. 推动绿色物流发展

从调整结构、提高效率、降低成本、优化配送、节能减排等方面做好顶层设计,采取系统对策,推动货运绿色化发展。城市内大幅度提高共同配送比例,城市间大幅度提高铁路运输比例。

三、以绿色交通装备为主体

(1)推动运输装备节能减排等相关技术的研发与应用,加速更新老旧和高能耗、高排放交通工具。

(2)优化交通能源结构,支持和鼓励清洁能源交通装备技术研究、推广使用,推动新能源交通工具"换道超车"。

(3)深化燃油车退出市场机制模式研究、制订计划及其配套措施。

(4)注重交通装备降噪、减振技术的研发与应用。

(5)推动车路协同技术发展,提高交通工具的运行安全水平和使用效率。

四、以绿色基础设施为支撑

全面贯彻集约高效、节能减排、生态保护、自然和谐的绿色发展理念,建立完善的生态环保交通基础设施设计、建设、管理养护体系和科学合理的交通基础设施生态修复体系，全面推进环境友好型交通基础设施建设。

五、以绿色交通组织管理为保障

（1）绿色交通组织管理的第一任务是将有限的通行空间资源向绿色交通方式倾斜，调整路权结构。在交通拥堵、通行资源有限的情况下，要确保步行、自行车的优先通行权，舍得拿出通行空间设置公共汽车专用车道和港湾式停靠站，不能以停车设施短缺为由占用步行与自行车通行空间施划停车泊位。

（2）进一步提高交通组织管理的科学性，推广多式联运、共同配送等高效、便捷、先进的运输组织模式，提高交通运输效率、节约能源资源、降低运输成本。

（3）提高货运信息化水平，打造精准、快速、高效的运输管理模式，实现精准调度和实时配置，降低货车空驶率；通过共享模式，促进交通资源的充分利用，实现减少资源投入、便捷高效出行的目的。

第四节　绿色交通的主要影响因素

根据交通系统和交通服务的构成要素，绿色交通发展的主要影响要素如图8-4所示。

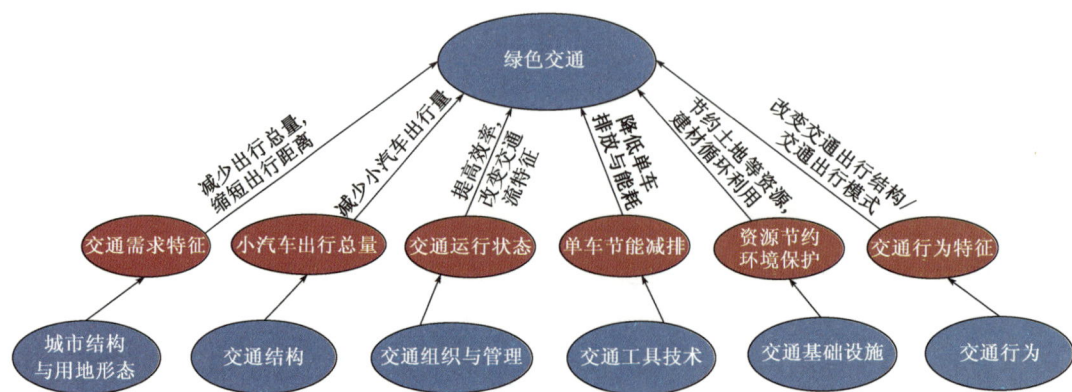

图8-4　绿色交通影响要素

（1）交通需求的源头影响即城市结构与用地形态：城市结构与用地形态决定交通需求特性，进而影响交通结构，是实现交通绿色发展的第一要素。要实现多中心、组团式的城市结构，以组团为单位推进混合用地，实现职住均衡，以5min作为基本的城市单元组织城市生活、以15min为标准组织城市社区；以基本城市单元为单位完善生活配套服务，以15min社区为单位完善基本公共服务。

（2）交通结构：不同交通方式在节能减排、运输能力和运输效率方面差异很大。根据测算分析(表8-1),基于各种交通方式的周转量和总能耗,得出铁路、公路、航空、私人小汽车完成单位旅客周转量的能耗比约为1:3:9:50,水运、铁路、公路完成单位货物周转量的能耗比约为1:2:7。

城市间各种交通方式能耗强度对比   表8-1

运输方式	单位客运能源消耗强度[t标准煤/(百万人·km)]	单位货运能源消耗强度[t标准煤/(百万t·km)]
铁路	4.5	4.8
公路	14.5	18.0
航空	38.8	—
水运	—	2.7
私人小汽车	224.4	—

注:数据来源于2016年交通发展统计公报、2016年民航发展统计公报、中国工程院能源消费革命项目报告。

根据表8-2可知,城市轨道交通、常规地面公交、小汽车的单位能耗比和单位碳排放比分别为1:2.3:8.7、1:17:99,投入同样的通行空间资源,公共交通运输方式具有环保节能的明显优势。因此,城市间应突出发挥铁路、水运的作用,城市内应保障步行、自行车、公共交通优先发展,构建结构合理的综合交通运输体系。

城市内部不同交通各方式经济技术特性   表8-2

运输特性 交通方式		运量 (人/h)	运输速度 (km/h)	道路面积占用 (m²/人)	能耗 [kW·h/(人·km)]	碳排放量 [kg/(人·km)]	适用范围	造价 (亿元/km)
自行车		2000	10~15	6~10	0	—	短途	—
小汽车		3000	20~50	10~20	1.17	4.83	较广	0.3~0.7 (双4车道)
常规地面公交		6000~9000	20~50	1~2	0.3	0.82	中距离	—
轨道交通方式	轻轨	10000~30000	40~60	高架轨道:0.25 专用道:0.5	0.135	0.049	长距离	2~4
	地铁	30000以上	40~60	不占用地面积			长距离	4~8
有轨电车		5000~8000	20~80	4	0.07	0.01	中距离	1~3

(3)交通组织与管理:交通系统的运行效率与交通组织管理水平密切相关。造成交通系统运行低效率、高成本的主要原因包括交通组织不合理,机非混行现象严重,步行交通系统不健全,人车争道现象突出,交通一体化水平不高,供给与需求信息匹配程度低,交通管理科学化程度低,管理方法相对落后等。应通过一体化交通对策促进各种运输方式的有效衔接,利用规划措施和行政手段推动有限的通行空间资源向绿色交通方式倾斜。

(4)交通基础设施:交通基础设施在建设、管理、养护等全环节对生态环境都会产生直接或间接的影响及干扰,包括占用大量耕地资源,破坏动植物栖息地造成水土流失,产生大量粉尘污染及噪声污染,产生大量生活垃圾与建筑垃圾等。在交通建设、养护、管理领域,应全面贯彻落实绿色低碳循环发展理念,认识到技术是构建绿色交通运输体系的基础和支撑,应提高土地、线位、桥位、岸线等资源的集约利用程度,实现建筑垃圾的再利用率等。

(5)交通工具技术:交通工具技术直接影响交通系统的能耗及排放。以汽车为例,截至 2016 年底,我国实行国 I 排放标准前(低于国 I 排放标准),汽车保有量占比仅约为 1.0%,而国 I 排放标准前汽车一氧化碳、碳氢化合物、氮氧化物、颗粒物的排放量分别占各类型车排放总量的 34.8%、37.6%、24.7% 和 40.3%,2016 年我国不同排放标准汽车的污染物排放量分担率如图 8-5 所示;根据彭博新能源财经发布的《2017 年新能源市场长期预测报告》,全球纯电动车比普通内燃机车的二氧化碳排放量平均要低大约 39%。在英国与美国,由于其电动车效率较高,这一排放量的差距扩大至近 50%。而在我国与德国,由于其电动车充电来源主要仍为燃煤发电,这一差距不到 30%,相对较小。因此,交通工具动力技术的提升,尤其是清洁能源的使用将极大降低单车排放量,直接促进交通运输节能减排,着力推进清洁交通工具如航空生物燃油、电气化铁路、电动车的研发及应用。

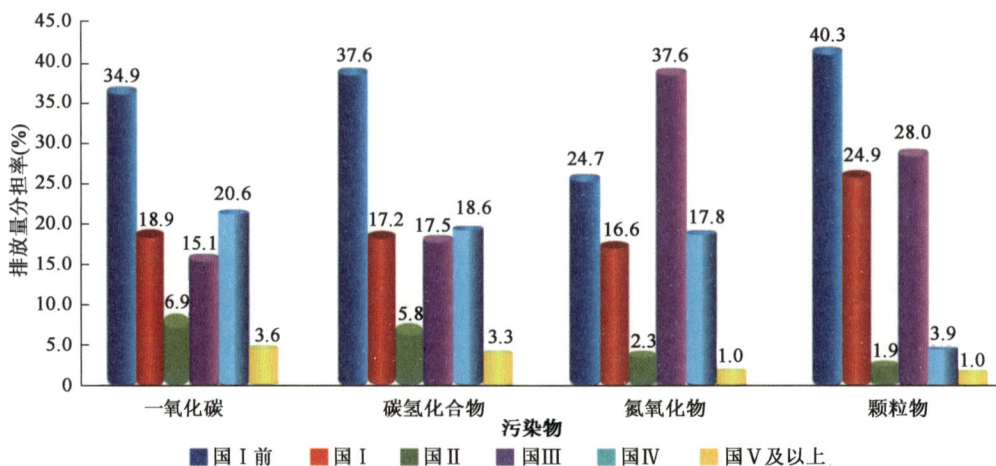

图 8-5　2016 年我国不同排放标准汽车的污染物排放量分担率

污染物排放量分担率的分子是各类型车一氧化碳、碳氢化合物、氮氧化物、颗粒物的排放量;分母是汽车一氧化碳、碳氢化合物、氮氧化物、颗粒物排放总量。

(6)交通行为:人的交通行为是导致交通拥堵、事故多发、交通效率不高的决定性因素之一,与交通拥堵直接相关的出行者交通行为主要为人的选择行为和人的守法行为,前者影响交通需求特性,后者影响交通系统使用效率。应通过改善交通出行结构措施(公交优先、改善步行与自行车通行条件、适度抑制私家车)引导出行者向绿色交通方式转变,同时还要通过严格交通执法、宣传教育及征信体系建设,促进良好交通秩序与绿色交通文化的形成。

第二章
绿色交通发展面临的问题与挑战

第一节　绿色交通发展现状与问题

在推动交通运输绿色发展方面,我国政府做了长期持续的努力。

从 20 世纪中叶到 20 世纪 80 年代中期,政府一直扶持城市公交系统的发展,负责制定公交运营、服务标准,投资建设公交场站及配置营运车辆等。

1985 年政府批准了原城乡建设环境保护部《关于改革城市公共交通工作的报告》(国发〔1985〕59 号),文件明确提出:城市公共交通要走市场化的道路,要多家经营、统一管理;加快发展城市公共交通以带动城市的发展。我国绿色交通部分关键政策发展历程如图 8-6 所示。

2000 年 2 月,公安部、建设部《关于实施全国城市道路交通"畅通工程"的意见》中提出,将"加快城市道路的建设和改造,大力发展公共交通"作为主要工作之一。要确立公共交通在城市交通中的优先地位和主导作用;有条件的大城市要开辟公共交通专用道和港湾式停车站台,提高公共交通车辆的运营速度;要加快公共交通场(站)的建设,及时更新公共交通车辆,确保公共交通的运营安全;同时,要积极开展规范化服务,提高公共交通的服务质量和管理水平。

2003 年 8 月,建设部、公安部联合倡导开展创建"绿色交通示范城市"活动,坚持"以人为本"的原则引导发展绿色交通。绿色交通理念逐步深入到我国城市交通规划与建设实践中。

2005 年国务院办公厅下发了国务院《关于优先发展城市公共交通意见的通知》(国办发〔2005〕46 号),明确了优先发展城市公共交通的指导思想和目标任务。

2006 年建设部、国家发展和改革委员会、财政部、劳动和社会保障部四部门联合下发了《关于优先发展城市公共交通若干经济政策的意见》(建城〔2006〕288 号),进一步明确了优先发展城市公共交通的经济政策,即在我国实现了"公交优先的理念"向"公交优先的政策"的转变。

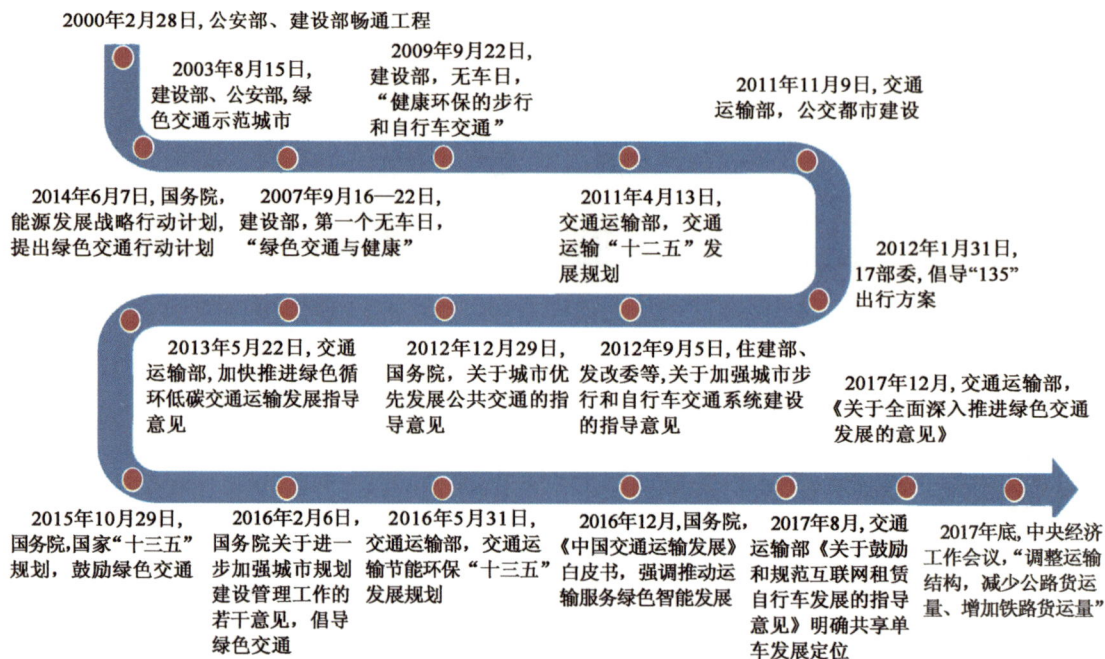

图 8-6 我国绿色交通部分关键政策发展历程

2006 年,交通部《公路水路交通"十一五"发展规划》提出,我国"十一五"公路水路交通发展必须坚持"以人为本""可持续发展"的原则。

2007 年 9 月 16—22 日,建设部开展"中国城市公共交通周暨无车日"活动,核心主题是"绿色交通与健康"。

2009 年 9 月 22 日建设部举行中国城市无车日活动,活动主题为"健康环保的步行和自行车交通",大力倡导绿色交通。

2011 年 11 月 9 日,交通运输部发出《关于开展国家公交都市建设示范工程有关事项的通知》,在"十二五"期间组织开展国家"公交都市"建设示范工程,计划到 2013 年底前,全部启动 30 个城市的"公交都市"示范工程试点工作,力争到"十二五"末初步建成 1 ~ 2 个具有国际水准的国家"公交都市"和若干个国内领先的国家"公交都市"。

2011 年交通运输部开始推进公交都市建设工作,力争试点城市公共交通在城市交通系统中的主体地位基本确立,对城市发展的引领作用显著增强,较好地满足广大人民群众的基本出行需求,城市交通拥堵状况得到缓解。

2011 年,《交通运输"十二五"发展规划》提出,交通运输行业要以节能减排为重点,建立以低碳为特征的交通发展模式,提高资源利用效率,加强生态保护和污染治理,构建绿色交通运输体系,走资源节约、环境友好的发展道路。

2012 年 1 月 13 日,交通运输部印发了《公路水路交通运输环境保护"十二五"发展规划》,包含了行业污染治理、生态保护、资源节约和集约利用、行业环境保护管理体系完善、行业环保科技支撑能力提升等方面内容。

2012 年,发展改革委等 17 部委发布《"十二五"节能减排全民行动实施方案》,倡导"135"出行方案,即 1km 以内步行,3km 以内骑自行车,5km 乘坐公共交通工具。

2012 年,国务院《关于城市优先发展公共交通的指导意见》(国发〔2012〕64 号)指出,城市交通要坚持"绿色发展"的原则,按照资源节约和环境保护的要求,以节能减排为重点,大力发展低碳、高效、大容量的城市公共交通系统,加快新技术、新能源、新装备的推广应用,倡导绿色出行。

2012 年,《住建部、发展改革委、财政部关于加强城市步行和自行车交通系统建设的指导意见》(建城〔2012〕133 号)提出大城市、特大城市发展步行和自行车交通,重点是解决中短距离出行和与公共交通的接驳换乘;中小城市要将步行和自行车交通作为主要交通方式予以重点发展。

2012 年 10 月,国务院总理主持召开的国务院常务会议通过了《关于实施城市公共交通优先发展战略的指导意见》,决定必须将公共交通放在城市交通发展的首要位置,加快构建由轨道交通网络、公共汽车、有轨电车等组成的城市机动化出行系统,同时改善步行、自行车的出行条件。

2013 年,交通运输部印发《加快推进绿色循环低碳交通运输发展指导意见》,明确提出将生态文明建设融入交通运输发展的各方面和全过程,到 2020 年,基本建成绿色循环低碳交通运输体系。

2014 年,国务院发布《能源发展战略行动计划(2014—2020 年)》,提出实行绿色交通行动计划,完善综合交通运输体系规划,加快推进综合交通运输体系建设。积极推进清洁能源汽车和船舶产业化步伐,提高车用燃油经济性标准和环保标准。加快发展轨道交通和水运等资源节约型、环境友好型运输方式,推进主要城市群内城际铁路建设。大力发展城市公共交通,加强城市步行和自行车交通系统建设,提高公共出行和非机动出行比例。

2015 年,《中共中央关于制定国民经济和社会发展第十三个五年规划的建议》提出,推进交通运输低碳发展,实行公共交通优先,加强轨道交通建设,鼓励自行车等绿色出行。

2016 年,交通运输部发布了《交通运输节能环保"十三五"发展规划》,提出要把绿色发展理念融入交通运输发展的各方面和全过程,着力提升交通运输生态环境保护品质,充分发挥企业主体作用,加强公众绿色交通文化培育,加快建成绿色交通运输体系。

2016 年 6 月,上海市节能减排研究中心和上海市城乡建设和交通发展研究院主编《上海市绿色交通发展年度报告(2015 版)》。

2016 年 12 月,国务院发布《中国交通运输发展》白皮书,强调推动运输服务绿色智能发展。

2017 年 2 月,天津提出将大力推进智慧交通和绿色交通的发展。

2017 年 8 月,交通运输部公开发布《关于鼓励和规范互联网租赁自行车发展的指导意见》,指导意见明确了共享单车发展定位,是城市绿色交通系统的组成部分,实施鼓励发展政策;明确了城市人民政府的主体管理责任,要求各地建立公平竞争秩序,形成全社会共同参与的治理体系。

此外,自 1986 年,江西宜春开始建设生态城镇。目前已有 300 个地级(含)以上城市提出"生态城市"或"低碳城市"等生态型发展模式为城市建设目标,在全国 338 个地级(含)以上城市中占比达 88.8%。

2017 年 8 月,公安部、中央文明办、住房城乡建设部、交通运输部决定从 2017 年起至 2020 年,在全国组织实施"城市道路交通文明畅通提升行动计划",提出通过交通秩序整顿、交通组织优化、交通基础建设、交通出行结构等方面的系统提升,形成有序、畅通、安全、绿色、文明的城市道路交通环境。

2017 年 11 月,交通运输部发布《关于全面深入推进绿色交通发展的意见》,提出到 2035 年形成与资源环境承载力相匹配、与生产生活生态相协调的交通运输发展新格局,绿色交通发展总体适应"交通强国"建设要求,有效支撑国家生态环境根本好转、美丽中国目标基本实现,并提出全面推进实施绿色交通发展的 7 大重大工程。

近年来,我国大力推进绿色交通建设,交通节能减排成效显著,绿色交通标准体系逐步健全,运输通道、枢纽、装备等资源集约利用效果得到提高,新能源和清洁能源运输工具不断增加,公共自行车系统快速兴起。但与此同时,我国绿色交通建设任重道远,外部社会环境的变化以及在新时代背景下客货运需求特性的转变,对我国发展绿色交通提出了更高的要求,需要进一步提高绿色交通发展水平以应对新的期望。

目前,绿色交通发展中存在的主要问题有以下几点。

一、交通运输的高能耗、高排放及噪声污染问题突出

随着我国客货运输量的增长,交通运输行业能源消耗的增速已经高于全社会能源消耗的增速。2016 年,交通能源消耗占全国能耗总量的 9.1%(交通消耗汽油占比为 46.4%);交通污染严重,CO_2 排放总量占全国排放总量的 11.5%。在城市中,私人小汽车在城市交通能源消耗体系中占比高达 65%,对城市交通污染贡献率逐步增加,如北京市 2017 年 PM2.5 主要来源中本地排放占 2/3,本地排放中移动源占比高达 45%,而移动源中在京行驶的柴油车贡献最大。

同时,交通噪声污染日益突出,主要来源包括飞机起降、船舶及高速铁路运行等。以

高速铁路为例,中国科学院声学研究所测量表明,当高速铁路列车以 300km 左右的时速通过时,其产生的噪声平均值一般为 80dB(复兴号的试验数据为 91dB),对于长期生活在高速铁路沿线的居民可能会造成一定程度的听力损伤。

二、城市群运输结构不合理,枢纽功能定位缺乏合理分工与协调

我国城镇化进程不断加快,促进了以相邻主要城市协作作为基础的城市群区域经济一体化发展,并成为经济增长的主要驱动力。但主要服务于城市群的区域交通发展未能跟上城市群发展的步伐。城市群交通方式的供应结构不尽合理,城际铁路发展相对滞后,市域(郊)铁路建设尚在起步阶段。这种基础设施网络状况导致我国城市群区域交通运输结构中,铁路等轨道交通承担的客货运输比例普遍偏低,而小汽车承担的客运出行比例过高。

2013 年我国部分城市群客货运输发展基础数据见表 8-3。

2013 年我国部分城市群客货运输发展基础数据   表 8-3

城 市 群	客运比例结构(%)				货运比例结构(%)		
	公路	铁路	水运	航空	公路	铁路	水运
京津冀	85	11	0	4	88	8	4
长江三角洲	88	8	1	3	63	2	35
珠江三角洲	95	3	0	2	71	3	26
长江中游	90	9	0	1	80	8	12
成渝	90	8	1	1	88	3	9
山东半岛	96	2	1	1	91	5	4
辽中南	84	14	1	1	85	8	7
中原	93	6	0	1	94	6	0
东陇海	94	5	1	0	74	20	6
关中—天水	93	4	0	3	99	1	0
北部湾	91	4	2	3	99	1	0
太原	78	19	0	3	65	35	0
滇中	75	16	0	9	75	25	0

同时,由于缺乏国家层面和区域层面的规划与建设常态化的协调机制,部分城市群内机场、港口建设缺乏统筹,重复投资,功能重叠甚至无序竞争,导致一些地区的基础设施利用率不高。加之港口集疏运系统缺乏统筹规划,大宗物资的长途运输过度依赖公路系统,不仅运输效率及通道资源利用率低下,而且能耗高、污染重。

三、各种运输方式衔接不畅,多式联运发展滞后

基础设施衔接不好、集疏运不畅,铁路进港"最后一公里"瓶颈问题突出,铁路货运站场进出通道能力不足,港口公路集疏运通道不完善。缺乏多式联运专用站场,铁路集装箱

中心站数量很少,已有公铁联运站场规模小,半挂车专用滚装码头设施、机场空陆联运分拨设施不足等一系列问题导致我国多式联运发展总体滞后。

从铁水联运情况看,长江沿岸港口,实现铁水联运的比例很小,截至 2016 年上半年,重庆的 10 余个港口中,实现铁水联运的仅有 5 个,而武汉沿长江的 17 个港口中,实现铁水联运的也只有 6 个。从港口集装箱海铁联运情况看,"前后一公里"问题尚未得到有效解决。目前我国主要港口集装箱海铁联运比例仅约 1.8%,而美国为 40%、法国为 26.2%、印度为 25%。

四、缺少统一的物流信息及服务平台,城市共同配送水平低

从全国、区域、城市三个层级来看,都缺少完善的物流信息及服务平台,跨区域、跨行业、跨方式间的物流服务更是欠缺,物流行业整体缺乏智能高效的运输(物流)组织。2016 年我国道路运输车辆空驶率达到 37%,而美国、德国、日本的空驶率分别为 20% ~ 25%、13%、27%。

货运市场集约化程度整体偏低,统一管理难度大。2016 年从事道路货物运输的经营业户为 679.1 万户,道路货运经营业户平均每户拥有的货车数量为 1.99 辆,有 85.5% 货运企业拥有车辆数不足 10 辆。城市配送专业化水平不高,共同配送仍处于起步阶段。北京城市共同配送货物所占比例仅为 7%,远低于东京的 74%。

五、城市公交服务水平不高,出行分担率普遍偏低

近年来,虽然加大了公交优先政策实施力度,但受资金、技术以及道路条件等制约,公交系统发展速度相对滞缓,公交出行在我国城市居民出行中所占的比例仍然较低。公交服务缺乏吸引力,主要体现在:

(1)公交车运行速度慢、换乘效率低;

(2)公交服务网络覆盖率仍有待提高,运行间隔大、站点布局不合理、末端步行时间、站点候车以及换乘等车外时间所占比例过大,"门到门"全环节服务水平低;

(3)高峰时段公共交通普遍超载,安全隐患突出,舒适性差;

(4)服务标准无差别,"定时定线"的运行模式无法适应多层次、差异性的出行需求。

我国城市整体上公交系统分担率低,服务水平不高,国内外城市公交分担率数据统计如图 8-7 所示。

六、轨道交通与周边用地结合不足,成为制约出行效率、交通服务水平提高和促进土地集约利用、实现绿色发展的瓶颈

枢纽布局与城市功能区分离,难以有效发挥枢纽对城市重要功能区发展的引领和支

撑作用。比如,北京大部分铁路枢纽与城市重要功能区之间相互分离,且距离较远,部分铁路枢纽与重要功能区之间缺乏地铁衔接,从铁路枢纽出发到各功能区的时间花费较长。北京各铁路枢纽到城市重要功能区的距离见表8-4。

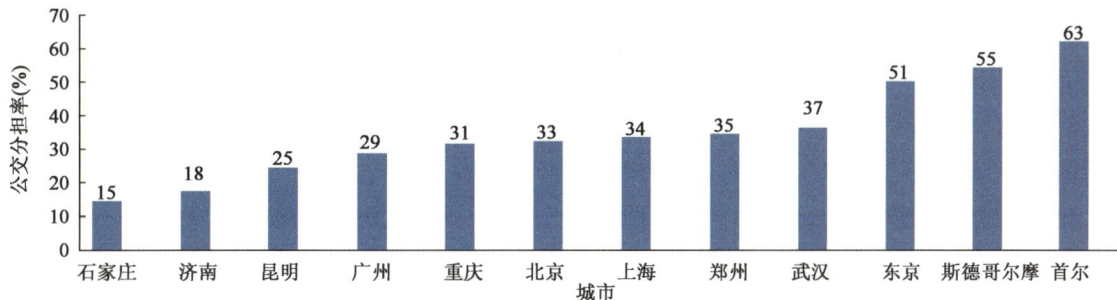

图 8-7 国内外城市公交分担率

北京各铁路枢纽到城市重要功能区的距离(单位:km)   表 8-4

名　　称	中关村科技园区	北京经济技术开发区	商务中心区（CBD）	奥林匹克中心区	金融街	丽泽商务区
北京站	18	16	4	15	9	12
北京西站	16	23	13	20	6	4
北京南站	17	23	12	21	8	4
北京北站	8	30	13	12	2	13

部分新建高速铁路站远离城市中心,造成乘客衔接交通不便;综合交通枢纽周边用地开发与功能定位不匹配,枢纽上盖物业开发不充分。以保定东站为例,车站现状周边大部分为农田和耕地,高速铁路规划跟城市规划以及土地利用规划实际上并没有匹配耦合和同步发展。

除此之外,还存在对外枢纽与地铁、地面公交接驳换乘不便,枢纽出租汽车停车场不足,枢纽接驳服务运营时间不合理,各种运输方式的运力配置及面向乘客的服务信息缺乏有效整合等问题。

七、绿色交通出行方式持续萎缩

铁路和水运作为旅客运输领域的绿色出行方式,其客运量、旅客周转量比例持续下降。铁路客运量占比由1980年的27%下降到2016年的14.8%,水运完成的客运量占比由1980年的7.7%下降到2016年的1.4%;铁路旅客周转量占比从1980年的60.6%下降到2016年的40.2%,水运旅客周转量占比由1980年的5.7%下降为2016年的0.23%。

除城际交通外,城市交通同样面临着绿色交通出行方式持续萎缩的问题。在我国,自行车曾经是最传统的绿色、便捷的交通工具。20世纪80年代的中国被称为"自行车王国",在路权分配方面,毫无疑问地向步行和自行车倾斜。《北京市总体规划》(1982)中明确规定:在一般干路上每侧布置 5~8m 宽的自行车道。人行道在主干道上一般要求每侧 10~15m,次干路和支路每侧 7~10m。

然而随着我国社会经济的不断发展,人们生活水平的不断提高,尤其是从 1994 年国务院颁布了第一个《汽车工业产业政策》,提出"国家鼓励个人购买私人汽车",自行车逐步被机动车取代。"车本位"的观念也逐渐取代"人本位"观念,成为我国交通规划建设奉行的准则。在道路通行资源分配方面,以小汽车需求为中心,忽视非机动车和行人的通行空间,大多数城市的自行车、步行出行环境呈现不断恶化的趋势。

在这种大背景下,自行车出行分担率迅速下滑。例如,北京 1986 年自行车出行分担率为62.7%,2017 年降为 16.7%,同期私人小汽车出行分担率由5%上升到 33.8%。北京特征年交通出行方式结构变化(不含步行)如图 8-8 所示。

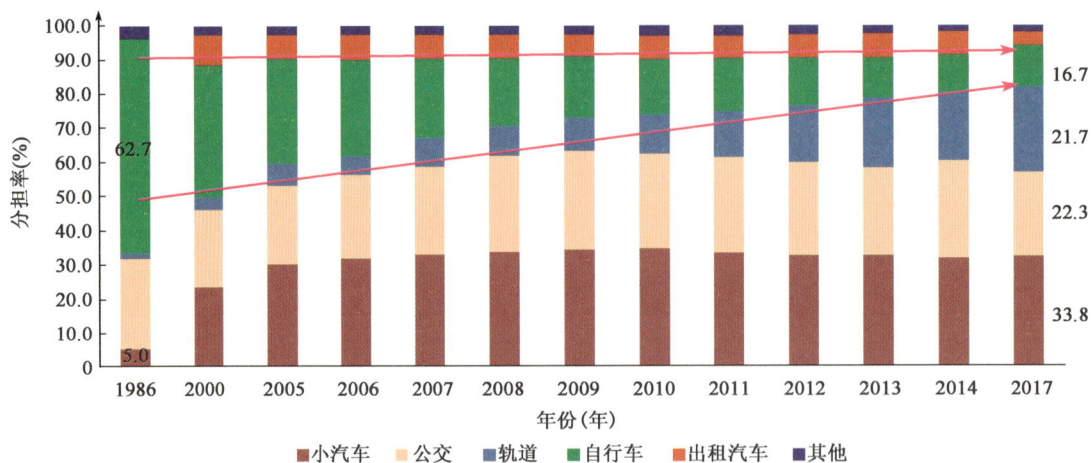

图 8-8 北京特征年交通出行方式结构变化(不含步行)

八、货运结构不合理,铁路分担率急剧下滑

改革开放以来,公路无论货运量还是货物周转量数值以及占比均呈强增长态势,铁路货运量和货物周转量虽然一直在缓慢增加(只有 2013 年有所下降),但是占比则呈下降趋势。水路货物周转量占比有所上升,而管道运输的比例缓慢下降。1978 年与 2017 年我国货运结构对比情况见表 8-5。

我国货运结构对比(不包括远洋运输) 表 8-5

运输方式 \ 货运量与周转量 \ 年份	货运量占比(%)		货物周转量占比(%)	
	1978 年	2017 年	1978 年	2017 年
公路	49.63	79.32	5.00	48.56
铁路	36.05	7.94	76.24	19.61
水运	14.31	12.73	18.75	31.66
航运	0.01	0.02	0.02	0.18

第二节　绿色交通发展面临的挑战

一、处理好多样化、个性化的需求变化与集约化运输之间的矛盾

从全国范围来看,随着经济的发展,居民消费结构的升级,以旅游度假出行为代表的消费性客运需求进入持续快速增长阶段。从城市内的出行活动来看,在收入提高的背景下,居民文化休闲娱乐活动明显增加,出行目的日趋多样化,尤其是个性化、定制化出行服务的市场需求日益旺盛。这一点在货运市场上同样变化显著。随着产业结构的调整和能源结构的改善,长距离的大宗商品和大批量商品运输量比例将逐步下降,而高技术含量、高附加值、时效性强的货物运量增长幅度将加大加快。尤其是在电子商务行业迅猛发展的背景下,高价值、分散性、小批量的货运需求快速攀升,标准化、定制化将成为货运产品和服务的发展方向。

然而,个性化的运输需求与集约化运输之间存在一定的矛盾。如何既能满足个性化的运输需求以及时效性、经济性、便捷性要求,又能实现集约高效、节能环保的运输目标,是我国交通发展需要破解的难题。我国 2010—2017 年国内旅游人次变化如图 8-9所示。

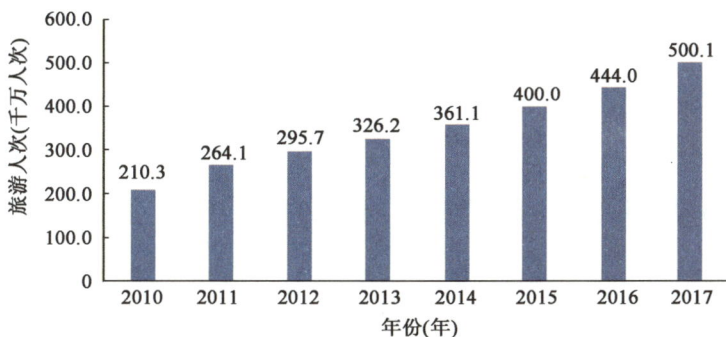

图 8-9　2010—2017 年我国国内旅游人次变化

二、要遏制绿色交通分担率迅速下降的态势

我国在短期内经历了城市规模急剧扩张同时伴随由非机动化向机动化转变的过程,小汽车的快速增长使得自行车等绿色交通分担率呈快速下降态势。从 1986 年到 2017年,全国私人汽车保有量年均增长率超过 22.7%,截至 2017 年底,全国有 53 个城市的汽车保有量超过百万辆,24 个城市超过 200 万辆,北京、成都、重庆、上海、苏州、深圳、郑州 7个城市超过 300 万辆。与此同时,小汽车出行分担率迅速上升。1986 年,北京市中心城区

通勤出行中自行车出行分担率为62.7%,到2017年,自行车出行分担率下降到了16.8%,而同期通勤出行中小汽车出行分担率则由1986年的5%上升到33.8%(不计步行)。上海市2017年自行车出行分担率从1986年的31%下降到16.3%,而小汽车出行分担率则由3%上升到20%以上。其他城市总体上看也是自行车、步行分担率呈下降态势,小汽车出行分担率不断上升。

2017年我国千人汽车保有量为156辆,随着我国经济和汽车产业的蓬勃发展,人均收入水平的不断提高,我国小汽车保有量尚未达到饱和状态,仍将保持一定速度的增长。在这一背景下如何遏制小汽车出行分担率的进一步上升,破解城市交通拥堵、雾霾等"大城市病"迫在眉睫。

三、迅速扭转新城建设职住分离的严重局面

近年来,在我国城镇化的过程中,城市建成区面积的增长速度已经明显快于城镇人口的增长速度,建设用地粗放低效,全国县以上新城新区超过3500个,但是很多新城新区生活配套设施不完善。一些城市"摊大饼"式扩张,过分追求宽马路、大广场,新城新区、开发区和工业园区占地过大,建成区人口密度偏低,且从2005年到2017年一直呈递减的态势。人口集聚与产业集聚不同步,公共服务资源配置与常住人口不匹配,人口城镇化滞后于土地城镇化,就业与居住在空间布局上严重失衡等问题突出。

城市空间的这种无序扩张给交通系统建设和运行带来了极大困难和挑战。一方面,需求时空分布特征的急剧变化以及出行目的与方式的多样性差异使得交通供求关系更为复杂;另一方面,人口与空间规模的持续快速扩张,引发出行人次总量及出行距离增大,导致交通出行周转量成倍增加。尤其是引发了大规模、长距离、潮汐式的通勤交通需求,导致中心城区向心交通压力不断加剧,早晚高峰时段交通拥挤难以缓解。

四、抓住交通基础设施建设的"窗口期"实现交通一体化发展

根据分析,从2020年到2030年这10年左右时间,既是交通基础设施保持合理规模的建设期,也是实现交通基础设施一体化和高质量发展的关键"窗口期"。在"窗口期",要紧紧围绕交通一体化和高质量发展精准发力,统筹规划、精准施策,优化交通结构,补短板、强弱项,构建一体化交通体系、实现高质量发展。

同时,在实现交通一体化和高质量发展过程中,要突出绿色交通基础设施的支撑,实现交通基础设施绿色建设与养护,重点要体现在交通基础设施建设和管理养护技术环保先进适用、资源集约节约利用、基础设施绿色生态修复等方面。

五、抓住新技术、新业态发展契机实现绿色交通发展

随着人工智能、大数据、云计算等技术的兴起,无人驾驶、车路协同等交通新模式的研

发和应用,以及新能源、清洁能源的逐步投入使用,传统的绿色交通发展方式可能无法满足新时代的要求。

如何应对新技术、新能源带来的不确定性,如何有效利用科技发展的契机开创绿色交通发展新模式,是未来发展面临的一大挑战。

CHAPTER THREE

第三章
绿色交通发展的国际经验

第一节 重视交通基础设施建设及运营过程中的生态保护

为了保护生态环境、防止河流泛滥和水体污染,美国加利福尼亚州采用透水路面与其他绿色基础设施相结合的措施来避免雨水流失,与传统的路面相比最多可节省 25% 的成本,如维护得当,透水路面寿命最长可达 25 年,路面如图 8-10 所示。

奥地利与斯洛伐克在阿尔卑斯山和喀尔巴阡山脉之间,建设了长约 120km 的生态走廊,以减轻快速蔓延的建成区和交通基础设施网络对周边生态环境以及野生动物造成的影响。2009—2012 年,政府实施了一系列措施,包括在高速公路的部分路段上方建设"绿色桥梁"、搭建合适的栖息地,如图 8-11 所示。

图 8-10　美国加利福尼亚州透水路面

图 8-11　奥地利斯洛伐克绿色桥梁和生态通道

德国北部的汉堡大都会地区地处跨欧重要交通网络,土地使用强度极高,导致栖息地分散,许多物种濒临灭绝。为重新连通分散的栖息地,重建生物多样性,2010—2013 年,由联邦机构资助建成了"动物通道"以连通高速公路周边的生态保护区,2013—2017 年又建立了生态走廊,以减少交通基础设施和栖息地网络之间的区域冲突。

法国路网公司把对环境的保护当作项目成功的主要因素之一。设计和修建法国东欧线高速铁路工程项目时,将保护好风景和多种生物的生存、维持河道的存在、防止噪声污染等方面作为核心问题。法国东部高速铁路的选线满足了企业主及其合作伙伴的需要,即尽量远离居民居住区,避免明显影响自然环境,保留水源,尊重文化遗产,形成一体化景观。

第二节　大力发展多式联运,实现多种运输方式的无缝衔接

欧盟的多式联运策略,就是尽可能减少货运对载货汽车的依赖,而更加注重发挥铁路和内河水运的作用,充分发挥铁路、水运在多式联运中的比较优势。

德国形成了依托港口、铁路、公路等优良的基础设施,面向全欧洲发展多式联运的独特区位优势。德国铁路货运量中多式联运运量约占 1/3,德国港口也一直在积极拓展铁水联运业务,如不莱梅港近五年铁路疏运量从 35.9% 上升至 45.7%,内河水运疏运量从 3.0% 上升至 4.1%,而公路疏运量则从 61.1% 下降至 50.2%。

货运中心在内陆多式联运中发挥了重要作用。德国政府在规划建设货运中心时,首要的选址原则便是可以实现两种以上运输方式的连接,特别是公路和铁路的中转衔接(不莱梅、纽伦堡等货运中心实现了公路、铁路、水运三种运输方式的衔接)。

包括德国在内的欧盟国家已经形成了基于标准化的多式联运装备体系,也发展起了统一标准的多式联运载荷单元(Standardized Loading P-nits),即海运集装箱、厢式半挂车等遵循国际通用标准,而半挂车和高腿箱则由欧洲标准化委员会统一制定其外廓尺寸、总重和轴载限值标准,并建立了欧洲载货汽车货运模块化系统(European Modular System,简称 EMS)。

实现多种运输方式的无缝衔接。如芬兰赫尔辛基乌萨里港,该港口有效实现了公铁水多种运输方式的无缝衔接。港区内铁路直接贯通到各个泊位,集装箱可以直接在船舶和列车之间进行吊装,半挂车则由场内拖车直接拖运到滚装船上,而在港口海关监管区外设有专门的集装箱拆装箱仓库,对不直接运输的集装箱重新拼箱后通过甩挂运输进行运输。

第三节　着力提高铁路、水运运输在整个货运物流中的比例

欧洲普遍实行铁路优先政策,如瑞士改善铁路运营方式,用客运方式开行货运列车,增加班次密度和运行速度,同时还限定了公路货运车辆的运行时间,对公路货运车辆实行

严格的监管与收费措施等。

美国具有清晰和简洁的公铁水、公铁联运网络布局。我国的到港货物分拨中铁路运输仅占 2%，而在美国 15% 的货物由短途载货汽车分拨，10% 的货物由长途（超过 1200km）载货汽车分拨，75% 的货物由铁路联运，美国港口集装箱海铁联运比例为 40%。

整个欧洲已经在 20 世纪 40 年代开始尝试甩挂运输，目前已经得到广泛应用。德国开发了一种适合于货箱，外形类似集装箱，下面配备可折放支架，既可放下支架立于地面，也可折叠起来放到载货汽车和火车上，可广泛用于甩挂运输和多式联运。

第四节　多途径实现货运节能减排

一、推进节能环保技术在道路货运行业的应用

为达到减排目标，欧盟各国一手从产业层面上抓减排，一手从市场层面抓排放贸易，并且重视节能咨询和宣传，建立高效的节能咨询机构，高度重视能源统计，加强宣传教育，增强节约意识。为改进驾驶员的驾驶习惯，芬兰莫迪瓦公司对驾驶员进行了抽样调查，结果显示最好与最坏的驾驶员之间的能耗差距达到 30%，而对驾驶员开展驾驶培训的节能效果则可达到 10%。欧盟各国注重通过标准的方式来引导企业节能减排，几乎渗透到生产和生活的每一个角落，标准无处不在。如在汽车尾气排放方面，自 2000 年起开始实施欧Ⅲ标准，自 2005 年起开始实施欧Ⅳ标准，自 2008 年开始实施欧Ⅴ标准，自 2013 年开始实施欧Ⅵ标准。

欧盟多项规定都对货运车辆的空气动力方式和能源效率做出了要求，这些规定的目的都是使车辆技术能够往更加绿色的方向发展。欧盟规定允许货车驾驶室前凸，但是超过 50cm 将需要重新认证。车辆尾部可设置折叠后总长度不超过 20cm 的导风装置，以达到优化风阻、减少排放的目的。能源技术方面，欧盟规定两轴、三轴的代用燃料的货运车辆和三轴铰接客车分别在原总重 18t、25t/26t、28t 的基础上，均允许增加 1t 的额外重量用于新技术的使用。代用燃料包括电能、氢、天然气（LNG、CNG 和甲烷）、LPG 和车载机械能。两轴客车也在原总重 18t 的基础上增加 1.5t 用于新技术的应用。

日本通过绿色节能减排技术与鼓励扶持政策促进节能减排。首先是制定相关政策与制度，包括新能源汽车的税收减免政策、"汽车能效评价公布制度""低排放车认证制度"和"超低 PM 柴油车认证制度"以及推动厂商提高汽车燃油经济性和排放标准的领跑者制度（Top-runner）等。同时货主企业和物流企业自主行动，与经产省、国土交通省及相关团体设立了"绿色物流伙伴会议"机制，推进物流向海运、铁路运输方式转移。国土交通省对

使用铁路运输一定比例以上的企业及商品给予认定,给商品加上"绿色运输标签"予以宣传。同时,制定政策鼓励节能减排,政府共对 224 个节能减排项目实行补助,国土交通大臣还对节能减排突出的项目给予了表彰。JR 货物公司开通了东京—大阪间运行速度在 90km/h 以上的高发车密度的货运列车,并使用了先进的小型铁路集装箱货运系统"13t、31 英尺❶"的新式集装箱。

二、建设绿色货运走廊

泛欧交通网络计划打通 9 条"核心运输走廊",涵盖公路、铁路、航空、水运在内的各种交通方式,旨在消除基础设施瓶颈,应对跨区货运的挑战(例如不同国家的电力标准和铁路轨距标准等),整合欧洲现有基础设施,构建统一的交通运输体系,提高运输体系的智能化水平和运输效率,促进运输结构转变。

通过政策措施保证低碳运输份额。例如对从荷兰鹿特丹港通向内陆的一条走廊,政策规定企业必须承诺减少离港的货车载货量,最多 35% 的货物可以通过公路运输,其余必须采用铁路或内陆水运,才能取得鹿特丹港地区的租赁权,同时还制定对高污染交通方式收取更高费用的政策。

第五节 注重以公共交通为导向的城市空间拓展模式

一、促进综合交通枢纽与周边用地一体化开发

在交通站点及其周边一体化开发中,日本东京、新加坡、中国香港地区的经验值得广泛借鉴。

日本东京新宿的交通枢纽日客流量高达 360 万人之多,在大约 2km² 的交通枢纽范围内设置了 100 多个轨道交通出入口,直接与大型客流集散点无缝衔接,形成了轨道交通加地下步道的立体交通系统,直接服务于周边的土地利用。

新加坡市政厅站位于滨海湾北岸,周围汇集了政府、金融、酒店、购物中心、会展中心、城市广场等多种公共设施,是综合性的城市中心地区。新加坡以建设"步行友好型城市"为目标,将市政厅站与周边重要设施的地下室空间及邻近的另一个地铁车站(会议中心站)相互连通,形成环状结构的地下步行系统。在市政厅站和会议中心站两个地铁车站之间、战争纪念碑公园地下,结合商业开发形成了商业街模式的 City Link 购物中心,不仅发挥了地铁客流带来的经济效应,而且使地下步行空间更加丰富、便利和充满活力。

---

❶ 折合 9.4488m。

香港中环站是香港的政治及商业中心和主要交通枢纽,土地开发强度高,公共建筑密度大,人流和车流集中,城市空间呈现高度聚集状态。地铁与周边城市空间和公共设施的交通联系主要依靠已形成规模和特色的空中步道系统。这些空中步道连接了近30座高层建筑和公共交通枢纽,全长超过3km。建筑综合体与城市公共空间的有效整合,弱化了公共领域与私人领地之间的界限,建筑和城市融为一体,丰富了城市的空间层次,也解决了人车分流问题。

二、促进公共交通走廊与区域用地一体化开发

国外非常重视交通的先导性,包括日本、新加坡、巴西、瑞典、丹麦等国家都有很好的交通带动区域发展的经验。

日本东京都市圈是建立在轨道交通网络之上的都市,轨道交通网络犹如城市动脉支撑着城市生活。高密度商业区和成熟住宅区与轨道交通站点一体化开发,末端交通主要依靠环境良好的步行系统,实现了80%～90%的绿色交通分担率。

新加坡采用高密度的支线轨道交通系统把大型住宅区的出行人群快速集散到轨道交通的干线,将住宅、商业、工业设施与轨道交通系统融为一体,建设紧凑型城市,强调职住均衡,就近上班上学,缩短居民的出行距离。

丹麦哥本哈根的城市规划以5条从市中心向外延伸的轨道交通走廊为骨架,在走廊沿线建设居住用地,住宅、道路等基础设施大部分集中在轨道沿线车站附近,从而形成了"指形"的城市结构。

瑞典斯德哥尔摩在第二次世界大战后的城市规划中就明确了以公共交通为导向的土地利用模式和"大分散、小集中"的郊区发展战略,围绕中心城区先后建成了多座由开放式生态廊道相分隔、具有独立城市功能的新城,形成了"中心城＋新城"的发展模式。

巴西库里蒂巴公交专用道的布局与这个发展中城市的总体规划结合得非常紧密,快速公共汽车交通系统的5条放射线构成了城市主要的发展轴,密集的居住区与商业区集中在公交车站附近,而且沿着公交线路沿线开发。

第六节　大力推进职住均衡,从源头上调整交通需求

一、新加坡职住均衡

新加坡在新市镇规划时以高密度的高层公屋为核心,交通网络连接市镇。每个市镇可以容纳10万～20万人口,超过90%的市民居住在组屋里,市镇按照TOD的发展方式,

围绕一体化的交通枢纽/镇中心,打造了 5 ~ 10min 步行/公交范围生活圈。新加坡新市镇规划图如图 8-12 所示。

图例:
- ● 一体化交通枢纽/镇中心
- ● 餐馆
- ╍ 轻轨
- ● 购物、超市
- ● 邻里中心
- ● 幼儿园
- ● 学校
- ● 诊所
- ● 个人服务
- ● 社区、运动设施
- ● 公园

图 8-12 新加坡新市镇规划图

二、巴黎职住均衡经验

巴黎在新城建设中尤其注意就业岗位的供给,避免"卧城"出现。在巴黎 105km² 范围内,79% 的出行距离在 3km 范围内,92% 的出行距离在 5km 范围内,如图 8-13 所示。

图 8-13 巴黎不同功能集中于同一幢建筑

第七节　把公共空间和道路资源还给绿色交通

一、纽约时代广场案例

2009 年 2 月,Michael Bloomberg 市长提议将时代广场全部回归给行人。2010 年, Bloomberg 宣布将时代广场中增加的临时步行空间建成为永久性步行广场。纽约时代广场主要改造措施有以下几条:

(1)改造交通岛,增加 50% 的步行空间;

(2)重新整合机动车交通(包括调整信号灯时间、部分街段实施分时段限行、设立人车混合区);

(3)为大型户外活动与公共艺术提供空间与设施。

纽约时代广场改造前后对比如图 8-14 所示。

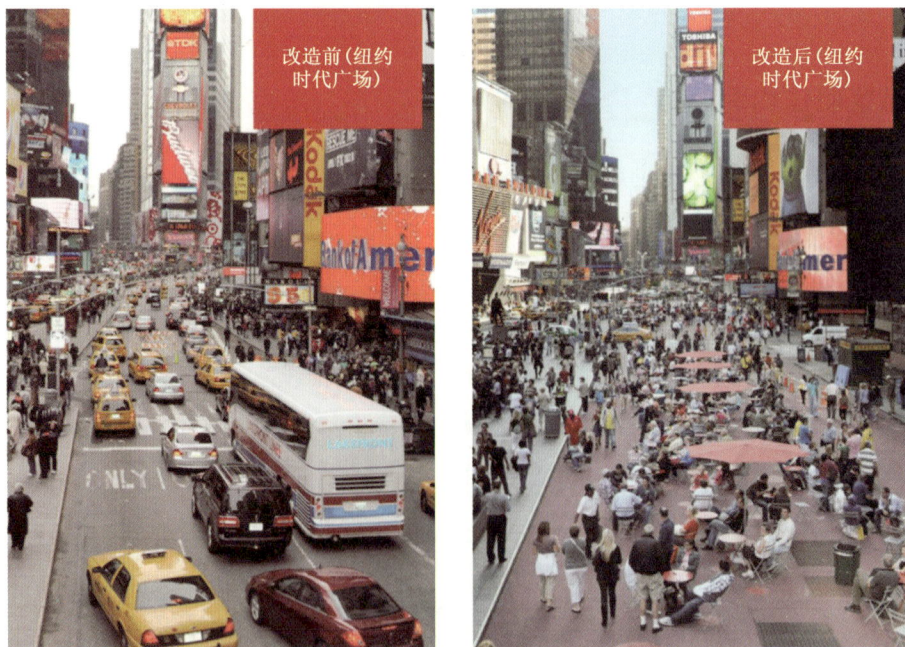

图 8-14　纽约时代广场改造前后对比

二、首尔清溪川改造:尊重自然,重视城市品位,回归美丽的清溪川

由高速经济增长时期在清溪川上建设高架路,到不惜花费 3.6 亿美元巨资拆掉高架桥回归小河流水自然生态和秀美景观,首尔升华到了新的境界,走上了生态文明发展之路,改造前后对比如图 8-15 所示。

图 8-15　首尔清溪川改造前后对比

三、巴塞罗那城市交通通行改善计划——"超级街区"

2016 年,巴塞罗那在政府改革计划中提出,计划在 2 年内将汽车使用率降低 21%,并将其近 60% 的街道打造成交通限流区域即"超级街区",为居民创造丰富自由的生活空间。在超级街区内部车辆限速为 10km/h,路边停车位被地下停车场替代,这意味着人们可以在街道里随意行走、购物和户外活动。

此项目是更为庞大的城市交通规划中的一部分,是巴塞罗那气候承诺中的一项策略性措施,预计会增加 23hm² 无车空间,并增加 300km 自行车道。实施这一措施,将实现每年二氧化碳减排 159100t。

预计在 2019 年,此项目二氧化碳减排将达到 20%～75%。

第八节　高度重视自行车交通发展

欧洲许多国家都十分重视自行车交通的发展。荷兰阿姆斯特丹是世界上自行车出行比例最高的城市之一,全市自行车出行分担率高达 34%,中心城区的自行车出行分担率更是高达 60% 以上。2012 年阿姆斯特丹市共有约 88 万辆自行车,人均拥有 1.1 辆自行车。丹麦全国有 12000km 专用自行车道,其中有 11 条总长达 4233km 的"国家路线"贯穿全国东西南北,构成了丹麦自行车道的主干道。其首都哥本哈根素有"自行车之城"的美誉,建成了350km的庞大自行车道路系统,约有1/3的上班族骑自行车出行。

德国在2012年发布了《国家自行车规划2020》,该规划提出,政府每年应投入折合人民币人均117元的资金,加强在自行车基础建设、道路安全、宣传、自行车与旅游及运动相结合、电动自行车、自行车与其他交通方式整合、自行车安全教育、创建保障体系等方面的工作,具体措施主要包括以下几点。

(1)基础建设计划:扩大自行车路网;扩大长距离自行车高速公路;部署自行车停车设施、指示标识、交通管理;部署电动自行车的基础设施、停车、充电等配备。

(2)道路安全计划:制定交通规则、基础设施、安全技术等的标准与方针;设定惩罚措施;加强安全标语宣传,尤其是针对自行车安全,并进行分龄安全教育。

(3)推广自行车旅游与运动:推进发展长距离自行车路线;连接各城市的旅游自行车基础设施。

(4)自行车与其他交通方式整合:采取措施促进出行链完整;企业还对员工进行自行车出行补贴。

(5)创建保障体系:设立自行车宣传门户网站;出版自行车出行指南与实践出版物;发展自行车学院。

2007年丹麦交通部就曾发布过自行车发展战略《让更多的自行车上路》。2014年7月,丹麦发布了新版政策文件《自行车上的丹麦——国家自行车战略》。该战略中确定了丹麦自行车发展的三大战略目标,分别为"以自行车为工具,实现通畅的出行和清洁的环境""以骑车为乐,更健康的生活和新体验""安全上学和娱乐出行,更好的交通文化"。各目标下的具体措施有以下几点。

一、以自行车为工具,实现通畅的出行和清洁的环境

(1)在火车站和其他交通枢纽为自行车建立更安全和更有吸引力的停放设施;

(2)成立专门的监控专家小组,研究减少车站自行车盗窃的措施,发起预防自行车盗窃设计竞赛;

(3)在新车站建设时,成立专门研究自行车停放要求的工作组;

(4)支持更多的城市建立自行车高速路(Cycle Superhighway);

(5)支持"自行车城市"(Cycling Cities)为推动自行车发展的整体方案投入资金;

(6)争取在适合的道路交叉口实行红灯时允许自行车右转弯;

(7)增加企业雇主对骑车上班族的关注,制定相应的工作时间表。

二、以骑车为乐,更健康的生活和新体验

(1)改善国家自行车道路的路标;

（2）建立专家团队，研究发展自行车旅游产业，设定年度自行车旅游方案奖；

（3）建设更多的娱乐旅行性自行车线路；

（4）建设具有良好可达性和互联性的自行车路网。

三、安全上学和娱乐出行，更好的交通文化

（1）支持上学和休闲活动的自行车专用道发展建设；

（2）培养更多儿童和青少年骑车上学的习惯；

（3）制定自行车骑车人和机动车驾驶员行为规则以及道路设计、改造（包括信号灯、停车线、停车区）措施。

2017年，欧洲自行车联盟（European Cyclists' Federation）向欧盟提交了欧盟自行车发展战略（EU cycling strategy），融合了37个国家约1000名利益相关方（非政府组织、学术界、企业和城市管理机构）的意见和建议。其中，自行车发展战略长达11个章节，涵盖了针对欧盟地区国家、区域和地方层面所有方面的自行车骑行倡议，以及欧洲单车社区追求的目标。

该战略的主要内容包括：

（1）争取在欧盟政策中让自行车享有与其他出行方式相同的地位；

（2）在欧盟平均水平上将自行车出行率提升50%；

（3）在2021—2027年的财政年度期间，欧盟在骑行项目上的投入实现翻倍；

（4）建设并设立欧盟自行车基础设施最低质量标准；

（5）在跨欧洲交通网络中加入长距离的自行车线路交通网；

（6）至少有10%的欧盟交通运输资金投资给自行车交通；

（7）在欧盟城市中引入30km/h作为建议的交通速度限制；

（8）要求铁路运营商提供自行车进车厢的相关运输服务；

（9）及时搜集并更新相关国家的自行车使用以及伤亡数据。

建议内容涉及行为改变、骑行友好的基础设施建设、车辆监管、多模式联运和智能交通系统、财务和财政公平环境、欧洲自行车行业发展、公共治理以及最终的监督和评估。

第九节 建立高效率的城市配送体系

共同配送在发达国家历经了企业配送、行业配送和社会化共同配送三个发展阶段，已具备了相对成熟的模式，其中最常见的方式为第三方共同配送，即通过城市配送中心的建设，统筹规划城市配送资源，优化城市配送效率。

日本通过建立共同配送模式,制定共同配送标准、《中小企业流通业务效率化促进法(中小企业物流效率化法)》,设立城市货运优先通行车道以及收费车道的政策,积极应用高新物流技术等综合措施打造了优秀的城市共同配送体系。

早在 1977 年,日本福冈市滕井区就开始构建城市共同配送体系,以缓解中心商业区的交通拥堵并减轻污染。经测算,该项目使服务区内载货汽车数量减少 65%,载货汽车运输距离减少 28%,停车次数减少 72%,对改善商业区交通拥堵效果十分显著。1989 年日本京阪神地区 12 家百货公司联合开展共同配送,项目实施后配送车辆数、超勤务时间、配送距离、配送时间分别减少为原来的 93%、48%、72%、89%。

截至 2006 年,欧洲的共同配送比例已高达 90%,美国达到 70% 以上,日本东京也超过 70%,共同配送的实施为这些国家带来了巨大的经济效益和社会效益。

此外,日本还建立了值得借鉴的宅急便系统,实现了从订购、发货、查询、出库作业到商品保管、配送、运输等全过程的一条龙物流服务,同时实施了"便利店"代收模式、"智能自取柜"模式,如图 8-16 所示。宅急便的物流中心有 80 多个,依托于"7—11"等便利店设立的社区中心数量则达到 25 万个,部分宅急便社区中心实施 24h 营业。此外,配送车辆是统一标准且非常专业的物流配送工具。

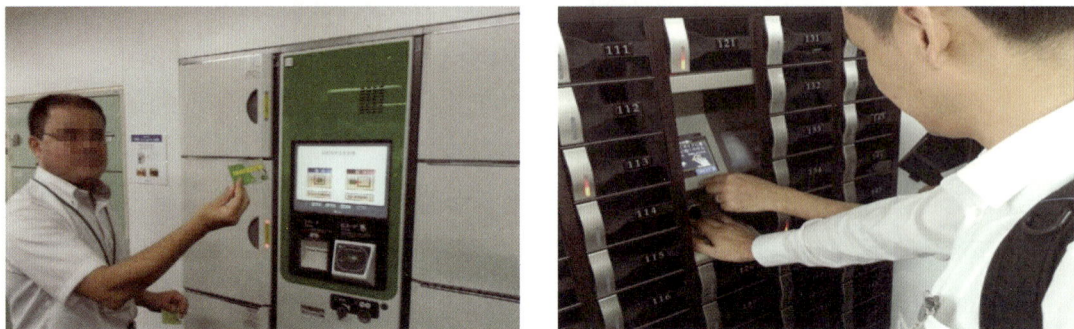

图 8-16　智能自取柜(刷卡式和指纹式)

从宅急便的配送交通工具可以看出配送的专业化、分层级、污染少的特点。从电动摩托车到电动三轮车再到配送小车的城市配送车辆体系,如图 8-17 ~ 图 8-19 所示,车辆全是电动车,污染少,对环境友好,同时分层级的配送工具也提高了配送效率。

日本"7—11"门店标准的配送车辆负责门店到客户之间 OtoO"最后一公里"物流配送,这种电动配送车辆能够防雨、防晒,实现冷链宅配,停靠也相当便捷。同时"7—11"的配送时间可以精确到分钟,若配送延迟还会有打折优惠。

宅急便在针对冷链物流时,采用了冷冻或冷藏配送服务,使用冷藏(3℃)和冷冻(-18℃)两种温度管理系统,能够把保持新鲜、美味的物品适时配送到客户手中。

图 8-17　宅急便的配送工具——摩托车和电动车

图 8-18　宅急便的配送货车(与人力手推车结合进行"最后一公里"配送)

图 8-19　Line-Wow 平台应用旗下外卖电动车和"7—11"配送电动车

第十节　以人为本的绿色交通设计理念

　　新加坡集国家、城市、岛屿于一身,总面积约 710km²,人口约 500 万人,是世界上人口密度最大的国家之一。新加坡的公共交通系统是城市交通系统中的重要组成部分,由地铁(MRT)、轻轨(LRT)、公共汽车(新加坡称"巴士公交")构成。新加坡人性化的交通系统主要包括以下几部分。

一、便捷的轨道交通与路面公交

新加坡公共交通系统最重要的特征便是一体化,将几种公共交通方式在物理上和运营上统一为一个网络系统。

MRT 提供主要干线服务,覆盖全国主要的城镇中心和市中心,连接了新加坡所有的商业中心,服务于中长距离的出行,承担了连接各中心和地区间客流走廊上的大部分客流;LRT 是 MRT 的补充和拓展,用于连接 MRT 站点与主要居住区和商业区;巴士公交系统用于填补公共交通与私人交通之间的空白,共有 300 多条线路,如图 8-20 所示。

图 8-20　新加坡轨道系统及末端轻轨

除了功能上的互相衔接与弥补,在规划和设计上也充分考虑一体化的应用。地铁站的出口处就近设置有公共交通枢纽,两种交通工具之间可以实现便捷换乘,加上路面公交系统网很强的可达性,保障了出行者的准时性和可达性,为吸引出行者采用公共交通出行创造了良好的条件。

二、精细化的公共交通配套设施

新加坡地处赤道附近,常年炎热多雨,为便于出行者方便和舒适地乘坐公共交通,公交车站与附近居民楼之间采用带有顶盖的走廊相连,居民下楼后就可通过走廊到公交车站。公交车站到居民楼之间的走廊与公交车站采用统一的设计标准,走廊成为公交车站的组成部分,如图 8-21 所示。

新加坡城市道路上的公交车站绝大多数采用港湾式停靠站,既提高了上下车的安全性,又减少了公交车对路面上其他车辆的干扰。此外,在公交车站前方主要车道上设置黄色禁停区域,为离站的公交车汇入主要交通流消除障碍。

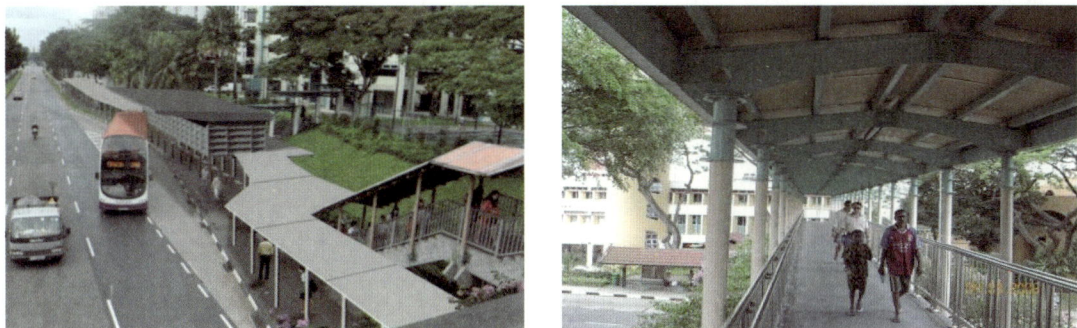

图 8-21　公交站与居民楼之间的末端步行廊道

三、环境友好的慢行交通

新加坡非常重视人行道环境的建设，从 20 世纪 70 年代起就着手打造连接文化保护区、自然保护区、大中型公园、居住型公园的廊道系统。另外，新加坡在居住区中设计连接走廊、学校和住区长廊等作为专用通道，商业街公共空间单体建筑则规定须预留出足够的公共领域，这些都为居民创造了良好的公共步行空间，并形成网络，还通过建设滨海木栈连廊、公园步道、人行道和滨水小径，打造环岛走廊。通常情况下，人们的无阻抗步行距离在 150～200m，而舒适的步行环境下，无阻抗步行距离可以提高到 300m 以上。新加坡优美的步行环境与完善的行人过街设施，保障了行人通行的舒适感与安全性，极大提高了步行的吸引力。

四、随处可见的无障碍交通设施

为给行动不便人士提供交通方便，新加坡政府建设了大量"无障碍"公共设施。行动不便人士从下居民楼开始，到公交车站、地铁站都有连续的"无障碍"设施，行动不便人士不需要借助他人的帮助，也能够轻松实现出行。

第十一节　国际绿色交通发展趋势

一、欧洲绿色交通发展趋势

欧盟委员会 2011 年通过的《交通发展白皮书》中提到，为了增加交通的便捷、消除关键领域中燃油供应增长的主要障碍，计划到 2050 年减少 60% 的交通碳排放。为此，需要完成以下任务：城市中彻底淘汰传统燃料汽车；航空领域低碳可持续能源的使用比例提升到 40%；船用重油二氧化碳排放量减少 40%；半数以上里程超过 300km 的陆路货运应由铁路或水运承运,绝大多数中等距离客运应由铁路承运。

德国铁路股份公司致力成为交通运输业的环保领导者,为了达到节能环保的目标,未来可再生能源在牵引供电中占据的比例将越来越高,对降噪措施的投资也会逐年提高。并提出到2020年二氧化碳排放与2006年相比减少30%、牵引用电中来自可再生能源的电能将占45%,与2000年相比铁路噪声降低50%(降低10dB)。

英国政府在2009年发布的《更加绿色的未来》中,为广大民众描绘了如何通过低碳交通方式营造健康、和谐可持续的未来。其主要途径和做法包括:针对各种运输工具充分挖掘低碳潜能;执行最低可持续标准,促进可持续生态能源的利用;鼓励步行、自行车等健康积极的出行方式;鼓励公共交通出行;提出"碳预算"概念,施行"碳税"和交易权制度;重视地方政府的作用,积极支持地方工作;与欧盟等更广范围的组织达成共识;推动航空、海运纳入减排协议。

二、日本绿色交通发展趋势

日本2013年通过了《交通政策基本法》,明确了未来一定时期内日本交通政策的基本理念,提到要减少与交通相关的环境污染与破坏,要求必须抑制温室气体及其他造成环境破坏的排放物,鼓励货运由公路转向铁路和水运,增进公共交通设施利用的便利性,减少船舶和飞机的排放与噪声。同时《交通政策基本法》还强调完善综合交通体系,要求促进步行、自行车、汽车、铁路、船舶、航空等各种交通方式承担相应功能,形成综合有效的交通网络,促进并强化各种交通方式之间的协作与互联互通,特别是公共交通之间的协作。

2007年提出《2050日本低碳社会》,文中提到,到2050年应当实现二氧化碳排放量减少70%的目标。途径包括:减少30%~45%的能源需求并引进低碳能源供应;通过合理的土地利用和能源效率以及碳强度的改进实现客运交通领域减少80%的碳排放;通过更好的管理以及交通工具能源效率改进,实现减少60%~70%的碳排放。

三、美国绿色交通发展趋势

《美国2045交通发展趋势与政策选择》中提到要实现交通节能减排,要从以下方面进行:开展替代燃料和基础设施研究,投资燃油高效能技术研发;对电动或使用替代燃料的车辆给予补贴;对碳排放征税;支持可以减少公路拥堵的定价和运营战略;提高和推广各交通行业的燃油效率标准;支持防止城市蔓延的区域规划和发展政策;投资公共交通、铁路和海运基础设施以支持模式转换;提升国际政府间对共同控制温室气体排放承诺的参与度。

第十二节　交通发展进程中的教训

一、美国模式：城市低密度蔓延＋私人小汽车为主导的机动化

追逐郊区舒适住房和拥有小汽车的梦想，形成了城市低密度蔓延＋私人小汽车为主导的机动化的美国模式。这种模式以仅占世界 5% 的人口消费了 1/3 以上的世界能源。

从交通角度看，美国形成了私人小汽车＋航空运输的客运模式。2017 年全球航空客运总量为 40.8 亿人次，其中美国的客运量为 8.4 亿人次，全球占比为 20.6%，位居世界第一，是位列第二名的中国的 1.5 倍。2017 年美国人均年乘坐飞机次数为 2.7 次，我国人均年乘坐飞机次数为 0.4 次。

美国是构建在"汽车轮子"上的国家，以洛杉矶为例，洛杉矶大都会区私人小汽车出行分担率高达 87.3%。

二、日本东京超大型都市圈带来的长距离大规模通勤模式

东京都市圈是世界上最大的都市圈，其经济发展取得了成功，最重要的原因在于构建了以轨道交通为主导，绿色、高效、便捷的综合交通系统，进而形成了以轨道交通为支撑的世界最大都市圈。然而，东京都市圈的发展也存在明显弊端，主要表现为城市结构的单中心化、通勤半径过大，造成居住与就业严重分离、通学通勤耗时超长以及城市运行成本巨大等问题。

目前东京都市圈单中心的城市结构造成居住与就业的严重分离。东京的都心三区（指城市中心区的中央区、港区和千代田区）职住不均衡现象十分严重。据统计，2005 年东京都心三区岗位人口比为 6.4。居住与就业的严重分离又造成了都市圈外围与中心之间大规模的通勤、通学交通出行。2010 年，外围各县至东京都区部出行发生量中通勤、通学比例大多在 60% 以上，其中千叶县和埼玉县比例分别为 65.2% 和 62%；东京多摩部和茨城县的比例分别为 60.8% 和 67.5%；神奈川县本身就业功能相对强大，其比例为 47.1%，低于外围其他各县，如图 8-22 所示。

单中心的城市结构也造成了通勤距离与通勤时间的增加。据统计，2010 年东京首都圈平均通勤时间为 68.8min，平均通学时间为 76.9min，平均通勤＋通学出行时间为 70.4min。

2012 年高峰时段东京区部主要道路平均车速为 18.7km/h，东京都市圈平均车速为 24.2km/h，低于日本平均水平 35.1km/h。

2013 年东京都轨道交通系统主要 31 个区的平均拥挤率为 165%。

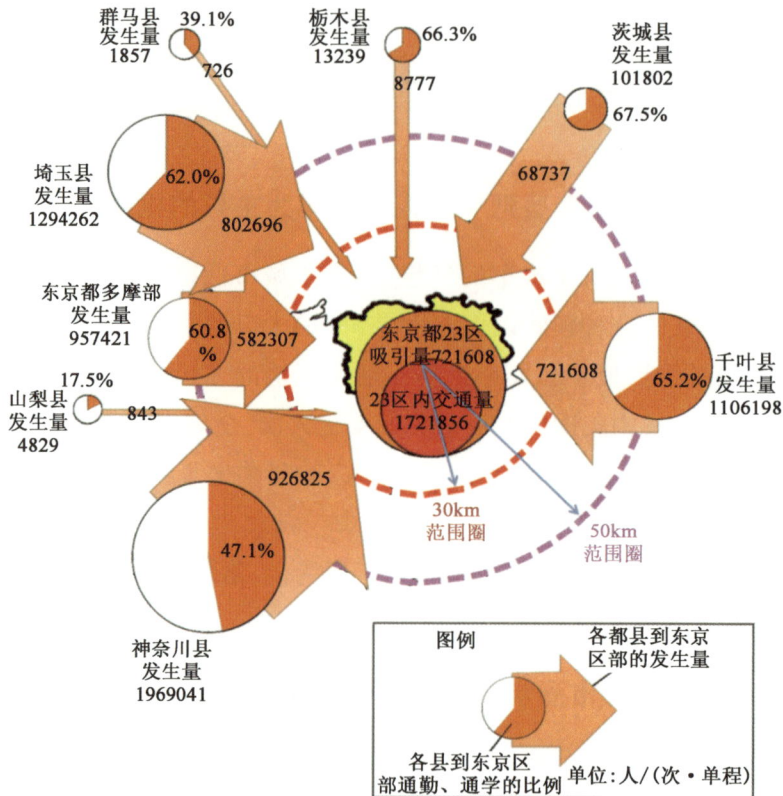

图 8-22　2010 年日本首都圈各县至东京区部出行总量与通勤、通学出行量关系

可对比的是 2012 年北京轨道交通系统高峰小时最大满载率为 142%（15 号线），线网平均拥挤率为 105.2%。

三、法国推动"每个职工拥有一辆小汽车"的政策

20 世纪 60 年代，法国总统蓬皮杜曾提出"巴黎交通一定要适应小汽车发展""要使每个职工拥有一辆小汽车"的鼓励扶持小汽车交通发展的政策。

这一政策虽然在一定程度上为城市的快速发展和机动化水平提升起到了促进作用，但是随着小汽车数量的迅猛增长，出现了严重的交通拥堵，成为城市发展的制约瓶颈，也造成严重的环境污染，几乎成为一场"灾难"。

因此，从 20 世纪 70 年代开始，巴黎开始改变鼓励小汽车发展政策，转向优先发展公共交通，提高服务水平，降低公交票价，公交枢纽站设置免费停车场，提高市内停车价格等政策。

四、造成地域分割景观破坏的高架快速路模式

1. 美国波士顿中央大道高架系统

波士顿中央大道高架系统建于 20 世纪 50 年代末，如图 8-23 所示。按照规划设计，中

央大道交通流量每天达 7.5 万辆。然而到 20 世纪 80 年代末,日交通流量已达到 19 万辆,高架路每天交通拥堵时间超过 10h,交通事故发生率为美国国道平均水平的 4 倍,由于堵塞、事故、油料浪费、尾气污染、时间延误等因素带来的经济损失每年达到 5 亿美元。

75000辆

190000辆

图 8-23　20 世纪 50 年代建设的波士顿中心中央大道高架系统

　　为了恢复波士顿城市中心的活力和商业环境,缓解中央大道高架桥的汽车拥堵状况,20 世纪 90 年代,负责交通规划的 Massachusetts 州收费公路局提出号称美国有史以来最大规模的工程——中央隧道计划(Central Artery/Tunnel Project,CA/T),规划在高架通道的地下空间,新建 6 ~ 8 车道地下高速公路和地面道路系统,然后拆除 20 世纪 50 年代建设的中央大道高架桥。全部项目于 2006 年秋季竣工并投入使用,总耗资达 147 亿美元,道路长度约 8 英里❶,如图 8-24 所示,工程产生了良好效果。

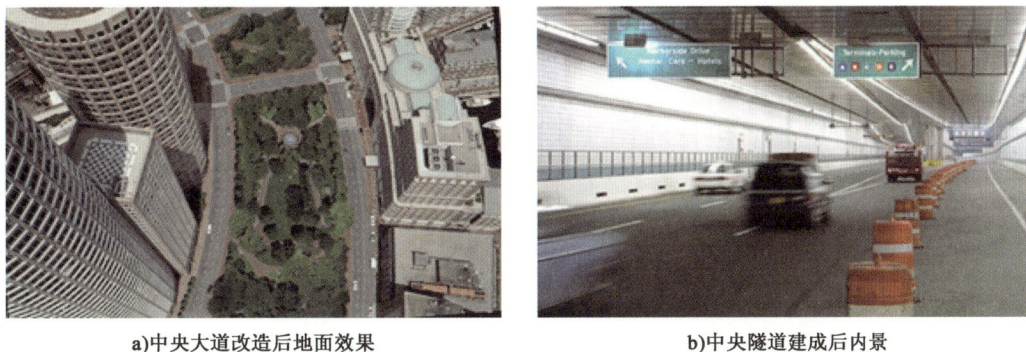

a)中央大道改造后地面效果　　　　　　　　　　b)中央隧道建成后内景

图 8-24　波士顿中心中央隧道工程示意图

---

❶　折合约 12.87km。

（1）汽车拥堵时间从每天 8～10h 减少至每天早晚高峰拥堵 2～3h，基本相当于其他城市的平均水平。

（2）此外，还在波士顿中心区恢复了 300 多英亩❶景观开放空间，建成 45 个小公园和广场，种植 2400 株乔木和 6000 多株灌木，重塑了地块间的良好关系。

2. 韩国清溪川高架系统

20 世纪 70 年代，韩国经济开始起飞，首尔政府为了解决交通问题，提高城市中心区的道路通行能力，在被覆盖的清溪川上又修建了高架桥，桥长 5.8km、宽 16m，是一条 4 车道双向专用汽车道，成为横贯首尔东西的交通主干道，日均交通流量达到 16 万辆，曾被认为是韩国城市现代化的象征，被韩国人引以为自豪，但同时也造成了地域分割和对景观的破坏。

2003 年，在提升首尔作为国际大都会的品位和吸引力的目标引导下，首尔市政府开始实施清溪川内河的生态恢复以及周边环境的改造工程。整个清溪川复兴改造工程历时两年多的时间，拆除了 5.8km 的清溪川路和覆盖在上面已经年久失修的高架桥，修建了滨水生态景观及休闲游憩空间，耗资 3800 亿韩元（折合约 3.6 亿美元）。工程于 2005 年 10 月竣工，有清洁流水的清溪川作为内河重新出现在首尔市民的生活中。

改造后的清溪川推动了环境友好的交通体系建设，同时彰显了城市传统文化和现代文明的结合，极大促进了城市的均衡发展，有利于中心区生态环境的改善，同时由于采取综合措施，通道车辆行驶速度不仅没有下降，反而有所提升，成为世界交通史上的一个典范。

---

❶ 折合约 1.21km²。

CHAPTER FOUR

第四章
绿色交通发展目标与路线图

第一节　总体思路

在深刻理解中国特色绿色交通内涵的基础上,通过绿色规划引领、绿色方式主导、绿色工具主体、绿色设施支撑、绿色管理保障,构建"结构合理、集约高效、节能环保、以人为本"的绿色综合交通运输体系,提高资源利用效率,实现交通发展全环节、全寿命周期的绿色化。

第二节　总目标与阶段目标

总目标:建成"结构合理、集约高效、节能环保、以人为本"的绿色综合交通运输体系,绿色交通发展进入世界交通强国前列,成为世界绿色交通发展的样板和示范。

2030 年目标:绿色交通主导。实现交通全环节、全生命周期绿色化。铁路客货运量、多式联运占比明显提升。城市绿色出行分担率达到 85%;新增车船中清洁能源车辆占比超过 50%。建成完善的步行与自行车道路系统,部分领域进入世界前列。

2045 年目标:绿色交通成为世界的样板。建成便捷高效、绿色智能的综合交通运输体系。

第三节　绿色交通路线图

绿色交通是可持续交通的重要组成部分,是综合交通的发展方向。具体表现在绿色交通理念深入人心、交通规划绿色化、交通结构绿色主导、交通工具绿色化、基础设施生态化、交通组织管理绿色优先以及建立绿色交通文化等方面。绿色交通不仅是概念,更应该成为各级政府、职能部门和全体人民的共同行动。

结合绿色交通发展总目标以及 2030 年、2045 年阶段性目标,充分考虑绿色交通的影响因素,从结构合理、集约高效、节能环保、以人为本 4 条主线,交通结构、用地形态、基础设施、组织管理、交通工具、交通行为 6 个方面进行阐述,制定实现绿色交通主导战略的路线如图 8-25 所示。

总目标	建成"结构合理、集约高效、节能环保、以人为本"的绿色综合交通运输体系,绿色交通发展进入世界交通强国前列,成为世界绿色交通发展的样板和示范	
阶段目标	2030年	2045年
交通结构	基本形成以绿色交通为主导的集约化综合交通体系;城市中心城区绿色出行比例达到85%以上	形成以绿色交通方式为主导的集约化综合交通体系
用地形态	基本形成沿轨道交通布局城市群、城市的模式;新规划建设全采用混合用地、集约土地利用模式	全面形成TOD发展模式,实现职住均衡,成为世界示范和样板
基础设施	建设生态绿色交通基础设施网络体系;对土地、岸线、水域等资源的综合集约利用显著提高	实现交通基础设施的绿色建设、绿色使用和绿色养护等全环节、全寿命绿色化
组织管理	集装箱铁水联运比例达到10%以上;共同配送占比达50%;共享出行全面普及	在资源投入、路权分配等方面全面实现绿色交通优先;绿色交通方式出行品质和效率比肩个性化出行方式
交通工具	航空领域低碳可持续能源使用比例达到20%;新增清洁能源车船占比超高50%;公共交通清洁能源车辆达到100%	形成以清洁交通工具为核心的低碳化客货运交通体系
交通行为	建立交通领域个人碳排放账户和评价体系;机动车文明礼让率达95%以上,非机动车、行人路口守法率达95%以上等	绿色出行文化深入人心,形成完整的绿色交通保障体系

图 8-25　绿色交通主导战略路线图

第四节　绿色交通评价指标体系

衡量绿色交通发展水平的关键是提高绿色交通方式分担率和交通运输全环节、全寿命周期的绿色化。与此同时,提供高质量、绿色智能的交通服务也是"交通强国"建设的使命,要实现客运出行的便捷舒适和绿色高效,交通系统降本增效,提高多式联运占比,体现出交通服务的一站式、集约化、绿色化的交通发展趋势等均是要考虑实现的目标。

以绿色交通分担率、资源集约水平、绿色交通组织与管理水平、绿色货运服务水平、绿色客运服务水平、交通能耗与排放水平 6 个一级指标为核心,并对应下设绿色客运分担率、绿色货运分担率、TOD 发展综合指数、交通基础设施绿色水平、共享交通发展水平、城市步行自行车道路空间资源占比、公交专用车道设置率、公共交通站点 300m 覆盖率、多式联运比例、城市共同配送率、一站式客运服务占比、末端绿色交通覆盖率、清洁能源交通工具比例、单位周转量碳排放强度、单位周转量能源消耗强度等 15 个二级指标，对绿色交通进行评价考核，具体指标见表 8-6。

绿色交通评价指标体系 表 8-6

序　号	一 级 指 标	二 级 指 标
1	绿色交通分担率	绿色客运分担率
2		绿色货运分担率
3	资源集约水平	TOD 发展综合指数
4		交通基础设施绿色水平
5	绿色交通组织与管理水平	共享交通发展水平
6		城市步行、自行车道路空间资源占比
7		公交专用车道设置率
8		公共交通站点 300m 覆盖率
9	绿色货运服务水平	多式联运比例
10		城市共同配送率
11	绿色客运服务水平	一站式客运服务占比
12		末端绿色交通覆盖率
13	交通能耗与排放水平	清洁能源交通工具比例
14		单位周转量碳排放强度
15		单位周转量能源消耗强度

第五章
主要任务与战略重点

绿色交通发展有 3 大任务、5 个战略重点,具体战略构成如图 8-26 所示。

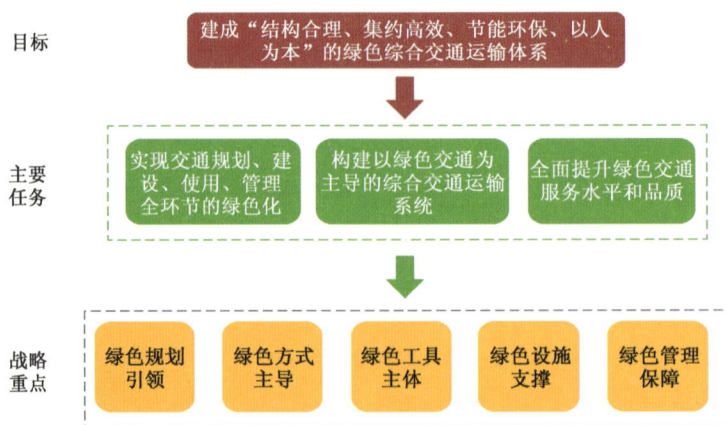

图 8-26　绿色交通主导战略构成

第一节　主要任务

根据上述分析,绿色交通主导战略主要有以下三大任务

一、构建交通集约、资源节约、用能高效和绿色低碳发展机制,实现交通规划、建设、使用、管理全环节的绿色化

推动交通在规划、建设、运营、管理等全环节对资源的集约利用,包括土地资源、建筑材料、运输能源等,实现全寿命周期的绿色化,最大限度地合理保护环境、减少浪费和排

放,实现交通绿色发展。

(1)强调混合用地模式、集约化利用土地,切实实施综合交通枢纽与周边用地的一体化开发(TOD),从源头减少交通需求总量,减少长距离出行,减少交通碳排放。完善法律法规和机制保障,明确 TOD 开发模式的综合管理职责和事权划分,对公共交通走廊、综合交通枢纽及沿线土地实施统一规划和开发;完善一体化规划与开发的相关制度、流程及规范标准,保证 TOD 的健康发展。

(2)建设交通运输体系绿色低碳发展机制,完善交通基础设施,充分考虑生态环境保护的规划、设计、建设、管理养护的标准体系;交通规划应考虑节约土地资源、减少生态冲击、降低环境影响、使用环保材料和资源循环利用等;提高基础设施绿色养护技术水平,建立科学合理的交通基础设施生态修复体系;提升交通运输环境监测智能化水平,强化交通基础设施环境保护;提高资源综合集约利用,积极推动废旧路面、沥青等材料再生利用等;从基础设施和交通装备着手,有效防治公路和铁路沿线的噪声和振动,减缓大型机场噪声对生态环境及居住环境的影响。

二、构建绿色交通主导的综合交通运输体系,破解交通拥堵和交通环境问题

以交通结构和交通工具为抓手,强调以大运量铁路、水运及城市公共交通为主体的集约化交通方式和以混合动力、电动化及清洁能源为主的低碳化交通工具,以及与步行交通、自行车交通共同构成综合绿色交通体系。

(1)大力发展铁路、水运和城市公共交通、步行自行车交通系统,因地制宜,充分发挥各种运输方式的比较优势。区域、城市群、都市圈客流主通道上的高强度交通需求由高速铁路、城际轨道交通承担,长距离出行由常规公共汽电车满足,末端交通由步行、自行车等绿色交通方式完成;大城市内构建以轨道交通为骨干,以公共汽电车、步行和自行车交通为主体,以私人小汽车为补充的综合交通系统。

(2)推进铁路、公路、水运、民航各交通方式的无缝衔接,尤其是要实现客运高速铁路与城市轨道交通和航空交通深度融合;城市轨道交通与常规公共汽电车和步行、自行车交通无缝衔接,零距离换乘。

(3)优化交通能源结构,加大新能源和清洁能源的应用。推动交通运输装备节能减排等相关技术的研发及推广应用,加速更新老旧和高能耗、高排放交通工具,鼓励新能源与清洁能源交通装备技术研究、推广和使用。推动车路协同技术发展,提高交通工具的运行安全性和使用效率。

三、创新发展绿色交通管理与服务,全面提升绿色交通服务水平和品质

运输质量和运输效率是制约绿色交通广泛应用的主要因素。要进一步提高绿色交通

的服务水平,保障客货运输服务品质,重点要创新运输组织模式,增强绿色交通核心竞争力,促进个性化交通工具多样化、资源和数据共享化,并提高个性化交通资源的使用效率。

(1)促进各种运输方式的有效衔接和深度融合,推动实现客运"零换乘"、货运"无缝衔接",普及"一站式"客运服务和"一单式"货运服务,让人民群众更多更好分享绿色交通的成果。

(2)大力发展多式联运、城市共同配送等高效运输组织模式,着力提高高速铁路货运分担率,不断提升综合运输的组合效率。

(3)推广共享模式应用,探索交通资源、交通工具、交通服务的共享形态,创新交通发展模式,减少无效交通,提高效率效益,促进绿色交通发展新模式。

(4)通过基于交通大数据综合分析研判平台的智能一体化交通管理与服务体系,实现精准化交通组织管理和高效优质的交通服务,提升交通系统运行效率和服务品质。

第二节　战略重点

根据上述分析,绿色交通发展的战略重点为绿色规划引领、绿色方式主导、绿色工具主体、绿色设施支撑、绿色管理保障。

一、通过交通规划引领,实现全环节的综合交通绿色发展

规划是龙头,通过规划实现对资源的集约利用,最大限度地合理保护环境、减少浪费和排放,实现交通绿色发展。

(一)绿色交通理念贯穿交通全环节,实现综合交通一体化规划

做好各种运输方式的一体化规划,合理配置交通资源,集约使用土地、岸线和水域等资源,形成节约集约利用资源的绿色交通发展模式,实现交通建设用料循环利用,减少生态冲击,降低环境影响。

(二)切实推动 TOD 模式,引领城市布局集约发展

交通与土地使用之间是互动反馈关系。交通发展与土地使用协调可以促进实现生态城市、绿色交通的发展目标,反之将导致两者的相互制约,产生交通问题。从交通发生源的角度看,实现交通与土地的深度融合,可减少无效出行量,大幅度缩短交通出行距离,优化出行空间布局。交通系统与土地一体化发展需要从以下 3 个方面开展。

1. 沿轨道交通干线布局城市

城市群、都市圈、城市实施以公共交通为导向的空间发展战略,以大运量轨道交通满

足通道交通需求,引导城市(都市圈)沿大容量公共交通走廊紧凑、有序发展。

沿轨道交通干线布局城市,以轨道交通枢纽为中心建设新区和城市组团,将轨道交通站点设置在大型客流集散点的中心,是实现交通便捷高效,提高公交分担率的根本举措。

人口密集地区沿轨道交通主通道布局城市,实现布局紧凑、集约高效的区域空间发展,并以轨道交通串联城市核心区、重要的功能区和主要城市地区,实现联动发展,加强轨道交通站点与周边用地紧密结合。

中小城市保持结构紧凑、混合用地特征,使居民出行距离多数在步行和自行车交通的合理服务范围内,以自行车及步行为主体,交通资源向行人与自行车倾斜。

2. 交通方式选择与土地使用性质和交通需求强度相匹配

不同的土地使用布局、土地使用性质和土地使用强度对应着不同的交通需求。城市土地使用决定了城市交通的需求特性,包括需求总量、需求空间分布以及出行距离特性等,从而客观上决定了城市交通的需求结构,不同的城市土地使用状况要求不同的交通模式与之对应,如高密度的土地使用就要求高运载能力的公共交通方式与之适应,反之低密度的土地使用方式则导致个体交通工具为主导的交通模式。

一旦确定了用地形态和开发强度,交通需求特性就随之确定,要采用与之相匹配的交通方式和制式,提供的综合交通供给总量以及供给结构要和需求总量及需求特性结构相一致。

3. 切实实施综合交通枢纽与周边土地一体化开发,实现公共交通走廊、综合交通枢纽及沿线土地一体化规划和开发

TOD 模式是实现紧凑型城市建设,引导交通与土地利用一体化发展,促进人们利用公共交通出行的技术途径和重要手段。其核心要点是在综合交通枢纽或公共交通站点附近实施高强度开发与混合土地使用;提供良好的步行与自行车出行环境,实现短距离出行利用步行、自行车;TOD 范围内配置完善的生活设施和公共配套设施等,中长距离出行利用公共交通的绿色用地模式和绿色交通模式。

综合交通枢纽站点的土地性质调整和控制应分层次、分重点进行,对不同级别的站点适宜布局的用地功能进行综合定位。

站点周边开发建设强度控制采取容积率控制的办法进行引导。采取容积率非均衡分布策略,在城市各个区位以及单座车站周围空间分布上,容积率与土地价值总体上呈正比的关系。

为此应制定出台交通系统与土地使用一体化发展的相关法律法规及实施细则,将公共交通站点与周边影响范围内的土地作为一个整体,规定枢纽用地是以交通用地功能为

主的综合功能用地,在确保交通功能的前提下,进行一体化开发;制定一体化开发的土地管理办法,包括土地来源、土地开发权、土地使用性质(综合用地)、土地使用权、土地收益归属等的相关规定,从法规、标准、规划审批、开发流程全环节为实施一体化开发提供保障;建立相应一体化开发的管理制度和工作流程;制订城市群、都市圈、城市不同层次 TOD 模式的顶层规划设计。

二、抓住调整交通结构关键,实现绿色交通分担率超过 85% 的发展目标

优化运输结构,提高绿色交通分担率,构建以绿色交通方式为主导的综合交通体系是绿色交通发展的核心任务。根据需求特性、各方式技术经济特性,因地制宜,充分发挥各种运输方式的比较优势,形成各种运输方式合理分工、优势互补、协调发展的综合运输体系。

干线交通、大宗货物运输优先发挥铁路、水运系统的作用,因地制宜发挥各种运输方式的比较优势,推动公路运量向铁路转移。实现客运高速铁路与航空深度融合,减少不合理短途飞行。

我国已经进入以城市群为主体形态的新型城镇化发展阶段,建立城市群绿色交通系统是实现节能减排目标、破解现代"城市病"的关键,为此,应加强顶层设计,做到科学规划、有序发展。城市群、大城市应借鉴京津冀的交通发展经验,建设"轨道上的城市群",即构建以轨道交通为骨干、以公共汽电车交通、步行和自行车交通为主体、以私人小汽车为补充的综合交通系统,城市内实现短距离出行依靠步行、自行车,长距离出行利用公共交通的出行模式,实现绿色交通分担率超过 85% 的发展目标。

(一)提高城市间铁路和水运分担率

建设布局科学、绿色高效的综合运输体系,优化旅客运输结构。推进铁路、公路、水运、民航等客运系统有机衔接和差异化发展,加快构建以高速铁路和城际铁路为主体的大容量快速客运系统,形成与铁路、民航、水运相衔接的道路客运集疏网络,稳步提高铁路客运比例。

以构建铁路、水运为主导的绿色货物运输主通道网络体系为核心,以提高铁路货运比例为主要努力方向,大幅度减少长距离公路运输。充分利用运输能力大的铁路货运核心网络,提高运达速度和服务质量,增加集装箱运输比例;加快内河高等级航道建设,实现大中型海港与铁路网和内河水运系统的无缝衔接。

(二)打造一流的公共交通出行服务

城市交通拥堵是我国城市化进程中面临的普遍问题和发展瓶颈,城市群是新型城镇化发展的主体形态。破解城市交通拥堵与污染、迎接城市群发展挑战、实现交通绿色化的关键是构建绿色交通方式主导的综合运输体系。

提升公共交通服务水平,缩短公共交通出行与个性化交通工具出行的差距,加快推动城市轨道交通、公交专用车道、快速公共汽车交通系统等公共交通基础设施建设,强化智能化手段在城市公共交通管理中的应用,提升出行的舒适度和可靠性,完善接驳交通,减少候车、换乘等车外时间。

合理布局站点,扩大公共交通网络覆盖面,推进城际、城市、城乡、农村客运四级网络有序对接,鼓励城市公交线路向郊区延伸。

(三)推进自行车复兴计划

国家层面大力推进自行车复兴计划,努力提高自行车服务水平,具体包括:
(1)建设覆盖全国的自行车网络体系;
(2)自行车规划进入国家综合交通规划和绿色城市建设规划;
(3)制订实施城乡一体化自行车交通规划;
(4)基于骑行者优先理念进行环境治理和街区设计;
(5)中央和市级财政支持自行车基础设施建设;
(6)强化法律和制度建设保障;
(7)鼓励企业给自行车通勤者相应补贴;
(8)大力发展自行车技术,强化自行车安全系统;
(9)统筹管理公用自行车网络和共享单车网络。

城市层面通过综合措施完善城市自行车网络,结合拥堵区治理进行绿道建设,规范自行车停放及共享单车使用。

多途径实施示范工程,率先开展一批试点示范工程,如城市历史遗产保护、风景旅游区等,进而实现自行车专用道建设;支持建设满足旅游体验的"慢游"自行车网络,深化自行车交通与旅游经济的融合;建立自行车联盟,积极开展儿童骑行安全教育培训等公益活动。

(四)提供高品质的步行系统,打造安全、温馨、便捷的城市步道环境

(1)制定分类步行交通系统规划设计导则或规范,并将其纳入国家相关城市规划体系。

(2)强调城市内部因地制宜建设温馨舒适的步行、自行车系统,重视独立设置的绿道,致力建设一流步行、自行车道路系统。

(3)形成安全、连续、舒适的步行通道设施,尤其重视出行"最后一公里"的绿色交通

衔接。

（4）增强绿色出行理念宣传，形成全民绿色交通出行习惯。

（5）全民参与绿色交通的规划、设计、建设，打造城市亮点。

三、全面推进清洁能源交通装备研发与应用

交通装备的绿色化、清洁化是实现交通节能减排的重要举措，也是绿色交通发展的重要任务之一。

（一）推动各方式领域运输装备节能、减排等相关技术的研发及应用

加速更新老旧和高能耗、高排放交通工具；制定各方式领域节能减排标准，完善各领域运输装备的市场准入和退出机制。深化燃油车退出市场机制模式研究、制订计划及其配套措施，实现 2045 年燃油动力车逐步停售，重点城市实现汽车零排放的目标。

（二）优化交通能源结构

支持和鼓励清洁能源交通装备技术研究、推广使用，推动新能源汽车"换道超车"，实现 2030 年新增车船中清洁能源车辆占比超过 50%、2045 年绿色车船占比超过 90%。

（三）促进交通与生态文明以及国民健康的和谐发展

注重交通装备降噪、减振技术的研发与应用，减小噪声、振动对周边环境带来的危害。

四、建设绿色交通基础设施网络体系，实现交通基础设施的绿色建设、绿色使用和绿色养护

绿色交通基础设施网络体系建设要全面贯彻集约高效、节能减排、生态保护、自然和谐的绿色发展理念，重点体现在两方面：一是在交通基础设施规划设计方面，要实现各种交通方式的无缝衔接、零距离换乘换装；二是在交通基础设施的建设、管理养护方面，要实现绿色建设、绿色使用和绿色养护等目标。

（一）实现交通基础设施绿色规划设计

建立生态环保原则的交通基础设施规划设计、建设、管理养护体系，并推广应用，最大限度地合理保护环境，有效利用资源（节能、节地、节水、节材），统筹安排各种运输方式交通廊道选址。

（二）实现交通基础设施绿色建设、养护

建立科学合理的交通基础设施生态修复体系，逐步全面推进生态友好型交通基础设

施建设。

提升交通运输环境监测智能化水平,强化交通基础设施环境保护,积极进行交通基础设施生态修复。对交通基础设施生态进行系统评估,对不符合生态要求的进行生态修复工程建设,落实生态补偿机制,降低交通建设造成的生态影响。

五、通过绿色交通组织管理,在资源投入、路权分配等方面实现绿色交通优先

科学合理组织管理绿色交通,一方面要推动有限的通行空间资源向绿色交通方式倾斜;另一方面,要提高运输组织精细化程度和信息化水平,提高交通基础设施使用效率,推广包括多式联运、城市共同配送等高效、便捷、先进的运输组织模式,提高交通运输效率、节约能源资源、降低运输成本。

(一)推动通行空间资源向绿色交通方式倾斜

在资源投入、路权分配、政策倾斜、资金优先等方面优先保障绿色交通发展。当道路通行空间紧张时,应该优先设置公交专用车道和步行、自行车道,应坚决改变以畅通小汽车为主的规划思路和设计模式。

优化交通信号及标志标线,确保"公交优先、骑行优先、步行优先"。

(二)加强多式联运货运综合交通枢纽建设

(1)从标准规范、政策措施、制度体系、机制保障等方面,落实实现综合货运枢纽的多方式无缝衔接、多式联运功能。

推动多式联运示范工程建设,扩大集装箱铁水联运示范工程,推进江海直达运输。结合境内外产业、贸易布局,推进境内中欧班列枢纽建设,根据需求适时建设境外分拨集散中心。

(2)加快实施铁路引入大型公路货运站、物流园区、产业园区工程,完善多式联运服务功能。通道运输以铁路为主,提升设施设备衔接配套水平,有效减少货物装卸、转运、倒载次数,提高枢纽一体化水平。

(3)推进疏港铁路建设及扩能,实现铁路与港口高效衔接,推进港站一体化,提高铁路集疏运比例,形成干支布局合理、衔接有效的铁水联运体系,加快港区铁路装卸站场建设。

(4)所有重要海港与铁路网系统连接。支持公路物流园区引入铁路专用线,通道运输以铁路为主,完善多式联运服务功能。通过提高运输组织水平,完善多式联运政策,实现多式联运物流时间和空间的无缝衔接,促进货物运输向绿色货运方式转移。

(5)依托铁路既有、在建、规划站场,与港口、航运等相关企业合作建设铁路内陆港,因地制宜增加内陆集装箱还箱站场,增强进出口货物和铁水联运货物集散能力,打造完整的

国际联运和铁水联运系统。

（三）规划建设功能齐全、多运输方式组成的货运绿色智能交通走廊

制订全国绿色智能货运大通道规划，并逐步建设，提高运输体系的智能化水平和运输效率，提高物流规范化、集约化、一体化、智能化程度，形成能力匹配、衔接高效、绿色智能的货运通道。

（四）提升城市物流配送体系水平

1. 推进城市共同配送

加快城市物流配送基础设施建设与优化，推进货运枢纽站场规划建设，促进现状货运站场转型升级。

应用互联网等新技术以及大数据分析，制定全国城市共同配送顶层规划设计、标准规范要求，并给予政策保障，尽快进行城市试点及应用推广，提升我国城市物流配送服务水平。

制定并尽快实施配送惠民政策，并动态调整，如社区配送、商圈企业夜间配送、地铁配送模式等。

2. 加快城市货运车辆标准化与清洁能源化

制定符合国家标准、体现各地发展实际的城市配送车辆选型技术指南，进一步加强对城市配送车辆车型、安全、环保等方面的技术管理，推动城市配送车辆的标准化、专业化发展。

加大对新能源城市配送车辆的推广力度，加强政策支持并给予通行便利，引导支持城市配送车辆清洁化发展。

（五）打造精准、快速、执行力强的交通管理与服务模式

提高货运信息化水平，推进国家交通运输物流公共信息平台建设，打造精准、快速、执行力强的交通管理模式和服务模式，推动跨领域、跨运输方式、跨区域、跨国界的物流信息互联互通，实现精准调度和实时配置，降低货车空驶率。

（六）规范并普及共享交通模式

充分落实集约化发展的绿色交通理念，规范并普及共享交通模式，实现资源、工具和服务共享，提高运输效率。

（1）资源共享，主要指基础设施和数据服务共享。基础设施包括空域资源、道路资源、

停车场资源等,数据服务包括政府和企业的数据开放与融合。

（2）工具共享,主要包括共享汽车、共享单车等。

（3）服务共享,包括合乘车、顺风车等。

第三节　绿色交通发展的若干关键问题

一、支持共享交通发展的若干关键点

近年来,全球共享经济发展方兴未艾,我国的共享交通更是异军突起,不仅正在改变我国城市交通的服务供给模式,也在全球出行领域产生了重要影响。共享经济模式在交通领域的应用空间广阔,除交通工具以外,停车场、交通行业数据、信息等都可以通过共享模式发挥更大作用。这样不仅有利于现有资源的最大化利用、降低交通出行和物流成本、减少机动车保有总量,还可以缓解有限资源与个性化需求增长之间的矛盾。

未来追求交通出行品质和多样化成为主流,绿色共享出行成为趋势,创新交通出行模式,推动共享交通发展需要创造良好的发展环境,鼓励和引导共享交通新模式新业态的健康发展。

目前共享交通领域法规政策建设不完善,管理模式创新滞后,缺乏鼓励共享交通发展的城市空间,共享交通配套服务发展不平衡,市场发展存在一定盲目性,诸多问题亟待规范与引导。对此,要以宽容的姿态迎接新模式发展带来的变革,做好推动交通行业开放共享发展的顶层设计,加强管理创新,提高治理能力,破解不断出现的新矛盾和新问题,适应和推动新业态的发展,支持和鼓励共享交通模式走出去,鼓励相关平台企业做大做强。

二、提高集装箱铁水联运比例的若干关键点

建立统一的信息服务平台。目前铁路、港口、船舶公司、货运代理、货主、海关、检验检疫部门等均各自建立了独立的信息管理系统,但各部门之间相同业务并未搭建起统一的信息交换平台,不能实现数据信息共享,无法对集装箱客户实行一票式服务。

建立港口集装箱作业码头与铁路的配套设施。目前大部分港口铁路装卸线太短,不能做到整列到发,同时多数港口需借公路短驳才能完成码头堆场和铁路站场之间的转运,甚至部分港口仍未接入铁路,无法做到车船直取,严重影响铁水联运运作效率,增加运输成本。

对接铁路与水运标准。目前铁路和水运对集装箱货物安全分类和装载要求不一致,造成一些集装箱货物到港后被迫拆箱,更换包装后采用铁路棚车、敞车运输或进行原箱公路运输。因此,应统一铁路和水运集装箱标准,保障各运输方式间的无缝衔接。

三、提高城市共同配送比例的若干关键点

政府主导推动城市物流体系建设。为规范物流行业发展,提高物流组织化、信息化程度,政府应出台物流法、物流实施大纲等规范型、指导型文件,推进物流体系科学、健康、有序地发展。

设置共同集配送中心。目前城市配送的信息化管理不足,企业间缺乏有效合作,应建立共同配送中心,统筹规划城市配送资源,提高配送效率、缓解城市压力。

加快城市配送车辆设备的更新改造。大力发展标准化载货汽车,完善城市配送车辆相关标准,并进一步推进厢式、冷藏等专用车型、轻量化车型的应用。

四、提升铁路货运分担率及发展轨道交通系统的若干关键点

(一)提升铁路货运分担率

为更好发挥铁路在大宗物资运输、长距离运输中的骨干作用,建立铁路运价动态调整机制,同时以税收优惠、公益性运输补贴等形式,支持大宗、长距离货物运输从公路向铁路转移。同时,加强治理汽车运输超载、超限、超排行为。

进一步完善铁路集装箱运输中心布局,更好地发挥集装箱运输的优势。

加快发展高速铁路快运、货运快运新业务。利用高速铁路的优势运输快件和附加值高的超轻物资;在高速铁路上开辟一定空间运输特快急件,方便用户并占领高端运输市场;在货运专线上试行 120~160km/h 的快速货运列车,提高货运效率。

加快铁路货运线路的电气化改造,货物运输尽可能使用电力机车,进一步提高电能在货运能耗结构中的比例,实现总体上的低碳化和部分环节的无碳化。

(二)完善城市和城市群轨道交通建设

发展城市和城市群轨道交通是我国交通发展的当务之急。我国城市人口规模和人口密度大,交通需求强度高。国内外经验证明,破解高人口密度城区的交通拥堵、实现节能减排目标的关键是构建以轨道交通为骨干网络的综合交通系统。与此同时,推进城市群一体化、实现交通绿色发展的基本前提条件也是科学建立轨道交通系统。因此,应在科学规划前提下,加强建设力度,抓住轨道交通建设的机遇,推进轨道交通站点与周边用地一体化开发,实现交通系统与土地使用的深度融合。

五、关于燃油车及清洁能源车辆发展的若干关键点

随着荷兰、挪威、英国、法国等发达国家相继提出禁售燃油车时间表和主流车企公布

的电气化战略,燃油车何时停止上路和清洁能源车是否能全面占领市场备受关注。

综合分析燃油车的发展历程和电动汽车存在的技术壁垒,应对燃油车和电动汽车的发展提出合理的判断。

伴随油品的不断升级将会使得燃油车的排放达到新的低排放标准;燃油车与电动汽车将会成为汽车市场的竞争对手,相互促进并达到汽车低排放的最终目标。2030年我国乘用车燃料消耗量降至3.2L/100km,商用车新车燃料消耗量达到国际领先水平。

经过多年持续努力,我国纯电动车实现了快速发展,已经成为全球最大的新能源汽车生产国和销售国。从汽车工业发展的角度看,我国在传统汽车发展路径上实现赶超已十分困难,而新能源汽车在动力、控制等机理上与传统汽车完全不同,且当前的发展水平与发达国家差距不大。因此,只要充分利用产能、技术研发、电池生产、充电基础设施建设等有利条件,发挥我国制度优势,就有可能抢占新能源汽车的制高点,实现"换道超车"。与此同时,还应加强燃料电池汽车的研究,推动新能源船舶研发应用。据预测,2030年我国电动乘用车销售量占比将达到40%,公共交通车辆可全部实现电动化。为此,要在充(换)电装置、电力输送、废旧电池回收再利用等方面做好相应配套工作。

六、降低城市交通碳排放的若干关键点

伴随着全球气候的剧烈变化,城市交通碳排放愈加成为被广泛而深入关注的问题。城市交通碳的"零排放"(交通工具碳尾气排放实现近零排放)可能性成为绿色交通发展过程中的关键思考点。碳排放是关于温室气体排放的总称,最主要包含的气体是二氧化碳。燃油车使用了大量的化石燃料,从而导致了大量的碳排放,因而减少燃油车的油耗水平和更替燃油车为新能源汽车成为了解决交通碳排放的有效途径。

城市交通碳的"零排放"发展趋势:随着新能源汽车不断占领市场,传统燃油车逐步升级换代,城市交通的碳排放将会逐年递减。同时,随着传统燃油车节能技术的进步,每百公里耗油量在不断降低。预计2045年,我国主要城市城区将实现交通碳"零排放"的发展目标。

城市交通碳"零排放"愿景的实现途径:通过全社会通力协作,在政府主导下,有效整合资源,为公众提供多元化、高品质的零排放出行服务,同时进一步积极推动新技术的发展与应用,并且努力强化"零排放"出行的安全保障。

第六章
保障措施与示范工程

第一节　保障措施

一、建立向绿色交通方式倾斜的运输成本和价格综合机制与政策

为更好发挥铁路、水路在大宗物资运输、长距离运输中的骨干作用,要建立铁路运价动态调整机制,同时以税收优惠、公益性运输补贴、治理汽车运输超载、超限、超排等形式,支持大宗、长距离货物运输从公路向铁路转移。

根据城市交通供求矛盾突出的现状,在大力发展城市公共交通、倡导绿色出行的同时,应考虑征收城市拥堵费和提高城市尤其是市中心停车收费标准,用价格机制调节私家车的过度使用。

二、完善绿色交通标准规范体系

标准化规范体系是进行科学管理的基础和前提,是各级部门、各个环节都有组织、有计划地按有关规定进行高效率工作的准则,而我国的基础设施建设与管理养护绿色标准体系亟待完善。应全面开展标准规定的制定和修订工作,涵盖公路、铁路、港口等基础设施建设及管理养护等方面,并推动基础设施及管理养护手段向规范化转变;深化管理体制改革,完善管理养护机制,形成系统性的标准规范体系。把坚持生态优先、绿色发展的理念贯彻落实到规划、建设、运营、养护的全过程中。

需要充分考虑不同基础设施的工程计划、勘测设计、建设、养护、管理等整个周期不同阶段的特点,从而健全标准体系总体架构、标准分类与内容、实施计划、责任分工及保障措施等方面。同时,着力推进基础设施建设地方标准编制工作,形成以国家和行业标准为主

体,以区域特色鲜明的地方标准为补充的标准体系。

三、完善交通运输绿色发展监管、执行、考核机制

绿色交通规范、有序、高效的发展需要行业监管、执行、考核机制的保障。

进一步强化交通运输绿色发展的宏观设计,探索适合交通运输行业的管理手段,全面加强节能环保监管能力。加强交通基础设施全生命周期的环境监管和污染控制,减缓对生态环境的不利影响。积极开展针对交通基础设施的节能环保专项规划与设计,增强设施自身的污染防治能力。建立监管信息通报制度,打通各环节监管部门之间的信息沟通渠道,并定期向社会公开监管信息。

鼓励绿色廊道和绿色枢纽建设,注重交通建设工程的生态补偿与修复等生态保护工作。积极开展碳交易机制、绿色融资和第三方污染治理等市场机制在行业的试用、试行。为了降低交通设施对周边生态环境的不利影响,应严控设施建设和运营中的污染物排放,联合相关部门形成多部门联合执法制度,同时推进废水废物的循环利用。

建立监督考核机制,制定标准实施的监督奖罚措施,定期对计划执行情况检查,并与综合考核挂钩。建立激励机制,对参与交通运输绿色发展工作的货运客运单位在资质就位、市场信誉等方面,给予政策倾斜,提高企业参与绿色交通的积极性,逐步建立政府主导、企业参与的技术研发应用体系。

四、完善绿色交通文明制度体系

推动绿色交通发展,建立绿色交通文化,重在建章立制,用制度与法律法规保障绿色交通文明的实现,健全自然资源资产管理体制,落实环境损害赔偿制度,完善绿色交通奖罚制度,提升公众参与绿色交通的积极性。

首先,要健全工作机制,使各有关部门、社会团体各负其责。同时,赋予环保协会、自行车协会等社会组织一定职能,发挥其在绿色交通文明教育中的独特作用。

其次,强化监督检查,将绿色交通文明宣传教育纳入考核体系,确保责任落实,接受社会监督。加强对绿色交通文明宣传教育开展情况的监督检查,及时解决问题。

对于不同年龄段采取差异化绿色交通文明教育培训,在小学、中学、大学的入学教育中,可生动形象地描绘绿色交通文明的重要性与严峻性;对被依法处罚的环境违法人员,可强制进行规范的绿色交通文明宣传教育培训,切实提升全民素质。

五、深入持久开展绿色交通、文明出行教育行动

生态文明建设与每个人息息相关,只有人民群众广泛参与,全社会一起发力,美丽愿景才能成为现实。通过媒体宣传等方式,强化公民的环保意识,形成绿色低碳、文明健康

的生活方式和消费模式,引导广大交通参与者做到守法出行,文明出行,自觉养成"按灯停走、按道行驶、按线通行、按位停放、按法驾乘"的良好交通出行习惯,进而形成全社会共同参与绿色交通、文明出行的良好风尚。

建立绿色交通文化,将绿色循环低碳发展纳入重大主题宣传内容,同时结合"节能宣传周""低碳日"等活动,开展形式多样的绿色循环低碳交通运输宣传,提升绿色循环低碳交通运输理念,培育绿色循环低碳交通运输文化,使绿色出行成为社会公众的自觉行动。全面倡导落实"135"绿色低碳出行方式(1km 以内步行,3km 以内骑自行车,5km 左右乘坐公共交通工具),鼓励购买小排量汽车与节能、新能源汽车。

第二节 示范工程

一、绿色交通示范区(2030 年前)

以雄安新区为示范区,建设国际一流和谐宜居的绿色城市、智慧城市、海绵城市,打造智能、绿色、互通、和谐、以人为本的综合交通系统示范区,实现新城交通系统建设能复制、可推广,为建设资源节约型、环境友好型社会提供示范。示范内容如下:

(1)建设以"公共交通 + 共享单车 + 步行"的绿色交通为主导的综合交通体系。

(2)开展基于大数据和移动互联的实时精准一站式客运交通服务。

(3)实施基于数据情报分析的实时精准智能交通管理。

(4)采用绿色载运工具。

二、通过示范逐步推进落实自行车复兴计划

制订全国范围的自行车交通发展规划,大力推进自行车复兴计划,积极提高自行车服务水平。示范内容如下:

(1)建设覆盖全国的自行车网络体系,支持建设满足旅游体验的"慢游"自行车网络,深化自行车交通与旅游经济的融合。

(2)制订实施城乡一体化自行车交通规划。

(3)基于骑行者优先理念进行环境治理和街区设计。

(4)在主要道路建立自行车优先的信号系统,确保自行车路权。

(5)统筹管理公用自行车网络和共享单车网络。

REFERENCES

参 考 文 献

［1］清华大学"城市可持续交通"课题组.中国城市可持续交通：问题、挑战与实现途径［M］.
北京：中国铁道出版社,2007.

［2］国务院.国家人口发展规划（2016—2030 年）［EB/OL］.［2016-12-30］.http://www. gov.
cn/zhengce/content/2017-01/25/content_5163309.htm.

［3］胡焕庸.论中国人口之分布［M］.北京：科学出版社，1983.

［4］戚伟,刘盛和,赵美风."胡焕庸线"的稳定性及其两侧人口集疏模式差异［J］.地理学报,
2015，70（4）:551-566.

［5］国务院.国家新型城镇化规划（2014—2020 年）［EB/OL］.［2014-03-16］.http：//www.
gov. cn/zhengce/2014-03/16/content_2640075. htm.

［6］中华人民共和国环境保护部.2016 年中国环境状况公报［EB/OL］.［2017-09-06］.http：//
www. gov. cn/xinwen/2017-06/06/content_5200281. htm.

［7］中华人民共和国环境保护部.2017 年中国机动车环境管理年报［EB/OL］.［2017-06-04］.
http：//www. gov. cn/xinwen/2017-06/04/content_5199528. htm.

［8］彭博新能源财经.BNEF 发布新能源市场长期展望（至 2050 年 EB/OL）.［2018-06-21］ht-
tp：//www. china-nengyuan. com/news/125748. html.

［9］清华大学联合课题组.中国货运节能减排战略研究［R］.北京：清华大学,2017.

［10］北京交通发展研究院.综合交通枢纽与城市协调发展研究及政策建议［R］北京：北京交
通发展研究院,2017.

［11］北京交通发展研究院.北京城市交通发展年报［EB/OL］.［2016-10-12］http：//www.
bjtrc. org. cn/JGJS. aspx？id＝5. 2&Menu＝GZCG.

［12］公安部交通管理局.全国机动车和驾驶人数据统计分析［R］.北京：公安部交通管理
局,2016.

［13］李静竹.德国的绿色货运［J］.中国道路运输,2014（2）:78-80.

［14］汪场.欧洲车辆如何适应绿色货运［J］.交通建设与管理,2016（8）:62-63.

[15] 许笑平. 国外企业绿色物流发展及对我国的启示[J]. 综合运输,2010(2):41-44.

[16] 中华网. 钟鼎创投美国物流行:Hub Group 和 Werner 带来的思考. [EB/OL]. [2017-09-20]http://science. china. com. cn/2017-09/20/content_40023664. htm.

[17] 马荣国. 城市公共交通系统发展问题研究[D]. 西安:长安大学,2013.

[18] Tokyo Metropolitan Government. Tokyo Vision 2020[R]. Tokyo:Tokyo Metropolitan Government, 2011.

[19] 陈雪明. 国际大城市带综合交通体系研究[M]. 北京:中国建筑工业出版社,2013.

[20] The City of New York. PlaNYC:A Greener, Greater New York[R]. New York:The Mayor's Office of Long-Term Planning and Sustainability, 2011.

[21] 段里仁,毛力增. 从首尔交通变迁看环境友好与交通改善的关系[J]. 综合运输,2013, 10:66-71.

[22] 韩皓,哈斯,杨东援. 国内外大城市交通发展战略及政策研究[J]. 内蒙古工业大学学报(社会科学版),2001,10(1):38-42.

[23] The Danish National Travel Survey. The Capital Region of Denmark's Regional Cycling Report 2016[R]. Statistics Netherlands.

[24] 冯建喜,马汀·戴斯特,扬·普瑞尔维茨. 荷兰自行车交通的历史演进及规划设计[J]. 国际城市规划,2013,03(128):29-35.

[25] 约翰·普切尔,拉尔夫·比勒. 难以抵挡的骑行诱惑:荷兰、丹麦和德国的自行车交通推广经验研究[J]. 国际城市规划,2012,27(5):26-42.

[26] 孙继峰. 新加坡公共交通系统考察报告[J]. 综合运输,2010,11:75-78.

[27] 严亚丹,过秀成,孔哲,等. 新加坡城市综合公共交通系统[J]. 现代城市研究,2012,04: 65-71.

[28] 段里仁,毛力增. 从交通文化角度看新加坡精细化交通的启示[J]. 综合运输,2011,11: 74-78.

[29] Greater London Authority. The London Plan:Spatial Development Strategy for Greater London [R]. London:Greater London Authority,2011.

[30] 傅志寰,陆化普. 城市群交通一体化[M]. 北京:人民交通出版社股份有限公司,2017.

[31] 梁波. 从个人交通到公共交通—发达城市交通政策的发展与演变[J]. 武汉公安干部学院学报,2007(2):88-91.

[32] 陆化普. 生态城市与绿色交通:世界经验[M]. 北京:中国建筑工业出版社, 2014.

[33] 陆化普,余卫平. 绿色·智能·人文一体化交通[M]. 北京:中国建筑工业出版社,2014.

[34] 陆化普,王长君,陆洋. 城市交通拥堵机理与对策[M]. 北京:中国建筑工业出版社,2014.

［35］陆化普.城市交通规划与管理［M］.北京：人民城市出版社,2012.

［36］徐匡迪.中国特色新型城镇化发展战略研究(综合卷)［M］.北京：中国建筑工业出版社,2013.

［37］清华大学交通研究所.生态城市绿色交通规划导则研究［R］.北京：清华大学,2011.

课题报告 9

智能交通发展战略研究

课题组主要研究人员

课题顾问

卢春房　柴洪峰　赵晓哲　凌　文

课题组长

陆化普（组长）　李瑞敏（副组长）

课题组主要成员

张永波　肖天正　王　晶　孙智源　朱　亮

杨　鸣　王健宇　罗圣西　王琳璨　胡　礼

欧阳陈海　陈明玉　王天实　牛　丰　赵永涛

课题主要执笔人

陆化普

内容摘要 Abstract

智能交通是提高交通服务品质、交通安全水平和运输效率的关键。在智能交通方面，我国当前取得了一些成绩，个别领域已经处于世界领先地位，但从总体上来说发展水平还不高、发展程度还不平衡。与发达国家相比，我国在数据共享机制、技术管理标准、科技人才培养、创新发展能力以及国际影响力方面还存在一定的差距。随着新一代信息技术的快速发展及其与实体经济的深度融合，智能交通迎来了前所未有的发展机遇。

本子课题详细阐述了智能交通在交通强国建设中的角色与定位，深入分析了智能交通发展态势与机遇。在此基础上，提出了交通强国战略智能交通发展的目标，即：建设信息感知共享、动态科学决策、实时精准服务、精细智能管理、高效便捷运输、主动安全防控、智能网联协同的世界领先的智能交通系统，以提高交通安全水平、破解交通拥堵难题、为交通参与者提供高品质的交通服务。

为实现智能交通发展的战略目标，本子课题提出六大战略重点和三项重大任务。六大战略重点包括推进交通数据资源共享与集成应用、全面提高城市交通的智能化水平、实现世界一流的智能化交通服务、推进车路协同技术的研发与应用、基于智能研判预警提升交通主动安全水平、综合运输智能化协同突破。三项主要任务分别是智能提升交通运行效率和服务水平、智能提升交通安全水平、提供高品质的智能化交通服务。

智能交通是我国交通取得世界领先地位的重要切入点，我国在此方面具有一定的基础成果积累、独特的发展优势和十分有利的发展机遇，应当抓住时机实现快速发展，使其成为建设交通强国率先突破的方向。

Abstract

ITS (Intelligent Transportation System) is the key to improve traffic service quality, traffic safety and transport efficiency. In the aspect of intelligent transportation, China has made some achievements at present. Some fields have already been in the leading position in the world, but overall, the development level is not high and extremely unbalanced. Compared with developed countries, there are still some gaps in data sharing mechanism, technology management standards, scientific and technological personnel training, innovation and development ability and international influence in China. With the rapid development of the new generation of information technology and its deep integration with the real economy, intelligent transportation has faced unprecedented development opportunities.

This sub-topic elaborates the role and orientation of ITS, and deeply analyzes the development progress and opportunities of ITS. On the basis, the goal of ITS in the development of transportation power is put forward, namely, to build a world-leading ITS with information sharing, dynamic decision making, real-time service, intelligent management, efficient and convenient transportation, active safety protection, and intelligent connection, so as to improve the level of traffic safety, crack traffic congestion problem and provide traffic participants with high quality transportation service.

In order to achieve the strategic goal of intelligent transportation development, this sub-topic puts forward six key strategies and three major tasks. Six key strategies include promoting the sharing and integration of traffic data resources, improving the level of intellectualization of urban transportation, relying on intelligent technology to providing world-leading service for passengers and freight transport, promoting the research and application of vehicle-infrastructure coordination technology, improving active traffic safety level, and breakthroughs in key technologies of intellectualization of integrated transport. The three major tasks include improving the transportation efficiency, improving traffic safety and providing high-quality intelligent traffic services. Intelligent transportation is an important entry point for China to gain the leading position in the world. In this respect, China has a certain accumulation of basic achievements, unique development advantages and favorable development opportunities. We should seize the opportunity to achieve rapid development and make it the first breakthrough direction for building a transportation power.

第一章
智能交通的定义与作用

第一节 智能交通的定义

　　智能交通系统是指依托互联网、物联网、大数据和云计算等新一代信息技术,在对交通运输体系中的各种要素(包括人、车、路、环境和信息)全面感知、泛在互联的基础上,实现系统协同运行、高效服务和可持续发展的新一代交通运输系统。

　　新一代智能交通系统具有以下主要特征。

　　1.全面实时感知

　　智能交通全面实时感知包含两个主要特征:交通基础设施和运输装备具有高水平的感知能力,不仅能即时收集自身特征或运行状态数据,也能通过感知周围事物的状态来获取其他数据;能够通过通信手段实时获得交通流相关信息,并能够与所有交通参与者分享,即交通基础设施、运输装备和旅客、货物之间实现实时有效的通信与信息交互。

　　2.充分利用新技术

　　大数据、云计算、物联网、移动互联等新技术、新方法的应用使智能交通的发展进入了新的阶段。目前,车联网、导航服务、智能分析研判、智能决策控制等智能交通技术广泛应用于交通运输系统的各个方面。新一代信息技术为智能交通的发展提供了新的动力和技术途径,为实现高质量的技术服务、破解交通拥堵难题、提高交通安全水平、满足人民日益增长的美好生活需求提供了条件和可行路径。

　　3.协同运行

　　车联网与智能网联并行推进,协同发展。依托车联网,基于无线通信、传感探测等技术,实现车车和车路之间多种方式的信息交互与共享,在全时空动态交通信息采集与融合的基础上,实现车辆主动安全和交通协同管理,提高交通安全水平和通行效率。

4.高度智能化

新一代的智能交通系统应具备高度的自学习、自判断、自组织和自决策能力,该系统通过对海量交通信息的挖掘、融合、分析和表达,能够自主应对一般性和常发性的交通问题,通过自我调节解决交通问题,实现交通管理的实时闭环控制。在此基础上,实现系统优化和系统的智能进化,并能为政府职能部门、交通监管部门及其他相关部门提供更科学、高效和及时的决策支持。

5.跨界融合

随着新技术的发展及应用,新一代智能交通系统将实现交通与其他行业的跨界深度融合:智能交通与环境分析融合,大幅度提高交通安全水平;智能交通与新能源融合,建设智能光伏道路,提高运行效率,减少能源消耗;智能交通与交通关联行业融合,实现物流行业"门到门"服务等。

第二节 智能交通在交通强国建设中的作用

交通强国的目标是建成"安全、便捷、高效、绿色、经济"的现代化综合交通运输体系,智能交通是交通强国建设的切入点和主要抓手,应该成为交通强国建设中率先实现世界领先的领域。智能交通在交通强国建设中的作用可以概括为以下5个方面。

1)智能交通是实现深度分析研判、智能决策、精准管理的重要手段

智能交通利用大数据技术对多源交通数据进行深度分析,有望实现交通运行状态的实时监控、交通问题的自动诊断、交通决策的智能化生成。利用基于大数据的分析结果,实现交通精准管理。

2)智能交通是提高交通服务效率、质量、体验感的关键

服务是交通运输的基本属性,交通运输服务质量直接关系到人民群众的生活品质和企业的生产效率。通过智能化创新发展,能够实现交通服务的现代化、精准化和便捷化,使交通基础设施发挥出最大的效能,进一步提高交通运输服务的效率和质量。智能交通有助于实现交通服务的一体化,从而实现提高交通运输服务品质、增加交通运输服务多样性、增强人民群众体验感的目的。

3）智能交通是提高交通安全水平的利器

利用智能交通技术，借助于智能交通设施、智能交通装备和智能交通系统，实现主动交通安全，建立智能化的安全隐患排查治理体系，能够快速、精准地发现交通安全问题，达到显著提高交通安全水平的目的。

4）智能交通是缓解交通拥堵的有力手段

智能交通是提高交通设施使用效率、构建绿色交通体系的重要驱动力量。通过建设城市智能交通管理系统、智能公交系统、智能停车系统等先进系统，依靠智能交通解决方案和技术，提高城市道路的使用效率、调整交通结构、促进绿色发展、建立良好的交通秩序，进而实现提高交通运输效率、缓解交通拥堵的目的。

5）智能交通是移动互联、大数据、人工智能等应用研究和产业化的重要领域

人工智能的发展如火如荼，无论是在国务院发布的《新一代人工智能发展规划》中，还是在市场的实践中，包括智能视频解析、优化交通信号控制、一站式智能交通服务、自动驾驶、智能交通管理在内的智能交通产业都是人工智能发展应用的主要方向，也是实现研究和产业化突破的重要领域。

第二章
智能交通发展态势与机遇分析

随着城镇化和机动化的快速发展,我国智能交通研发应用进入了快速发展期。本研究从城市交通智能化发展和综合运输智能化发展两方面入手,综合分析国内外智能交通发展现状与趋势,探讨我国智能交通所处的发展阶段,在此基础上对比我国与发达国家在智能交通发展中存在的优、劣势,探索我国智能交通实现跨越式发展的可能性和发展目标、路线图及关键技术。

第一节 智能交通发展现状分析

一、国外智能交通发展现状分析

1.城市智能交通发展现状

国外在城市智能交通方面取得的显著进展,主要包括集成的智能交通管理系统、立体的交通信息服务与诱导系统、日趋完善的车联网系统以及正在迅速发展的自动驾驶系统。

1)集成的智能交通管理系统

日本的21世纪新型交通管理系统(Universal Traffic Management System for the 21st Century,简称 UTMS'21)以交通控制系统为中心,集成的11个子系统分别在整个交通管理系统中发挥着不同的作用,其目标是实现主动管理,通过管理中心将交通需求和交通流信息准确无误地传递给驾驶员(车辆),以避免交通堵塞。

德国柏林的交通控制中心,是欧洲最大、最先进的交通控制中心之一,该控制中心是集交通态势15~30min 的预测、交通状况的实时发布、动态出行路径规划于一体的综合系统。

2)立体的交通信息服务与诱导系统

经过多年的发展,结合自身特点,国外的道路交通信息服务系统已基本成熟,目前处于大规模应用并不断提高精度的阶段。除由可变信息板(固定及移动式)所提供的实时道路交通信息服务外,美国、日本、欧洲等国家和地区形成了各具特色的广覆盖的实时道路交通信息服务模式。近年来便携移动智能终端的发展及车载终端的进步也大大推动了交通信息服务系统的发展。

2018 年 3 月 31 日开始,欧盟范围内所有新车强制要求安装 eCall 紧急呼救系统。推广 eCall 紧急呼救系统是欧盟"数字议程"中的一个重要内容,也是其"泛欧统一紧急呼救网络"建设的基础性工程之一。作为一项基于卫星定位系统和移动通信网络的车载技术系统,eCall 紧急呼救系统能够在车辆发生事故后自动拨叫欧洲统一的紧急救援电话112 或联系第三方救援中心,将事故车辆的卫星定位坐标、事故时间、车牌号以及系了安全带的乘客数量等与救援相关的数据及时传送给救援中心,并帮助乘客与救援中心建立语音联系。此外,该系统还设有手动启动装置,使乘客在自启动装置被损害的情况下也可以拨打救援电话,或者在不影响正常行驶的前提下,使用该系统的其他服务项目。

日本的实时交通信息服务以道路交通信息服务系统(Vehicle Information and Communication System,简称 VICS)最为典型。截至 2015 年,日本已累计销售 5000 多万台VICS 车载终端,覆盖了其国内超过一半的车辆。日本都道府县的警察部门及道路管理者采集的各类交通信息首先汇集到日本道路交通信息中心,随后传输至 VICS 中心。其他相关信息,如天气等,也同时传输到 VICS 中心。整合后的信息包括交通拥堵和道路通行时间信息、道路限行信息、停车场信息、天气预警信息等。VICS 中心整合应发布的各类信息,并通过电波信标、FM 多频广播、光信标(红外信标)等多种方式发布。

基于数字广播,欧洲形成了覆盖全欧大部分地区的广播数据系统——交通信息频道(Radio Data System-Traffic Message Channel,简称 RDS-TMC),并通过该系统提供多类交通信息服务。RDS-TMC 技术起源于欧洲,同时也在欧洲应用最为广泛,从 1994 年至今,全球已有数十个国家和地区实施了 RDS-TMC 项目。RDS-TMC 的数据内容包括电台类型、节目类型、交通公告、广告信息、标准时间、天气预报等,同时提供了开放式数据接口,为有特殊要求的用户提供数据通道。接收 RDS-TMC 需要一个特别的无线电接收机,其最主要的部分就是 TMC 卡,该卡包含了具体的路线信息等。

美国则形成了近乎覆盖全国的 511 电话交通信息服务系统。通过该电话系统,出行者可以获得每数分钟更新的道路状况、事故信息和天气信息等。

除了上述以政府为主导开发并提供的交通信息服务以外,全球范围内逐渐形成一批较有实力的提供交通信息服务的公司:第一类是专业的交通信息服务提供商,如通腾

(TomTom)等;第二类为近年来开始涉足交通信息服务的 IT 巨头,如谷歌(Google)、苹果(Apple)等;第三类则为较大的汽车厂商,结合车联网系统的发展与专业交通信息提供商合作提供交通信息服务。

3)日趋完善的车联网系统

美国 2009 年启动了智能驾驶(IntelliDrive,后更名为智能网联,Connected Vehicle)计划,开展协同式智能交通系统研究。2012 年,美国运输部、美国公路交通安全管理局会同密歇根大学开展了由 3000 辆车参与的车路协同系统应用试验,美国车联网技术已向以车—车、车—路通信下的智能网联为特征的车路协同阶段发展。

欧洲从 2008 年开始组织协同式系统的路上测试,启动了面向 2020 年的车联网项目(DRIVE C2X),开展协同式智能交通技术研究,将车—车、车—路协同扩展到交通参与者及基础设施,拟在芬兰、法国、德国、意大利、荷兰、西班牙和瑞典 7 个测试点部署协同系统,形成一个欧洲范围内统一的 C2X 技术测试环境。

日本的路车交通智能系统(VERTIS)、VICS 和不停车电子收费系统(Electronic Toll Collection,简称 ETC)都具有车路信息交互的特征,从智慧道路(Smart Way)项目开始,日本进入了系统研究协同式智能交通系统的新阶段。Smart Way 的主要功能包括电子收费、多功能付费、浮动车数据采集服务、道路管理与运营、向驾驶员提供信息(如支持安全驾驶的信息、提示与警告信息、多用途信息、语音信息、交通拥挤与出行时间信息、停车设施信息等)、网络连接、公共汽车定位、其他各类应用(如车辆诊断、"免下车"服务、进出控制及轮渡付款等)。

4)迅速发展的自动驾驶系统

从 20 世纪 70 年代起,美国、英国、德国等发达国家开始进行自动驾驶汽车的研究,目前在自动驾驶车辆的可行性和实用性方面都取得了突破性进展,众多企业和一些高校,如麻省理工学院(Massachusetts Institute of Technology,简称 MIT)等,都开始了自动驾驶车辆的试验项目,且部分企业宣传将在未来数年内推出自动驾驶汽车,如 Google 自动驾驶汽车已经取得美国首个自动驾驶车辆许可证。虽然自动驾驶系统尚未走向实用,但汽车辅助驾驶技术在近年来得到了较大的发展。例如,宝马公司的互联驾驶(Connected Drive)除了为驾驶员等提供汽车信息服务外,还包括了多项辅助驾驶功能,如限速信息、周边视景、尾部摄像机、停车辅助、夜视辅助、车道偏离报警、车道变换报警、碰撞报警等。而类似的功能在其他一些较大汽车厂商(如沃尔沃、奔驰等)的高级车上也基本实现,目前处于自动驾驶的第二阶段辅助驾驶阶段。

在量产的车辆上已经实现的一些比较典型的辅助驾驶技术主要包括:自动泊车系统、主动巡航控制系统(Adaptive Cruise Control,简称 ACC)、车道保持系统、辅助视觉系统等。

2. 综合运输的智能化发展现状

国外综合运输的智能化发展主要体现在 5 个方面,分别是综合交通基础设施智能化、综合运输管理与服务智能化、交通运行监管与协调、大型交通枢纽协同运行与服务、综合运输智能安全风险防控与应急救援。

1)综合交通基础设施智能化

(1)公路基础设施的智能化。

国外在重要桥梁和隧道质量监测、边坡等重点基础设施自动监测等方面开展了大量的研究和实践,取得了显著的成效。

在桥隧运营安全保障方面,围绕结构损伤识别与安全评价、全寿命灾变控制、灾变安全监测预警与应急管理、智能决策养护管理等开展研究,重点解决了既有桥隧的安全监测与评价问题,研发了国家长大桥梁、隧道安全监测与应急管理平台,推动了桥梁、隧道运营安全保障技术的发展。

(2)水路基础设施智能化。

航道图数据动态更新技术一直受到各国航运界的关注,但目前大多数国家和地区都依赖地图生产部门提供的正式更新数据,或从纸质航海通告、无线电航行警告中所提取的更新数据。

(3)机场交通基础设施智能化。

国外对机场智能飞行区技术的研究尚处于起步阶段,已有研究主要集中在智能道面性能状态感知、飞行区智能围界、外来物监测与预警、跑道状态灯光表述等方向,并在研究基础上对智能飞行区的各项技术进行了初步验证。

2)综合运输管理与服务智能化

(1)电子收费系统。

日本 ETC 不停车电子收费系统,采用 ISO 标准,使用 5.8G 专用短程通信(Dedicated Short Range Communications,简称 DSRC)作为 ETC 的核心技术,采用电子标签 + ETC 卡(或 IC 卡)的两片式技术方案。电子标签主动向路侧天线发送电波,记录车辆数据。ETC 在日本的高速公路系统广泛使用,对减少拥堵和节能减排起到很好的效果。

日本 ETC 的安装量超过 6000 万台,ETC 通道的利用率超过 73.8%。ETC 车载单元(On Board Unit,简称 OBU)的价格从 2001 年的 300 美元降至 2008 年的 60 美元。日本推广 ETC 以来,2008 年拥堵率下降至 2.8%,每年减少 14 万 t CO_2 排放。

(2)内河智能船岸协同技术。

为加快内河航运业的发展,欧美发达国家纷纷建立了本国的内河航运信息系统,如荷兰船舶报关信息系统(IVS 90)、船舶航程及货运报关区域性跨国航运信息系统(BICS)、比利时船舶报关信息系统(IBIS/GINA)、法国内河航运信息网络系统(VNF 2000)、德国航程及货运报关航运信息系统(MIB/MOVES)以及美国的内河航运信息管理系统等,不同程度地支持了相关国家内河航运信息服务,促进了内河航运发展。但由于在功能体系、标准体系、结构框架等方面缺少统一的标准规范,给跨国、跨区域航运资源整合带来诸多困难。2001年欧盟提出内河信息服务(River Information Services,简称RIS)系统的概念,通过行政立法和技术规范实现泛欧内河航运信息服务的协同化和规范化,消除因各国制度、法规不一致带来的障碍,进一步加快了欧洲内河航运业的整体发展。

3)交通运行监管与协调——跨部门协作的智能交通管理系统

对于一个区域的交通管理而言,很多情况下在某一时段往往需要多个部门的协同参与。近年来,随着智能交通管理系统的不断发展,这一需求逐步得到满足。在高速公路智能交通管理系统跨区域、跨路网、跨部门的联合管理趋势下,美国东部地区的I-95号州际高速公路形成了I-95通道联盟,实现相互学习及信息共享、共同管理,方便跨辖区和跨交通模式的管理。

英国、荷兰、日本等发达国家建立了国家级路网管理中心,对公路实施网络化管理并提供丰富的信息服务功能。美国各州都已经建设了路网管理中心,并已启动了全国性实时交通管理系统的建设工作。

4)大型交通枢纽协同运行与服务

首先,枢纽中多种方式之间的协同与服务。发达国家非常重视城市及城际多方式交通服务的耦合与协同,利用高新技术,以实现交通运输的高效、无缝衔接为主要目标,强调不同客运方式间的资源整合与高效协调,满足各种群体的需求。

其次,大型港口货运场站接驳转运协同优化。国外许多大港,如鹿特丹港等逐渐形成了便捷的接驳转运网络,并逐步采用互联网、物联网、数据挖掘、智能决策等技术,通过调度系统和信息平台,增强货运场站资源的合理配置与有效调度。欧盟开展马可波罗计划,借助信息与物联网的深度融合,实现了载运工具、港口航运基础设施、货物之间的信息融合,以及多式联运的一体化和联运信息化等。荷兰鹿特丹港建有国际运输信息系统(International Transport Information System,简称INTIS)和智能化的码头生产作业系统,能够快速响应客户需求,为客户提供个性化运输和中转服务,实现了接驳转运与多式联运的有效结合。动态交通管理系统、驳船交通系统(Barge Transport System,简称BTS)、自动识别系统(Automatic Identification System,简称AIS)、数据通信系统等不断在各大港口尝试应用,不仅能在港内进行数据交换,而且可用于各种运输方式之间的协作,满足货主选择最佳运输方案的服务需求,实现了货物接驳中转的便捷高效。

5)综合运输智能安全风险防控与应急救援

随着移动通信网络和手机的普及,产生了大量的有时空信息的交通数据。美国、欧洲国家、日本大力支持本国的院校、企业、科研机构研发基于大数据的交通态势研判及安全风险辨识技术。通过海量数据分析人因选择及操作行为、交通态势演化规律、运输网络安全风险评估及预警的技术和方法。例如，美国交通统计局(Bureau of Transportation Statistics,简称BTS)建立事故分析系统(Fatality Analysis Reporting System,简称FARS)和事故信息系统(General Estimates System,简称GES)，通过建立国家事故分析机构，研究各种影响因素和特征与交通事故之间的作用关系，并提前做出干预决策和预警，对提高交通安全水平起到重要作用。

在水上交通事故应急搜寻方面，国外主要利用全球定位系统(Global Positioning System,简称GPS)、电子海图、国际低级轨道搜救卫星系统(COSPAS-SARSAT)和AIS系统等，目前正在研发综合性专用水上搜救系统，逐步用主动式搜救取代被动式搜救。

二、我国智能交通发展现状

1. 城市智能交通发展现状

我国很多城市在智能交通部分领域取得了长足进展，积累了一定经验，如智能交通管理系统、智能公交系统、智能停车系统、智能枢纽系统、智能执法与特勤系统等。

1) 综合智能交通管理系统

北京在城市交通多源异构数据特征分析与融合技术、分布式异构多系统集成技术、基于地理信息系统(Geographic Information System,简称GIS)的预案化指挥调度集成技术方面取得了重大突破，构建了以"一个中心、三个平台、八大系统"为核心的智能交通管理系统体系框架。该系统高度集成了视频监控、单兵定位、122接处警、GPS警车定位、信号控制、集群通信等171个应用子系统，强化了智能交通管理的实战能力，同时建立的现代化交通指挥控制中心具有指挥调度、交通控制、综合监控、信息服务四大功能群。

杭州市交警支队根据自身的特点，自1998年就开始了交通事故处理、交通信息采集和交通控制等领域的智能化改造，其智能交通系统(ITS)的建设成果可以概括为"一个中心、三个系统"，即交通指挥中心、交通管理信息系统、交通控制系统和交通工程类信息系统。

武汉、深圳围绕大数据中心，建立了集交通信息采集、交通大数据分析利用、精准勤务管理、便民交通信息服务、交通信号控制于一体的综合智能交通管理系统。

2) 智能公交系统

我国多个城市从20世纪90年代开始了智能公交系统建设方面的实践，取得了良好进展。到2018年，我国已实现的智能公交系统功能主要包括以下6种。

(1) 多种方式的便捷支付和统计清算系统。建立了IC公交一卡通电子收费系统，形成完善的IC卡电子票证结构，实现了IC卡票款收入的自动清算划拨；实现了刷手机上下车,通过微信、支付宝等手机应用支付。

（2）办公自动化系统。实现了公交公司内部事务性工作的计算机辅助管理,如通知、发文、审批、报表、信息发布等实现无纸化办公,提高了办事效率,方便了内部管理。

（3）智能公交调度系统。营运车辆实现 GPS 卫星定位,自动排班发车,通过调度中心、调度平台实现线路的集中智能调度。公交总公司智能调度指挥中心可以实时监控各线路车辆的运行情况,同时电子站牌可同步显示公交车辆的到站信息。公交车上安装监控调度车载设备,通过网络实时传输数据。在调度指挥中心不仅可以监控车辆运行状态,调度车辆,还可以通过车厢监控摄像头实时看到车厢内的视频影像。

（4）实时的信息服务。人们通过触摸智能公交电子站牌屏幕,可以自主选择需要查询的内容,比如公交线路信息、站点信息、轨道交通信息、公共自行车信息、公路客票信息、周边旅游信息等,并迅速获取相关信息,出行更加便捷。

（5）基于移动智能终端的服务和便民查询系统的应用。人们可以通过手机 APP 和电子站牌交互界面,完成公交一卡通充值、补登等功能;公交微信公众号可以提供出行信息,更加全面地方便智能公交出行。

（6）场站视频监控系统。在智能调度指挥中心,可以通过网络实时调取各场站的视频图像,形成统一的网络监控平台。

3）智能停车系统

目前我国智能停车系统主要应用物联网、云计算以及移动互联网技术,通过建设全方位的智能停车诱导系统,实现借助互联网、手机、车载导航、诱导屏、广播等手段的全方位多级、连续的信息发布,方便驾驶员随时随地了解停车信息。智能停车系统应致力于提供便捷的停车服务,减少因寻找车位造成的车辆巡游、进出停车场等在停车过程中浪费的时间。比如,石家庄市的部分停车场已经实现了无人值守和无感支付,显著提高了停车效率和停车设施的利用率。

4）智能执法与特勤系统

我国一些城市的智能执法与特勤系统建设较为成熟,杭州和深圳的建设情况如下。

（1）杭州改变了传统的交警路面巡逻执勤模式;实现了通过交警支队视频作战室、交警大队分指挥室和交警中队数字勤务室三级指挥系统的网络巡逻执勤模式,结合路边重点巡逻,实施"上下联动"机制,实现"桌面就是路面",使科技应用直达基层民警,提升了交通管控效能,扩大了路面管理的覆盖面,提高了交通管理的精度。

（2）深圳借助智能交通管理系统,确保交警在 1h 内能在全市任何一条道路上集结 500 人的队伍,集中优势警力,实现快速打击和应急响应。

5）综合交通枢纽的智能化

目前我国综合交通枢纽智能化建设相对滞后,信息开放共享水平不高,一体化运输服务水平亟待提升,交通运输安全与通畅形势严峻。在我国应强调城市交通、铁路、公路、航空和水路运输的智能化管理并行发展,建设智能枢纽,提高枢纽的综合效率,使综合交通分配更均衡、更合理,充分发挥各种交通模式的比较优势;提高服务质量,使出行者和货主能方便、及时地得到关于枢纽综合交通系统的各种信息,包括静态和动态的经过优化的交通信息,使出行更舒适方便、物流更安全通畅。

6)逐渐发展的车联网系统及自动驾驶技术

我国在智能网联、车路协同方面的研究起步较晚。"十五"和"十一五"期间,我国的研究人员在汽车辅助驾驶、车载导航设备、驾驶人状态识别、车辆运行安全状态监控预警、交通信息采集、车辆自组织网络等方面进行了大量研究,基本掌握了智能汽车共性技术、车辆运行状态辨识、高精度导航及地图匹配、高可靠度的信息采集与交互等核心技术。部分院校和研究机构围绕车路协同开展了专项技术研究,包括国家科技攻关计划专题"智能公路技术跟踪"、国家863计划课题"智能道路系统信息结构及环境感知与重构技术研究""基于车路协调的道路智能标识与感知技术研究"等,取得了阶段性成果,并在河北省廊坊市等地搭建了车路协同测试系统。

2.综合运输的智能化发展现状

我国综合运输的智能化发展主要体现在4个方面,分别是综合交通基础设施智能化、载运工具智能化、交通运行监管与协调智能化以及大型综合交通枢纽协同运行与智能服务。

1)交通基础设施智能化
(1)公路基础设施智能化。

我国公路基础设施的智能化建设以高速公路为引领,带动整体公路的智能化发展。截至2018年,公路交通运输行业基础数据库基本建成,重要交通基础设施、重点运载装备运行状态数据采集率稳步上升;国省干线公路网超过40%的重点路段以及特大桥梁、隧道基本实现了运行状况的动态监测;基础设施运行管理信息化系统基本建成,基础信息资源逐步完善,信息共享全面推进,公共信息服务全面启动,信息化发展条件明显改善。

(2)铁路信息化、智能化技术。

随着高速铁路的快速发展和铁路信息化建设的深入推进,我国铁路已积累了海量的结构化、半结构化、非结构化数据。据初步统计,铁路总公司以及各铁路局存储的数据总量已达到7.5PB。机务、车辆、工务、电务和供电各专业均建立了专业设备及关键部件履历簿,采集了设备状态监测监控数据,可实时监测设备运行状态、关键技术指标和故障报警等,部分实现设备资产统计分析、故障分析、状态变化及趋势分析等;建立了铁路总公司和铁路局两级运输信息集成平台,实现了铁路总公司、铁路局、站段不同信息系统之间的资源共享。

（3）水路基础设施智能化。

目前我国主要依靠人工巡视的方式开展航道的状态监测，仅在部分重点航段采用了闭路电视监视系统（CCTV）采集航道水面以上的状态信息。在航道信息传输与交互方面，针对长江航道要素需求开展了AIS网络和紫蜂协议（Zigbee）的联合实验，在多源数据融合与处理方面取得了一定突破，但整体上仍存在数据整合不充分、挖掘不深入等问题。

（4）航空基础设施智能化。

我国的民航商务信息系统处于世界先进水平。无线射频识别技术、全球卫星定位技术等技术广泛应用于民航运输、物流配送中，低空数据链技术和地面IP网络技术、空中导航、空中防撞、机场地图和交通信息显示等先进航电技术得到重点发展。

我国在跑道性能感知、跑道外来物、跑道入侵、飞行区防撞等技术领域尚未形成系统解决方案，缺乏智能化飞行区设施管理的综合应用和示范平台。

2）载运工具智能化

自2008年以来，我国的ETC发展迅速，取得了显著的成效。截至2017年，全国有30%左右的车辆安装了ETC设备，29个城市实现了ETC的全国联网，专用车道数量达到1.4262万条，客户数量在4700万个左右。

3）交通运行监管与协调智能化——跨部门协作的智能交通管理系统

随着城市群的迅速发展，城市群综合交通系统成了一个处在动态变化中的庞大复杂网络，现有的研究正在由静态分析向动态辨识转化，利用实时动态分析技术，结合在线数据和智能交通环境下的态势推演系统，实现城市群综合交通运输系统运行态势的实时智能分析。

4）大型综合交通枢纽协同运行与智能服务

协同运行和服务还体现在旅客联乘服务、行李自动转运等方面。我国正处于机场建设高速发展期，以大型枢纽机场为核心的区域交通综合信息服务、运行组织成为提高空港枢纽运行效率和服务水平的关键性因素，其中信息服务的智能化水平至关重要。

3.智能交通新业态发展

随着新技术的发展，交通新模式和新业态不断产生。智能共享单车是区别于传统公共自行车的共享单车形态，具有无须充气、不怕爆胎、采用GPS定位等特点。用户不需要办卡，仅在手机里下载APP，注册账号后，就可搜索并扫码解锁单车，随借即走；还车时，无须寻找固定的停车桩，锁车即还。当前通过新一代物联网、云计算和大数据技术将超过百万辆共享单车与用户手机上的APP相连接，实现精准定位车辆位置、实时掌控车辆状态，对每一辆单车精细化管理。我国2017年共享单车出行次数达到百亿次，占据全球市场份额67%。

高德地图发布了一站式公共出行服务平台,出行用户可以通过该平台获得一站式公共出行服务。预计未来将实现:行前,为用户提供全环节的综合出行规划,提供包括酒店等相关信息,并完成对所有阶段的具体组织,一次付费;行中,可获得实时信息,能够对行程进行再安排;行后,可便捷办理报销等后续手续。基于用户的出行需求,通过数据帮助运营者改善服务,用户可自由选择从任意起点到终点的个性化规划,采用不同交通出行方式的组合,最终实现体验最优、规划最优和成本最优。

携程旅行为出行者提供住、行(解决方案、信息与交易)、游(门票)、娱(玩乐)、购、食一体化服务;集机票、火车票、汽车票、船票、专车、拼车、包车、租车于一身,为客户提供一站式服务。其一站式服务还包括提供出行的备选及组合方案,如当起、终点之间无直达交通时,为用户推荐合适的解决方案;当用户搜索的机票已售完时,会根据用户的行为偏好推荐高铁或临近城市的直飞航班,保证顺利出行。此外,一站式服务有助于缩短用户决策周期:数据显示,我国用户对国内游目的地选择的平均决策周期为21天,出境游为40天,通过大数据有针对性地推荐旅游产品,可以降低用户决策的时间成本。对于末端增值服务,参考日本、新加坡、美国的空手出行文化,为用户提供行李云寄存服务,支持大交通场景下旅客行李与酒店的无缝链接;除此之外,利用人脸识别大数据,和景区合作推出"刷脸"入园的闸机,实现不排队快速入园。

第二节 智慧城市中智能交通建设的经验总结

随着我国智慧城市的发展进入规模扩展阶段,智能交通作为智慧城市建设的重要方面,已经在北京、上海等290个城市展开建设,取得了一系列成果,总结智能交通建设经验及不足之处,可为智能交通发展战略提供宝贵经验。

1.深圳

1)深圳连续多年成为"最互联网城市"

深圳作为全国首批智慧城市试点城市之一,互联网普及率、信息化发展水平连续多年在国内领跑。截至2017年底,基本实现"百兆到户、千兆到企、百米光接入",全市信息基础设施建设实现跨越式发展;基本建成覆盖全市的窄带物联网网络,形成智慧城市的感知信息传输网络;初步建成统一的政务云平台,为政府各部门统一提供虚拟计算、存储、数据库等服务;建成信息资源共享交换平台、政府网站生成平台、安全管理平台等统一的应用支撑平台,为各部门信息化建设提供应用支撑服务。

2）建设信息资源共享体系

深圳已建立全市统一的包括管理制度、信息资源库、信息共享平台和监督考核机制等4个方面的信息资源共享体系,为"互联网+政务服务""织网工程"、综合监管服务平台、市政务数据开放平台、市小汽车增量调控系统、市公安局居住证二期项目等应用提供数据支撑。

深圳已制定并以市政府文件形式印发《深圳市促进大数据发展行动计划》,推动建设包括政府大数据中心、各部门大数据应用和数据开放平台在内的大数据应用体系,基本形成一体化的政府大数据中心,建成统一的政府数据开放平台,并推动各部门提升基于大数据的政府治理能力和公共服务水平。

3）全国首个"多功能警务自助服务平台"上线

该平台充分整合出入境、户政、交管等多种自助办证设备,市民可在1台设备上自助办理身份证换证申请、出入境电子港澳通行证续签、车辆违章处理等三大业务;公交扫码支付率先在我国实现,给出行者带来了"先消费、后支付、免密码"的便捷体验。

4）推动城市治理模式创新

深圳创新开展智慧城市运行管理中心建设,通过对政府数据、社会数据和城市感知数据的融合分析,将逐步实现对城市运行状态的全面感知、态势预测、事件预警,支撑跨领域协同指挥,构建"平战结合"的城市运行管理新模式。

2. 上海

1）推进政务信息资源整合共享

上海积极推进新技术、新模式在政府管理和服务中的应用,推进政务信息共享平台全市联通、数据全网共享、业务全面协同、服务全程在线,实现近200个信息系统基于电子政务云部署,开展跨部门协同应用试点。截至2018年,上海政务信息共享平台已实现和全国政务信息共享平台的联调联通,形成线上线下功能互补的政务服务新模式,为跨地区、跨层级、跨部门政务数据交换和共享奠定坚实基础。

2）建立事中、事后综合监管平台

该平台依托法人库、人口库、空间地理信息库等智慧城市基础数据库,综合利用网上政务大厅、公共信用信息服务平台等已有资源,集信息查询、协同监管、联合惩戒、行刑衔接、社会监督、决策分析等功能于一体,实现各领域监管信息的实时传递和无障碍交换,为深入推进"放管服"和"证照分离"改革试点提供有力支撑。

3）依托"市民云"建立一站式"互联网"公共服务平台

截至2017年底,上海市依托"市民云"建设面向市民的一站式"互联网"公共服务平台,初步形成汇聚上海市智慧城市建设成果的"总入口",已实现包括违章缴费、预约挂号等便民应用在内的逾百项公共服务,实名注册用户数超过 760 万人,在 16 个区共开展了 79 场百人规模以上的培训,进一步提升了"市民云"在基层的影响力,建立起统一身份认证体系和政府部门轻应用接入规范体系,有效支撑市民云应用。

3. 杭州

1)数据大脑助力智慧交通

2016 年,杭州市正式启动城市数据大脑建设,着力构建平台型人工智能中枢,推进大数据、云计算、人工智能等前沿科技深度融合运用。该数据平台通过对历史数据和实时数据的大数据分析,实现交通实时状态判定和自动事件报警,并通过人工智能反哺信号灯控制系统,计算出实时的交通优化方案。平台运行以来,成功实现交通堵点报警 4.67 万次、信号灯报警 1.63 万余次。

2)建成智慧城管

杭州围绕"一中心、四平台"体系,形成智慧城管系统,初步完成了智能化数字城管系统、贴心城管手机客户端、综合指挥系统、集约化展示平台、智慧停车、智慧亮灯、智慧街面管控等 30 多个系统建设,内容从监督指挥扩大到了综合指挥、公共服务、日常管理、应急指挥、政策研究分析、集约化展示等综合领域,提高了城市管理问题发现和解决效率,提升了城管公共服务水平和城市管理的智慧化、科学化水平。

4. 重庆

1)整合交通领域的各方数据资源,建立交通运输大数据监测分析平台

整合了交通领域的各方数据资源,贯彻"接、管、用一条龙"理念,以资源应用驱动资源整合,建设数据资源管理平台,打造一体化的交通综合数据资源体系,实现各领域的数据资源统一管理和有效共享,大幅提升交通领域信息化、数据化管理水平。

构建了交通运输大数据监测分析平台,能深入挖掘数据价值,开发了各类能有效服务于宏观交通状况监测评价与领导决策支持的数据分析应用功能,实现数据资源的价值化、智慧化。

2)充分利用射频识别(Radio Frequency Identification,简称 RFID)技术,产生了巨大的增值服务与应用效果

重庆电子车牌系统,以促进公安、交通等系统涉车信息的平台化、服务化为目标,以电子车牌作为信息载体,以 RFID 技术作为基本的信息采集手段,实现涉车信息资源的共享,提升车辆管理的信息化水平。

基于 RFID 技术的机动车电子标识复合采集点覆盖主城及部分区县主要道路、小区、单位停车场所。截至 2017 年底,已累计发放 1600 多万张电子车牌,覆盖重庆市所有机动

车及驾驶人。

基于机动车电子标识可信、精准、高效、高质、海量的交通大数据是重庆市智慧交通独有的核心生产要素,为智慧城市、新型数字交通等建设提供有力支撑。

该技术系统具有的优势包括防伪防拆、高速识别、全天候适应、信息采集高效、精准、信息采集丰富、信息数字化和存储耗费极低、使用效率高,适合大规模互联互通和大范围行业融合等。

重庆机动车电子标识提升了城市公共安全防控水平以及交通管理智能化和数字化水平、强化了车辆监管、助力改善大气环境、服务了政府管理与决策等。

5. 武汉

1)智慧交通大数据中心

智慧交通大数据中心是一个市级交通大数据中心,作为全市交通信息资源枢纽,打破部门壁垒,整合城市道路、地铁、公路、铁路、水运、航空等行业数据资源,并汇集企事业单位和互联网资源等各类交通数据,实现多源异构数据的融合、分享、分析、计算和交互,完成交通信息的综合和深层次挖掘利用,为高质、高效的交通管理和服务提供后台支撑。

2)基于"互联网 +"的智慧交通建设

武汉以智慧交通为抓手建成"交通数据工作室",建设"交管数据大脑",提供出行、政务两项社会服务,增强智慧应用、智慧监管、数据警规三大效能。通过数据融合、智慧应用,引领交通管理由传统的政府主导模式向社会共治与智慧现代相结合转变,实现管理手段由人工向智慧化转变。

借力"互联网 +",全面铺开"智慧交管"建设,武汉市已建成智慧政务、智慧出行、智慧应急、智慧监管四大平台,引导驾驶员"多走网路,少走马路",有效疏堵,正在建设智慧决策平台,对大数据进一步精细化地进行分析研判,快速科学决策。

6. 银川

1)创新体制机制

智慧银川建设采用了"PPP + 资本市场"的商业模式是"银川模式"创新的最大亮点。银川首次将 PPP 模式引入我国智慧城市建设,通过政府购买服务、社会资本投入、专业公司运营、嫁接资本市场,从根本上解决了智慧城市建设资金和运营资金的来源问题,实现了政府企业互利共赢,提升了公共服务水平和效率。

2)开展顶层设计

银川是全国首个且唯一一个以城市为单位进行顶层设计的智慧城市,应用了创新的"一图一网一云"顶层设计,建立了一个当期可支撑、未来可扩展延伸的技术架构,打破了我国常见的部门垂直项目运作模式和信息孤岛现状,以提高智慧度、惠民度为核心目标,以资源整合、服务融合为理念,集日常运营、应急指挥、城市综合管理三大功能于一体,建立了智慧银川城市运营指挥中心。

3)加强行业监管

成立了专职监管机构——智慧城市大数据局,着眼于未来智慧城市运行中大数据安全规范与数据的共享、开放、交易的标准制定和监管;在全国率先制定了促进智慧城市建设的地方性法规——《银川市智慧城市发展促进条例》,以立法推动新一代信息技术创新应用,并建立智慧城市建设标准体系。

通过对深圳、上海、杭州、重庆、武汉、银川等智慧城市中的智能交通建设的分析总结,其建设重点主要集中在以下几个方面:

(1)利用交通大数据,通过监控、监测、交通流量分布优化等技术,建设"数字交通"工程,完善公安、城管、公路等监控体系和信息网络系统。

(2)以交通诱导、应急指挥、智能出行、出租车和公交车管理等系统为重点的、统一的智能化城市交通综合管理和服务系统建设为重点,实现交通信息的充分共享、公路交通状况的实时监控及动态管理,全面提升监控力度和智能化管理水平。

(3)探索形成可复制、可推广的智能交通建设模式,为其他城市智能交通的建设提供可借鉴的标杆。例如银川市在智慧政务、智慧交通、智慧环保等十大重点领域 13 个模块建设上独显特色,形成了可复制、可推广的智慧城市"银川模式";杭州运用物联网、云计算、大数据、智能感知、智能视频等现代信息技术,形成智慧城管的"杭州模式"。

第三节 智能交通发展趋势分析

世界上的交通强国无一不将智能交通作为本国交通发展的重要战略方向之一,美国、日本及英、法、德等欧洲国家均从不同角度提出了对未来智能交通系统发展的展望和判断,并制定了具体计划。分析我国智能交通发展存在的问题和面临的新机遇与新挑战非常有必要,通过总结世界先进国家智能交通的发展经验和发展战略,对未来智能交通的发展趋势做出展望,为科学制定智能交通发展战略提供借鉴。

根据当前及未来交通需求分析,结合智能交通新技术的发展,智能交通发展趋势可以概括为以下 4 个方面。

一、交通数据资源的开放共享及深度利用

随着交通大数据的采集和分析技术的进步,交通大数据在交通规划、交通管理、交通

政策制定等多方面的应用已经越来越广泛。但目前交通大数据的应用还存在不少问题，其中最为突出的问题就是不同部门、不同行业、不同区域之间的数据没有做到很好的融合，在数据共享上还存在严重壁垒。这阻碍了对多源交通数据进行综合分析、深入挖掘，从而难以及时准确地掌控交通状态、归纳总结交通运行规律，无法充分发挥交通大数据的作用。因此，要想实现智能交通系统的突破性进展，首先应该打破数据共享的壁垒，统一规范不同来源的数据，包括数据结构定义、数据规范等，从而为多源数据的深度融合提供条件。在此基础上，充分分析挖掘大数据，支撑交通科学决策，深度优化交通管理与控制，增强交通管理的实时性、预测性、科学性与主动性。

二、共享交通与需求响应服务的充分发展

未来的交通出行服务中，共享和需求响应服务方式将会更加普遍。

共享单车的迅速发展和广受欢迎的现状，已经证明了共享出行服务的可行性，而新能源车的分时租赁业务，则可能会成为共享服务的下一个发展热点。目前在我国许多城市，机动车分时租赁业务已经取得很好的市场效益。未来，多种共享出行服务的发展将会对智能交通管理系统提出更高的要求，因此在智能交通系统的规划建设过程中，应该考虑将不同的共享出行系统纳入管理范围当中。

基于交通需求特性，需求响应式的交通服务将会成为交通出行服务的重要组成部分。比如需求响应式的智能小巴，将会为出行者提供更加灵活、更加便捷的出行服务。而目前移动互联网的快速发展，也为定制式交通服务的发展提供了条件和可能。

三、智能车路协同系统技术的提升与广泛应用

国外智能交通发展战略与规划表明，自动驾驶是未来的一个重要的发展方向。日本政府 2016 年提出《公私合作 ITS 路线图》，其中指出了日本智能交通系统的两大发展方向：商用化和创新推进。商用化方面，日本将持续推进自动驾驶技术的应用；创新推进方面，日本将会推进在自动驾驶系统、交通数据平台、公私合作模式方面的创新研究。美国的《2015—2019 智能交通战略计划》为其智能交通发展提出了两个优先发展策略：实现车辆的网联化和自动化。这反映了当前交通领域研究和创新的发展趋势。

人工智能技术在交通领域的应用主要以生物识别和自动驾驶为主。通过人脸识别、语音识别等生物识别技术，未来出行者可以方便地约车、付费，交通管理者可以更精准、更高效地进行交通执法，从而全方位地提高交通管理的效率。通过生物识别技术，人员可以享受从预约、乘坐到付费的快速服务，从而大幅度提高交通出行的效率。

自动驾驶已经成为交通装备生产厂商十分关注的领域。无论是无人机还是无人汽车，不仅会对未来交通产业的发展产生巨大的影响，也会对现有的交通管理模式产生巨大

的冲击。在当前车联网、移动互联、人工智能技术突飞猛进的背景下,基于这些技术和移动互联网的无人机、自动驾驶车辆、智能停车、智能出行服务等不久将会在实践中得到广泛应用。

车路协同是智能交通发展的制高点。车路协同系统是基于先进的传感和无线通信等技术,实现车辆和道路基础设施之间以及车辆与车辆之间的智能协同与配合,从而提高在复杂交通环境下车辆行驶的安全性,实现道路交通主动控制、提高路网运行效率的新一代智能道路交通系统。

在技术方面,车路协同主要包含 3 类技术:车车/车路通信技术、交通安全技术和交通控制技术。通信技术方面,应用于车路协同的 3G/4G、DSRC、Wi-Fi 等技术均已有相应的理论与模型。交通安全技术方面,视野盲区警告、辅助换道、紧急避撞等已有应用。交通控制技术方面,基于车路协同实时获取车辆状态,通过车速引导实现优化控制也已经得到研究和应用。

在实验方面,20 世纪 80 年代初,我国开始逐步重视运用高科技来发展交通运输系统;2006 年,即进入国家"十一五"计划的第一年,国家"863 计划"设立了现代交通技术领域,并具体设立了"综合交通运输系统与安全技术"专题研究;2010 年,车联网项目被确定为"十二五"发展的国家重大专项;2011 年"车路协同系统关键技术"项目通过国家"863 计划"立项,并于 2014 年 2 月通过科技部验收。该项目完成了车路协同系统的体系框架,提出了车路协同系统的集成测试与演示方案,实现了 10 余项典型的车路协同应用场景,突破了车路协同系统的若干关键技术。在智能网联车路协同方面,我国的研究起步较晚。"十五"和"十一五"期间,我国在汽车安全辅助驾驶、车载导航设备等方面开展了研究,基本掌握了智能汽车共性技术、车辆运行状态辨识等核心技术。国家"863 计划"课题"智能道路系统信息结构及环境感知与重构技术研究""基于车路协调的道路智能标识与感知技术研究"等,在河北省廊坊市等地搭建了车路协同测试系统。

四、交通的跨界融合与协同创新

交通的跨界融合是具有广阔前景,并将做出显著贡献的发展方向。以全球化的视野整合交通资源,以互联网思维和信息技术改造运输网络形态,解决智能交通与其他产业的融合问题,使智能交通的宗旨朝着用户价值最大化的方向转变,是交通领域最有潜能的发展方向。随着新技术的发展以及人们出行需求的多样化,交通跨界融合将成为智能交通发展乃至经济社会发展的新趋势,具体来说,主要表现在以下 3 个方面。

1."交通 +"新能源的跨界融合

随着科学技术的不断创新、国家政策的强力支持,"节能减排"将成为智能交通发展的关键词。2017 年 12 月 28 日,济南的光伏高速公路正式投入运营,这是交通与新能源深度融合发展的标志性事件,将为公众出行提供全新模式,为智能交通和绿色能源开辟全新发展路径。"交通 + 新能源"的跨界融合,符合我国智能交通绿色环保和可持续发展的理念,能够为交通运输节能减排提供支撑,有利于推动公共汽车、轮船、飞机等交通运输工具的更新改造,有利于推动公路、港口、航道等交通基础设施的生态友好式建设,有利于推动交通的智能化大发展,丰富人们的出行体验。

2."交通 +"新技术的跨界融合

物联网、云计算、大数据、移动互联网等新一代信息技术的快速发展为智能交通提供了强大的技术支撑,"交通 +"新技术的跨界融合将使交通运输行业的运行和发展更加安全、高效、便捷、经济、环保、舒适。"交通 + 物联网技术"可以全面感知交通运输基础设施的质量和交通运载工具的状况,同时监控整个交通系统的运行情况;"交通 + 大数据技术"可以充分挖掘和利用信息数据的价值,盘活现有数据,在此基础上进行应用、评价、决策,服务于交通主管部门的管理与决策;"交通 + 云计算"为各类交通数据的存储提供了新模式,"交通云"的建立将打破"信息孤岛",彻底实现信息资源共享、系统互联互通;"交通 + 互联网技术"可以实现信息在各种交通系统间的顺畅传输、交换,从而实现各种运输方式的合理布局及协调、高效运行。

3."交通 +"关联产业的跨界融合

物流业作为交通跨界融合的典型范例,打破了传统运输业中各种运输方式的界限,形成了融合制造业、运输业、仓储业、货代业和信息业的完整的供应链,建立了货物"门到门"的全程服务体系。

跨界融合是智能交通转变发展方式的新趋势,借鉴现代物流业的发展范式,推动交通运输服务与制造业、农业、旅游业、商贸业、信息业等关联产业深度融合,促进新业态、新模式健康发展。例如,创新旅客运输模式,发展跨界融合的高端旅游业,使当前的民航客运服务范围向旅游服务供应链两端延伸,提供行程定制、航空订位、火车订票、汽车接送、酒店订房、饭店订餐、导游翻译等系列服务。

第四节 我国智能交通实现快速发展的可能性分析

一、问题与差距

我国在智能交通方面取得了一些成绩,个别领域已经处于世界领先地位,但从总体上来说发展水平还不高,发展程度还极不平衡,与发达国家相比还有一定的差距,主要体现在数据共享机制、技术管理标准、科技人才培养、创新发展能力以及国际影响力方面。

1. 数据共享机制不完善

我国目前交通数据来源比较复杂,数据的共享和融合机制不完善,致使现有数据没有发挥应有的作用。

2. 技术和管理标准不统一

我国智能交通标准体系的建立较晚,标准制定工作滞后于行业的发展。在缺乏标准的条件下,许多地区的智能交通系统自成体系,缺乏应有的衔接和配合,标准互不统一,而且我国地广人多、区域发展差异大,标准制定面临着巨大挑战。

3. 高精尖人才队伍匮乏

我国科技水平发展迅速,专利数大幅增加,但专利转化率还处于较低水平,说明技术创新转化能力还有所欠缺,产学研协作水平还有待提高。产生这些问题的根本原因在于缺少高素质的技术人才队伍。

4. 国际影响力不显著

我国智能交通领域在国际上的影响力还不够显著,产品国际市场占有率较日本等发达国家存在较大差距;世界智能交通大会是智能交通领域规模最大、范围最广、影响力最强的综合性国际会议,我国至今只主办过 1 次,而日本已主办 3 次;我国的科研机构和企业尚未形成具有国际影响力的生态圈和产业链,缺乏系统的超前研发布局。

二、发展优势与机遇

现阶段,人们对便捷、高效、多样化交通出行的需求日益强烈,交通运输产业迫切需要实现能级跃迁,在这样的背景下,我们不能仅仅跟随在世界交通强国的后边,而应该抓住智能交通这个关键,实现智能交通的快速发展和率先突破。

随着新一代信息技术的产生及其与实体经济的深度融合,中国智能交通迎来了前所未有的发展机遇。互联网、大数据、人工智能等新业态、新资源、新技术的出现,为中国智能交通发展提供了快速发展的机会和可能。对比美国、日本、欧盟等发达国家和地区,我国具有市场需求极强、政府激励创新、开发试验条件优越、科技人员热情高、投资拉动巨大等显著特点。我国智能交通具有一定的发展优势、有一定的基础成果积累,并面对十分有利的发展机遇,具备实现快速发展的条件。

1. 智能交通发展优势分析

1）市场优势

我国是全球最大的互联网移动出行市场,同时快递年业务量连续4年世界第一,超过美国、日本、欧盟等发达经济体的总和。高品质、多样化出行需求日益强烈,激发智能交通产业变革,提供"管家式"服务的企业涌现,这些企业能够提供交通高品质出行服务。

2）数据优势

2020年我国数据总量(全社会、全行业)预计超过8000亿条,占全球总量的20%,将成为世界第一大数据资源大国和全球数据中心,移动出行市场每天产生的数据量为TB级。可以通过对海量数据资源的分析利用,建立数据驱动的智能交通系统。

3）技术优势

中国在人工智能领域的专利累积达到15745项,仅次于美国的26891项,日本以14604项排名第3;在5G方面,中国已成为技术、标准、产业、应用的引领者之一。

4）政策优势

"互联网+"、大数据、人工智能、车路协同等新技术相继进入国家发展战略规划,独角兽企业上市获得支持,出行和物流创新企业占比位居前列。

5）制度优势

习近平总书记指出,我们最大的优势就是我国社会主义制度能够集中力量办大事,中国特色社会主义制度是当代中国发展进步的根本制度保障。

2. 重点领域基础成果

我国在智能交通领域已经取得了一些成绩,其中个别方面已经处于世界领先地位:
(1)基于大数据、互联网的智能交通管理服务取得巨大成就;
(2)人脸识别技术、无感支付逐步应用;
(3)中国高铁已步入智能时代;
(4)全国道路货运车辆公共监管与服务平台比较健全;
(5)高速公路视频大数据监测预警系统进行了宝贵实践。

3. 发展机遇

市场需求强大,政府强力推动,我国智能交通发展面临前所未有的好机遇。互联网、大数据、物联网、人工智能等新技术迅速发展,并在智能交通行业全面普及应用。交通大数据的共享开放及深度挖掘利用为智能交通发展提供新突破。共享经济及需求响应服务新业态的出现为智能交通发展提供新模式。交通跨界发展为智能交通发展提供新动能。

4.快速发展可能领域

1）交通大数据共享平台推动我国智能交通实现快速发展

随着经济社会快速发展,新一代信息技术与交通运输深度融合发展的趋势日益明显。"人在哪""从哪来,到哪去""怎么去",这些交通领域的基本问题,都可以通过大数据得到精细解答。建立交通大数据共享平台,以智能交通大数据技术手段提高信息采集强度及采集量,并提高其数据处理水平,继而把所得信息通过各种不同渠道传送给每个有需要的人,从而提高整个交通系统和个人出行的应变性。不仅如此,大数据还可以在交通基础设施、生产组织、运输服务和决策监管等重要领域发挥作用,有效提升交通运输数字化、网络化、智能化水平,进而推动我国交通系统建设的跨越式发展。

2）强化大数据、互联网在城市交通管理中的应用,实现智能交通管理的赶超

国外城市交通智能管理通常是基于已经建设的检测器获得数据,实现预测预警和主动管理。由于我国可获得的数据来源和数据种类非常丰富,因此可以基于交通大数据平台进行数据挖掘和深度利用,建立数据驱动的城市智能交通管理系统,实现由数据到信息,由信息到情报,进而实现"情指勤督服"一体化管理。利用"互联网 + "、大数据技术,建立交通管理业务网上办理流程,实现交通管理服务的智能化。

3）"互联网 + "、人脸识别、无感支付等新技术助力交通服务实现高质量发展

国外交通服务侧重于利用多种方式提供服务。由于我国能够提供一站式出行服务的互联网企业不断涌现,加上人脸识别、无感支付等技术投入应用,出行者对多样化、个性化、需求应答型服务方式的需求激增,我国将在交通出行服务方面实现跨越式发展,建立一站式"门到门"的全链条出行服务。

4）建设"聪明的路",推动自动驾驶换道超车

发达国家在车路协同系统建设的进程中,更多地侧重在交通工具的智能化方面。而提高基础设施的智能化水平,通过"简单的车"和"聪明的路"相结合,能够优势互补,可显著降低智能化的成本、提高智能化的发展速度,是一条更快捷、更合理的车路协同发展道路。因此,可以实现换道超车。

为什么发达国家不搞"聪明的路",而我国可以通过建设"聪明的路"和开发"聪明的车"相结合的技术路线,实现自动驾驶的目标?原因在于我国具有集中力量办大事的制度优势,而发达国家的政府往往缺乏财力,又缺乏整合能力,所以难以实现。此外,通过从"简单的车"和"聪明的路"相结合过渡到"聪明的路"与"聪明的车"相结合的发展思路,不但能够降低开发和使用成本,使得自动驾驶早日推广应用成为可能,而且还会在同样投资下产生全面提升车路协同能力和道路交通智能化水平的综合效果。

5）发挥物联网产品优势，实现智能交通快速发展

2017 年我国已经形成了包括芯片和元器件、设备、软件等在内的较为完善的物联网产业链。我国物联网产业尽管起步较晚，却在较短时间内实现快速赶超，甚至在局部实现领跑，如窄带物联网方面在全球率先实现了大规模商用，其国际标准也由我国企业领衔制定。我国现已初步形成环渤海、长三角、泛珠三角和中西部地区四大区域集聚发展的空间格局，以物联网技术为基础的电子车牌，通过与"互联网＋"结合，是实现交通精细化管理、缓解交通拥堵、单双号限行管理、公交优先与预报、车辆优化管理、交通信息主动采集等交通管理最有效的技术手段。

第三章
智能交通发展的目标与路线图

第一节　基本方针与发展目标

一、建设思路

　　紧紧围绕交通发展需求,以交通大数据综合平台为基础,以系统科学思想、交通工程原理和交通运输发展规律为指导,以破解交通拥堵、提升交通安全水平、提高交通运输效率和交通服务质量为目标,显著提高交通运输分析、决策、组织、管理、运营的智能化水平,建设信息感知共享、动态科学决策、实时精准服务、精细智能管理、高效便捷运输、主动安全防控、智能网联协同的新一代智能交通系统,分两步走实现智能交通领先世界的目标。

二、发展总目标

　　提高交通运行效率和安全水平、实现高品质服务是智能交通发展的核心任务,建设信息感知共享、动态科学决策、实时精准服务、精细智能管理、高效便捷运输、主动安全防控、智能网联协同的新一代智能交通系统。

三、发展的阶段目标(2030 年和 2045 年)

　　1. 2030 年目标:智能交通总体实现与交通强国"并跑",重点领域实现领先

　　智能交通总体达到世界先进水平。确立符合我国国情的智能交通框架体系和标准体系、搭建交通信息大数据共享及交通云平台、全面推进大数据在智能交通中的深化应用、

建立便捷高效一站式"门到门"智能客运服务及一单式全链条货运服务、实施车路协同和自动驾驶在特定场景下的示范应用、探索通过智能安全大通道建设提高交通安全水平,显著提升智能公路、智能港口、智能船舶、智能空管水平。在智能高铁控制系统及智能列车、数据创新驱动城市交通精细化智能化管理、大数据情报分析深度研判应用、基于互联网的综合交通服务方面居于世界领先地位。

2.2045 年目标:智能交通整体处于世界领先水平

实现高度智能化的客运一站式、货运一单式全链条服务,自动驾驶在典型场景下实现规模化应用,智能交通产业产生革命性变革。应用智能交通新技术促进"交通＋"发展成为常态,智能化引领交通运输全面支撑我国安全、便捷、高效、绿色、经济的现代化交通运输体系,成为世界智能交通发展的引领者和主导力量之一。

四、路线图

基于智能交通强国战略总目标及阶段目标,制定智能交通战略目标路线图,如图 9-1 所示。

总目标	利用智能化手段提高安全水平、破解交通拥堵难题、实现高品质服务,建设信息感知共享、动态科学决策、实时精准服务、精细智能管理、高效便捷运输、主动安全防控、智能网联协同的新一代智能交通系统	
阶段目标	**2030年**	**2045年**
交通大数据共享云平台	建设平台,强化数据应用	完善平台,挖掘数据应用
城市交通智能化	智能交通管理及服务世界领先	城市交通智能化整体领先
世界一流客货服务	形成一站式、一单式服务平台	创新服务新业态、新模式
车路协同研发及应用	推进车路协同研发及示范应用	车路协同在限定道路与环境条件下普及
智能交通安全	建设智能安全大通道及研判预警系统	智能安全设施、车辆和系统,实现主动安全
智能综合运输 智能铁路	智能列车世界领先	智能高铁整体世界领先
智能公路	实现出行智能信息服务与决策	实现智能公路自我预警、调节、修复
智能航空	建设智慧机场及智慧航空枢纽	建成智能民航体系
智能水运	推进智慧港口和数字航道示范建设	实现水运高度智能化

图 9-1　我国智能交通战略总目标路线图

第二节　战略重点与路线图

智能交通是交通强国建设的切入点和抓手,是交通强国率先突破的方向,我国智能交通将在以下 6 个方面全面发展,实现赶超。

一、推进交通大数据共享平台及交通云技术应用的目标与路线图

交通大数据平台是实现智能交通的基础,交通数据的开放和共享是推动智能交通高质量发展的前提条件和重要保障。在日益成熟的物联网和云计算平台技术支持下,交通大数据平台通过将不同部门采集的海量数据进行实时的数据分析、机器学习以及可视化展示,能够打造智能的交通实时监管分析服务,实现智能交通系统跨区域、跨部门的集成和组合,从而更加有效地配置交通资源,大大提高交通运输效率、安全水平和服务能力,为智能交通发展提供数据保障,为交通运营、管理、决策、服务以及主动安全防范提供科学支撑。

建设各级交通大数据共享云平台,强化数据分析研判,为智能交通换道超车奠定数据基础,其目标路线如图9-2所示。2020年前建立共享数据资源目录体系,制定数据共享标准及数据安全管理标准。2030年完成全国、省、市三级交通大数据共享平台的搭建,全国70%以上的地级市完成交通大数据共享平台的搭建,数据接入全国交通大数据共享平台。2045年全国100%县级以上城市交通数据接入全国交通大数据共享平台。

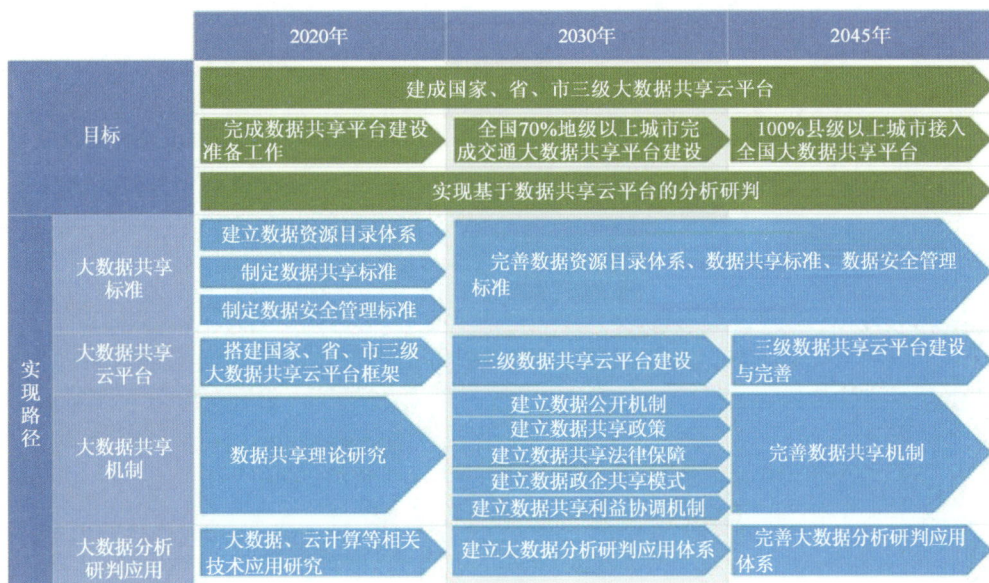

图9-2　推进交通大数据共享云平台及交通云技术应用的目标及实现路径

为实现上述目标,需要对大数据共享标准、共享机制、大数据挖掘技术、云计算技术在交通中的应用等重点内容进行研究。

二、全面提高城市交通智能化水平的目标与路线图

城市交通拥堵是当前我国面临的大城市病之一,交通拥堵呈常态化和区域蔓延趋势。拥堵高峰时段不断延长,拥堵区域由大城市向中小城市扩展,且拥堵范围由中心城区向全市蔓延。全面提高城市交通的智能化水平是解决城市交通拥堵的重要手段,主要包括建设城市智能交通管理系统、智能公交系统、智能停车系统、智能枢纽系统、智能慢行系统等。

2020 年,整合现有智能交通系统,实现既有系统的整合升级改造。2030 年,实现世界领先的城市智能交通管理系统,智能公交、智能停车、智能枢纽、智能慢行系统进入世界先进水平;需求响应式出行、预约出行、共享出行等智能化出行服务得到大范围应用;实现城市发展规划、交通运行服务的全面智能化决策支持。2045 年,建成世界领先的城市智能交通系统。城市智能交通管理系统、城市智能公交系统、城市智能停车系统和城市智能枢纽系统的建设目标及路线图分别如图9-3 ~ 图9-6 所示。

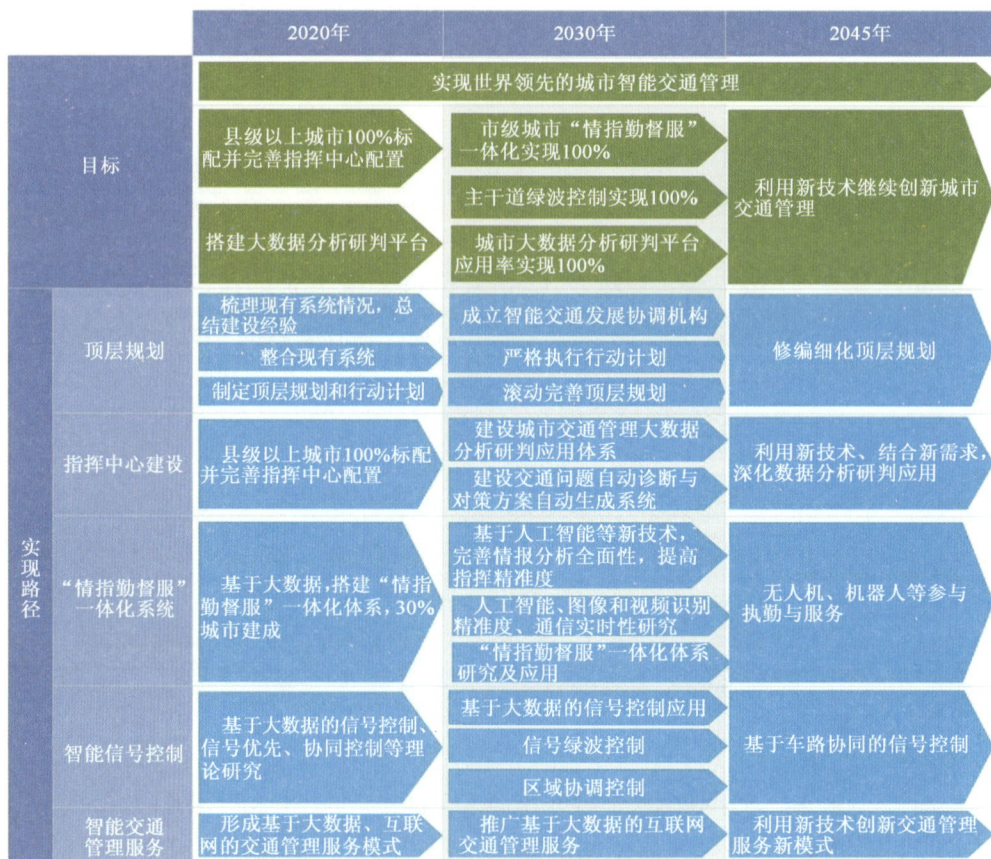

图9-3　城市智能交通管理系统建设的目标及实现路径

		2020年	2030年	2045年
		建成世界一流的智能公交系统		
目标		60%县级以上城市建设智能公交系统	80%县级以上城市建设智能公交系统	100%县级以上城市建设智能公交系统
		10%县级以上城市实现智能需求应答型公交服务	50%县级以上城市实现智能需求应答型公交服务	100%县级以上城市实现智能需求应答型公交服务
		10%县级以上城市公交实现多样化与个性化服务	50%县级以上城市公交实现多样化与个性化服务	100%县级以上城市公交实现多样化与个性化服务
实现路径	智能公交管理	搭建智能公交管理系统架构,具备智能公交运行管理、公交信号优先控制、智能公交考核功能	创新"互联网+公交"管理模式	新型公交模式智能化管理
	智能公交设施	智能车辆监控	普及车辆智能监控、北斗定位、交互式电子站牌	无人驾驶公交车辆推广
		公交车北斗定位		
		智能交互式公交电子站牌	无人驾驶公交研制及试点	
	智能公交服务	推行移动终端支付且准确率达到80%	全面普及移动终端支付且准确率达到90%	全面推行公交无感支付
			大范围普及需求应答型公交	全面普及需求应答型公交
		大范围普及定制公交服务	公交无感支付普及,达到50%	提供多样化与个性化公交服务

图 9-4　城市智能公交系统的建设目标及实现路径

		2020年	2030年	2045年
		建成世界一流的智能停车系统,实现快速、精准停车		
目标	智能停车管理平台	20%大城市建立停车管理平台	60%地级以上城市建立停车管理平台	100%县级以上城市建立停车管理平台
	停车自动化	5%停车场实现机器人停车	5%停车场实现自动泊车	100%停车场实现自动泊车
	智能停车收费	智能收费模式普及	50%停车场实现无感支付	100%停车场实现无感支付
	停车诱导	县级以上城市实现停车三级诱导	40%停车场实现三级诱导	100%停车场实现三级诱导
			20%停车场实现停车入位引导	100%停车场实现停车入位引导
实现路径及关键技术		停车资源共享	实现基于互联网的停车	普及无感支付
		建立智能停车管理平台停车资源共享	推广无感支付	普及自动停车
		智能支付、自动停车等相关技术的研究	示范自动停车	普及智能停车引导
			示范智能停车引导	研究无人驾驶车辆停车

图 9-5　城市智能停车系统的建设目标及实现路径

	2020年	2030年	2045年
	建设世界一流的综合智能枢纽系统		
运行监测	80%枢纽实现全方位、全天候周边环境监测	100%枢纽实现全方位、全天候环境监测与信息反馈	实现枢纽全面的智能实时监测和自动处置
旅客出行效率	提高20%以上	提高1倍以上	实现不同方式时刻表的协同
应急预警准确率	重大事件动态预警准确率≥80%	重大事件动态预警准确率≥95%	重大事件动态预警准确率≥99%
无感安检率	无感安检枢纽示范	80%枢纽实现无感安检	100%枢纽实现无感安检
实现路径及关键技术	建设运行监测系统	提高运行监测精度	预测出行需求
	建设管理决策平台	自动生成辅助决策方案	建设枢纽大脑
	建设应急响应系统	自动预警,实时预处置	监测、预测、预警、自动处置一体化
	建设公众服务体系	多种方式智能引导、服务	完全实现自助服务

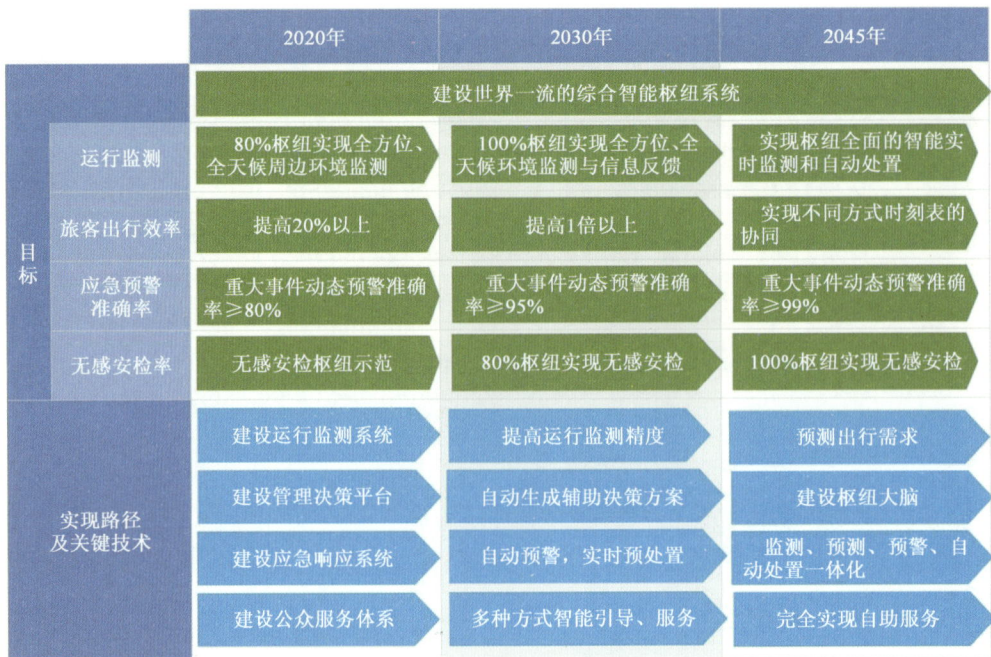

图9-6　城市智能枢纽系统的建设目标及实现路径(旅客出行效率的内涵是在途时间短、便捷方便)

三、实现世界一流的智能客货运输一站式服务水平的目标及路线图

提供高质量的交通服务是交通运输的出发点和落脚点,充分利用互联网、大数据、云计算等信息技术手段,提升客货运输一站式服务水平,有利于旅客便捷出行、货物高效运输、资源优化配置、提升综合交通运输体系整体运行效率和服务质量。

2020年,整合现有客货运服务平台。2030年,基于大数据共享平台,建立国家级出行客运平台和国家级货运平台。2045年,实现"门到门"一站式智能客运服务、一单式全链条智能货运服务。实现世界一流的智能客货运输一站式服务水平的具体路线图如图9-7所示。

四、推进自动驾驶技术研发与应用的目标与路线图

车路协同是未来智能交通系统发展的核心内容,是新一代智能交通系统的重要技术支撑。借助智能网联技术,发展车路协同系统,能够有效提升交通运行效率,缓解交通拥堵,提高交通安全水平。根据《交通强国公路发展战略研究》计算结果,自动驾驶状态下道路通行能力能够提高21.6%~64.9%。根据华盛顿非营利智库机构伊诺交通中心(Eno Center for Transportation)的研究,如果美国公路上90%的汽车变成自动驾驶汽车,交通事故数量将从每年600万起降至130万起,死亡人数从每年3.3万人降至1.13万人。此外自动驾驶还能够减少有害气体排放,节约时间。因此,发展自动驾驶是我国智能交通发展的重要方向。

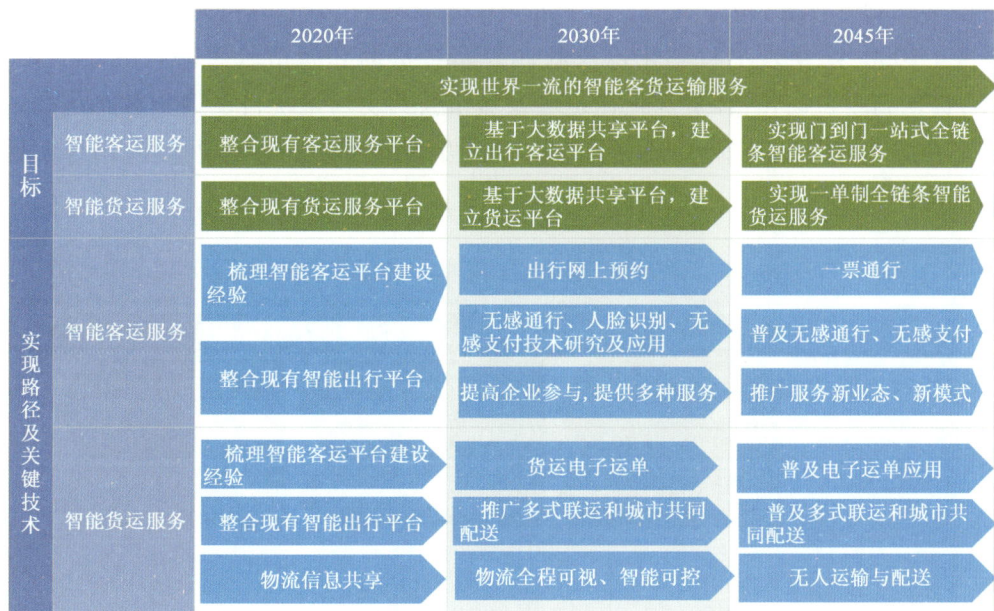

图 9-7　智能客货运输一站式服务水平目标及实现路径

美国和欧盟的把自动驾驶分成 6 个等级 L0～L5，具体见表 9-1。

美国和欧盟的自动驾驶分级标准　　　　　　　　　　　　表 9-1

分级	称呼	国际自动机工程师学会定义	主体			
			驾驶操作	周边监控	支援	系统作用域
0	无自动化	由人类驾驶者全权操作汽车，在行驶过程中可以得到警告和系统的辅助	人类驾驶者	人类驾驶者	人类驾驶者	无
1	驾驶辅助	通过驾驶环境对转向和加、减速中的一项操作提供驾驶辅助，其他的驾驶动作都由人类驾驶者进行操作	人类驾驶者和系统			部分
2	半自动化	通过驾驶环境对转向和加、减速中的多项操作提供驾驶辅助，其他的驾驶动作都由人类驾驶员进行操作				
3	条件自动化	由自动驾驶系统完成所有的驾驶操作，根据系统请求，人类驾驶者提供适当的应答	系统	系统		
4	高度自动化	由自动驾驶系统完成所有的驾驶操作，根据系统请求，人类驾驶者不一定需要对所有的系统请求做出应答，限定道路和环境条件等			系统	
5	全自动化	由自动驾驶系统完成所有的驾驶操作，人类驾驶者在可能的情况下接管，在所有的道路和环境条件下驾驶				全域

推进自动驾驶技术研发与应用的具体目标及实现路径如图 9-8 所示。参照美国和欧

盟的自动驾驶划分标准,2020 年,完成自动驾驶测试标准、事故处理标准及车路协同系统建设标准。2030 年,实现半自动化以及高速公路客货运和城市公交的高度自动化示范。2045 年,实现高度自动化,客货运长途运输及城市公共交通系统自动驾驶常态化推广。我国智能交通近期将以发展车路协同为重点,以建设"智慧的路"为重要途径,最终实现智能交通换道超车。

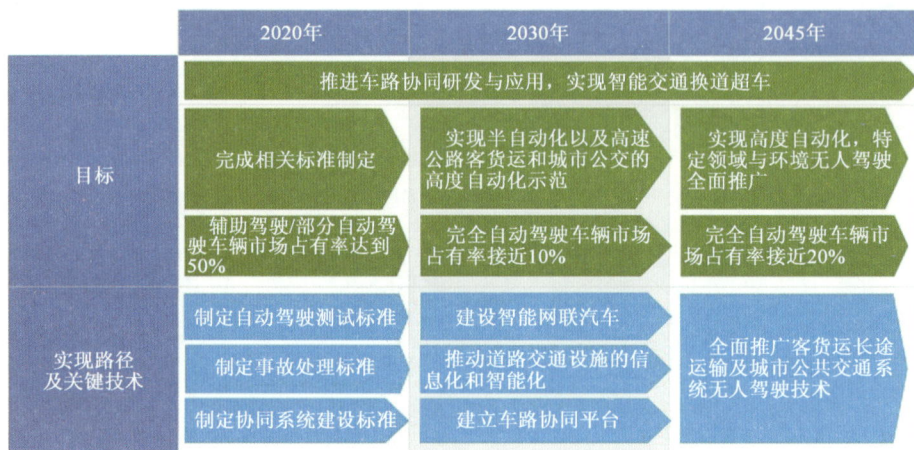

	2020年	2030年	2045年
	推进车路协同研发与应用,实现智能交通换道超车		
目标	完成相关标准制定	实现半自动化以及高速公路客货运和城市公交的高度自动化示范	实现高度自动化,特定领域与环境无人驾驶全面推广
	辅助驾驶/部分自动驾驶车辆市场占有率达到50%	完全自动驾驶车辆市场占有率接近10%	完全自动驾驶车辆市场占有率接近20%
实现路径及关键技术	制定自动驾驶测试标准	建设智能网联汽车	全面推广客货运长途运输及城市公共交通系统无人驾驶技术
	制定事故处理标准	推动道路交通设施的信息化和智能化	
	制定协同系统建设标准	建立车路协同平台	

图 9-8　推进自动驾驶技术研发与应用的目标及实现路径

五、基于智能研判预警提升交通主动安全水平的目标与路线图

安全是全世界关注的问题,中国交通安全形势严峻,根据《国际统计年鉴》,2016 年中国道路交通死亡人数约是美国的 2 倍,日本的 10 倍,德国的 20 倍。在现有交通安全基础设施和管理平台的基础上,借助大数据技术,通过分析研判,实现预警提醒,建设智能交通安全系统,变被动安全为主动安全。

2020 年,基于大数据挖掘技术完善交通安全智能分析研判系统。2030 年,实现智能安全大通道示范工程。2045 年,研发应用智能交通基础设施及智能车辆,建立全社会智能安全防控体系。从智能安全分析研判、智能基础设施、智能安全大通道、智能安全防控体系 4 个方面建设智能安全系统,实现主动安全。基于智能研判预警提升交通主动安全水平的目标和具体实现路线如图 9-9 所示。

六、实现综合运输智能化关键技术的突破目标与路线图

当今世界,交通运输正向智能化、一体化不断发展进步,智能化的综合运输系统是未来运输系统的发展方向。利用现代通信技术、计算机技术、定位技术、电子技术、传感技术等高新技术,实现综合运输的智能化,有利于提高运输能力和运输效率,实现交通信息共享和各种交通方式的有效衔接;有利于提升交通运营管理的技术水平,提供顺畅、便捷的

人性化交通运输服务,保障交通安全有序运行,加快建成安全、便捷、高效、绿色、经济的现代化综合交通运输体系。

	2020年	2030年	2045年
目标	建设智能安全系统,实现主动安全		
	基于大数据挖掘技术完善交通安全智能分析研判系统	实现智能安全大通道示范工程	研发应用智能交通基础设施及智能车辆,建立全社会智能安全防控体系
实现路径及关键技术 — 交通安全智能分析研判	建立面向不同地区、不同类型道路交通安全及运行态势的分析研判系统	全面建立国家、区域、城市多层级交通安全智能分析研判体系	建立完善的国家、区域、城市多层级交通安全智能分析研判体系
		交通安全与气象数据跨界融合	公安、交通运输、气象等数据深度融合
智能交通设施与智能车辆	推动重点车辆电子标识安装	智能交通设施和智能车辆示范应用	推广智能交通设施和智能车辆
智能安全大通道	智能安全大通道建设研究与标准制定	智能安全大通道示范应用	建立智能安全大通道网络
智能安全社会化防控体系	建成国家级道路交通突发事件应急救援体系	建成跨地区、跨部门、跨行业国家级道路交通突发事件应急救援综合体系	建成世界领先的智能交通应急救援体系

图 9-9　基于智能研判预警提升交通主动安全水平的目标及实现路径

实现综合运输智能化,建设智能公路、智能铁路、智能水运、智能航空的目标及实现路径分别如图 9-10 ～图 9-13 所示。2030 年综合运输智能化处于世界先进水平,其中智能列车世界领先,公路实现出行智能信息服务与决策,建成智慧机场及智慧航空枢纽,推进智慧港口和数字航道示范建设,重点交通枢纽实现智能化协同服务。2045 年,综合运输智能化处于世界领先水平,智能高铁整体世界领先,智能公路实现自我预警、调节、修复,建成智能民航体系,水运实现高度智能化,所有综合交通枢纽全面实现智能化协同服务。

	2020年	2030年	2045年
目标	完成"十三五"信息化工作	实现出行智能信息服务与决策	公路运输高度智能化
实现路径 — 交通综合优化与智能决策	建设交通控制综合优化与智能决策系统	基于移动互联的综合交通智能化服务	推动交通系统集成智能化、网联化、协同化
交通基础设施智能化	建立公路基础设施监测、感知系统	交通基础设施全生命周期管理	交通基础设施自我预警、调节、修复
车路协同	制定协同系统建设标准	建立车路协同平台	高等级公路车路协同示范应用
科技创新应用	联网收费与多方式支付	全国联网平台及自动收费	互联网、人工智能等新技术应用

图 9-10　智能公路建设的目标及实现路径

		2020年	2030年	2045年
目标			铁路智能化水平显著提升	铁路智能化水平世界领先
实现路径	铁路建设	完成铁路"十三五"信息化工作	基于BIM技术的智能建造广泛应用，铁路建设过程精益、智慧、高效、绿色协同发展	深度应用基于BIM技术的智能建造，构建全生命周期一体化的智能铁路设施
	牵引供电		全面提升牵引供电系统技术水平和运行品质	全面实现牵引供电智能化
	列控系统		实现CTCS-3+ATO、CTCS-4+ATO下一代列控系统、智能行车调度指挥系统等的应用	实现列控系统向网络化、智能化发展，形成覆盖全线及所有运行列车的网络化控制系统
	调度管理		实现列车动态编制运行图	运输调度更加灵活化、智能化，实现运能与运量最佳匹配，最大限度提高列车使用效率
	客运服务		深化推动全过程旅客智能出行服务	全面普及全过程旅客智能出行服务
	货运服务		实现具备自动、自感知、自检测功能的智能货车；实现智能化、现代化立体仓储系统	铁路货物运输的自动化、智能化全面升级，实现全程智能化服务
	养护维修		实现全息自主感知的检测监测、智能维护，初步实现安全管理智能闭环系统	全面实现设备设施动态监测、自动诊断、远程分析、全环节联动控制，形成智能闭环系统

图 9-11 智能铁路建设的目标及实现路径

		2020年	2030年	2045年
目标		完成"十三五"信息化工作	推进智慧港口和数字航道示范建设	实现水运高度智能化
实现路径	智能港口	研究新技术在港口智能化中的应用	港口服务、生产组织等智能化	数据自动获取、分析，全面建设智能闸口、智能港口电子商务、智能电子口岸、智能联运管理平台
	智能航道	提高航道智能化服务水平	航道信息实时监测	利用大数据对航道状况进行预警及分析研判，进行智能化建养
	智能船舶	智能船舶标准建设	推行无人驾驶船舶	应用新技术实现船船、船岸协同

图 9-12 智能水运建设的目标及实现路径

		2020年	2030年	2045年
目标		完成"十三五"信息化工作	建成智慧机场及智慧航空枢纽	建成智能民航体系
实现路径	智慧机场	实施智慧机场示范工程	推广智慧机场建设	实施机场群协同管理运行
	新技术应用	大数据等技术在运维等方面应用	利用新技术实现航空关键技术自主化	建设机场网、航线网、信息网和服务网深度融合的现代民航运行体系

图 9-13 智能航空建设的目标及实现路径

CHAPTER FOUR

第四章
主要任务与战略重点

智能交通强国发展战略包括 3 项主要任务和 6 项战略重点,如图 9-14 所示。

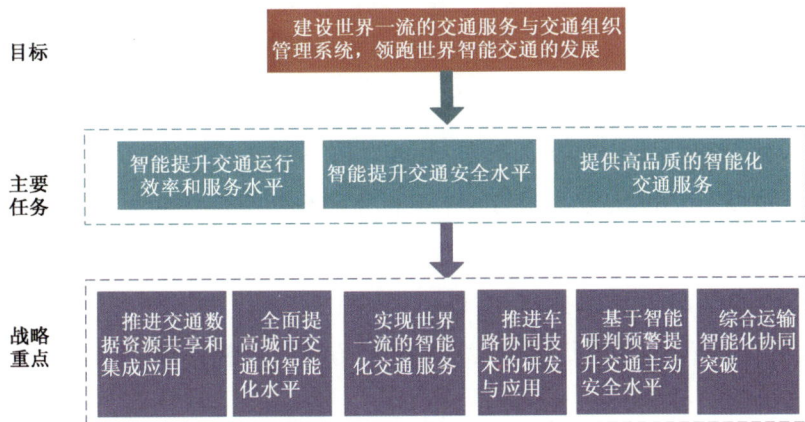

目标　　　建设世界一流的交通服务与交通组织管理系统,领跑世界智能交通的发展

主要
任务　　　智能提升交通运行效率和服务水平　｜　智能提升交通安全水平　｜　提供高品质的智能化交通服务

战略
重点　　　推进交通数据资源共享和集成应用　｜　全面提高城市交通的智能化水平　｜　实现世界一流的智能化交通服务　｜　推进车路协同技术的研发与应用　｜　基于智能研判预警提升交通主动安全水平　｜　综合运输智能化协同突破

图 9-14　智能交通发展战略构成

第一节　主要任务

实施交通强国智能战略,建设世界领先的智能交通系统,主要战略任务包括以下 3 个方面。

一、智能提升交通运行效率和服务水平

随着城镇化推进和机动车激增,解决交通拥堵已经成为中大型城市提升城市治理水平的一个关键任务。依靠智能交通解决方案和技术提高城市道路的使用效率是现代交通

的发展方向及未来趋势,在有效缓解交通拥堵等方面将起到重要作用。

1)推动技术创新,利用科技手段促进城市交通智能化发展,有效缓解交通拥堵

城市智能交通领域的创新主要包括 3 个层面:交通工具创新、交通管理方式创新、交通基础设施创新。

(1)城市智能交通工具的创新将颠覆居民的出行体验。当前,各汽车厂家及许多全球知名的互联网公司都正在积极研发自动驾驶技术,未来将能实现高度自动驾驶、甚至是完全的自动驾驶,自动驾驶汽车等新一代的交通工具将逐步进入城市居民的日常生活。由于计算机选择路线的规划能力强、执行驾驶行为的精准性高,自动驾驶能够明显地提高交通效率,降低拥堵。

(2)管理方式的创新将使城市交通系统得到全面优化。未来城市交通将不断升级和完善智能公交系统(包括智能公交调度管理系统、公交信息服务系统等)、智能交通管理系统、智能交通信号控制系统、智能交通管控平台、智能停车系统等,在物联网、车路协同、人工智能等新技术的支持下,在空间上打破城市内区域的"数字"壁垒,实现高效、全面的交通管理和协同,助力城市交通实现自动化、科学化、智能化的运营和管理,进入"随时、随地、随需"提供服务的新阶段。

(3)基础设施的创新将引领城市交通迈入全数字时代。基础设施的升级将涵盖市政交通、轨道交通及停车场设施等诸多方面,未来潜在的创新机会包括了智能交通信号控制设备、行人过街检测、智能公交站牌、智能诱导屏、智能信号灯等。基础设施的创新,有利于优化城市交通管理,缓解道路拥堵,为市民提供更好的出行服务。

2)推进公共交通和共享出行,构建多种出行方式"和谐共存、无缝衔接"的城市交通格局

物联网、大数据、云计算等现代科技的发展,为智能交通提供了强大的技术保障,使定制公交、共享巴士、网约车、共享单车、汽车分时租赁等多样化的共享出行方式得到快速发展。在多种出行方式共存的城市交通格局下,公共交通和共享出行势必会成为未来城市交通的主体,它将综合考虑出行经济性、便捷性及道路拥堵等因素,打通居民出行的最后一公里,向居民提供"随时、随地、随需"的出行线路和模式。

二、智能提升交通安全水平

智能交通的发展以"保障安全、提高效率、改善环境、节约能源"为目标,已经受到各国的重视。我国的智能交通也实现了快速发展,以智能化为途径,借助车路协同技术,可以有效地利用现有交通设施大幅度提升交通安全水平,推动交通事故"零死亡"愿景的实现,助力交通强国建设。

1. 智能交通安全预防预警

充分利用手机数据、交通数据、停车收费数据和气象数据等大数据,以智能化为手段,全面提高交通安全的感知、预测、研判、预警与预防能力;以需求为导向进行交通大数据的感知、获取、深度融合,建立多元化大数据的收集标准,并对数据进行多维度、多层次的深度挖掘分析;对多源数据进行分析,提高智能检测感知能力,对交通安全状态进行实时动态监控、态势分析预测和研判,并及时进行预警。

2. 交通安全对策方案自动生成

通过智能手段进行深度融合,深化提高主动交通安全系统对策的智能化水平,具体措施包括以下 3 个方面:一是实现智能技术与围绕人、车、路、环境的交通安全系统对策的深度融合,大幅提升交通安全水平;二是实现交通组织方案的智能生成,包括跨区域跨路网交通组织方案智能生成、区域协调控制、效果评估与动态调整等;三是实现一体化的智能信息服务,为交通安全提供强有力的信息保障,包括实时信息的推送、精准引导方案的形成、定制服务、危险信息逐级提醒等。

3. 建立智能应急救援体系

采用先进技术,通过智能化手段,着力提升交通事故紧急救援智能调度一体化的水平,为应急决策指挥提供辅助,提高应急救援能力,减少人员伤亡和财产损失。其建设重点主要包括建立"情指勤"(即基于交通情报的分析研判、基于分析研判结果的交通指挥和交通勤务)一体化的可视化指挥调度平台及精准勤务系统、构建跨区域跨路网的综合交通应急事件的应急预案及处置体系、完善智能量化的科学决策支撑体系、实现应急预案的智能生成与决策、加强多部门的协同作战能力。

三、提供高品质的智能化交通服务

作为交通的基本属性,服务既是发展交通的出发点,也是落脚点,是交通发展的根本追求。智能化作为未来交通发展的重要方向,其基本任务也是提高交通服务水平。

1. 促进"互联网 +"客运服务

在互联网技术飞速发展、国家大力推进"互联网 +"战略实施的背景下,如何利用互联网技术,提高出行质量、创新服务模式、挖掘服务需求,进而衍生更多的服务新业态,将成为下一阶段智能交通发展的主要任务。

(1)"互联网 +"出行信息服务。通过互联网技术,促进供需关系相关数据信息逐步对称、透明、精确,满足人们不同出行方式的需求,"互联网 +"出行信息服务是客运发展的趋势。

(2)"互联网 +"全程定制服务。"站到站"的服务方式完全不能适应市场发展的需要,定制化的服务(包括末端的全程出行服务)以其更加灵活、因时制宜的服务属性,已经成为未来出行服务发展的重要趋势。

(3)"互联网 +"出行服务转型。在未来出行服务市场更加细分的背景下,不同旅客之间的出行需求具有显著差别,应当把需求相似的出行者群体归类,对市场进行细分,挖掘服务需求,实现服务转型。

2.促进"互联网 +"货运服务

发展"互联网 +"高效货运对降低企业成本、便利群众生活、促进就业、提高全要素生产率、缓解交通拥堵等都具有重要意义。依托先进技术,创新货运企业经营和服务模式,将运输、仓储、配送等货运资源在更高的平台上进行整合和优化,扩大资源配置范围,提高资源配置的有效性,全面提升货运效率。

(1)推进货运信息平台建设提质增速。要充分调动各方积极性,发展货运信息平台,整合线上线下资源,打造线上线下联动体系,促进车货高效匹配;引入信用机制,发展第三方、第四方物流,组织开展道路货运无车承运人试点工作;完善相关管理政策,鼓励利用物联网等先进技术优化业务流程,提高货运流程标准化和货运过程可视化水平,促进货运的集约化、高效化、规范化发展。

(2)推动货物运输智能调度。鼓励企业利用大数据、云计算技术,加强货物流量、流向的预测预警,推进货物智能分仓与库存前置,提高货运链条中不同企业间的协同运作水平,优化货物运输路径,实现对配送场站、运输车辆和人员的精准调度。

(3)实现多式联运智能化发展。以出台多式联运发展推进办法的形式,支持多式联运公共信息平台建设,加快不同业务系统之间的对接,推动多式联运信息交换共享;培育智能化多式联运经营主体,在重点领域探索实行"一票到底"的联运服务,应用电子运单,探索完善海关多式联运监管模式。

第二节 战略重点

智能交通是实现交通强国的重要手段。全面建成世界领先的智能交通系统,实现智能交通领跑世界,是对交通强国战略的有力支撑。智能交通战略是建立大数据支撑下的智能交通组织、管理、运营、决策指挥和基于互联网的"门到门"客货运服务,具体包括以下

6 个战略重点。

一、推进交通数据资源共享和集成应用

建立大数据共享平台及基于共享平台挖掘数据潜在价值,建设行业应用系统。

1. 建设交通大数据共享平台

建立国家级、省级、市级三级大数据共享平台,数据逐级汇聚,形成覆盖全国、统筹利用、统一接入的交通大数据共享平台,实现跨层级、跨地域、跨系统、跨部门、跨业务的协同管理和服务。为此,应推进以下工作:制定数据接入、共享系列标准,整合交通基础设施数据、载运工具基础数据、交通运行数据、交通管理运营数据、交通出行数据及企业运营数据等交通相关数据,推动技术融合、业务融合、数据融合;制定数据安全管理规范。

2. 完善数据资源共享机制

依托交通大数据共享平台,建立数据的发布与公开机制、完善数据的共享政策、实施数据资源共享的法律保障、建立数据资源共享的利益协调机制,促进数据资源的共享,建立数据政企开放共享模式和机制。

3. 推动交通大数据深度应用

以交通大数据共享平台为基础,挖掘数据潜在价值,建立健全大数据辅助科学决策机制,从便捷交通信息服务、高效货物运输、智能交通管理、交通安全提升方面开展大数据行业深度应用,建立基于大数据的精细化交通需求分析、精准化交通设施评价、实时交通态势研判、动态交通问题诊断、科学交通方案论证。实现政府决策科学化、交通管理精准化、交通安全主动化、交通服务便捷高效。

4. 积极推进云技术在交通中的应用

推进云技术在交通中的应用,实现交通资源优化配置。从基础设施层、平台层、软件层搭建云架构,实现基础资源设施云化服务、平台数据云化服务及交通应用云化服务。

二、全面提高城市交通的智能化水平

以智能交通为手段,创新数据驱动的城市智能交通精细化管理,建设智能交通管理系列系统,实现集状态实时监控、态势动态分析、异常智能预警、应急可视指挥、管理科学精细、信息精准发布、设备全生命周期管理的智能化管理,提升城市交通通行效率,提高城市交通管理能力。

1. 信息全面感知及智能化分析研判预警

推动建立城市全面感知设施,基于大数据共享平台,建立闭环的全方位交通态势分析研判系统,利用大数据技术,对交通数据进行多维度的智能化深度分析研判,预测并进行交通运行状况的主动预警。

2. 交通运行状态实时监测、问题诊断及智能决策系统

借助大数据融合挖掘技术,对交通大数据进行分析,实现城市交通运行状态实时监测、交通问题自动诊断、动态交通组织优化、智能综合方案自动生成、优化方案仿真分析。

3. "情指勤督服"一体化可视化指挥调度

建立集情报分析、指挥调度、精准勤务、勤务督查、信息服务于一体的可视化指挥调度系统,对大数据进行分析生成情报信息,及时预警,实时进行指挥调度,进行精准勤务,实施勤务的可视化督导,建立移动可视化指挥调度系统。

4. 智能信号控制与诱导协同

建设基于大数据的精准信号控制系统,实现对城市交通的多种控制策略及控制模式,支撑公共交通的优先控制及区域协调控制。实施控制系统与诱导系统协同工作。建立交互式城市交通系统运行动态仿真平台。

5. 基于大数据的交通管理精准信息服务

建设基于大数据的交通管理精准信息服务,利用大数据分析技术,建立"数据+决策支撑",根据大数据分析的重点、热点、关注点,精准查处,针对性制定决策,打造决策制定新常态。在大数据共享平台的基础上,实现交通信息政府、企业、公众共享,以便发挥数据的优势,提高服务的质量。基于大数据互联网技术,推行网上办事,实现由"面对面"到"键对键",交管业务网上预约办理,打造惠民平台。

6. 交通设施云端运维管理

建设交通基础设施云端运维管理系统,实现对所有交通基础设施云化管理。实施交通基础设施身份制,建设交通基础设施可视化管理、设施实时状态监控管理、设施全生命周期管理、设施应用研判及预警管理,对运维管理数据动态分析,支撑项目建设决策,实施"大众举报式"运维管理。

三、实现世界一流的智能化交通服务

1. 高效便捷一站式智能客运服务

基于智能交通技术,建立高效便捷一站式智能客运服务系统,大幅度提高客运服务水平,通过行车、停车、枢纽换乘、末端出行以及应答式定制服务等各个环节的智能化,实现"门到门"的一站式高效便捷服务。

1)智能公交系统

(1)建设先进的智能公交管理系统,分阶段逐步完善公交运行管理、公交安全、公交信息服务、公交绩效管理、公交优先控制、智能需求应答型公交服务、多样化与个性化服务等功能。

(2)推广多样化智能公交服务。上下车智能缴费,从一卡通支付、手机支付逐步过渡到无感支付;基于移动终端的车辆到达和停站时间的精准预报和车辆位置的精准预测;智能 VR 车载系统。

(3)推广智能化公交设施与车辆。设置智能化交互式公交站点、VR 人车互动。随着自动驾驶技术的发展,逐步推广专用车道的载货汽车、特定场景的公交车以自动驾驶方式运行。

2)智能停车系统

建立智能化停车管理系统,实现快速、精准停车,其战略重点主要包括以下几点:

(1)建立智能停车管理平台,实现区域范围内停车场和停车位的统一管理和共享。基于停车资源,能够实时发布停车位的精确位置和数量,并进行智能预测。

(2)引进自动停车系统,提高停车效率。研究并引进新技术,最终实现自动泊车。

(3)利用新技术建立自动化停车收费,推进无感支付、电子围栏技术,减少进出停车场的时间,从当前的人工收费迅速过渡到 RFID 支付和手机支付,最终实现无感支付。

(4)便捷的停车诱导系统。分城市级别逐步实现城市停车分级诱导,停车场入位引导。

3)智能枢纽系统

交通枢纽是便捷高效出行的关键点,建立智能化交通枢纽,提高出行效率和服务水平。

(1)建立完备的运行监测系统。信息的获取是所有功能与服务的基础,实现对周边环境中实时车流、人流的全范围、全天候的监测和交通需求信息获取尤其重要。实现信息的快速获取,才能对数据进行分析整合,进而做出科学智能的研判。

(2)建成智能分析决策平台。建成"枢纽大脑",智能分析决策,实现基于需求的监测和预测,提供科学的人力、运力供给,并且实现不同交通方式、不同线路时刻表的协同。

(3)增加快速便捷的公众服务。为了实现高效的疏散,各个环节都必须便捷,减少瓶颈区的形成。例如,利用智能的无感安检技术的应用和普及,自助售票、取票、充值等服务的全覆盖,精准预测出行时间并且实时发布给出行者,把等候式的车站提升为通过式的车站等。在衔接方面,不同方式之间的换乘,需要时刻表的协同以及枢纽内部智能引导,以便减少乘客的逗留时间。

(4)稳定的安全防控与紧急救援系统。应用智能技术,全面形成集多种运输方式日常运行监测、重点运行指标分析、预测预警和突发事件应急处置为一体的平台,实现重大事件动态预警准确率≥99%,并且能够自动地采取减少危害的措施。

4)智能慢行系统

基于绿色可持续发展,城市必须优先发展集约化的公共交通。在城市公共交通出行链中,出行时间是制约公共交通分担率的重要因素,其中两端的慢行交通尤甚。建立智能便捷、连续的慢行交通迫在眉睫。主要的两项任务如下:

(1)附近公共交通站点的智能引导。出行者骑自行车或者步行的时候,不方便停下来查看地图或者手机,这种情况下,街边的智能引导设施或者无线的智能语音引导设备等智能化的引导工具将有很大帮助。

(2)智能共享单车。运营公司利用大数据获取和分析技术,实现需求与供给的匹配,进而制定科学合理的调度计划;利用电子围栏、电子信用体系,解决单车停放和损坏的问题。

5)开发一站式出行服务平台软件

开发一站式出行服务平台软件,具有出行路径规划、出行方式选择、出行配套服务、点对点出行服务、按需出行一站式服务等功能,实现个性化、多样化、全过程、预约式服务等多种智能服务方式。行前,为用户提供全环节、全方式的综合出行规划,提供包括酒店等出行相关信息,并完成对所有阶段的具体组织,一次性付费;行中,可获得实时信息,对行程进行再安排;行后,可便捷办理报销等后续手续。

2."门到门"一单式智能货运服务

利用互联网等先进信息技术手段,重塑企业货运业务流程,创新企业资源组织方式,促进线上线下融合发展,提高仓储、运输、配送等货物运输环节运行效率及安全水平。

(1)完善智能货物运输设施网络。鼓励货运骨干企业、行业协会、公共服务机构等各类市场主体参与云(云计算)、网(宽带网)、端(各种终端)等智能货运基础设施建设。

(2)建设智能货运应用云平台,实现全程可视、智能可控,提升智能货运水平。推动货运物流的全链条一体化信息服务与运输服务。大力发展"零库存"等新型货运组织模式,满足不断分层化、分散化和细化的市场,紧扣用户体验、产业升级和消费升级需求,敏捷应对供应链的各种调整和变化,大幅提高货运效率。

（3）大力推广多式联运和共同配送。推动使用货运电子运单，建立包含基本信息的电子标签，形成唯一赋码与电子身份，推动全流程互认和可追溯，加快发展多式联运"一单式"运营。建立货物多式联运调度联动系统。

（4）加强先进货运技术研发与应用。围绕产品可追溯、在线调度管理、智能运输、配货等重点环节，基于物联网技术，开展货物跟踪定位、无线射频识别、可视化、移动信息服务、导航集成系统等关键技术的研发应用。推动货运车辆自动驾驶技术的研究和应用，优先考虑在高速公路中的应用。

四、推进车路协同技术的研发与应用

突破前沿技术，建成完善的智能网联系统。

（1）强化车路协同基础理论研究，做好顶层设计。完善自动驾驶测试及上路行驶标准法规，实现自动驾驶技术赶超。基于我国交通在大数据、物联网、5G 移动通信、北斗卫星导航、人工智能研究、相关基础设施建设（数字地图、道路设施）等方面的相对优势，闯出一条综合成本低、建设速度快的车路协同技术发展道路。

（2）智能网联综合技术引领：充分挖掘创新资源，加强开放合作、协同研发，大力开展复杂系统体系架构、复杂环境感知、智能决策控制、人机交互及人机共驾、大数据应用、信息安全等基础前瞻技术研究。

（3）道路基础设施智能化提升：分阶段、分区域推进道路基础设施的智能化建设，逐步形成多维监测、精准管控服务能力；统一通信接口和协议，推动道路基础设施、智能汽车、运营服务提供商、交通安全管理系统、交通管理指挥系统等信息互联互通。

（4）智能汽车大数据云控基础平台逐步建成：重点开发建设逻辑统一、物理分散的云计算中心，标准统一、开放共享的基础数据中心，自主可控、安全可靠的云控基础软件。

（5）智能网联汽车示范区重点推进：重点利用机场、港口、矿区、工业园区和旅游景区等相对封闭区域，相关部门设定的城市公交道路等开放区域，以及北京冬奥会和通州副中心智能交通、雄安新区智慧城市等重大工程建设，开展智能汽车示范运行。

（6）加快标准与规范建设：明确车路协同信息交互技术路线和标准，研究确定我国智能网联汽车专用短距离通信频段及相关协议标准，规范车辆与平台之间的数据交互格式与协议，制定车载智能设备与车辆间的接口标准，研究制定车辆信息安全相关标准。

五、基于智能研判预警提升交通主动安全水平

以智能化为途径，大幅度提升交通安全水平，推动交通事故"零死亡"愿景的实现，助力交通强国建设。

1. 交通安全智能分析研判体系建设

进行交通安全数据信息智能感知、融合;生成精准预警与建议方案;建立基于大数据、"互联网＋"的实时交通信息服务与精准诱导系统,实现多途径的一站式出行服务;实施跨区域跨路网的交通组织与控制;促进违法事故紧急救援一体化。

2. 交通安全设施智能化提升

建立动态智能的安全隐患排查治理体系;定期对路网进行安全隐患的普查与整改,建立动态智能的设施状态反馈体系;建设科学合理的智慧道路,包括安全辅助车道、智能道路设施、智能安全通道,促进车路协同,提高交通安全水平。

3. 智能安全大通道建设

推动制定交通安全大通道建设标准,加强基础通用、设施设备、技术、管理、服务等标准制定和修订工作,强化标准实施和推广;进行智能安全大通道顶层规划设计,加强交通管理与气象信息等领域深度融合,实现智能安全管理;实施智能安全大通道示范工程,选取物流运输量大、交通安全问题突出的道路作为示范通道,着重进行建设实施。

4. 提高车辆安全水平、智能水平、改善车辆技术状况

提高车辆智能化水平,提升车辆的主动安全性能,加强机动车安全装置的研究和推广;科学发展智能驾驶、辅助驾驶等智慧车辆技术。

5. 利用智能化手段规范交通行为、促使交通安全文化的形成

精准智能执法,提高交通违法成本;利用智能化手段,创新宣传教育理念,丰富宣传形式与内容;综合措施,规范交通行为,培养良好交通意识,促进交通文化的形成,提高交通文化自信。

6. 利用智能化手段,建设全社会交通安全防控体系

以提高交通安全水平为目标,以智能化科学化交通管理为途径,通过综合运用交通工程、现代化交通管理手段、全社会齐抓共管的管理模式,进一步有效遏制和扭转道路交通安全工作面临的严峻形势,减少交通事故,切实稳步提高交通安全水平,为社会经济发展构建有序、安全、畅通、高效、节能、环保的和谐交通环境。全面建立具有各城市特色的交通安全社会防控体系。实现全社会一体化的防控网络体系、教育体系、工程体系、救援体系,创建全社会共同参与提高交通安全水平的社会环境。

六、综合运输智能化协同突破

综合运输智能化发展包括智能公路、智能高铁、智能水运、智能航空 4 个方面。综合运输智能化发展战略重点包括提出公路、高铁、水运、航空智能化运营、管理、服务发展战略，以及公、铁、水、航设施和装备的智能化建设。

1. 智能公路战略重点

智能公路的战略重点包含以下 3 个阶段的内容。

1）出行智能信息服务、交通综合优化与智能决策

在"互联网＋"时代下，用户出行需求不断增加，社会公众对公路出行信息服务在开放度、及时性和便民度等方面的要求越来越高。为了实现公众出行信息服务的信息化、现代化、集成化和智能化，可以充分利用先进的科学技术及移动互联网和智能终端的便利条件，方便公众出行，如：利用基于大数据的智能调度、路径规划、交易引擎等人工智能技术，搭建一站式公共出行服务平台；建设实时动态、高效统一、适合居民出行需求的实时交通诱导服务系统；建立集地理信息系统、交通信息管理和交通信息服务于一体的综合性交通信息服务平台。

融入物联网、云计算、大数据、移动互联、人工智能等高新技术，提供基于移动互联的综合交通智能化服务、开展交通系统运行态势精确感知和智能化调控、建立智能物流网络与物流系统，汇集交通信息，对海量的交通信息进行比对碰撞、关联分析和趋势预测，挖掘规律，整合交通系统，实现智能化主动管理、一站式出行服务、科学决策等，引导交通系统各组成部分集成智能化、网联化、协同化发展。

2）科技创新应用

利用"互联网＋"公路、大数据、云计算、自动驾驶、用路者行为和感知、车路协同等新技术应用，强化公路交通科技创新，将科技创新贯穿于公路交通发展的全链条。推进智慧公路建设，应充分把握世界科技发展新趋势和交通运输需求新特征，不断推进理论创新、科技创新、管理创新和产业创新。加强基础理论与关键政策研究，深入总结发展规律，不断丰富中国特色公路交通发展理论。突出科技创新的引领作用，对标国际先进水平，突破一批重大共性关键技术，推动科技成果推广运用。加快云计算、大数据等现代信息技术集成创新与应用，实现基础设施、生产组织、运输服务、决策监管智能化，全面提高管理的精细化水平。全面推进"互联网＋便捷交通""互联网＋现代物流"，推动公路交通产业智能化变革，促进共享交通等新产业、新业态蓬勃发展。

3）基础设施与人车交互、自动驾驶

综合运用信息技术、通信技术、电子控制技术、计算机技术以及智能驾驶技术等，通过

在重要道路上覆盖传感器,构建智能汽车系统、智能道路系统、车路协同系统,改变车路分离的现状,在车路之间、车车之间建立有效的信息沟通,从而使人车路协同交互技术更完备,智慧公路和新型运输工具更普及,极大地提高车辆与道路资源使用效率,减少交通事故的发生。

自动驾驶是汽车产业与人工智能、物联网、高性能计算等新一代信息技术深度融合的产物,是当前全球汽车与交通出行领域智能化和网联化发展的主要方向。自动驾驶的关键在于设计具有感知、计算、通信、决策等功能的新型体系架构,构建具备数据融合、高速计算、智能决策、协同控制能力的智能计算平台。一方面,作为自动驾驶关键环节的环境信息获取和智能决策控制依赖于传感器技术、图像识别技术、电子与计算机技术与控制技术等一系列高新技术的创新和突破;另一方面,自动驾驶的普及还存在一些关键技术问题需要解决,包括车辆间的通信协议规范、有人和无人驾驶车辆共享车道的问题、通用的软件开发平台的建立、多种传感器之间的信息融合以及视觉算法对环境的适应性问题等。

2. 智能铁路战略重点

智能高铁的发展离不开物联网、大数据、云计算、移动互联、人工智能等新一代信息技术的推动,在建设过程中,应以"交通强国、铁路先行"为目标,以大数据服务平台作为纽带,着力建设智能客运、智能列车、智能基础设施、智能调度等相关系统,实现海量数据可挖掘、设备状态可诊断、行车安全可预警、运营变化可感知、发展趋势可推断、辅助决策可支撑。

1)智能列车

研发智能动车组。以"复兴号"动车组平台为基础,研发工作状态自感知、运行故障自诊断、导向安全自决策的智能动车组。推动网络化、智能化列车运行控制系统(智能化列控系统)。采用卫星导航、自动驾驶、人工智能、新一代无线通信(Long Term Evolution for Railway,简称 LTE-R)等技术,实现高速动车组自动驾驶下一代列控系统(CTCS-3 + ATO、CTCS-4 + ATO)、智能行车调度指挥系统等的应用。

研究容量更大、可靠性更高、速度更快的车地通信、地面通信技术。通过地面局域网、广域网及车—地间的无线通信网,将控制中心、车站及列车连成一个覆盖全线及所有运行列车的网络化控制系统,使各类信息传递和沟通更顺畅,大大提高列控系统性能,提升列车运行效率及旅客服务水平。

2)智能基础设施

构建基础设施智能检测监测系统。建设关键道岔状态的智能感知和安全预警系统,强化智能数据分析处理及应用。建设智能供电系统。构建由供电装备、供电调度、供电运行管理及通信网络组成的智能供电系统,实现智能故障诊断、预警、自愈重构等功能,形成供电系统健康评估体系。深化研究接触网装备服役性能及全寿命周期管理技术。研究网络、信息、大数据融合的智能供电技术、"互联网＋供电"信息化运维管理和决策系统、供电系统及装备故障预测与健康管理技术,深化研究牵引供电系统运行可靠性和维修维护技术。

3)智能客货运输

深入开展面向全程智能化出行的旅客服务。研究应用购票、进站、候车、乘车、出站(换乘)等全过程旅客智能出行服务技术,研究市场监测技术、票额智能预分和调整技术、电子客票技术、基于人脸识别自主实名制核验技术、无感支付技术、无感安检技术、站车Wi-Fi运营服务及优化技术,研发站内智能导航系统、站台引导标识系统,实现旅客安全、快捷、舒适、绿色出行。

提升铁路货物运输的智能化、自动化水平。根据货车运行状态和负载情况实施优化维护,保障车辆安全运行。开发具备智能化识别、分拣、分单、仓库管理功能的现代化立体仓储系统,提升仓储和物流效率。通过信息系统集成和智能化装备,实现全程跟踪及智能配送。

4)智能调度指挥

采用多层域数据融合与列车运行态势预测技术,构建基于人工智能的高铁智能调度指挥系统,开展基于客货运量实时预测的列车运行图动态调整方案研究,在大数据分析技术的基础上,研究客流统计、预测的新方法和列车开行方案,实现智能动态调度、智能协同控制、智能换乘调度、智能故障诊断等功能,达到路网整体列车调度效率最优,提升系统应急决策和处置能力,提高运营效率和旅客满意度。

5)智能安全保障

建设风、雨、雪等自动监测与报警系统,实现地震预警及自动应急处置、沿线非法入侵自动报警等功能。

6)智能养护维修

基于环境全息自主感知的检测监测技术。研究基础设施、移动装备关键部件远程实时状态监控,实现设施设备状态自主诊断、预测、修复。利用无线通信技术、大数据分析技术等,将设备状态检测、灾害预警等相关信息与调度、养护维修、应急处置等相关环节进行联动控制,形成安全管理闭环系统。

7)智能工程建设

综合采用云计算、物联网、大数据、人工智能、移动互联网等先进技术,研究基于BIM的工程建设数字化管理信息平台,推进以BIM(＋GIS)为支撑的智能建造,完成施工过程及试验现场数据的自动采集和信息互联,实现铁路工程建设过程的精益、智慧、高效、绿色协同发展,构建全生命周期一体化的智能铁路设施,提升施工管理水平,确保建设质量安全,降低建造成本。

3. 智能水运战略重点

智能水运的战略重点包括以下 3 个方面内容。

1）加强水运信息化顶层设计

加强水运信息化顶层设计，促进互联网和水运的深度融合。以"互联网＋"上升为国家战略为契机，推进物联网技术、大数据技术、云计算技术、地理信息系统（GIS）等技术在港航中的应用。

2）建设智慧港口

借助物联网、云计算、大数据、"互联网＋"等现代信息技术，基于港口供应链思维，实现物资资源的无缝对接联动，建设信息化、智能化、最优化的现代港口，使港口具备生态环境和谐化、物流资源集约化、港城融合一体化、技术装备现代化、管理运营科学化和服务智能化。

开展智慧港口示范工程建设，着力创新以港口为枢纽的物流服务模式、安全监测监管方式，推动实现"货运一单式、信息一网通"的港口物流运作体系，实现货物实时追踪、全程监控和在线查询，促进港口服务智能化。

积极推广生产作业智能调度系统及全自动码头技术，不断提高设备自动化、智能化水平，提升作业效率，完善港口智能感知和数据采集系统，实现基础设施的智能化。

推动港口闸口智能化，加快港口商务、物流单证等无纸化和服务全过程的网络化。

推进和铁路、水路、公路等不同运输方式的运输企业间物流信息的开放共享与互联互通，推进水运生产组织的智能化。

3）加快建设数字化航道

加快建设数字航道，逐步实现国家高等级航道管理数字化、运行智能化。积极推进船联网技术应用，扩大船舶电子签证、船舶过闸水上 ETC 系统等电子化服务的范围，逐步实现船舶电子监管、船闸调度运行的区域性联网。

4. 智能航空战略重点

智能航空的战略重点主要包括以下 2 方面内容。

1）建设智慧机场

实施智慧机场示范工程，以枢纽机场为重点，加强机场新技术的研发应用，推进机场安全防范、生产运行、旅客服务和商业运营等业务环节的集成创新，推动机场管控模式、服务模式的革命性变化，实现"智慧运行""智慧服务"和"智慧管理"。

2）机场网、航线网、信息网和服务网深度融合的智能民航体系

目前，航空信息网络正在向实时化、智能化和先进化方向发展。应当基于先进的卫星

导航、人工智能、航空运输等高新技术,围绕机场运行、安全管理、服务提升等方面,开展更加广泛的对接,打破目前机场间的地域限制,通过互联网共享服务信息和服务产品,不断拓展智慧机场群,促进交通资源合理利用和科技创新,加速互联网对民航业的智能升级,实现客票销售、航空服务、航班运行、公司管理、空中交通管理、安全保障等各个环节的智能化管理,促进机场网、航线网、信息网和服务网深度融合的现代民航运行体系全面发展,形成安全高效、通畅便捷、绿色和谐的现代化航空服务体系。

第五章
保障措施

一、制定国家智能交通发展的顶层规划及行动方案

统筹协调,全面考虑,制定智能交通发展的顶层规划;加大对智能交通项目相关问题的研究力度,建立科学的智能交通应用的绩效评估和水平测试体系,对有关政策和资金投入效果进行综合评价;由政府建立智能交通顶层规划制度,加强统筹协调,有序推进智能交通系统建设,避免建设系统不实用、不能用;制定智能交通行动方案计划。

二、完善智能交通领域法律法规,统一智能交通相关规范标准

1. 完善智能交通领域法律法规

根据我国智能交通技术的发展特点和实际应用,尽快制定完善该领域相关法律法规,引导行业健康发展。加强车路协同应用标准建设,推动自动驾驶安全事故责任认定标准的制定与实施。健全与行业发展相适应的税收制度,明确车辆、驾驶员等生产要素的市场准入标准。制定交通互联网服务标准,明确交通互联网服务企业及相关方的权利、责任和义务等。

2. 统一智能交通相关规范标准

结合我国国情,本着先进、实用、标准、绿色的原则与理念,完善智能交通基础标准体系建设,制定智能交通管理、交通综合运输管理、智能交通服务、智能交通技术应用等智能交通相关标准。强化各类标准衔接,构建完善的标准体系。制定交通运输数据交换共享标准,探索建立行业间、区域间、政企间数据交换标准。强化行业基础性标准执行。依托境外交通投资项目,带动技术和服务等标准走出去。

三、创新智能交通建设发展机制,加强各部门协调

建立包括交通、公安、建设、工信、发改等各职能部门在内的城市智能交通建设一体化协调机构或机制,打破行政壁垒,推进智能交通系统协调建设。实现规划、设计、建设、运营四同步。

四、加强智能交通行业监管,营造公平竞争市场环境

1. 创新行业监管模式

以发展战略新兴产业为契机,在智能交通开发市场等方面给予相关的扶持政策,加强智能交通行业监管,尽快形成有效的市场竞争格局。全国各地应建立和健全部门联动协同管理机制,依法规范智能交通领域新产业发展,不断创新行业监管模式,提高监管水平,实行透明化监管。

2. 构建公平有序的市场环境

营造公平的市场竞争环境,鼓励多方参与,避免垄断,避免恶性竞争。制定相应的政策,鼓励多方参与到智能交通的建设中来;制定相应的法规、法律,避免市场上出现寡头垄断的情况,维护良好的市场环境。对于适合独立运营的智能交通项目,在统一监督管理下,采用"政府授权、投资收益、公平竞争"等方式,进行独立的商业化运营;推动鼓励第三方机构采用商业化运营模式为政府或者企业提供服务;鼓励企业以合资、合作等多种方式,参与智能交通项目建设和运营。

五、健全智能交通科技创新与科技人才培养制度

制定智能交通科技创新制度,奖励智能交通科技创新,鼓励研制具有完全自主知识产权的技术、产品。在智能交通领域人才队伍建设方面,有计划有目的地培养一批精通技术、掌握行业发展趋势、熟悉标准化工作程序、具有国际领先水平的高层次智能交通专项技术型人才和复合型人才,满足智能交通快速发展需要。建立科技人才培养制度,加强对参与智能交通工作的各种类型人员的培训,促进人员间的交流,加大对从事智能交通开发和应用服务工作人员的激励和表彰。

六、加强智能交通领域对外交流与开放,增加国际影响力

创造环境加强对外交流与开放,加强与其他国家的政府机构、国际社会企业和组织、国际高校和研究机构的交流合作。加强国际重大项目合作,以交通管理、交通安全、节能减排等重大国际项目为依托,加强智能交通技术、应用、标准等领域的广泛合作,注重对合

作项目的消化吸收和再创新。鼓励我国智能交通重大项目的国际技术招标,探索先进领域的合作,多层次地推进智能交通合作与交流。建立联合实验室或研发中心,支持在双边、多边科技合作协议框架下,实施国际合作项目。建立内地与港澳台地区的智能交通领域合作机制,加强沟通与交流。

坚持对外开放,持续优化环境,大力吸引国外资金、技术和人才,加强国内外技术交流与合作,重点吸引有实力的跨国公司在我国建设高水平的智能交通研发运营中心。鼓励相关企业、政府机构等开展智能交通相关的国际技术交流活动。

第六章 示范工程

智能交通强国战略示范工程共有 6 个,具体见表 9-2。

智能交通强国战略示范工程列表

表 9-2

序 号	目 的	示 范 工 程
1	实现交通数据共享与智能决策系统	大数据共享平台与智能决策系统
2	缓解城市交通拥堵示范	区域智能交通管理控制系统
3	智能公共交通系统示范	智能公交系统
4	智能停车服务示范	智能停车系统
5	智能货运安全大通道示范	智能货运安全大通道建设
6	自动驾驶应用示范	车路协同系统

第一节 大数据共享平台与智能决策系统示范

一、示范意义

(1)实现交通数字化、网络化、智能化管理。

(2)实现交通大数据的共享、开放及数据的深度利用,在此基础上进行交通智能化决策。

二、实现目标

(1)到 2020 年,全面布设交通信息感知检测器,加快完善数字基础设施建设,实现城市群间交通的数字化、网络化管理,实现交通数据资源在区域范围内的共享。

(2)到 2030 年,在城市群范围内推动实施国家大数据战略,实现跨区域、跨部门、跨行业的交通数据资源整合和开放共享,保障数据安全,进一步提高数据资源利用的质量和效率。

（3）到 2045 年,实现基于大数据平台的城市群交通智能管理与服务,满足交通出行绿色、智能、人本、共享、创新的需求。

三、主要示范内容

1. 交通信息全面实时采集系统

建设系统自建与数据共享互补结合的交通数据采集系统和需求导向的交通数据采集专用系统,实施跨部门、跨区域、跨行业数据共享,实现全领域、全天候、全方位交通数据采集。

2. 建设基于云架构的大数据共享平台

为实现多元化数据采集、交换及共享,应做到:规范数据接入格式,完成多源数据采集接入及交换共享标准,实现信息共享;搭建数据共享平台的云架构;建立数据安全管理机制。

3. 建设基于大数据共享平台的智能决策系统

以大数据共享平台为基础,对大数据进行深度分析研判,建立智能决策系统,实现交通决策科学化、智能化。

第二节　区域智能交通管理控制系统示范

一、示范意义

（1）通过对行车秩序的有效管理,改善交通流无序、混乱的状况,使各种交通流在城市交通网络中处于有序、通畅的运行状态。

（2）大幅度提高城市交通运行效益,最终达到降低能耗,减轻污染,加快人流、物流的运转,改善城市投资和居住环境。

二、实现目标

（1）到 2020 年,充分利用先进的计算机网络、多媒体、智能控制、GIS/GPS 技术、模糊识别、人机交互等技术,强化交通组织与管理控制功能的集成,实现信息共享、综合利用。

（2）到 2030 年,促进多系统、多部门协同作战,力争建成信息掌握及时准确、指挥调度有方、服务多样、易扩展互连的现代化智能交通管理控制系统,对道路交通态势进行监测、研判,从而对道路交通进行控制、指挥与处置。

三、主要示范内容

1. 立体化的交通综合监控与防控

建立空中、高点、地面立体化监控系统,以及区域出入口、区域内通道和主要道路的电子围栏系统,实现立体化监控与防控管理。

2. 基于大数据的实时交通状况分析、拥堵问题诊断与对策智能化生成系统

建设基于大数据的实时交通状况分析、拥堵问题诊断与对策智能化生成系统,能够实现:对交通运行状态、热点区域实时监控;交通拥堵状态判别、常规拥堵原因分析、突发拥堵原因分析;对交通发展态势进行研判分析,对交通状态进行动态预警;自动生成并审核实施交通管理方案。

3. 多方式智能综合执法

建立多方式智能综合执法体系,包含非现场执法、高空无人机执法、"行走机器人执法""随手拍"大众执法等,提高执法效率,开展人性化执法。

4. 建立"情指勤督服"一体化的可视化指挥调度及精准勤务系统

利用大数据分析研判平台,对大数据深度分析,生成情报信息,指导交警执勤。根据实时精准的情报信息,进行可视化指挥调度,实现多部门联合作战和移动指挥调度。实施基础勤务、单兵勤务、卡口勤务等,实现实时精准执法与交通管控。

5. 建立新一代智能信号控制系统

在传统检测器的基础上,接入大数据,优化信号控制。实现自适应控制、干线协调控制、区域协调控制、公交优先控制,信号控制方案能够自动生成并自动切换。整合区域内现有信号控制系统。

第三节　智能公交系统示范

一、示范意义

(1)智能公交对实现城市公交创新管理的跨越式发展具有十分重要的意义,提升了城市交通的信息化和智能化水平。

(2)提高公交智能化运营管理水平,降低公交运营成本,提升公交服务质量,提高公交

出行效率,建立便捷、高效、舒适、智能的公交系统。

二、实现目标

建立集智能设施与车辆、智能收费、智能运营管理系统、智能工具服务于一体的智能化公交系统,打造绿色、智能、安全、高效的城市公交系统。以人为本,实现便捷、高效、满足多样化需求的公共交通服务。运用先进技术,促进智能交通管理的科学化、智能化。

三、主要示范内容

1.智能化交通设施与车辆

(1)触摸交互式智能公交电子站牌;
(2)智能公交站台;
(3)公交车内实时监控和一键报警。

2.智能收费

(1)公交车车票手机支付:支付宝、微信;
(2)公交车车票"刷脸"支付。

3.公交智能集成管理系统

为公交企业提供"一站式"的服务系统,将智能化调度、车辆运营监控、视频监控、线网分析、营运统计、决策分析、人事管理、维修能源管理等功能集中在一个系统平台上,形成一套适用于公交企业集成化的整体应用软件系统。推动公交企业智能化营运、数据化决策。

4."应答式公交"

通过移动互联网精准收集乘客的出行需求,根据需求动态调整线路,为公众提供个性化出行服务。

第四节 智能停车系统示范

一、示范意义

1.提升政府管理水平

汇聚停车场(位)信息,提升静态交通管理和服务水平。挖掘静态交通数据,为政府决策提供科学支撑。

2.提高便民服务水平

帮助市民便捷寻找停车泊位,缓解停车难问题。

二、实现目标

(1)到2020年,实现停车场之间的数据共享,构建统一物联网平台,进行资源整合,使停车资源得到有效利用。

(2)到2025年,实现高度自动化。通过移动支付自助缴费,使用传感器技术感知车辆泊入并自动计费,使用计算机视觉等技术实现快速识别,逐渐实现停车场无人化管理,节省人力资源。

(3)到2030年,实现城市级的智能停车系统搭建。通过传感器定位技术自动生成停车场布局图,为用户提供更精确的停车诱导、车位引导和反向寻车等功能。

三、主要示范内容

建立基于大数据和物联网的智能停车管理平台,其功能包括:
(1)停车信息共享。
(2)停车位预约。
(3)停车引导。
(4)反向寻车。
(5)自动缴费。

第五节 智能货运安全大通道建设示范

一、示范意义

提高货运在途运输安全水平和运输效率,降低物流运输成本。

二、实现目标

(1)到2020年,实现智能化货运安全大通道示范。
(2)到2030年,实现世界一流的货运安全大通道。

三、主要示范内容

(1)选取货运大通道、交通安全问题突出的道路作为示范通道。

（2）实现货运大通道安全状况智能分析、安全态势预测预报、安全与拥堵对策方案自动生成、方案自动生成与评价、基于多源数据的分析应用及规律发现的智能进化功能。

（3）制定智能货运专用通道规划建设标准。

（4）按照运能需求和设计标准设置满足需求的货运专用车道，实现货运车辆和基础设施的智能化。

（5）开发应用货运专用通道的智能综合管理系统。

第六节　车路协同系统示范

一、示范意义

通过将先进的自动驾驶、智能网联等技术应用于城市公共交通和长途货运系统，改变其现有的驾驶技术条件，减少疲劳驾驶，提高运行安全，缓解公共交通和长途货运驾驶员用工短缺的现象，探寻可复制、可推广的自动驾驶示范模式，实现公共交通和长途货运的智能化驾驶。

二、实现目标

（1）到 2020 年，完成自动驾驶公交系统和自动驾驶长途货运的智能驾驶环境搭建及基础设施的升级。

（2）到 2030 年，选择相对封闭的道路完成公共交通系统的自动驾驶示范，在货运专用通道上完成长途货运自动驾驶示范。

（3）到 2045 年，通过对自动驾驶系统的不断优化，在城市公交专用道上示范自动驾驶公交系统，在高速公路上示范自动驾驶货运系统。

三、主要示范内容

（1）自动驾驶公交系统在封闭道路示范。

（2）自动驾驶货运系统在货运专用通道示范。

（3）自动驾驶公交系统在公交专用通道示范。

（4）自动驾驶货运系统在高速公路示范。

参 考 文 献

[1] UTMS society of Japan. About UTMS：Universal Traffic Management Systems［EB/OL］.［2018-01-09］http：//www.utms.or.jp/english/system/index.html.

[2] 王晓松.欧盟所有新车将强制安装 eCall 紧急呼救系统［EB/OL］.［2015-03-06］https：//www.mfa.gov.cn/ce/cebe/chn/kjhz/kjjl/t1243452.htm.

[3] VICS Center. VICS：Vehicle Information and Communication System［EB/OL］.［2018-01-09］http：//www.vics.or.jp/en/index.html.

[4] 陆化普,李瑞敏.城市智能交通系统的发展现状与趋势［J］.工程研究-跨学科视野中的工程,2014,6(01)：6-19.

[5] U.S. Department of Transportation Federal Highway Administration. 511 Travel Information Telephone Services［EB/OL］.［2017-01-19］https：//ops.fhwa.dot.gov/511/.

[6] 徐勇.赴美国学习考察智能交通系统(ITS)的思考［J］.青海交通科技,2016(01)：28-31.

[7] Hiroshi Makino. Smartway［EB/OL］.［2013-08-13］http：//wiki.fot-net.eu/index.phpt？itle = Smartway.

[8] 邹华.日本 ETC 系统情况介绍［J］.广东经济,2007(12)：57-59.

[9] 北京理工大学自动化学院.日本智能交通介绍及其借鉴［EB/OL］.［2011-04-16］http：//www.doc88.com/p-3807936771693.html.

[10] 中华人民共和国科学技术部.国家重点研发计划重点专项实施方案［R］.北京:中华人民共和国科学技术部,2015.

[11] 石淑娟.公路交通智能化建设发展趋势分析与探讨［J］.中国交通信息化,2013(7)：28-29.

[12] 李蕊,李伟,吴勇.日本智能交通系统介绍及其借鉴［J］.中国交通信息化,2011(01)：123-126.

[13] 91 门户网站.互联网趋势报告聚焦摩拜单车 中国共享出行占据全球市场份额 67%［EB/OL］.［2018-02-06］http：//news.91.com/all/s59311ce4937c.html.

[14] 孙永乐.美国政府将启动互联汽车项目着重新技术［J］.玻璃钢/复合材料,2015(02)：98-99.

课题报告 10

交通安全发展战略研究

"零死亡"
交通安全愿景

课题组主要研究人员

课题顾问

王　安　凌　文　田红旗　吴有生

课题组长

严新平(组长)　徐　丽(副组长)

课题组主要成员

吴超仲　钟　鸣　刘　清　胡钊政　张　笛

贺　宜　吴　兵　梁习锋　王前选　张宇峰

熊　琴　赵　霞　贺菲菲　徐　园　舒　平

陈艳秋　朱玉斌

课题主要执笔人

严新平　张　笛

内容摘要 Abstract

　　交通运输安全事关亿万人民生命财产安全,事关国家经济社会发展与稳定,是实现交通强国的基本要求。本研究围绕实现"人民满意、保障有力、世界领先"的交通强国目标,以降低交通事故率、死亡率和提高交通系统安全可靠性为目标,围绕交通安全问题进行了系统研究。本研究所指的交通安全有三层含义,即:狭义的交通安全(减少交通死亡),交通应急救援体系与救援能力(交通应急能力)和交通军民融合程度(交通对国家安全的支撑作用)。

　　本研究首先深入剖析了我国交通安全现状和问题,系统总结了国内外交通安全发展趋势和提高交通安全水平的经验,分析了世界各国交通安全的发展趋势和交通安全对策体系,凝练了交通安全发展的总目标和阶段目标、路线图和战略重点,最后,提出了交通安全战略实施的具体保障措施和对策建议。

　　概括起来,本研究提出了"一个交通安全愿景目标、一个交通安全发展体系、一个交通安全支撑保障体系、一套交通安全提升任务"的交通安全战略,即:①实现"零死亡"交通安全愿景目标;②健全交通安全综合治理与防控体系和交通运输系统的安全标准与技术体系;③建立综合交通安全应急救援体系和交通军民融合发展体系;④实施先进交通系统安全科技创新工程和交通安全提升重点工程。

Abstract

Transportation safety concerns the life and property of hundreds of millions of people, the economic and social development and stability of the country, and is the basic requirement for the realization of transportation power. This study focuses on achieving the goal of " satisfaction by the people, powerful guarantee and world leadership" as a powerful transportation country, with reducing the rate of traffic accidents, mortality and improving the safety and reliability of the transportation system as the core, and systematically studies the transportation safety issues. Transportation safety in this study has three meanings: transportation safety in a narrow sense (reducing transportation mortality); transportation emergency rescue system and rescue capacity (transportation emergency capacity) and the degree of integration of military and civilian transportation (the supporting role of transportation on national security).

Firstly, the current situation and problems of transportation safety in China are deeply investigated, the development trend of transportation safety at home and abroad and the experience of improving transportation safety level are systematically summarized, the development trend and countermeasure system of transportation safety in the world are analyzed, the general goal and stage goal, roadmap and strategic focus of transportation safety development are concisely condensed, and finally, the concrete safeguard measures and countermeasures for the implementation of transportation safety strategy are put forward.

In general, the Transportation Safety Enhancement Strategy (TSES) is proposed, which includes "a Vision, an Enhancement System, a Supporting System, and a set of Improvement Measurements", that is: ① The "Zero Mortality" vision, ② A Comprehensive Management, Prevention and Control System and A Technology and Standards System, ③ An Emergency Response System and A Civilian-Military Collaborative Development System, ④Innovative Research Programs and Countermeasure Projects.

CHAPTER ONE

第一章
绪　论

第一节　研究背景

　　交通运输安全十分重要,事关亿万人民的生命财产安全,事关国家经济社会的发展与稳定。不断提高交通安全水平,实现交通"零死亡"愿景,是建设交通强国的基本要求。

　　近年来我国交通安全取得了很大成绩。持续开展了"6＋1"平安交通专项行动、"安全生产月"和"道路运输平安年"以及危险货物港口作业安全治理等活动。创新了安全监管机制,组织开展了安全生产风险管理试点工作,建立和完善了安全生产考核评价、诚信建设、风险管理、危险品运输安全监管等重要制度,初步形成了约谈、挂牌督办、责任追究等惩戒约束机制。水上安全通信系统、船舶动态定位跟踪监测实现了重点水域全覆盖。救助直升机、巡航救助船、大型打捞工程船、航标测绘船等有了新的发展,沿海立体监管救助体系初步形成。在交通运输事故方面,整体体现为"四降一升",即道路、水路、铁路和民航交通事故数量和事故总量明显下降,较大以上事故数量明显下降,主要相对指标明显下降以及安全生产水平较大提升。

　　在取得成绩的同时,也应该清醒地认识到我国交通安全仍然存在较大的不足,安全生产形势不容乐观,尤其是在道路交通安全方面,无论是死亡人数总量,还是万车死亡率等指标,与交通强国标准相比都有显著差距;水路运输时有重大事故(件)发生,如2015年"8·12"天津滨海新区爆炸事故以及2015年"6·1"东方之星旅游客船倾覆事件等。我国交通安全还面临着严峻挑战,交通安全水平还有待进一步提升。

　　党的十九大报告指出,要"树立安全发展理念,弘扬生命至上、安全第一的思想,健全公共安全体系,完善安全生产责任制,坚决遏制重特大安全事故,提升防灾减灾救灾能力"。

面对交通运输行业安全发展新形势和新任务,深度分析我国交通安全发展态势、存在问题和症结,找出制约我国交通安全发展的主要瓶颈,同时结合未来交通发展特征,在充分借鉴国外交通安全发展经验的基础上,探索我国交通安全发展战略和实施路径,既是保证人民生命财产安全的需要,也是交通行业健康持续发展的保障,更是贯彻习近平总书记关于实现中华民族伟大复兴"强国梦"的必然要求。

第二节 主要结论

本研究借鉴国外发达国家交通安全战略经验,结合我国经济社会和交通科技发展趋势,分析我国交通安全面临的机遇与挑战。在此基础上,确定我国新时代交通安全发展的主要任务和重点战略,并围绕交通运输高质量发展这一主线,系统探讨了实现交通强国的安全对策、战略重点、关键举措以及政策与对策建议。本研究的主要结论如下。

一、交通安全存在的主要问题

从我国道路交通、水路交通、民用航空、铁路运输和城市交通的安全数据来看,道路交通事故死亡人数基数大,水路交通安全指标稳中有降,民用航空各项安全指标稳居世界前列,铁路运输安全持续稳定,城市轨道交通成为城市交通安全新的重点。

交通安全存在的突出问题主要表现在:①交通安全管理职能分散,综合治理体系缺乏;②交通运输安全技术标准偏低,市场调控能力不足;③农村道路交通安全管理缺失,交通参与人员素质相对偏低;④内河救助打捞整体力量不足,应急救助能力极其薄弱;⑤民航安全和效率之间矛盾突出,智能决策技术手段不完善;⑥铁路运输安全风险犹在,安全管理体系有待加强;⑦城市轨道交通系统人员密集,安全保障能力有待提升。

二、"零死亡"交通安全战略愿景目标

本研究比较分析了美国、加拿大、日本、韩国、新西兰、澳大利亚等发达国家的交通安全发展政策、交通安全技术发展导向和开展的重点交通安全行动计划。发达国家相继提出了"零死亡"的交通安全发展愿景,并构建了精细与完善的法律与标准规范体系,建立了一整套完善的交通安全政策与措施,鼓励将先进技术(如车联网、自动驾驶、大数据、人工智能、虚拟现实等)作为提升交通安全的重要手段,将跨国交通方式(如民航和航运)的运行管理纳入国际公认的安全体系,持续制订重点交通安全行动计划,将提升交通安全落到实处。

随着未来交通的不断发展,未来交通安全也将面临新的风险和挑战,诸如综合交通运

输系统韧性不足,基于高新技术应用的新型交通系统、新型运载装备可能带来的安全风险问题,智能环境下交通运输系统运行法律法规建设等问题。

交通对国家未来发展起引领作用,交通安全发展战略目标的设定应遵循坚持问题导向和目标导向的原则。到 2030 年建成交通安全综合治理和防控体系,交通安全技术体系进一步完善,我国交通基础设施建设质量达到优质,载运工具安全技术水平大幅跃升,交通运输系统安全运行更有保障,交通安全应急救助水平全面提升,推进"零死亡"交通愿景战略实施(万车死亡率降至 0.5 人/万车以下);建设交通军民融合发展体系。到 2045 年构建适应我国经济社会发展需求的交通运输系统安全综合治理和防控休系,全面提升我国交通基础设施韧性、载运工具可靠性、交通运行控制智能化水平,形成国际领先的交通系统安全技术体系;全球范围的交通安全应急救助更加健全;"零死亡"交通愿景基本实现(万车死亡率降至 0.3 人/万车以下);实现军民深度融合,有力支撑国家安全。

三、健全交通安全综合治理与防控体系和交通运输系统的安全标准与技术体系

实现交通安全强国的基础之一是健全政府主导、企业主体、技术驱动和全社会参与的交通安全综合治理与防控体系,包括政府主导,依法构建治理体系;企业主体,落实安全生产管理责任;技术驱动,突出科技提升安全;全社会参与,营造交通安全文化,提升全民交通安全素养等。

实现交通安全强国的基础之二是健全交通运输系统的安全标准与技术体系,包括建立交通安全技术标准和规划体系,从源头上保安全;落实交通运输系统建设工程质量管理,从基础上保安全;落实运载工具产品质量管理,从装备技术上保安全;严格控制交通运输系统的运营管理,在运行过程中保安全;全面开展自然灾害风险防控,在防灾减灾中保安全;重视交通事故现场应急处置,在事后处置中保安全。

四、建设一流的综合交通安全应急救援体系和交通军民融合发展体系

交通应急救助能力足以有效减少事故损失和人员伤亡,提升交通安全水平,是实现"零死亡"交通愿景的重要方面。建设一流的综合交通安全应急救援体系,需要统筹规划,建立全国联动、水陆空协同、军民融合的应急救援联动机制;建立交通事故与医疗数据互通共享机制、应急救援基础数据普查及动态采集报送机制;强化应急救援系统和平台构建,提升应急处置能力;健全高效的社会化交通安全应急救援系统,逐步建立应急救援队伍社会化体系,引导发展空中救援模式,提高医疗急救服务的联动效率。

交通运输是国防建设的重要内容、国防动员的重要组成,更是军民融合的重点领域,是《中华人民共和国国防交通法》的重要内容。构建交通军民融合发展体系,需要构建军民融合、高效顺畅的工作机制与保障体系;在交通规划、交通基础设施、交通运输装备、交

通物资储备与运输等方面实现军民融合,适应国防和军队现代化要求;依托科技创新,加强军地交通资源与信息的合理共享,开创高效的、有中国特色的交通军民融合发展体系。

五、实施交通系统安全科技创新工程和交通安全提升重点工程

交通系统安全科技创新工程是"零死亡"交通安全战略愿景目标实现的技术支撑。要针对未来智能化、无人化、网联化先进交通系统的重大安全需求,构建信息安全、控制可靠、网络韧性和灾后恢复的技术链条,保障先进交通系统的韧性和系统装备的可靠性;围绕先进交通系统(包括道路、水路、铁路和民航)的技术发展需求,突破先进交通系统存在的主要技术难点,形成先进交通系统的韧性与可靠性技术体系和系统平台。

交通安全提升重点工程以"零死亡"交通安全战略愿景为目标,重点实施七大重点工程,包括支撑保障体系提升工程、教育培训和文化素养提升工程、预防控制体系提升工程、应急救援能力提升工程、农村交通安全体系构建工程、基于多源数据的航空安全管理工程和内河船舶安全技术创新工程。

六、提出交通安全战略实施的保障措施和对策建议

提出了强化交通安全文化建设形成"零死亡"愿景战略共识、及时完善《中华人民共和国道路交通安全法》等交通安全相关法规体系、构建高素质的人才队伍体系三大保障措施以及形成强有力的国家交通安全管理机制、落实交通安全监管主体责任部门、提高交通基础设施安全性、加强运载工具安全源头管理、大力开展交通安全宣传教育、加快交通事故统计标准与国际接轨、聚焦交通安全"短板"推进交通行业风险源管理等对策体系。

第二章
现状与问题分析

第一节 交通安全现状

　　通过对近年来交通事故数据的统计分析发现,交通运输安全形势稳中趋好,交通运输事故总量、较大以上事故数量、主要相对指标明显下降,交通安全生产水平得到了较大提升。

一、道路交通事故死亡人数基数大

　　交通事故方面,近年来我国道路交通事故死亡人数较为稳定,且逐年略有下降,而伤亡人数较 2008 年之前下降明显,且趋于稳定。1996—2017 年全国道路交通事故数量及伤亡人数变化情况如图 10-1 所示,可以看到道路交通事故总数、死亡人数从 2001 年的 754919 起、105930 人分别下降到 2017 年的 203049 起、63772 人。

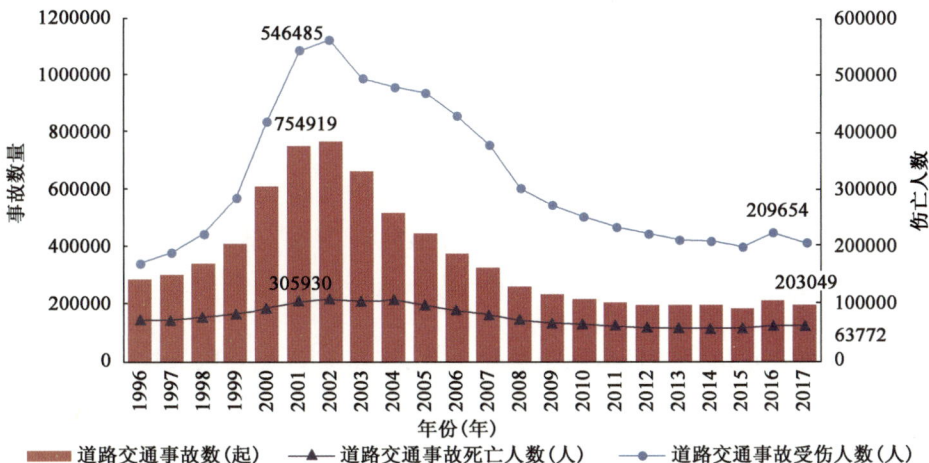

图 10-1　1996—2017 年全国道路交通事故数量及伤亡人数变化图

注:数据来源于国家统计局。

交通安全管理方面,已经形成由道路交通运输安全法、行政法规等组成的较为完整的法律法规体系;建立了道路运输标准体系,包括基础标准、服务标准、技术标准、产品标准等;同时开展了"运输平安年"活动,并建立了道路交通安全教育基地。

1. 我国道路交通事故绝对死亡人数较多

根据国家统计局 2016 年公布的道路交通安全数据(图 10-2),我国道路交通事故死亡人数为 63093 人,高于美国的 32719 人以及日本、德国等发达国家的道路交通事故死亡人数。考虑到道路交通事故死亡人数能够直接反映一个国家的交通安全发展水平,同时也能够在一定程度上反映一个国家机动车、道路环境、交通管理等多方面的综合安全水平。因此,我国道路交通安全水平与国外发达国家仍有较大的差距。

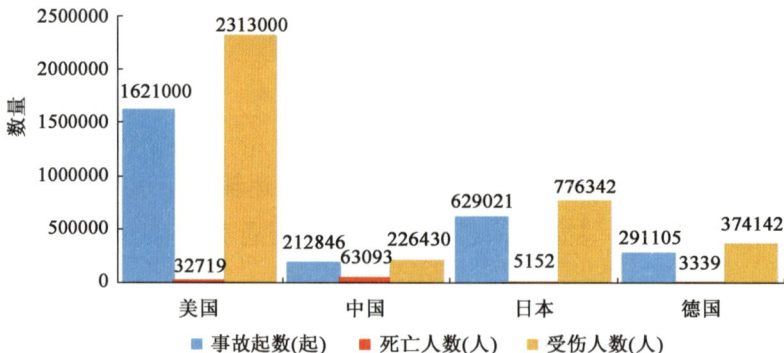

图 10-2　2016 年我国道路交通事故死亡人数与国外发达国家比较图

注:国外数据来源于 2016 年《国际统计年鉴》。

2. 我国道路交通事故相对安全指标较差

道路交通领域通常采用万车死亡率或百万车公里死亡率来衡量交通安全,该指标相对于绝对死亡人数,能够综合考虑机动车保有量,从而更为客观地描述道路交通安全水平。2016 年,我国万车死亡率为 3.4 人/万车,美国万车死亡率为 1.1 人/万车,日本和德国万车死亡率均低于 1 人/万车(图 10-3)。2017 年我国道路交通事故死亡人数约为 6.4 万人(美国死亡人数为 3.5 万人),万车死亡率为 2.07 人/万车,是英国的 4.3 倍,日本的 3.9 倍。因此,我国道路交通相对安全指标与国外发达国家仍有较大的差距。

3. 我国机动车保有数量仍然在逐年快速上升,道路交通安全风险增加

考虑到道路交通基础设施相对有限,机动车保有量的增加也会进一步影响交通安全。如图 10-4 所示,我国机动车保有量逐年上升明显,是我国减少道路交通事故死亡人数面临的一个巨大挑战。

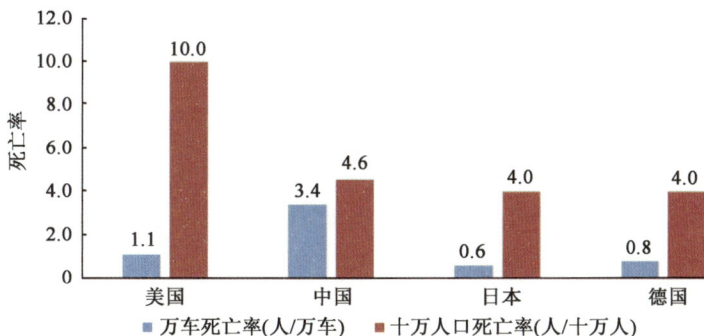

图 10-3　2016 年我国道路交通事故死亡率与国外发达国家比较图

注:国外数据来源于2016年《国际统计年鉴》。

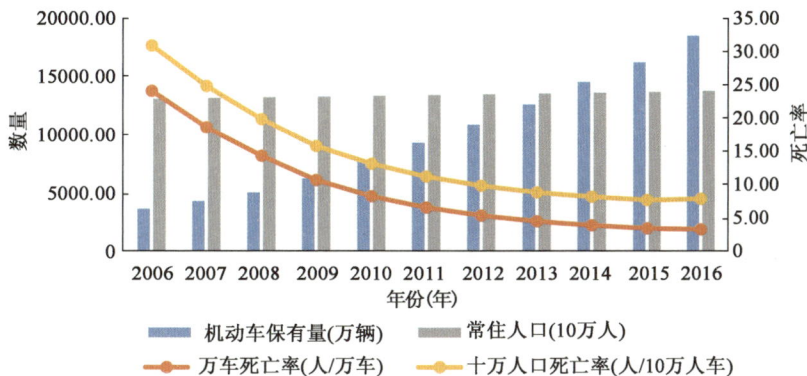

图 10-4　2006—2016 年全国机动车保有量、常住人口及相对指标趋势图

注:数据来源于国家统计局发布的历年道路交通事故死亡人数、常住人口数统计;根据公安部交通管理局统计发布的历年机动车保有量数统计。

二、水路交通安全指标稳中有降

交通事故方面,近年来,水路交通事故事件数、死亡失踪人数和沉船艘数均较为稳定,且存在一定的下降趋势,如图 10-5 所示。2017 年,我国共发生一般等级以上中国籍运输船舶水上交通事故 196 件,与 2016 年持平,死亡失踪 190 人,比 2016 年下降 6.4%,沉船 80 艘,比 2016 年下降 2.4%。

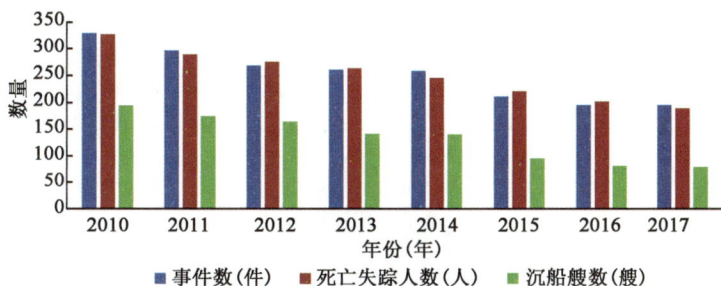

图 10-5　2010—2017 年水路运输事故统计

注:数据来源于交通运输部《交通运输行业发展统计公报》。

　　然而,内河重大事故(事件)仍偶有发生。2015 年 6 月 1 日,重庆东方轮船公司"东方之星"号客轮行驶至湖北省荆州市监利县长江大马洲水道附近水域时,因突遇飑线型恶劣气候,发生翻沉,造成 442 人死亡。尽管该事件是一起由突发罕见的强对流天气带来的强风暴雨导致的特别重大灾难性事件,但是深入的事故调查显示,我国内河水上交通安全管理制度、船舶检验技术、风险预警能力、应急救援能力等方面不健全,内河通航安全形势不容乐观,内河船舶航行安全重大风险源依然存在。

　　通过对内河交通安全系统进行分析发现,内河重大风险源主要体现在:

　　(1)客渡船航行安全。近年的统计数据显示,截至 2016 年,长江干线已有 800 余渡口和 900 余艘渡船,年渡运量近 1 亿人次。以湖北省为例,拥有渡口 262 座,渡船 299 艘,年渡运旅客 2400 万人次,年渡运车辆 250 万辆,而这些客渡船中超过 24 年的有 18 艘,最大船龄 33 年,乘坐旅客多、船龄大,使其成为长江一个重大风险源。

　　(2)桥区水域航行安全。桥梁的建立将自由航行的水域缩减到通航孔水域,随着长江下游 12.5m 深水航道运行,中游 6m 深水航道建设等,通航船舶尺度不断增大,而部分桥梁由于建设较早,其通航条件较差。此外,随着桥梁的不断建设,形成了连续桥区的新情况,以武汉段为例,目前在 60km 水域有 11 座桥梁(包括在建),这无疑增大了船舶航行风险。

　　(3)危险品船舶航行安全。以长江海事局为例,每年航行危险品船舶超过 2000 多艘,且覆盖不同等级危险品,这些危险品船舶通过桥区、坝区等重点水域时,其通航风险较大。

　　(4)恶劣通航环境影响安全。恶劣通航环境包括自然环境、地质灾害等。自然环境方面,极端天气现象在我国已开始从广东、广西、海南向北延伸,但沿江极端天气气象监测预报能力严重不足,这将严重影响到我国内河航行安全。地质灾害方面,长江沿岸受山体滑坡等地质灾害影响而迅速倾覆的特大险情主要分布于长江上游的三峡库区内,地质滑坡点相对集中在长江上游航道里程 58.6 ~ 325.3km 的 266.7km 范围内,共有滑坡体 47 处,平均 5 ~ 6km 就有一个滑坡点,如图 10-6 所示。

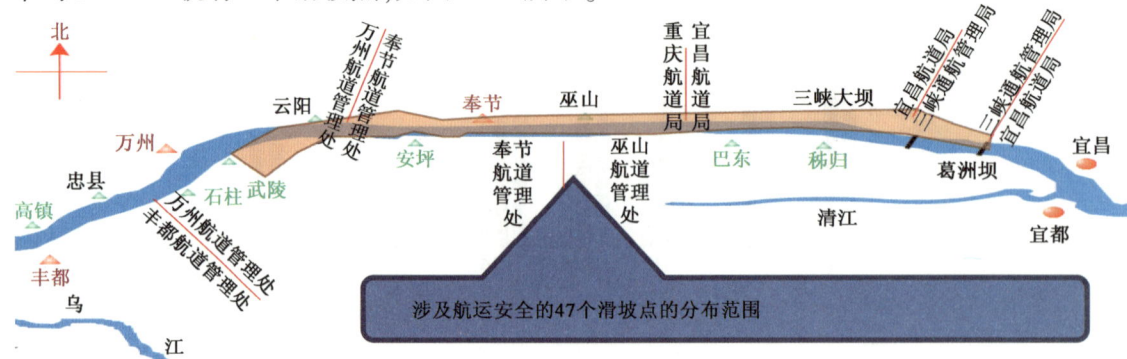

图 10-6　长江滑坡点分布图

在交通安全管理方面,已经形成海上交通安全法;但在内河航运方面,仅有内河交通安全管理条例,同时水路运输标准体系需要进一步健全和完善。

三、民用航空各项安全指标稳居世界前列

在交通事故方面,截至 2017 年底,运输航空连续安全飞行 88 个月,2655 天,5670 万飞行小时,2460 万飞行架次,创造了我国民航历史上最长安全周期,安全水平处于世界领先行列。2008—2017 年我国运输航空百万小时重大事故率十年滚动值为 0.0146,同期世界平均水平为 0.1748,美国为 0.037;亿客公里死亡人数十年滚动值为 0.0007,同期世界平均水平为 0.0086(表 10-1)。我国连续 15 年保证了空防安全。

2011—2017 年我国通用航空相关事故数据   表 10-1

指标 年份(年)	特别重大、重大事故 (起)	较大事故 (起)	一般事故 (起)	事故死亡人数 (人)
2011	0	1	4	3
2012	0	0	1	1
2013	0	0	13	6
2014	0	0	4	3
2015	0	2	7	12
2016	0	3	7	19
2017	0	0	6	4

注:数据来源于中国民用航空安全信息统计分析报告、中国民航航空安全信息网。

在交通安全管理方面,民航建立了完整的立法框架,同步于欧美发达国家建立了完善的民航安全法规体系。截至 2018 年 10 月底,已拥有 1 部法律,30 部安全类行政法规,132 部行业安全规章;此外,我国民航的标准和规章是合为一体的。

四、铁路运输安全持续稳定

交通事故方面,近年来,我国铁路运输事故死亡人数不断降低、10 亿 t·km 死亡率不断降低,如表 10-2 所示。通过进一步分析,发现导致我国近年来铁路运输安全事故的主要原因有:自然灾害、运营管理失误、运营人员失误、技术设备不良、违反操作规程、施工作业不当、工程建设意外、工程质量不良等。

交通强国战略研究 STRATEGIC RESEARCH ON TRANSPORTATION POWER

2011—2017 年全国铁路运输交通事故相关数据 表 10-2

年份(年) \ 指标	特别重大、重大事故（件）	较大事故（件）	事故死亡人数（人）	10 亿 t·km 死亡率
2011	1	0	1566	0.401
2012	0	0	1463	0.375
2013	0	8	1336	0.348
2014	0	6	1232	0.315
2015	0	6	1037	0.290
2016	0	3	932	0.256
2017	0	1	898	0.222

注：数据来源于国家铁路局，10 亿 t·km 死亡率 = 铁路交通事故死亡人数/换算周转量（10 亿 t·km）。

在交通安全管理方面，建立了铁路法、铁路安全管理条例、铁路交通事故应急救援和调查处理条例及地方性法规等法律体系；开展了铁路科普日及教育基地等安全意识宣传教育；在既有线安全管理、提速安全保障技术和高速铁路运营实践基础上，初步建立起较为完善的安全体系。

五、城市交通安全问题不容忽视

国内虽然缺乏城市交通事故人员伤亡与财产损失的统计数据，但是根据相关统计及考虑中国的高速城市化与汽车化进程，预计各类城市都面临着严峻的交通安全态势。各个城市道路交通安全的统计数据表明，快速城市化、接入道路设计不合理及郊区居民安全意识薄弱等问题，造成城乡接合部的交通事故呈现井喷式增长，对这些区域的道路进行综合治理是城市交通安全管理的重中之重。随着私家车保有量的快速增长及城市化进程的不断加快，预计城市交通安全状况将呈现加速恶化的态势。在此情况下，构建包括技术、教育、管理与法制等多方面的综合防控体系具有重要的战略意义。

近年来，经过各级政府不懈的努力，城市交通安全取得了一定成效，但多为弥补道路基础设施建设的不足。在老问题尚未完全解决的情况下，新的问题又不断涌现。比如，在我国新型城镇化的过程中，城市机动车保有量的大幅攀升，将有可能导致更为频繁与更大面积的交通拥堵，相关交通安全隐患将长期存在。另外，城市轨道交通的迅猛发展及过饱和地使用将使其成为城市交通安全的最大隐患，城市轨道交通车站及城市轨道交通线路人群密集，极有可能造成群死群伤的重大事故；其次，城市的迅速拓展将大量农村人口纳入了城市快速路及主干道的范围内，而这些人口安全意识淡薄，造成新城区或城乡接合部道路交通安全事故率居高不下；另外，我国城市大部分道路存在着机动车与非机动车混行问题,因此导致的交通安全事故也将长期存在。同时,在移动互联网逐步向交通行业应用的今天,产生了类似于城市的滴滴打车、外卖、物流快递等新兴交通需求,对传统交通行业的创新管理提出了前所未有的挑战。

第二节 交通安全存在问题分析

当前我国交通安全存在的主要问题体现在以下七个方面:交通安全管理职能分散,综合治理体系缺乏;交通运输安全技术标准偏低,市场调控能力不足;农村道路交通安全管理缺失,交通参与人员素质相对偏低;城市轨道交通系统人员密集,安全保障能力有待提升;铁路运输安全风险犹在,安全管理体系有待加强;民航安全和效率之间的矛盾突出,智能决策技术手段不完善;内河救助打捞整体力量不足,应急救助能力极其薄弱。

一、交通安全管理职能分散,综合治理体系缺乏

(1)交通安全管理职能分散。由于历史的原因,我国涉及交通安全管理的部门众多,如表10-3所示。各部门之间存在的职责范围交叉问题,造成部门之间职责不明确、数据信息共享不畅、协调困难。

不同运输方式涉及管理部门统计表 表10-3

运 输 方 式	涉及部委和单位	交通运输部有关司局
道路	交通运输部、公安部、应急管理部	公路局、运输服务司、安全与质量监督管理司
水路	交通运输部、农业农村部	水运局、安全与质量监督管理司、海事局
铁路	交通运输部、中国铁路总公司	铁路局、运输服务司
民航	交通运输部	民航局
城市交通	交通运输部、公安部	公路局、运输服务司、安全与质量监督管理司

(2)事故统计口径不规范。国内主要存在公安部、国家卫生和计划生育委员会两个部门的数据,其中公安部数据发布于《中国道路交通事故统计年报》,国家卫生和计划生育委员会数据发布于《中国卫生统计年鉴》。如图10-7所示,2015年公安部统计道路交通事故死亡人数约为6万人,而国家卫生和计划生育委员会统计道路交通事故死亡人数约为21万人。对比来看,我国公安部公布的道路交通事故死亡人数和美国相关数据(3.5万左右)差异较小。同时,不同统计口径得到的道路交通事故死亡人数的差异(图10-8和图10-9)对于判断我国道路交通安全形势,提升道路交通安全管理水平会有一定的影响,因此有必要对这两种统计口径进行深入分析。

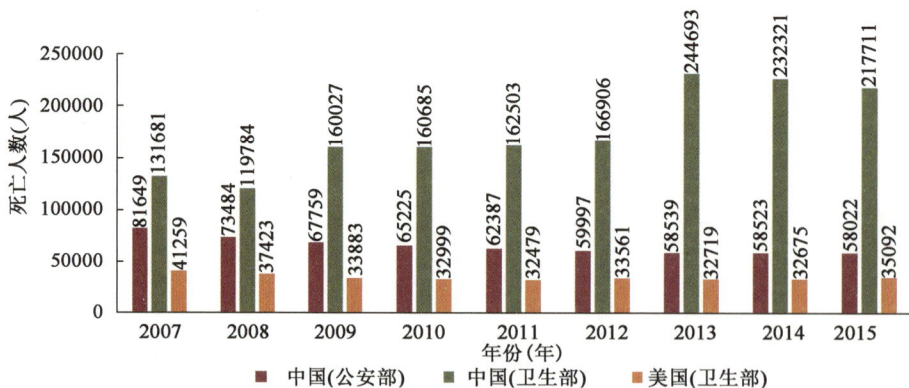

图 10-7　不同事故统计口径死亡人数差异

注:数据来源于《中国道路交通事故统计年报》《中国卫生统计年鉴》《美国交通事故统计年鉴》。

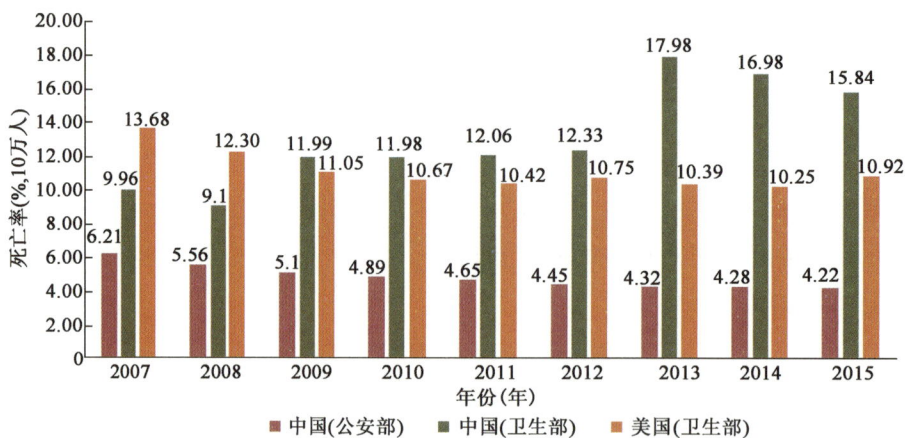

图 10-8　不同事故统计口径死亡率(10 万人)差异

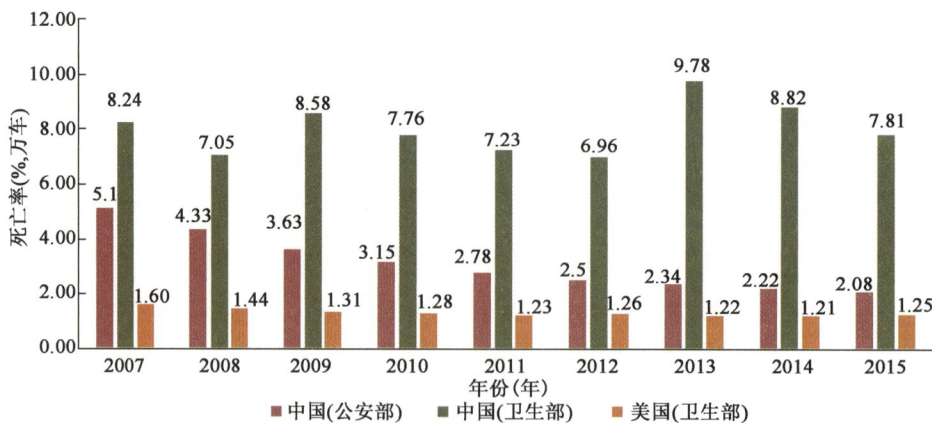

图 10-9　不同事故统计口径死亡率(万车)差异

　　为进一步深入分析我国道路交通事故死亡人数统计数据存在差异的原因,对比国内外不同统计标准可知,如表 10-4 所示,其中公安部《交通事故统计暂行规定》第八条指出,交通事故受伤人员于事故发生 7 天以后死亡的人数,不列入我国交通事故死亡人数统计范围。同时,因抢救治疗过程中发生医疗事故导致交通事故受伤人员死亡的人数,以及载运易燃易爆、剧毒、放射性等危险化学品的车辆发生交通事故后,因燃烧、爆炸以及危险化学品泄漏导致人员伤亡的人数,不列入交通事故伤亡人数统计范围。但是,美国死亡事故是指发生在公共道路上且在事故发生 30 日内至少有一人死亡的事故。因此,中美两国交通事故死亡数据的统计时间和事件存在差异,在一定程度上影响了数据的横向可比性。国外包括德国、英国等国家均采用道路交通事故发生后 30 天内死亡的人数。

国内外道路交通事故死亡人数统计口径差异表 表 10-4

统计口径		统计时间	事故位置	事 故 对 象	统 计 范 围	统 计 来 源
中国	公安部	事故发生后 7 天	道路	车辆(机动车和非机动车,但是军用和农用除外)	抢救医疗、危险品泄漏不计算	各省市交管部门
	国家卫生和计划生育委员会	不限	不限	机动车	计算	各省市卫计生委
	交通运输部	事故发生后 7 天	不限	营运车辆(船舶)	营运车辆(船舶)	交通运输部
美国		事故发生后 30 天	公共道路	分类清楚	计算	各州交管部门
德国		事故发生后 30 天	公共道路	分类清楚	机动车或非机动车事故	警察局交通处
英国		事故发生后 30 天	公共道路	分类清楚	机动车或非机动车事故	地方交通局

目前国外大部分国家均采用道路交通事故发生后 30 天内的标准统计事故死亡人数,而我国采用事故发生后 7 天内的标准进行统计,事故死亡人数统计口径差异较大。因此,我国道路交通事故死亡人数绝对指标和万车死亡率相对指标和国外发达国家均有较大差距。

二、交通运输安全技术标准偏低,市场调控能力不足

(1)交通运输安全技术标准偏低。在内河运输方面,船舶设计、建造和检验等标准偏低,营运船舶管理相对较差,造成了目前内河运输安全水平相对较低。例如,2015 年 6 月 1 日发生的"东方之星"客船事件,尽管存在恶劣环境这一特殊情况,但是船舶风压稳性衡准数经过数次改装非常接近极限标准(标准 1.0,实际测算为 1.014,如表 10-5 所示),虽然符合规范要求,但基于"东方之星"客轮的实际状况,事发时该客轮所处的环境及其态势处于危险范围内。而在公路运输方面,目前对于运输工具的要求也整体偏低,特别是对于运输车辆的安全防护方面要求较低。相对来说,我国在危险品运输方面制定了较高的技术标准,其运输风险也相对较低。实际上,交通运输是典型的高风险行业,目前铁路和民航

技术标准较高,而公路和水路运输相对较差。目前我国的公路和水路运输实行市场模式,市场调控作用较小,开放的市场导致从业人员整体素质相对偏低、运输企业效益低,难以保障"安全第一"理念的实现。

东方之星风压稳性衡准数核算表   表 10-5

船　　　舶	航区	排水量(t)	型深(m)	吃水(m)	上层建筑形式	风压倾倒力臂	风压稳性衡准数
东方之星客轮	B 区	890.6	3.10	2.16	封闭式	0.173	1.014
长航江宁滚装船	A 级	2904.6	4.10	2.65	贯穿式	0.123	1.233
翔渝 9 号货船	A 级	46374	4.9	410	横向受风面积较小		

注:1. 风压倾倒力臂受风面积矩/排水量 =(受风面积×形心高)/排水量:风压倾倒力臂越小,说明受风面积产生的相对倾倒力影响越小,船舶抗风能力越强。

2. 根据船舶抗风浪标准由高到低,内河航区分为 A、B、C 级;"东方之星"轮的核定航区为 B 级,实际遭受 21.52m/s(9 级)横风时,丧失稳性;"长航江宁"轮的定航区为 A 级,在 B 级航区遭受 33.35m/s(12 级)横风时,丧失稳性。

3. 数据来源于"东方之星"号客轮翻沉事件调查报告。

(2)国外对于运输行业市场调控作用明显。从国外发达国家的经验来看,交通运输营运市场往往从"粗放"向"集约"转变,通常会经历粗放型低效率发展阶段,行业管理部门推动发展阶段(即低程度的、局部的集约化)和集约化发展阶段三个阶段。如美国自 20 世纪 30 年代起,开始着手调整道路客运产业结构,整顿运输市场秩序,具体包括推行限制小企业的制度、出台商务运输法等。之后为了鼓励竞争,通过了《公路运输放松管制法》,开放了对公路运营线路和运价等方面的管制,尽管如此,起骨干作用的企业只有灰狗公司和特雷尔维兹公司两家,灰狗公司占一级企业营运收入的 50%,特雷尔维兹公司占 25%。高速公路、洲际干线公路的客运基本上由这两家公司承担,其余一级客运企业占营运收入比例一般不超过 2%。如日本,依据《中小企业现代化促进法》修改了"现代化基本规划",逐年对各都、府、县汽车运输企业进行改革,这些政策的实施,提高了道路客运市场集中度,日本高速公路及国道主干线旅客运输业务的经营权集中在为数不多的几家大企业手上,使日本道路客运基本上实现了由粗放型低效率的发展向集约化、规模化发展的转变。

三、农村道路交通安全管理缺失,交通参与人员素质相对偏低

截至 2017 年底,全国农村公路里程达 401 万 km,乡镇、建制村通畅率分别达到 99.39%、98.35%。近年来,我国农村道路事故数量、死亡人数逐年上升,农村道路事故占所有道路交通事故的比例约为 40%,农村道路事故死亡人数占道路交通事故死亡人数的比例约为 35%,如图 10-10 所示。农村道路交通事故多发,交通安全问题逐步凸显。农村公路长期缺乏合理资金配比以及长效的建、管、养、运体系,地方"重建轻养""以建代养"行为普遍,相当数量农村公路处于失养状态,一些危桥、事故多发和隐患路段不能及时修复,临水临崖、坡陡弯急、交叉口安全防护设施和警示标志、标牌相对不足。其次,农村地区道路运

输总体应急救援能力和预案不足,应急物资储备不完善,农村公路交通安全形势非常严峻。

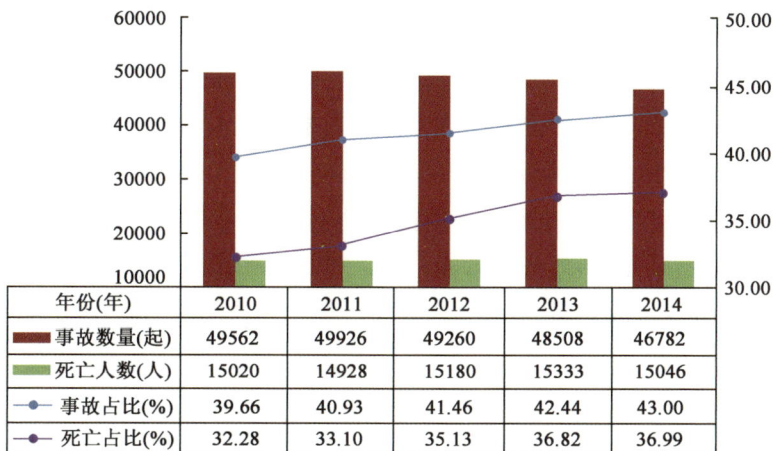

年份(年)	2010	2011	2012	2013	2014
■ 事故数量(起)	49562	49926	49260	48508	46782
■ 死亡人数(人)	15020	14928	15180	15333	15046
—— 事故占比(%)	39.66	40.93	41.46	42.44	43.00
—— 死亡占比(%)	32.28	33.10	35.13	36.82	36.99

图 10-10 农村道路交通事故统计图

通过深入分析农村道路交通事故,发现交通运输工具复杂和交通参与者素质偏低是农村道路交通事故的两大主要诱因,农村地区交通运输安全防护设施不足、基础设施安全隐患突出也加剧了农村道路运输的风险。

四、城市轨道交通系统人员密集,安全保障能力有待提升

近年来我国城市轨道交通迅速发展,作为人员密集场所,城市轨道交通系统的风险较大,在建设和营运过程中,发生了一些地铁交通事故,造成了一定的人员伤亡(表 10-6)。

近年来城市轨道交通事故(营运)统计表   表 10-6

事 故	详 情
昆明列车脱轨 2013 年 1 月 8 日	城市轨道交通首期工程南段列车在空载试运行中,第一节车厢脱轨,致值班驾驶员 1 人死亡,1 人轻伤
上海列车追尾 2011 年 9 月 27 日	城市轨道交通 10 号线发生两列车追尾,造成 284 人受伤,其中 20 人重伤
上海列车相撞 2009 年 12 月 22 日	城市轨道交通 1 号线发生电力故障,一辆列车与增援列车相撞,多名乘客受伤,车体受损,该线全线停运,旅客被疏散

从国内外典型城市轨道交通事故分析发现,城市轨道交通事故救援中存在较大困难,包括:①疏散难度大;②补救难度大;③允许逃生时间短等。此外,预防城市轨道交通事故的措施主要包括:①制定完善的应急救援预案;②建立合理的安全管理机制;③应用系统安全管理方法,建立城市轨道交通安全质量标准体系及自评估体系。

五、铁路运输安全风险犹在,安全管理体系有待加强

铁路运输事故由于后果比较严重,通常会引起铁路安全部门的高度重视和警惕,政府

和民众历来把降低铁路运输事故发生率放在重要位置,并为此持久不懈的努力奋斗。然而,在目前的安全技术与管理条件下,完全杜绝事故发生是难以做到的。比如,2005年日本尼崎市列车出轨造成107人死亡,562人受伤的重大铁路事故。剖析近年来发生的各类重大事故,不难发现,铁路运输安全受人为因素、客观因素和技术设备等因素交互影响。

(1)人为因素。调度不当是造成铁路事故最常见的人为因素,容易导致后车过早闯入前车行驶区间,大多数列车的追尾和相撞都与此有关。乘客携带易燃易爆、剧毒腐蚀等危险品上车亦是引发铁路事故的一大因素,常见于恐怖袭击。目前我国各车站的进站安检设备都比较完善,加之火车票实名制等措施,有效防止了这类事故的发生。违规操作是现阶段导致铁路运输事故发生的重要原因,如2008年"4·28"胶济铁路特别重大交通事故发生的原因是一系列违规操作,最终导致列车超速过弯、颠覆相撞。

(2)客观因素。在铁路运输系统中,一些客观的自然条件是引发铁路运输安全事故的重要原因,如地震、泥石流、雷暴、滑坡、强降雨、台风、龙卷风、飓风等,我国曾经发生过不少雷击导致电力动车组列车中途停运,以及沿海内陆大风吹翻旅客货运列车的事故,如2008年雨雪冰冻灾害导致京广铁路上的电力设备损坏严重,致使电力机车无法运行,引起春运期间空前的旅客滞留。另外,恶劣天气也容易引发地质灾害进而导致桥隧坍塌以及铁路损毁,如2010年"8·19"四川广汉列车坠河事故就是洪水致使大桥倾斜,桥墩倒塌,列车脱线,所幸处置及时,应急有力而避免伤亡;1981年成昆铁路列车坠桥事故就是由大渡河支流利子依达沟爆发泥石流冲垮铁路桥造成的。随着我国卫星监测和通信技术的高速发展,在铁路运输工作的自然环境方面,全方位地对天气进行观测,做好雾、雪、强降雨、大风等恶劣环境的防护措施,对地震、塌方、泥石流等自然灾害可以有效地做好预警工作,采取有效的防范措施,保证运输安全高效进行。

(3)技术设备因素。火车一旦有零件出现设备失灵、零件老化、变形或脱落等,都可能导致列车脱轨、追尾或相撞事故。如2006年京九铁路"4·11"旅客列车追尾事故,是因信号灯故障引起驾驶员误判酿成的悲剧。温州"7·23"动车事故起因也是信号灯设备出现故障。1998年的德国高铁事故,就是因车轮破损导致列车脱轨。

因此,铁路安全管理必须是系统全面的管理,而且"事前"管理比"事后"管理更为关键。为了实现这项庞大的安全系统工程,亟待构建成熟可靠的铁路交通灾害预警管理体系。此外,铁路运输管理及设备系统的智能化也是提高铁路运输安全的重要途径之一,能为整个铁路安全运输奠定坚实的基础。

六、民航安全和效率之间的矛盾突出,智能决策技术手段不完善

近年来,随着我国民航安全运行记录的不断刷新,民众对民航安全的预期与我国民航安全运行保障能力和运行效率之间的矛盾日益突出。目前对于航空器机组的行为数据、

航空器的运行状态数据、航路环境数据及货舱环境和危险品安全数据等，缺乏有效的技术手段来及时传递信息和实现空地联动分析系统，一旦发生威胁较大的不安全事件，就无法及时进行决策，影响处置的有效性，错过最佳处置时机。而且，当前民航运行信息监控网络，受限于传统通信设备的带宽资源，大量飞机运行数据无法实现实时下载，飞行安全状态实时监视的需要长期无法满足。航空器运行状态的实时监控技术尚不成熟，航空器故障的精确定位技术尚不完善。因此，民航安全智能决策仍缺乏足够的技术手段。

七、内河救助打捞整体力量不足，应急救助能力极其薄弱

（1）应急救助基地缺乏。以长江为例，由于现阶段长江航道救助打捞局装备严重不足，在救捞力量部署上未能满足长江干线航道应急救捞的布局要求。在发生重大水上安全事故造成航道堵塞、危及航道通航安全及更严重事态时，不能及时有效应对，与国家水上交通安全应急处置对快速反应能力的要求不相适应。

（2）应急救助力量不足。长江干线有十多支打捞队伍，除长江航道救助打捞局具有公益性质外，其他均是民营、集体单位。在现有的运行模式中，发生一般沉船沉物事件，或紧急遇险船舶需要救助时，海事机构均组织民营打捞公司打捞或其他社会力量进行救助，只有在突发重大水上事故时，才由长江航务管理局通过长江航道局，指派长江航道救助打捞局进行应急处置，使得长江航道救助打捞局不能充分发挥其公益性作用。同时，长江航道救助打捞局的运行维护体制也存在运行经费不能保障、需要借助其他业务维系的现状问题。水上突发事件具有不确定性，导致应急救捞任务的发生频率无法估算，经费预算也不能准确预测。

（3）应急整体水平不高。目前打捞起重能力远不能满足长江干线应急救捞需求，随着长江干线船型标准化进程的推进和航道条件的改善，现有长江干线中上游船舶中散货船最大载重吨位达5000t级，危化品船、油船最大载重吨位也达到了3500t级，目前仅200t的最大起重能力远不能满足长江干线应急救捞需求。三峡库区面临着大水深、大流速的打捞条件，平均水深80m，最大水深190m，现有长江干线应急救捞深水作业技术水平与库区深水打捞要求不相适应。

第三章
国际经验与启示

一、发达国家交通安全发展政策与措施

考虑到不同交通运输方式的发展政策和措施会略有不同,分别对各种运输方式进行介绍。

1.道路交通安全发展政策与措施

随着机动车数量的增加,道路交通状况日益复杂,面对严峻的道路交通安全形势,诸如英国、日本、韩国、美国、加拿大及欧盟等交通机动化发展较早的国家和地区率先制定了道路交通安全的相关法规,同时经过多年的完善,形成了比较健全的道路交通安全法律体系。图10-11展示了有关发达国家道路交通安全法律体系内容及主干法案建立的时间线。

以道路交通安全法律法规为依据,各国相继出台了一系列政策措施来改善道路交通安全环境,如2012年美国颁布了《21世纪前进发展法案》(简称MAP-21,又称前进法案),该法案提出要持续强化交通运输安全性,将用于提高交通基础设施安全性的资金投入增加了一倍,强化了不同运输方式安全性计划之间的衔接,致力于降低公路交通事故死亡率;还大力推进危险驾驶治理和载运工具安全。由于道路交通安全涉及范围较广,措施实行的综合性变得十分重要,例如日本、美国、加拿大分别构建的3E(执法、教育培训及工程技术)、4E(执法、教育培训、工程技术、紧急医疗救助)及6E(执法、教育培训、工程技术、环境、评估及宣传)道路交通安全保障政策框架,强调解决交通安全问题的相关措施由多部门配合、多角度认识并全方位执行而实现,如表10-7所示。

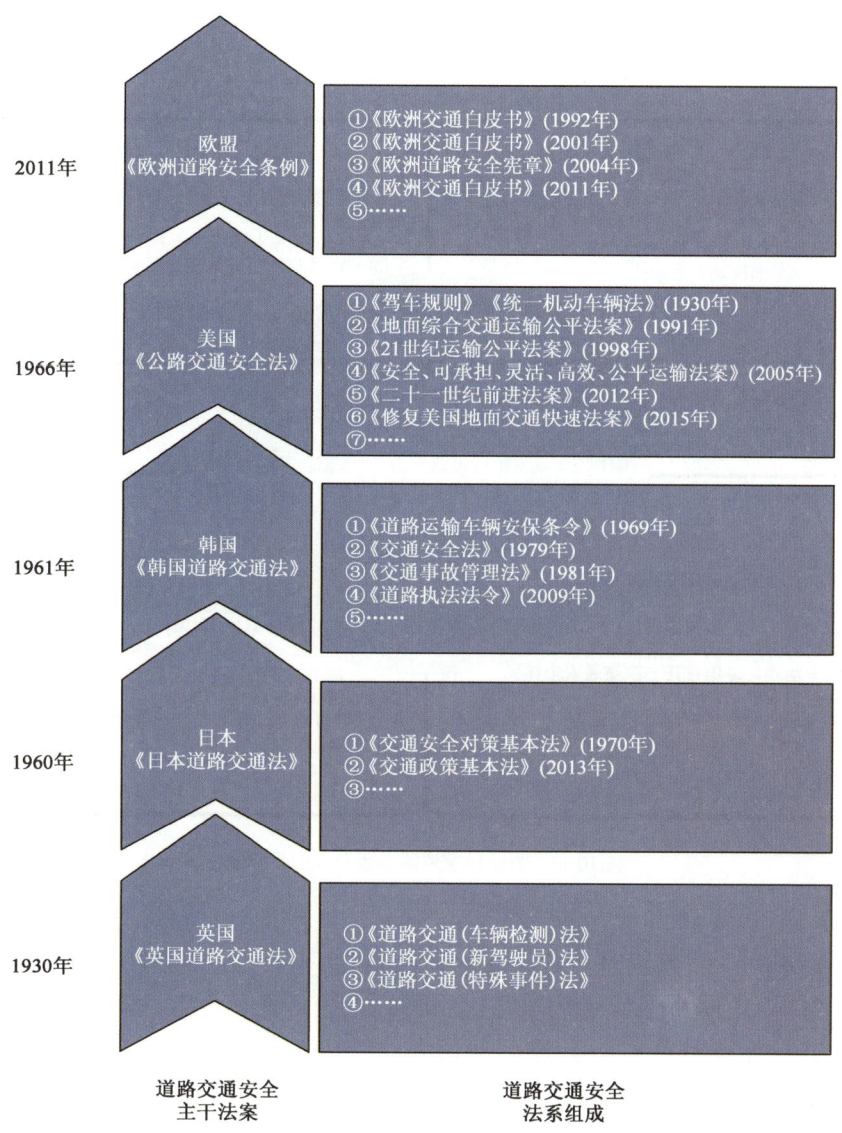

时间	道路交通安全主干法案	道路交通安全法系组成
2011年	欧盟《欧洲道路安全条例》	①《欧洲交通白皮书》(1992年) ②《欧洲交通白皮书》(2001年) ③《欧洲道路安全宪章》(2004年) ④《欧洲交通白皮书》(2011年) ⑤……
1966年	美国《公路交通安全法》	①《驾车规则》《统一机动车辆法》(1930年) ②《地面综合交通运输公平法案》(1991年) ③《21世纪运输公平法案》(1998年) ④《安全、可承担、灵活、高效、公平运输法案》(2005年) ⑤《二十一世纪前进法案》(2012年) ⑥《修复美国地面交通快速法案》(2015年) ⑦……
1961年	韩国《韩国道路交通法》	①《道路运输车辆安保条令》(1969年) ②《交通安全法》(1979年) ③《交通事故管理法》(1981年) ④《道路执法法令》(2009年) ⑤……
1960年	日本《日本道路交通法》	①《交通安全对策基本法》(1970年) ②《交通政策基本法》(2013年) ③……
1930年	英国《英国道路交通法》	①《道路交通(车辆检测)法》 ②《道路交通(新驾驶员)法》 ③《道路交通(特殊事件)法》 ④……

图 10-11　各国道路交通安全法系组成及主干法案建立时间线

主要发达国家道路交通安全政策框架　　表 10-7

国家	政策名称	政策内容
日本	3E 道路交通安全管理体系方法	执法(Enforcement)、教育培训(Education)、工程技术(Engineering)
美国	4E 道路交通安全改善理念	执法(Enforcement)、教育培训(Education)、工程技术(Engineering)、紧急医疗救助(Emergency Medical Care)
加拿大	6E 道路交通安全改善理念	执法(Enforcement)、教育培训(Education)、工程技术(Engineering)、环境(Environment)、评估(Evaluation)、宣传(Endorsement)

综合世界主要发达国家道路交通安全措施,可以将其划分为安全管理、车辆管理、宣传教育、应急保障(4E)四个类型,如图 10-12 所示。

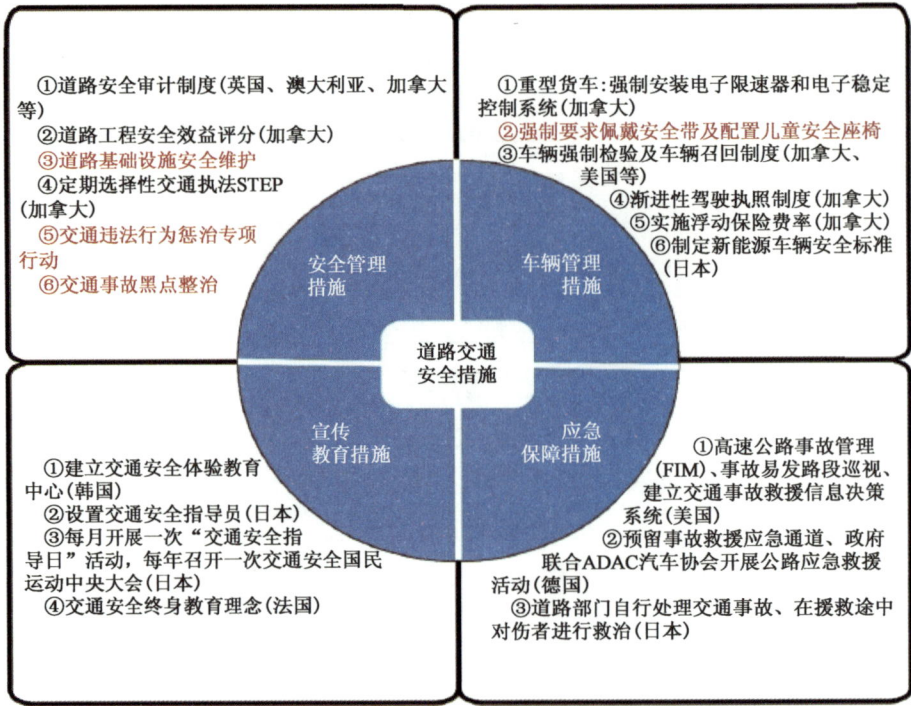

图 10-12　发达国家道路交通安全主要措施

注:红色字体内容为各发达国家普遍实施的措施。

①安全管理措施:主要涉及道路工程建设及交通执法两个方面内容,如美国、英国、加拿大及澳洲等国家道路交通协会编写与推行的"道路交通安全审计制度";加拿大政府推行的"道路工程安全效益评分"与"定期选择性交通执法"等。

②车辆管理措施:针对机动车安全性及驾驶员行为提出要求,发达国家十分强调先进技术的应用与法律与规范的完善,如在美国及加拿大实施的"重型货车强制安装电子限速器及电子稳定控制系统",对车辆实施强制检验及报废制度、进阶性驾照制度及台阶性保险费率。通过这些措施,从经济、技术与制度/规范等角度加强车辆与驾驶员、乘客的安全水平。

③宣传教育措施:各发达国家均比较重视儿童交通安全教育工作,如韩国从 2004 年开始在全国范围内设立交通安全教育体验中心,目前已设立 100 多处。日本每月开展一次"交通安全指导日"活动,每年召开一次"交通安全国民运动中央大会";在法国实施了"交通安全终身教育"活动。

④应急保障措施:美国实行了高速公路事故管理(FIM)程序,它由前期规划、调查取

证、应急反应、现场管理、路面清理、驾驶人员信息登记和恢复交通七个部分组成,开展 FIM 的主要目的是最大限度地挽救生命和财产,降低二次事故发生的可能性;德国立法要求在公路上预留事故救援应急通道,政府联合汽车协会开展公路应急救援活动;日本政府则规定道路管理部分需要自行处理交通事故,并需要在救援过程中对伤者进行抢救。

2. 水路运输安全发展政策与措施

国际船舶航行安全主要由国际海事组织负责,该组织的使命是通过合作促进国际航运的安全、环保、高效和可持续,并通过采取最高的、可行的且统一的标准来实现,包括海上安全、船舶能效、船舶污染防控等方面,如表 10-8 所示,国际航行船舶需要在船员、船舶和管理等方面满足相应的规范措施,以保证国际航行船舶的安全,同时通过不断的修订来提升船舶航行安全水平。

国际航行船舶安全政策与措施　　　　　　　　　　表 10-8

名称(部分)	修 订 年 份
1974 年国际海上人命安全公约及其修正案(SOLAS)	国际海上人命安全公约及其修正案一直在修订,最新修订案是 2017 年 1 月生效的考虑极地航行安全
1973 年国际防止船舶造成污染公约(MARPOL)	一直在修订,最新修订案是 2017 年 1 月生效的考虑极地水域防污染
1966 年国际载重线公约及其修正案	一直在修订,最新修订案是 2014 年 1 月生效的议定书修正案
1972 年国际海上避碰规则公约及其修正案	1982 年,1989 年及 2001 年修正案
1978 年海员培训、证书及值班标准国际公约	1995 及 2010 年马尼拉修正案

在国际海事组织(IMO)的组织下,下设技术合作、海洋环境保护、海上安全、法律、海上环境保护和便利运输等五个委员会。各成员国可通过向各委员会提交审议提案来对前述的相关公约进行修正,例如最新的 IMO 海上安全委员会在第 98 届会议(MSC98)上就指出:无人船已成为国际海事热点,将成为未来航运的发展方向,建议航运界、相关科研院所尽早投入相关研究,研发不同级别智能化或自动化的船舶。该会议还指出,应首先在港区作业、短程干货运输、小型特种作业船舶实现半自动化甚至全自动化操作,再考虑远程货物运输的自动化。

3. 民用航空安全发展政策与措施

民航是高度国际化的行业之一,民航先进国家与所有国际民用航空组织(ICAO)成员国都要求采用同样的附件与公约、安全政策和措施。为了促进安全,ICAO 将适用于多个航空领域的安全管理规定整合为专门附件,于 2013 年发布,且在 2016 年发布了第二版,要求各国制订国家航空安全方案。附件 19 强调了国家层面安全管理的重要性。

在 2016 年 ICAO 发布的《2017—2019 全球航空安全计划》中,确定了全球安全优先次序和全球航空安全计划目标,提供了一个规划框架、时间表和指导材料,以及提供了实施战略和一张全球航空安全路线图。ICAO 全球航空安全计划目标和相关时间表如图 10-13 所示。

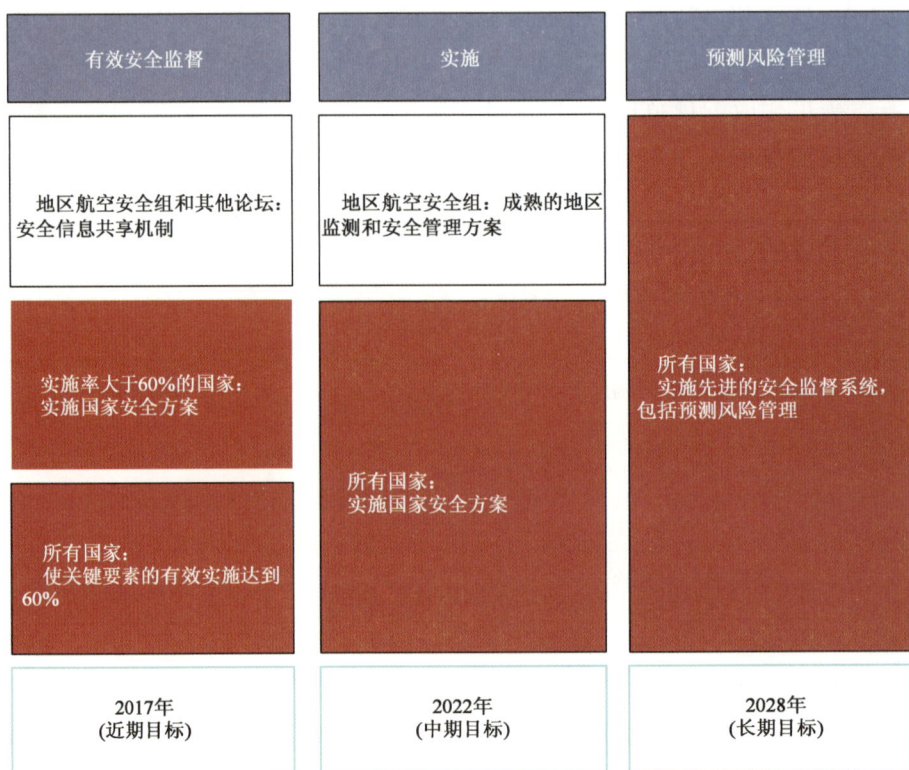

图 10-13　ICAO 全球航空安全计划目标和相关时间表

在未来几年,国际民航组织计划从跑道安全、可控飞行撞地(CFIT)和飞行中失控(LOC-I)采取措施,提升安全水平。全球高风险事故类型(2010—2014 年)如图 10-14 所示,可以看出,跑道安全造成的事故百分比最高,达到 55% 以上,但是从死亡人数的角度看,"飞行中失控"与"可控飞行撞地"却占据了总数的 52%。

有关跑道安全的措施主要包括:①地区航空安全组分析地区跑道安全数据和拟定相关的安全提升举措及详细的实施计划;②机场采用跑道安全组和安全管理体系(SMS),并使用《跑道安全组手册》等为跑道安全实施准备工具箱;③机场可以邀请国际民航组织跑道安全快速反应小组,对相关安全问题进行排查,目的是提供援助以保证跑道安全。

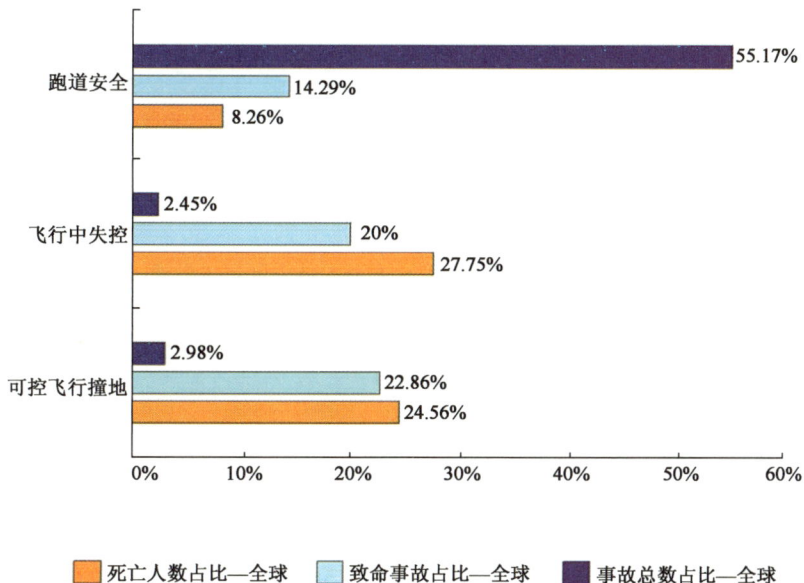

图 10-14　全球高风险事故类型(2010—2014 年)

有关可控飞行撞地的措施主要包括:引入旨在降低可控飞行撞地事故风险的标准、建议措施(SARPs)和指导材料。地区航空安全组开发了一项旨在增强认知的活动,其中包括运营人能够用于拟定标准操作程序和加强该方面的飞行机组培训方案的信息。这包括如下几个方面的信息:①使用垂直引导仪表;②在仅使用横向引导飞行进近程序时使用持续下降五边飞行技术;③使用具备前视地形避让功能的地面接近警告系统开展逃生机动复训。

有关飞行中失控的措施主要包括:实施《人员执照的颁发》中引入的关于失去操纵性的预防与改进培训(UPRT)的标准和建议措施。

4. 铁路运输安全发展政策与措施

基于铁路的货物运输以美国、加拿大和澳大利亚为代表,保障运输安全的措施和政策主要有:①不断升级安全技术,特别是加强大数据、智能等新技术的应用;②不断提高事故的响应速度,提升铁路运输安全事故的应急救援水平;③不断完善铁路运输安全法律法规、安全规章制度体系,并适时修正;④设立独立的铁路安全调查机构,独立制定铁路安全政策;⑤加强铁路安全文化建设,将安全文化渗透到设计、施工、运营及铁路运输参与者等方面。

铁路客运以欧洲(法国、德国)、亚洲(日本、韩国)为代表,保障客运安全的措施和政策主要有:①制定安全标准,明确铁路运输安全需要达到的水平;②明确铁路运输安全参与各方的责任;③设立铁路安全管理机构和独立的安全事故调查机构;④强化对铁路运输安全参与各方的监管;⑤完善铁路运输安全法律、法规和管理体系;⑥不断提高铁路运输安全技术水平。

部分国家和地区在铁路运输安全的侧重方面及具体做法如表10-9所示。可以看出,发达国家基本上是通过技术、法律规范及先进的管理系统来确保铁路运输的运营安全的。

部分国家和地区在铁路运输安全方面的特色及具体做法　　　表10-9

国家和地区	侧重方面	具 体 做 法
美国	安全技术	大数据技术、无人机技术、先进的轨检技术、移动智能设备
加拿大	安全法规	严格执行各项规章制度和法律,并对"铁路安全法"进行修正
澳大利亚	安全管理	严格的管理规章制度,在机车、车辆、线路、信号、装卸作业等方面均采用先进技术
欧盟	统一框架	颁布技术法规2004/49/EC
日本	安全法规	法律、企业规范、政府监察
韩国	技术手段	引入欧洲铁路运输管理系统

5.城市交通安全发展政策与措施

美国城市交通安全发展政策体现在对交通规划层面的重视,美国通过《安全、可承担、灵活、高效、公平运输法案》,把安全列为地方组织进行交通规划时应考虑的八大因素之首。加拿大城市交通安全发展政策体现在严格与精细的交通安全管理制度,加拿大的交通规则与国内有些不同,具体措施包括:加拿大采取"路权"原则,即"路权"属谁,谁为有利方。按照"路权"原则,如果在快车道上行人或自行车被撞,汽车驾驶员是无须承担责任的,因为他享有"路权";如果同样是汽车,则遵循"弯让直""后让前"的原则。此外,限速问题和酒后驾驶也均有相关严格、精细的法律规定。澳大利亚以减少伤亡人数为目标,实施教育、执法与宣传相结合的3E策略,并注重提高技术标准、应用新技术等。英国城市交通安全发展政策目标是:提高健康水平、减少事故、创造健康的环境。德国城市交通安全发展政策综合考虑社会出行的机动性和安全性两个方面。而日本城市交通安全发展政策是以先进的技术和全民教育为基础,多方面措施相结合,以降低交通事故率。韩国因为国家面积小,无论是电动汽车及充电桩的普及,还是监控摄像头的设置,都比中国要方便得多,因此管理水平相对较高。部分国家在城市交通安全方面的特色及具体做法如表10-10所示。

部分国家在城市交通安全方面的特色及具体做法 表 10-10

国　家	特　色	具　体　做　法
美国	交通规划	安全是交通规划中需要考虑的首要因素 引入智能交通系统(ITS)技术进行安全规划
加拿大	交通管理	"路权"原则、限速及交通管理
日本	技术和教育	以技术和教育为基础,多方面措施相结合,降低交通事故率
韩国	安全管理	不系安全带扣分、完善保险赔偿、支持电动汽车
新西兰	理想道路系统	提升所有道路使用者的安全、宣传教育、车辆环境改善等
澳大利亚	减少伤亡人数	教育、执法、宣传、提高技术标准、应用新技术等

二、发达国家交通安全发展技术导向

考虑到不同交通运输方式的交通安全发展技术差异较大,因此,分别对各种运输方式进行介绍。

1. 道路交通安全发展技术导向

美国交通安全技术成熟,智能交通系统(ITS)技术在交通安全方面应用广泛,达80%以上,相关的产品也比较先进;日本拥有世界上最完善的道路交通信息系统,开发了驾驶安全支持系统;欧洲各国普遍建立了速度预警系统,研发并应用了先进辅助驾驶系统,以防止交通事故的发生,同时致力于利用ITS技术提高事故救援的效率和速度,开发了路侧紧急呼叫系统。目前各国已经不限于关注车辆本身安全技术,而是更加注重车与车、车与路和车与人之间的数据信息交换和共享,利用通信系统推进智能基础设施、车辆和控制技术的集成,将独立的系统逐步转变为合作系统,使整个交通系统处在实时有效的监测与控制下,提高交通安全性。目前各国重点研究技术如表10-11所示,可以看出,发达国家的技术导向基本以车联网和自动驾驶技术为主。

发达国家和地区道路交通安全发展技术导向 表 10-11

国家和地区	技术导向	说　明
美国	车联网、自动驾驶技术	美国2015—2019年ITA战略计划两大重点:实现车辆联网、推进车辆自动化
日本	车联网(V2X)、自动制动和驾驶技术	(1)从2016年4月开始的第十个交通安全项目倡导推广自动制动和驾驶技术。 (2)自动驾驶技术系统研发计划中2019—2020年目标是完成驾驶安全支持系统、V2X研发与市场化和交通信息开发数据共享架构及应用,2021—2030年完成自动驾驶系统Level 3,Level 4的研发与应用
欧洲	车联网、先进驾驶辅助系统及自动驾驶、紧急救援系统	2013年推出的欧盟地平线2020科研计划中,推动合作式智能交通、汽车自动化、网联化及产业应用
韩国	超高速信息通信网技术、智能速度适应ISA和自动化技术驾驶	韩国在2016年11月为自动驾驶汽车公司开了绿灯,试图赶上业内其他国家。并建设用来测试自动驾驶汽车的设施K-City

2. 水路运输安全发展技术导向

从国际上的技术发展路径可以看出，目前安全技术主要围绕着人、船、环境和管理等方面开展研究。具体来说，仿真技术主要是面向人员能力提升，随着虚拟现实（Virtual Reality，简称 VR）和增强现实技术（Augmented Reality，简称 AR）的发展，未来的海事仿真将更加注重人机交互性而非仅是强调沉浸感；无人船技术则注重加强船舶安全性。从 2016 年底起，在芬兰国有渡轮运营商（Finferries）长 65m 的舾舰同型渡船"Stella"号上，罗尔斯·罗伊斯公司已经进行了各种操作环境和气候条件下的一系列传感器阵列测试。"Stella"号在芬兰西南沿海的 Archipelago 海上航行，来往于 Korpo 和 Houtskär 之间。目前该系统已经可以实现安全监测、避让和应急等场景下的辅助驾驶。E-航海技术希望从船上、岸上和通信三个方面实现高度的信息化技术，目前主要侧重在环境的感知和安全管理，未来将趋近于成熟并在全球获得推广，同时其技术也将更加注重信息的采集和船岸信息的交互（图 10-15）。

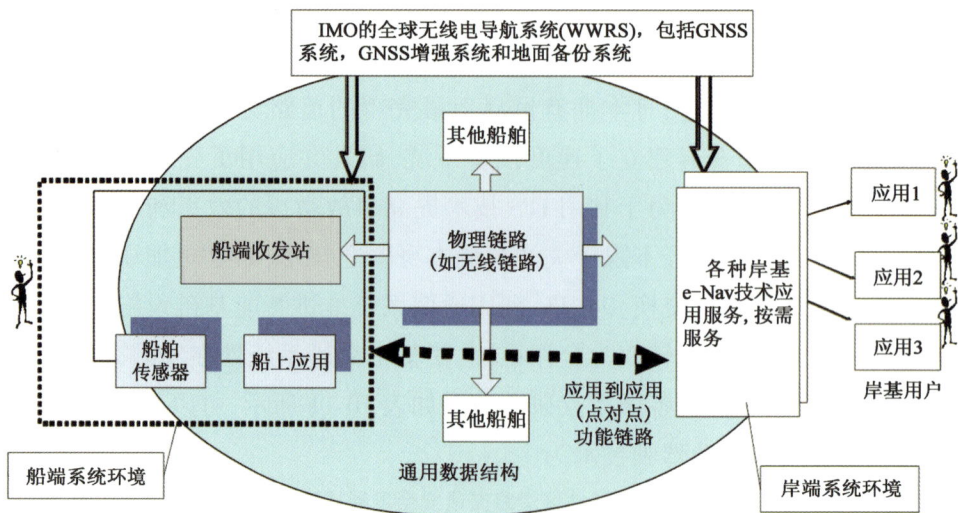

图 10-15　E-航海技术框架

3. 民用航空安全发展技术导向

国外发达国家注重航行安全与时间成本的综合控制，并开发了并行飞行器和空间仿真工具，名为详细政策评估工具（Detailed Policy Assessment Tool，简称 DPAT），用于飞机延误预警，如图 10-16 所示。此外，发达国家注重在飞机自身安全技术的研发，通过提升飞机自身安全性来保障航行安全。

4. 铁路运输安全发展技术导向

为了确保铁路运输安全运行，世界铁路运输正朝着铁路建造标准化和产业化、运营与安全保障一体化和智能化、事故应急救援标准化和专业化等方向发展,全面加强安全系统保障及其体系化创新已成为世界铁路运输科技发展趋势,努力构建涵盖安全预测评估理论与方法、成套安全技术标准规范和技术支撑系统在内的铁路运输安全综合保障技术平台,致力于减少因技术原因导致的铁路运输运营安全事故,推动铁路运输朝着"高安全、高效率、高服务"的核心目标迈进。具体来说,为确保铁路安全运行,主要在列车自动控制技术、无砟轨道技术、列车主动和被动安全保护技术、安全监测技术、制动系统用闸片材料关键技术、铁路运输用新技术等方面将取得重大突破,有效保证铁路安全运行。

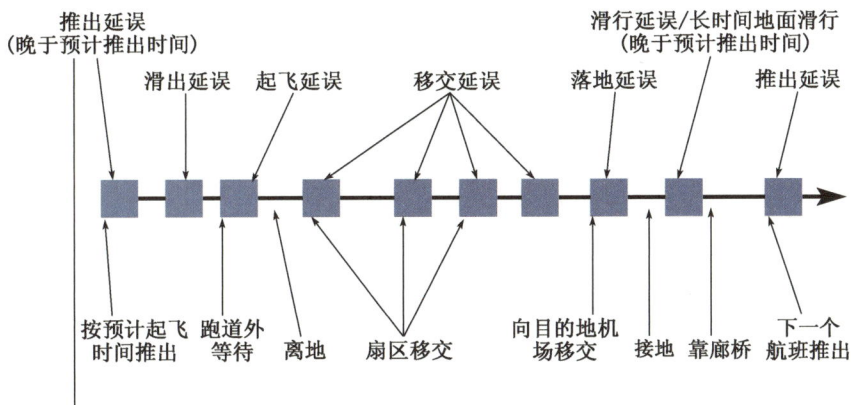

图 10-16　民用航空时间成本控制软件 DPAT

5.城市交通安全技术发展导向

目前城市交通安全技术发展趋势,是以先进的信息技术、数据通信传输技术、电子传感技术、控制技术及计算机技术等有效地集成与辅助或智能驾驶决策,保障人身安全,使交通系统更加有序和高效地运行。从规划设计入手,从根本上保证安全。对于道路基础设施建设,要把交通安全放在重要位置上,在规划设计时就充分考虑该方面因素,提出合理的车辆行驶规则,修建合理的人行通道并提供清晰的交通标识牌。进一步提高车辆的安全标准,改善车辆的安全设计,从而提高对乘客的保护和减轻冲突事件中非乘客的人身安全,减轻对交通事故中其他车辆和道路使用者的伤害。在交通运行过程中,加强对交通安全的监控和对酒精及违禁药品的检测技术。对于事故后处理,加强对驾驶员的急救能力培训,提升驾驶员在交通事故急救中的作用,提高自救互救能力,提升医护人员对交通事故伤害的医疗水平;规范和完善交通安全保险,建立涵盖医院治疗和康复服务的交通安全保险。

三、发达国家实施的交通安全重点工程

为提升交通安全水平,各国针对自身交通发展的特点,结合交通安全发展过程中存在

的实际问题,均会开展专项行动计划来提升交通安全水平,一些发达国家开展交通安全发展重点工程如表 10-12 所示。

发达国家和地区开展的重点交通安全行动计划 表 10-12

国家和地区	重点工程及行动计划	运 输 方 式
美国	修复美国地面交通快速法案(2015) 21 世纪交通运输公平法案(1998) 地面综合交通运输公平法案(1991)	道路交通
加拿大	道路交通安全战略(2012—2016)	道路交通
日本	交通安全基本计划	道路交通
美国	海事管理战略规划(2017—2021)	水路交通
欧盟	海事运输战略(2018)	水路交通
韩国	国家第二个海事安全基本计划(2017—2021)	水路交通
美国	国家轨道交通安全行动计划	铁路运输
欧盟	欧洲铁路战略研究和创新议程、欧洲铁路技术战略	铁路运输
ICAO	2017—2019 年全球航空安全计划	民航运输
美国	道路安全管理系统	城市交通
欧盟	道路交通安全战略行动计划(每 10 年)	城市交通
澳大利亚	2011—2020 年道路安全战略	城市交通

第二节 发达国家交通安全发展战略启示

通过对发达国家各交通运输方式交通安全发展历程的回顾,可以得到以下启示:

(1)构建完善的法律与标准规范体系保障交通安全。英国、美国、日本、欧洲等发达国家已经建立了一套保障交通安全的完善的法律与标准规范体系,从 1930 年的英国《道路交通(车辆检测)法》,到 1970 年的日本《交通安全对策基本法》,一直到 2012 年的美国《二十一世纪冰茶法案》;从制定驾驶员与车辆标准与规范,到进阶性驾照制度及实施台阶性保险费率,通过一系列法律、规范与规定来保障交通安全。

(2)建立一套综合与实用的政策与措施来提升交通安全。日本、美国及加拿大等国家提出的 3E、4E 及 6E 安全措施框架中,具体包括教育培训(Education)、环境(Environment)、宣传(Endorsement)、评估(Evaluation)、工程技术(Engineering)、执法(Enforcement)等方面内容。

(3)将运用先进技术(如车联网、自动驾驶、大数据、人工智能、虚拟现实等)作为提升交通安全的重要手段。发达国家经验表明:运用先进技术对运载工具特别是驾驶员等的实时监控,将是提高交通安全水平的重要手段;美国、日本、欧洲、加拿大、澳洲等发达国家均在大力推进车联网、先进辅助/自动驾驶等技术的研究与应用。

（4）将高度国际化的交通运输方式（如民航和水路航运）的运行管理纳入国际公认的安全体系，以保证其安全。采用相关国际组织制定的安全公约及相应的安全政策与措施，并在此基础上制定更高的安全要求，从而保证交通运输的安全。

（5）持续制订交通安全发展战略并开展重点交通安全行动计划，以提升交通安全。各发达国家都在制订交通安全发展战略及开展重点交通安全行动计划（表10-12）。通过制订交通安全发展战略和开展重点安全行动计划，敦促各个行业、企业及个人严格遵守交通安全法律与标准规范。通过严格执法与宣传教育，提升国民的交通安全意识，以期达到降低交通安全风险、财产损失与人员伤亡的目标。

CHAPTER FOUR

第四章
交通安全发展趋势与挑战

第一节 交通未来发展趋势

通过分析国内外交通发展趋势,综述未来交通在运载工具、基础设施和运营管理等三个方面呈现的变化特征。

一、未来运载工具发展趋势

无人驾驶汽车的研究在国内外掀起了一股浪潮,国外的特斯拉、谷歌、通用等公司、国内的百度、华为、一汽、东风、长安等公司,均开展了针对无人驾驶汽车的研究。麦肯锡和彭博新能源经济资讯联合发布报告称,2030 年高级别自动驾驶汽车将达到整体销量的 50%,电动汽车将占到 2/3;此外,2045 年左右将全面实现无人驾驶。

无人驾驶汽车是通过车载传感系统感知道路环境,自动规划行车路线并控制车辆到达预定目标的智能汽车。它是利用车载传感器来感知车辆周围环境,并根据感知所获得的道路、车辆位置和障碍物信息,控制车辆的转向和速度,从而使车辆能够安全、可靠地在道路上行驶。无人驾驶汽车集自动控制、体系结构、人工智能、视觉计算等众多技术于一体,是计算机科学、模式识别和智能控制技术高度发展的产物,也是衡量一个国家科研实力和工业水平的一个重要标志,在国防和国民经济领域具有广阔的应用前景。无人驾驶汽车具有多种优势:①安全稳定。据世界卫生组织统计,全球每年有 124 万人死于交通事故,这一数字在 2030 年可能达到 220 万人。仅在美国,每年大约有 3.3 万人死于交通意外。无人驾驶汽车可能大幅降低交通事故数量,为此可能挽救数百万人的生命。同样,无人驾驶汽车可以避免一些因为驾驶员的失误而造成的交通事故,并且可以减少酒后驾驶、恶意驾驶等行为的出现,从而有效提高道路交通的安全性。②缓解交通压力。无人驾驶汽车可以大幅减少交通事故的发生,从而降低因为事故而导致的交通拥堵出现的概率。同时,智能汽车可以通过卫星导航监控实时的路况,规划出最优的路线,避免拥堵频繁出现的问题。③节能环保。无人驾驶汽车可以通过其控制系统找到最优化的加速、制动、减速方式,有效地提高燃油利用率,减少温室气体与有害尾气的排放量,更加环保节能。④解放驾驶员。即驾驶员无须再紧张地注视着道路状况,而是可以自由地支配时间。依靠无人驾驶汽车,行动不便的老年人、残疾人等弱势群体也无须担心出行的不便,也有助于社会福利事业的进一步发展。图 10-17 为无人驾驶汽车概念图。

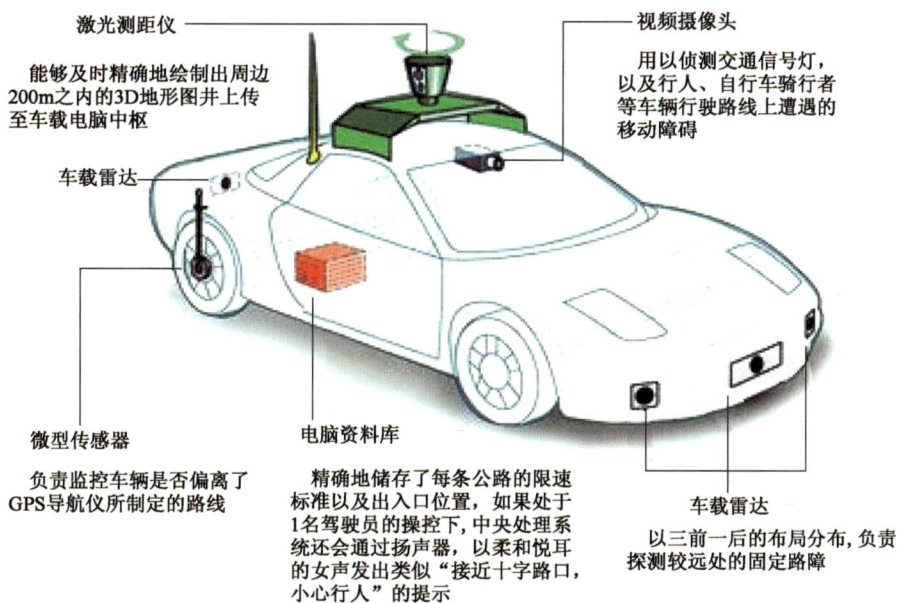

图 10-17　无人驾驶汽车概念图

相比较于无人驾驶,无人船舶和智能船舶的发展相对较晚。2016 年,One Sea 联盟发布的无人船时间表如下:2017 年在波罗的海试验区以合作的方式实现船舶远程遥控监控(产品库求购供应);2020 年通过自主设计实现完全远程控制船(载人)以及特别批准的无人远程控制船舶;2023 年逐步提升无人自主船舶的自主控制程度;2025 年将通过全尺寸测试验证实现波罗的海无人自主商业海上交通。One Sea 联盟的创始成员包括 ABB、卡哥特科、爱立信、迈耶·图尔库、劳斯-莱斯、叠拓和瓦锡兰。芬兰海洋产业协会给予了支持,并且芬兰投资机构特克斯对其进行了投资。2017 年 5 月,日本商船三井航运公司(MOL)宣布与三井造船株式会社共同开展的"自主远洋运输系统"联合项目,已入选日本国土、基础设施、交通和旅游部(MLIT)的"FY2017 交通运输研究和技术推广计划"。MOL 从船舶运营的角度开展研究,以便在船舶操作中提高船舶性能;三井造船株式会社从造船的角度对船舶进行系统集成;日本船舶技术研究协会对该合作研究项目进行协调,以促进该项目的合作研究成果;东京海洋大学则从学术角度分析船舶导航(产品库求购供应),以促进项目的研究进展;日本船级社则从船舶分类法规的方面定义了自主船舶的入级规则和有关社会实施不可或缺的规定;国家海事研究所从评估技术的角度确保自主船的安全技术评估等。研究联合会通过各公司的优势发展自主船舶技术概念,并建设通向自主船舶技术的发展所需之路,促进自主远洋运输系统技术的发展。国内,中国船级社(CCS)于 2015 年发布了《智能船舶规范》,该规范于 2016 年 3 月 1 日生效。CCS 智能船舶规范体系由智能航行、智能船体、智能机舱、智能能效管理、智能货物管理和智能集成平台六大功能组成。在智能化程度上,分别从船舶数据感知、分析、评估、诊断、预测、决策支持、自主响应实施等方面,对应不同的智能功能提出了相应要求。图 10-18 是英国罗尔斯-罗伊斯公司发布的无人船舶发展路线图。

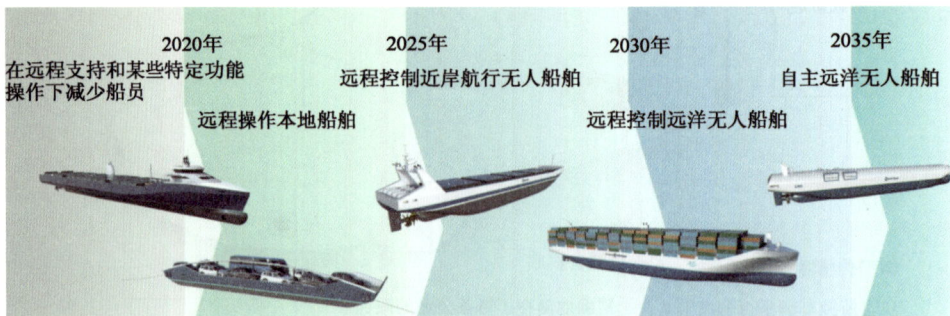

图 10-18　英国罗尔斯-罗伊斯公司发布的无人船舶发展路线图

　　中国已经成为世界上高速铁路运营里程最长、在建规模最大、拥有动车组列车最多的国家。未来高速铁路将向以下几个方向发展:一是进一步提速。提速的前提是技术的不断变革,以轮轨作为导向系统的高速列车时速已达 350km,未来以电磁作为导向系统的高速列车时速可能达到 600km。二是进一步优化列车运行方式。货运动车组、可变编组动车组等已成为研究热点,铁路运输有客流淡旺季之分,且各线路繁忙程度也不同,中西部高铁和东部沿海高铁不能等量齐观。固定编组动车组不能增加车厢应对客流高峰,也不能减少车厢以减少支出或避免运力浪费,运能和客流常常形成冲突,可变编组动车组恰能解决这一冲突。三是进一步提高安全性能。高速铁路从固定设施、移动装备、运营管理等方面构建安全保障体系,进一步提高高速铁路在恶劣复杂环境中安全运行的可靠性。四是进一步向节能、环保、舒适方向发展。高速列车减振、噪声控制、乘员舒适性等将成为关注焦点。五是向智慧化方向发展。随着京张智能铁路建设拉开序幕,未来我国高速铁路将积极采用信息智能化技术,推动我国高铁向智慧化方向发展。六是将广泛应用大数据技术。随着高速铁路在线检测技术的不断进步和广泛应用,将获得海量实车数据,应用大数据技术对海量实车数据进行挖掘分析,并将有效结论反馈给设计、运营与维护等环节。在可预见的未来,铁路列车也将基于大数据与人工智能,向无人化与网联化发展,铁路沿线的信号设备将逐渐消失,铁路列车的开行间距将大大减小,运输事故率会大大降低,运输效率将大大提升。

在民航行业,无人驾驶飞机(Remotely Piloted Aircraft Systems,简称 RPAS)在国内外掀起研究热潮,波音、空客等行业巨头纷纷开始开展无人机研究。在载货运输方面,波音公司已推出一种能够运送 225kg 货物的无人机,波音将其称为"无人驾驶电动垂直起降(eVTOL)货运飞行器(CAV)原型设备",认为其可能成为未来自主飞行飞机先驱。这架重型无人机在密苏里州波音研究实验室成功完成首次飞行测试。在载人运输方面,波音公司表示要探索商业航班中应用全自动驾驶技术的可能,已与英国 BAE 尝试将现有的民航客机改装为无人机,从而使长途飞行所需的 5 名飞行员可减少至 2~3 名,货机飞行员可从 2 名减少至 1 名。在某些情况下,甚至不再需要飞行员。此外,空客认为,自动驾驶飞机是客机的发展趋势,已经启动了代号为"Vahana"的项目,将开发一款无人驾驶电动斜旋翼飞机,其可在直升机场实现起降。在大型客机方面,空客也在推进无人驾驶技术研究,运行初期将安排 2 名飞行员全程在驾驶舱内待命,以确保飞行安全,消除人们的担忧和顾虑。我国也非常重视无人驾驶飞机的研究,工业与信息化部在 2017 年发布了《关于促进和规范民用无人制造业发展的指导意见》,明确至 2025 年产业规模、技术水平、企业实力持续保持国际领先势头。

除了设计和制造外,为了确保无人驾驶飞机的安全,促进全球融合和协调,2014 年 ICAO 空中航行委员会(Air Navigation Commission)成立了遥控飞机系统(Remotely Piloted Aircraft Systems,简称 RPAS)专家组。在 2017 年 ICAO SMP 会议上,RPAS 专家组介绍了 ICAO 规划无人机航行的发展路径。明确其规划分为三个阶段:①第一阶段,2019 年完成在非隔离空域进行无人机初始运行;②第二阶段,2025 年完成无人机融入空管的整合运行;③第三阶段,2031 年完成无人机在全部空域内一体化运行。图 10-19 为无人驾驶飞机概念图。

二、未来交通基础设施发展趋势

根据国内外基础设施发展经验以及我国实际情况,未来交通基础设施发展趋势将主要体现在以下几个方面。

到 2045 年我国交通基础设施工作性能将呈现老化。参考美国《交通基础设施投资经济分析报告》,美国约有 65% 的主要道路亟待维护或重修,25% 的桥梁已经无法满足当前的交通需求。我国大部分交通基础设施的建设已经基本完成,如大部分地区的高速公路及其他等级公路的建设任务已经完成,高速铁路也已经基本完成了网络的构建,高等级航道也实现了全部修缮,下一个阶段的重点任务是对这些基础设施的维护。美国的大部分公路基础设施建设是在1950—1960年完成的,随着时间的流逝,这些基础设施已经到了需要大规模重新修建与维护的阶段。我国大部分交通基础设施虽然是近20～30年修建的,但到2035年将达到40～50年的服役期,其运营与维护将是重中之重。因此,增加资金与人员投入,研究科学高效的基础设施运营与维护材料、工艺、方法与流程等是今后一项重要的工作。

图10-19　无人驾驶飞机概念图

　　未来交通基础设施抗灾能力将明显提升。我国近年来非常重视交通基础设施的抗灾能力和服务水平,在重大交通基础设施的修建材料、实时监控、救援与保障等方面开展了众多科研并增加了产业方面的投入。具体表现为新型建材的研发、光纤与遥感在交通基础设施监控方面的应用、救援与保障系统的构建与发展及科技水平的进步。这些因素都为未来交通基础设施抗灾能力的提升奠定了基础。

　　绿色交通基础设施将进一步形成。"十三五"时期是交通运输基础设施发展、服务水平提高和转型发展的黄金时期,要求加快形成安全、便捷、高效、绿色、经济的综合交通体系。在我国承诺遵守"巴黎协议"中规定的减排条款后,绿色交通及交通基础设施将是实现这一承诺的重要途径之一。绿色交通基础设施将以环境友好、节能减排为交通基础设施规划、设计、建设、运营与维护的目标之一,通过在技术上、管理上与工程上的多种手段实现绿色发展的目标。

三、未来营运管理发展趋势

　　随着信息技术的发展,未来交通运输系统将呈现基于移动互联的交通运营服务、个性

化智能交通信息服务、共享交通服务、数据化和网联化的趋势,具体表现在:

(1)移动互联的交通运营服务。互联网＋交通出行、互联网＋货物运输,正在重建整个交通运输的生态圈。

(2)个性化智能交通信息服务。随时随地提供个性化、多样化的信息服务,实现信息共享和业务协同。

(3)共享交通服务。共享交通将在未来占据重要的份额,未来交通发展有利于多人合乘一车、一车服务多乘的共享交通模式。

(4)数据化。交通基础设施、交通流及环境等状态感知将更加动态和实时,这是支撑智能交通发展的基础,而不断发展的大数据技术,未来对于安全营运、个性化服务等均将发挥重要作用。

(5)网联化。通过信息共享和业务协同的智能交通系统,推动运输通道、枢纽、运输方式等资源的优化配置,促进运输方式之间的无缝衔接和零换乘。未来交通将全面实现车联网和船联网服务。

在未来智能化与网联化的交通运输系统之上,未来交通运输系统的运营管理将向"智能化、集约化"的方向发展,在运营管理中心可以对交通基础设施进行实时监控、可以动态掌握运载工具的位置、速度(甚至是进行实时控制),对驾驶员、乘客进行远程监控与实时沟通,中控系统将对交通运输系统进行实时优化,包括交通运输需求的实时预测、各种运载工具的配送、交通基础设施的状态检测及路径选择、枢纽不同模式的自动衔接等。这些技术将为各种交通运输方式集约化程度的提升奠定坚实基础,而交通运输的集约化也将会大大提升系统的效率与安全。

随着"互联网＋"、万物互联技术的发展以及人工智能、大数据的应用,智慧城市及智慧交通都将升级为"智能网联2.0"版本,在以信息技术为主导的时代,交通运输系统将以"需求实时感知、供给实时优化、资源实时共享、控制实时分配、服务实时分布"为特征,以高度智能基础设施、载运工具及实时中央数据处理、系统优化与控制为手段,以实时满足各种交通运输需求为目的。各种运输方式的发展展望如下。

民航:虽然面临着油价及地缘政治等问题的不断影响,航空工业一直不断创新,是各种运输方式中组织性、集约化最强的方式,具有高效、安全的优势。在今后的发展过程中,民航或许将面临"胶囊运输"(Hyperloop)及"太空出行"(Space Travel)等新兴运输或出行方式的颠覆性挑战,但是在可预见的未来,民航业将通过新兴材料、能源、机械及信息等技术,不断创新,构建实时互联的机场设施、飞机及其部件、乘客、货物及运输环境感知系统,基于人工智能与大数据的中央控制系统的实时系统运营优化,从而实现更为高效、安全的民航运输。图10-20为我国民航产业发展趋势。

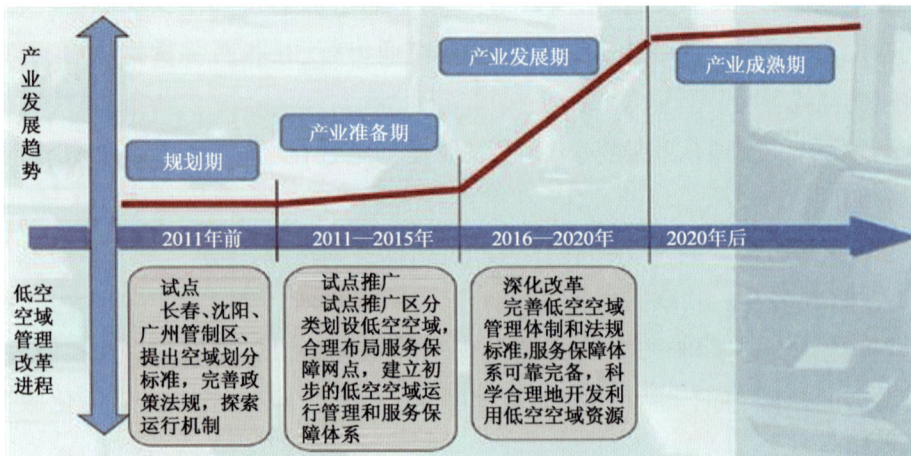

图 10-20　我国民航产业发展趋势

铁路：铁路运营速度的提升以及新型轨道交通方式的发展将对铁路运输的基础设施、运载工具、驾驶系统与中央控制系统提出革命性的变革要求，新型轨道交通的速度将越来越快，高度智能的铁路基础设施、运载工具生态系统和实时泛在的感知与控制系统即将问世。

公路：以无人车、智能车为主体、车路协同为手段、以实时泛在感知与中央控制为特征的新型公路运输系统，将在最大限度地推进公路运输方式的集约化运营管理，可以实时追踪交通基础设施与运载工具，实时感知与精确预测交通运输需求的时空变化，根据需求匹配供给并实时进行优化。泛在的感知与控制系统可以实现车辆、道路、乘客与货物的高度协同，最大限度地优化系统的能力和降低对环境的影响。

水路：以智能船、船—岸—航道联网为手段的实时系统感知为基础，实现智能中央控制系统实时优化交通运输需求与供给的匹配，实现水路交通的集约化运营组织方式。

城市交通：将构成以高度智能化交通基础设施和运载工具为基础，以大容量、集约化公共交通为骨干，以共享个人交通方式为辅助的城市交通系统；实现中央控制、实时交通需求感知、交通供给预订与交通需求服务为系统目标的城市交通系统。

第二节　交通安全发展面临的挑战

随着未来交通的不断发展，未来交通安全也将面临新的风险和挑战。

一、综合交通运输系统韧性水平不足问题

各种交通运输方式在其发展的过程中注重考虑自身安全性，而忽略了系统整体的安全性和互补性，在遭受外部干扰时（如灾时或战时），难以较好地实现区域交通系统的互

补。以 2007 年雪灾为例,雪灾发生时,一些南方地区没有提前制定雪天应急预案;在雪灾应急处置问题上,铁路、地方公路部门、交通管理部门以及周边地区相关部门的联动协调不够;此外,2008 年汶川地震发生后,根据交通运输部统计的数据,汶川大地震共造成 24 条高速公路受到影响,161 条国级、省级干线公路受损,8618 条乡村公路受损,6140 座桥梁受损,156 条隧道受损,其中道路受阻、桥梁损毁的现象最为严重,道路瘫痪后,由于难以快速地进行抢修以及利用其他交通运输方式进行互补,应急救援物资供给难度较大。再次,随着各种交通运输方式之间相互关联,一旦发生交通安全事故将会对整个系统造成影响;此外,在综合交通运输网络中,不同区域交通管理政策的不同也会带来新的交通风险。

我国交通基础设施由于新建的原因,自身可靠性较好,但是需要确保整个综合交通运输系统在全天候情况下(包括非常态、灾时战时)均有较好的系统安全性,需要特别重视交通运输系统风险和区域风险。

二、基于高技术构建的新型交通系统的信息安全问题

随着无人驾驶车(船、机)技术的不断发展,基于无人驾驶车(船、机)构建的未来新型交通系统是基于互联网建立的,其信息安全需要重点关注,包括移动通信、车(船、机)载网络、控制系统等三大安全风险源。未来新型交通系统主要面临来自节点(T-BOX、IVI、终端升级、车载 OS、车(船、机)载诊断系统接口、车(船、机)内无线传感器)、网络传输、云平台、外部互联生态安全 4 个层面的 12 大风险(图 10-21)。

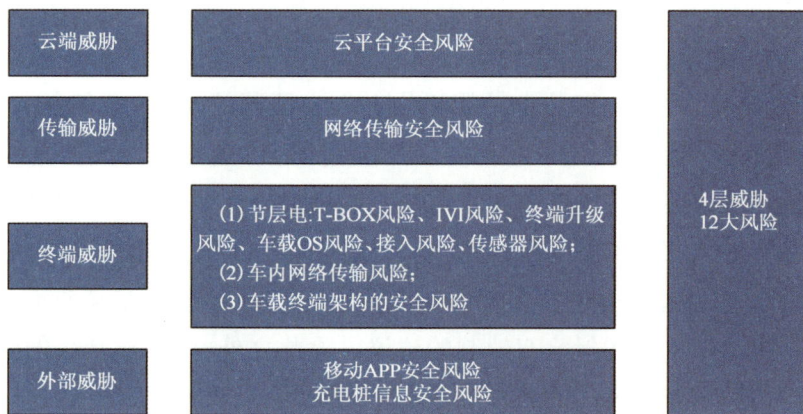

图 10-21　未来新型交通系统的 4 层威胁和 12 大风险

三、新型运载装备可能带来的安全风险问题

从交通运输的发展历程来看,新型运载工具的投入使用可能会遇到一些系统适应性问题,从而导致一些新的风险。民航方面,C919 是中国首款按照最新国际适航标准,具有自主知识产权的干线民用飞机,于 2008 年开始研制,2017 年 5 月,C919 已经在上海浦东

机场实现首航,性能满足设计要求,达到了预期的稳定运行状态。但作为新型航空器的运行风险仍然较高。铁路运输方面,"复兴号"动车组(即中国标准动车组)在京沪高速铁路实现350km时速运营,这标志着中国为世界高速铁路商业运营树立了新的标杆。2016年正式启动时速600km级低真空管(隧)道高速磁悬浮铁路、时速400km可变轨距高速列车、时速200km中速磁浮以及铁路运输系统安全保障技术研发项目。随着铁路运输运载工具不断发展,铁路运输系统安全保障技术也在不断跟进,但新研发的铁路运输安全体系保障新型铁路运输运载工具安全运行仍然有待进一步验证。

四、智能环境下新型交通运输系统运行的法律法规建设问题

对智能无人驾驶系统法律规范的研究主要集中在三个方面:一是对国外智能无人驾驶系统法律规范的分析;二是探寻国内智能无人驾驶系统的法制化道路;三是研究智能无人驾驶系统的法律责任。

以无人车和无人船法律法规建设为例:2012年5月,美国内华达州机动车辆管理部门为谷歌的无人驾驶车颁发了首例驾驶许可证;2017年,美国出台《自动驾驶法案》,首次从管理、标准、豁免、检测、评估、隐私等方面,对自动驾驶汽车的设计、生产、测试等环节进行了规范和管理。2014年,法国公布了无人驾驶汽车发展路线图,并推动道路交通法律法规的修订,满足本国无人驾驶汽车在公共道路上测试的要求。2018年3月,上海发布了国内首批自动驾驶测试牌照。2018年2月18日,IMO公开发布了《无人船舶使用监管障碍的最终报告分析》(以下简称《报告》),《报告》中提到,虽然无人船研究受多方因素影响,但重点还是在于明确动态自动化层级中航行义务的改变,应该以船上有无船长或船员来划分自动化的程度高低,并据此划分自动等级为有人为控制的M(传统船舶)、R(船长或船员在船上进行指挥航行)、RU(船长或船员在岸上指挥)以及基本无人控制的A(全自动)等四个等级,提出需要在已有制度基础上加强信息对接、对操作者的教育培训、资格审查等方面的规范;另外,《报告》中还提出,安全问题是首要问题,要提高船本身的安全稳定性,加强电力设备、救生装备、警报系统等基础设施法制完善要求,在义务承担上则主要强调船东的责任,提出了义务和保险双轨制的建议。除此之外,由瑞典牵头的欧洲无人驾驶水运系统安全和管理组织(SARUMS)、英国的自动水运系统管理工作组(MASRW)也为在IMO框架下得以更加公平公正进行活动而努力探索。

总体来说,我国无人驾驶发展仍处于探索阶段,无人驾驶的实现不仅是技术问题,还有待适合于中国特定道路、航道状况的法律法规、道路和航道设施建设、人员素质等整个社会体系的提高及企业和上下游产业链的建设,需要我国加快智能环境下新型交通运输系统运行的法律法规建设。

CHAPTER FIVE

第五章
交通安全发展目标与路线图

第一节　总体思路

一、内涵和定位

本研究的交通安全内涵是指交通运输系统(包括道路、水路、铁路、民用航空和城市交通)在避免发生人身伤亡或财产损失的技术和管理活动,兼顾交通基础设施施工、建设等过程中的安全生产问题。

交通安全是国家安全的重要组成部分,是国家大事、民生大事,交通安全与人民群众的美好生活息息相关,事关人民福祉,事关经济社会发展大局。要充分认识交通安全的重要性,同时,也要兼顾绿色发展和效率问题。要把交通安全提升到国家战略层面,以国家安全和人民美好生活为指引,全力深化交通改革发展,奋力推进交通强国建设,为决胜全面建设小康社会、建设社会主义现代化强国奠定坚实基础。

二、战略目标

一个交通安全愿景目标:实现"零死亡"交通安全愿景目标。

一个交通安全发展体系:交通安全综合治理与防控体系和交通运输系统的安全标准与技术体系。

一个交通安全保障体系:综合交通安全应急救援体系和交通军民融合发展体系。

一套交通安全提升任务:先进交通系统安全科技创新工程和交通安全提升重点工程(图10-22)。

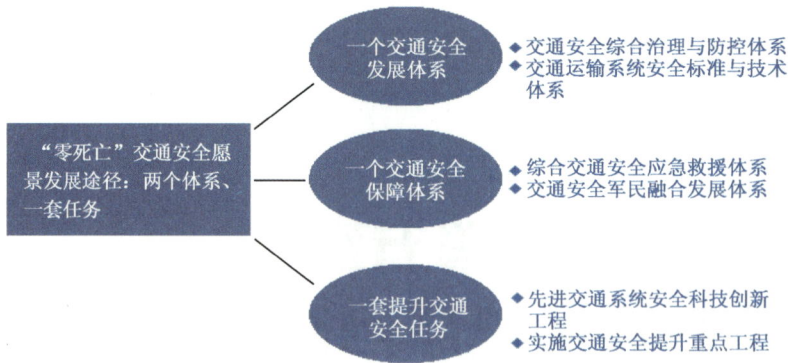

图 10-22 "零死亡"交通安全愿景发展途径

在国际上,瑞典于 1997 年就提出了"零死亡"交通安全的愿景目标,并写入了法律,随后日本、欧盟、澳大利亚和美国等国家和地区也相继提出了"零死亡"交通安全的愿景目标,如表 10-13 所示。因此,"零死亡"交通安全愿景战略是国际交通安全发展的趋势,在这个背景下,结合我国当前交通安全状况,尽管我国在绝对死亡人数指标上和发达国家差距较为明显,但是可在相对死亡人数指标(万车死亡率)上实现相对意义上的"零死亡"交通安全愿景。

发达国家和地区"零死亡"交通愿景战略　　　　　　　　　　　表 10-13

国家/地区	年份(年)	出　　　处	实现年份及目标
瑞典	1997	1997 年零交通事故死亡愿景计划载入法律	2020 年
日本	2006	第八次交通安全基本计划	2020 年减半 2030 年零死亡
欧盟	2011	欧洲交通发展白皮书	2020 年减半 2050 年零死亡
澳大利亚	2011	白皮书	2050 年零死亡
美国	2016	美国政府制定的目标	2046 年公路 交通零死亡

此外,随着我国经济社会的发展,人民对于"零死亡"交通安全的向往和认识也在逐步增强,要实现交通强国战略,就需要建设让人民满意的交通。党的十九大报告指出,我国社会主要矛盾已经转化为人民日益增长的美好生活需要和不平衡不充分的发展之间的矛盾……使人民获得感、幸福感、安全感更加充实、更有保障、更可持续。因此,从人民美好生活需要的角度出发,也有必要实施"零死亡"交通安全愿景战略。

三、发展原则

根据党的十九大报告对我国未来三阶段两目标的描述,考虑到交通先行的引领作用,交通安全发展战略目标设定遵循三个原则。

（1）坚持发展导向，完成"十三五"交通安全目标和规划。"十三五"期是交通运输发展的黄金时期，起着承上启下的作用，需要抓重点、补短板、强弱项，提升交通安全水平。

（2）坚持问题导向，提升 2030 年交通安全水平。针对我国存在的综合治理体系缺乏、道路交通事故死亡人数多、内河运输应急救助能力薄弱、农村道路交通安全管理缺失、城市轨道交通系统人员密集的安全风险、公路水路运输市场准入门槛偏低、交通设施建设的施工安全存在隐患等问题，以安全风险管理为抓手，从实现安全的视角，对人、装备、设施、环境等四个方面，提出发展战略。在 2030 年基本实现与发达国家接近的交通安全发展目标。

（3）坚持目标导向，实现 2045 年交通强国目标。要实现交通强国目标，一方面需要解决未来交通安全存在的问题，另一方面还需要从目标导向出发，对标国际交通安全发展水平，设立相应的交通安全发展战略和发展目标。例如，对于道路交通安全死亡人数，要实现交通安全强国发展目标，则需要实现与国际上对标的万车死亡率指标，实现"零死亡"交通安全愿景目标。

第二节　发展目标

根据交通强国战略，分别制定我国 2030 年和 2045 年交通安全发展战略目标。

2030 年交通安全战略目标为：交通安全综合治理和防控体系基本实现；交通安全技术与标准体系进一步完善，我国交通基础设施建设质量达到优质，载运工具安全技术水平大幅跃升，交通运输系统安全运行更有保障；交通安全应急救助全面提升，推进"零死亡"交通愿景战略实施；建设交通军民融合发展体系。具体如下。

（1）万车死亡率不超过 0.5 人/万车。

（2）运输船舶百万吨港口吞吐量水上交通事故死亡人数下降 50%，不发生重大及以上安全事故。

（3）铁路运输不发生较大及以上安全事故，伤亡不超过 500 人。

（4）运输航空百万飞行小时重大事故率十年滚动值为 0.08。

（5）城市交通小汽车死亡率低于 1.8 人/万车。

（6）基础设施不安全状态占比降低，技术质量状况良好。消除危桥，公路，尤其是农村公路使用寿命基本达到设计寿命。

（7）实现空中救援响应 1h，陆上救援响应 2h，水上救援响应 4h 的快速应急救援体系；深远海打捞救助能力达到发达国家同期水平。

2045 年交通安全战略目标为：构建适应我国经济社会发展需求的交通运输系统安全综合治理和防控体系；全面提升我国交通基础设施韧性、载运工具可靠性、交通运行控制智能化水平，形成国际领先的交通系统安全技术体系；全球范围的交通安全应急救助更加健全；"零死亡"交通愿景基本实现（低于万车死亡率低于 0.3 人/万车）；实现军民深度融合，有力支撑国家安全。

第三节　路线图

为实现交通安全发展战略，其发展战略部署如图 10-23 所示。

	具体内容	运输方式	2020年	2025年	2030年	2035年	2040年	2045年
交通安全发展战略路线	交通安全目标	公路运输	万车死亡率低于0.5人/万车			零死亡、万车死亡率低于0.3人/万车		
		水路运输	不发生重大以上事故			交通安全水平全面提升		
		铁路运输	无较大以上事故			引领世界的交通技术体系		
		民航运输	十年滚动值为0.08			交通安全影响力国际领先		
	交通安全发展体系		国际先进的安全体系			世界领先的安全体系		
	先进交通系统安全科技创新工程		交通系统网联安全			先进交通系统网络韧性		
			运载工具控制可靠			先进交通系统灾后恢复		
	综合交通安全应急救援体系		安全和应急救援体系完备					
			系统安全可靠性全面提升					
	交通军民融合发展体系		实现军民融合			军民深度融合		
	交通安全提升工程		支撑保障体系提升工程					
			教育培训和文化素养提升工程					
			预防控制体系提升工程					
			应急救援能力提升工程					
			农村交通安全体系构建工程					
			基于多源数据的航空安全管理工程					
			内河船舶安全技术创新工程					

图 10-23　交通安全发展战略部署

交通安全目标：分为公路运输、水路运输、铁路运输和民航运输四个方面，在 2030 年和 2045 年根据不同运输方式特点实现相应的安全目标。

交通安全发展体系，分别是交通安全综合治理与防控体系和交通安全技术与标准体系：2030 年达到国际先进水平；2045 年实现国际领先水平。

先进交通系统安全科技创新工程：2030 年实现信息安全和可靠控制；2045 年实现网络韧性和灾后恢复。

交通安全提升工程：2030 年全面完成。

第四节　评价体系

交通安全的评价体系涉及的具体评价指标如下。

（1）道路交通、水路交通和铁路运输采用死亡率作为指标，具体为：道路交通采用万车死亡率；水路交通采用运输船舶百万吨港口吞吐量水上交通事故死亡人数；铁路运输采用10亿 t·km 死亡率。民航运输采用事故率作为指标，具体为：运输航空百万飞行小时重大事故率十年滚动值。

（2）应急救援高效：应急救援是交通安全的重要组成部分，是减少事故人员伤亡的重要手段，高效快速的应急救援能够在很大程度上提升交通安全水平。采用应急救援响应时间和应急救助效果两个方面的指标对其进行评价。

（3）系统安全可靠（韧性）：交通运输系统是由人—载运工具—环境—管理组成的有机整体，系统安全可靠体现了交通运输系统各要素之间的有机结合；此外，系统安全可靠还体现在系统具有良好的韧性，即在非常态下或遭受外部攻击时能够具备很好的恢复能力。

（4）支撑国家安全：交通安全是国家安全的重要支撑，是公共安全的重要组成，是国土安全的重要保障，交通系统搭载国防功能，可为国家应付未来战争和突发事件，提供强大的物质支撑和战场保障。

第六章
重点战略任务

第一节　健全交通安全发展体系

交通安全发展体系包括综合运输系统的安全综合治理与防控体系和交通运输系统的安全标准与技术体系。

一、健全综合运输系统的安全综合治理与防控体系

要坚持安全第一、预防为主、综合治理的方针,完善安全生产责任制,落实企业安全生产主体责任和政府安全生产监管责任。健全政府主导、企业主体、技术驱动和全社会参与的交通安全综合治理与防控体系,具体如下。

(1)政府主导,依法构建治理体系。①完善安全生产中长期立法计划,推进立法进程,增强安全生产法制建设的系统性、完备性和有效性。完善交通安全法律法规体系,加快制定与完善社会关注度高、重点领域的法规制度,特别是推进自动驾驶环境下交通运输系统的运行法律法规建设。②推行安全生产法规制度执行效果评估制度。完善国家交通安全领导体系。把交通安全指标管理改为目标管理,避免粗放型追责模式。③加强法规制度立改废工作,加快制(修)订社会关注度高、重点领域的法规制度。重点推进《道路危险货物运输安全管理规定》《网络预约出租汽车运营安全管理条例》《城市公共交通条例》《中华人民共和国道路运输条例》《中华人民共和国海上交通安全法》《国内水路运输管理条例》《内河交通安全管理条例》等的制(修)订工作。④建立以强制性标准为主体、推荐性标准为补充的公路水路行业安全生产标准体系,推进相关国家标准、行业标准和地方标准制定工作。⑤开展重点领域国际规则和标准的对比研究,结合国情予以借鉴实施。提升我国在国际交通安全规则、标准制定方面的话语权。开展与"一带一路"沿线国家交通运

输安全生产规则和标准的对标衔接。⑥支持行业企业制定高于国家、行业、地方标准的安全生产标准。⑦强化安全生产监督检查执法。建立并落实监督检查执法计划,完善工作程序,加大监管执法力度。健全联合执法机制,实现安全监管信息互通共享,消除监管盲区和监管漏洞,进一步明确交通安全职责,解决交叉执法、重复执法等问题。

(2)企业主体,落实安全生产管理责任。①强化企业安全生产主体责任。实行企业全员安全生产责任制,落实企业主要负责人、管理人员和每个岗位责任。有效改善企业安全生产条件,保障安全投入,推动企业安全生产标准化达标升级。道路运输、建设施工、港口危险物品储存企业、船舶运输公司、铁路公司以及各航空公司的主要负责人必须承担安全生产责任。②加强企业安全生产信用管理。积极推进公路水路行业企业安全生产诚信体系建设,建立和完善安全生产违法违规行为信息库,及时记录企业违法违规信息,建立企业"黑名单"制度,加强对失信企业的惩戒力度,促进企业依法守信做好安全生产工作。③明晰部门监管责任。坚持"党政同责、一岗双责、齐抓共管、失职追责"的要求,依法依规制定安全生产监督管理工作责任规范,建立安全生产权力清单和责任清单,厘清、明晰各级管理部门职责边界。建立完善安全生产事故和重大隐患的问责追责机制,完善安全生产约谈、挂牌督办机制。研究建立企业安全生产经营全过程安全生产责任追溯制度。按照"四不放过"原则,严格事故调查处理,依法严肃追究责任单位和相关责任人责任。对发生安全生产事故重大责任的社会服务机构和人员实施相应的行业禁入。

(3)技术驱动,突出科技提升安全的作用。①研究起草科技支撑安全发展的指导意见,促进高校及科研院所开展先进安全技术研发与应用,加强顶层设计,建立运行机制,充分运用标准规范、科技装备、信息化智能化和大数据分析应用等提升行业安全发展水平。②建立政府、企业、科研院校、社会多方参与的交通安全生产技术研发机制,形成产学研用战略联盟,加强安全生产重大共性关键技术研究和装备研发,加大科研基地建设和投入。③积极推广科技成果转化、应用,研究安全生产新工艺、新技术、新装备推广应用的市场激励和政府补助机制,使我国交通运输安全生产科技和装备设施达到国际先进水平。④推进安全生产监管监察、安全生产培训教育等信息化建设,研究建立危险货物铁路、道路、水路运输以及港口运营安全生产共享信息技术和数据统一标准,实现危险货物运输有关信息与安监、公安共享。

(4)全社会参与,营造交通安全文化,提升全民交通安全素养。①加强宣传引导。定期发布交通运输安全发展白皮书。鼓励主流媒体加大交通安全公益宣传、案例警示教育,利用微信、微博和客户端,加强交通安全法律法规、安全和应急知识宣传。开展交通运输"安全生产月"等宣传活动。及时收集交通安全事故舆情,加强正确的舆论导向。②创建交通安全国家文化。将交通安全文化作为国家安全文化建设的重要组成部分,交通安全教育从娃娃抓起,用全社会的力量形成安全文化。③鼓励和引导企业和社会力量参与交通运输安全文化创作和推广,传播安全价值观和理念,营造"我要安全"的社会氛围。在客运站场(码头)、主要生产施工作业现场、城市公交枢纽等场所设置安全文化展示窗口,研究推动安全文化示范企业建设。④大力实施从业人员安全素质提升工程,完善安全生产教育培训机制,完善与从业人员安全素质相关的规范标准,研究建立交通运输安全生产教育平台,开展安全生产知识和能力在线培训。加强从业人员信息管理和服务,落实《危险货物水路运输从业人员考核和从业资格管理规定》,编制相应考核大纲,开展有关考核和职业资格认定工作,落实《"健康中国2030"规划纲要》,加强对公共交通驾驶员、"两客一危"车辆驾驶员和船员劳动保护。⑤加强重点人才培养,推进交通运输安全生产和应急各层级、各领域人才队伍建设,造就一批在交通运输安全生产领域具有国际影响力的人才。

二、健全综合运输系统的安全标准与技术规范体系

结合交通运输系统的发展,构建涵盖交通基础设施、运载工具、运行控制、运营管理、风险防控、应急处置六个方面的交通运输系统的安全标准与技术体系,系统制定交通运输系统的产品技术标准、工程建设标准、运营维修技术规章体系,适应各种自然条件、交通条件和运营条件。

(1)健全交通安全技术标准体系,从源头上保安全。在标准制定时,充分考虑我国各地不同自然环境(大风、冰、雪等不良环境)、不同交通环境(桥梁、交通流等)、不同设计标准对通行的影响,并将其划分为不同的标准,充分分析其对交通安全的影响,并制定相应的标准,保证交通安全。在交通系统规划阶段,注重交通安全,并积极开展交通系统规划的安全评价。

(2)强化交通运输系统建设工程质量管理,从基础上保安全。提升交通系统建设技术、管理、作业三大标准,施工过程做到"事事有标准,事事有流程,事事有责任人",构建标准化管理体系。以管理制度标准化、人员配备标准化、现场管理标准化、过程控制标准化为基本内涵;以技术标准、管理标准、作业标准和工作流程为基本依据;以机械化、专业化、工厂化、信息化为支撑手段。要强化设备质量源头控制,建立产品质量业绩档案,加强造修质量评价,对源头质量问题依法追责、依法索赔。集中整治交通安全相关设备缺陷,精准补强设施设备薄弱环节。图10-24为交通运输系统作业体系。

(3)落实运载工具产品质量管理,以装备技术上保安全。对运载工具整体及部件生产企业实行生产资质管理和设计型号合格证管理,对载运工具制造实行验收制度。对载运工具设备、产品实行产品认证、上道质量检验等准入制度,杜绝质量不合格的产品进入载运工具领域。

(4)严格交通运输系统的运营管理,从运行过程中保安全。在交通运输系统运营调度指挥体系中,进一步落实运营管理安全措施,强化过程管控,优化交通参与人员管理和培

训教育体系,实施固定设施和移动装备动态检测监测和养护维修制度。及时判定交通运输系统设备的技术状态,实现视情维修,保证运营安全,建立相关安全指标体系。

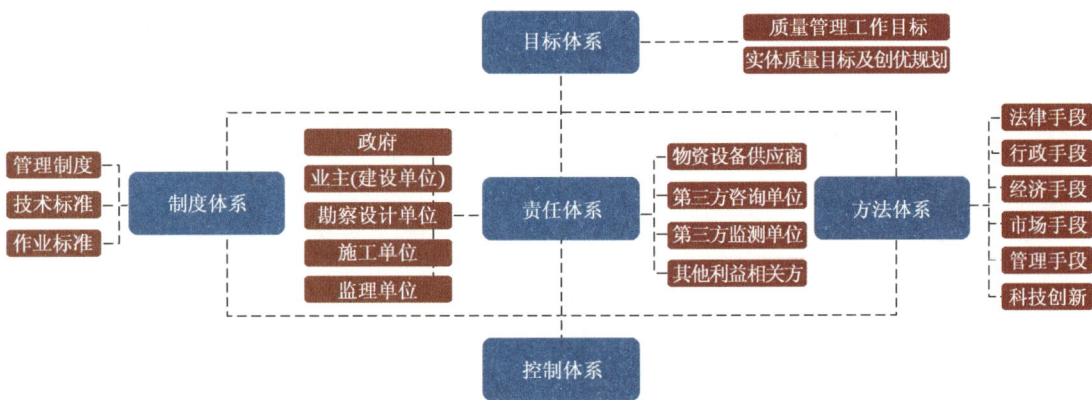

图 10-24　交通运输系统作业体系

（5）全面开展自然灾害风险防控,从防灾减灾中保安全。健全风、雨、雪、异物侵限等灾害实时预警和监控体系,强化春运、暑运、黄金周等重点时段安全监管和应急值守,做好极端天气的预防、预警、防范和应急保障工作,建立交通运输系统恶劣环境和突发事件下的防护体系,保证在自然灾害情况下交通的安全。同时,还加强了治安防范,防止人为破坏,做好重点时段运输服务安保工作和行业反恐怖防范。推进科技信息化、指挥扁平化、安保实战常态化建设,加强治安、反恐斗争,提升交通安防水平。

（6）重视交通事故现场应急处置,从事后处置中保安全。严格落实安全风险管控和隐患排查治理双重预防机制,实现对安全隐患的及早发现、闭环整治。坚持应急处置导向安全的理念,加强应急救援指挥体系和应急处置能力建设,加强水上搜救打捞工作的意见和国家重大海上溢油应急处置预案,举办国家重大海上溢油应急处置部际联动演习,强化深远海搜救能力建设,统筹规划建设全国联动、水陆空协同、军民融合的应急救援体系,完善相关预案和处置措施,实现现场应急处置规范有序。

第二节　设立先进交通系统安全科技创新工程

针对未来智能化、无人化、网联化的先进交通系统的重大需求,构建网联安全、控制可靠、网络韧性和灾后恢复的技术链条;围绕先进交通系统(包括道路、水路、铁路和民航)的技术发展需求,突破先进交通系统存在的主要技术难点,形成先进交通系统的韧性与可靠性技术体系和系统平台。设立先进交通系统安全科技创新工程,面向先进交通系统的网联安全、控制可靠、网络韧性和灾后恢复等四大问题。具体来说,分别从保密性、安全性、可靠性等方面实现先进交通系统的信息安全;从控制系统、通信系统和调度系统等方面实现先进交通系统可靠控制;从状态检测、安全行为识别、风险预测等角度实现先进交通系统网络韧性;从人员疏散、紧急处置和应急物资配送等方面实现先进交通系统灾后恢复。

第三节　建设综合交通安全应急救援体系

统筹规划建立全国联动、水陆空协同、军民融合的应急救援联动机制,建立交通事故与医疗数据互通共享机制、应急救援基础数据普查及动态采集报送机制。

强化应急救援系统和平台构建,提升应急处置能力。

健全高效的社会化交通安全应急救援系统,逐步建立应急救援队伍社会化体系,引导发展空中救援模式,提高医疗急救服务的联动效率。

第四节　建设交通军民融合发展体系

构建军民融合、高效顺畅的工作机制与保障体系;在交通规划、交通基础设施、交通运输装备、交通物资储备与运输等方面实现军民融合,适应国防和军队现代化要求;依托科技创新,加强军地交通资源与信息的合理共享,开创高效的、中国特色的交通军民融合发展体系。

第五节　实施交通安全提升重点工程

一、支撑保障体系提升工程

(1)强化安全基础设施建设。强化交通基础设施的安全设施建设,加大公路安全生命防护工程、危桥改造、隐患隧道整治、渡口改造、渡改桥、过河建筑物通航安全设施配布等的实施力度。提升农村道路交通安全设计水平,完善防撞设施、视线诱导设施等,规范和完善农村道路交通标志、标线,加强急弯、视距不良、长陡下坡等道路的警示标志及减速带设置。提升水路基础设施安全水平,加强航道管理与养护。加强通航水域岸标、浮标、桥涵标等通航设施设备的配备和布设。

(2)保障基础设施安全可靠。加强重大交通基础设施修建、实时监控、救援与保障等方面的投入。提升工程设计水平,强化系统设计,以工程质量安全耐久为核心,深化工程全寿命周期理念,切实提高工程质量和耐久性,确保工程建设安全。提升工程管理水平,加强建设单位专业化管理能力建设,推进工程施工标准化、精细化。强化公路运营安全,加强公路交通安全评价,强化公路管理和服务设施的科学合理配置,加强道路、桥梁、隧道、港口等安全运行监测与预警系统建设,提高基础设施运行管理水平和应急服务能力。

(3)提高交通运输装备本质安全水平。推进船型标准化、车型标准化,加快老旧车船更新改造工作,提升运输装备安全性能和本质安全水平。提高道路运输装备专业化、标准化、智能化水平,优化客运车辆等级结构。加强车辆技术管理,配备齐全有效的安全防护设备设施,严格落实车辆安检制度,坚决杜绝安检不合格的车辆营运。加强客运车辆运行动态监控,及时发现和纠正违法违规行为并严肃处理。规范企业动态监控平台(室)建设,推动企业动态监控水平有效提升。

二、教育培训和文化素养提升工程

提升全民安全意识,打造一支安全意识强、业务能力精、综合素质高的交通安全管理队伍是实现安全发展的关键。

加强队伍建设,重点是要解决从业人员的业务知识和实操能力问题。交通运输行业从业人员数量庞大、结构复杂,必须大力开展从业人员素质提升工程,强化安全意识,普及安全知识,提高安全技能,培育安全文化。解决这一问题,需要做好四个方面的工作。

(1)紧盯源头,严把从业人员安全准入关。依据法律法规和有关要求,严格规范船员、驾驶员、押运员和特种作业人员等从业资格考试和实操能力评价,坚决杜绝无证或不符合资格条件的人员上岗。加快制定道路运输、港口危险化学品储存、公路水运工程施工等企业负责人、安全管理人员及相关从业人员考核管理制度,科学编制交通运输关键岗位从业人员职业资格考试考核和适任考试大纲、教材和基础题库等,依法严格开展关键岗位职业资格适任考试考核和适任考试。大力推进道路运输领域注册安全工程师考试和在企业安全管理关键岗位的应用。

(2)丰富渠道,加强从业人员培训教育。结合交通行业专题培训活动和借助官方网站、微博、微信、移动客户端、手机短信等平台,加大安全公益宣传、案例警示教育,进一步提升从业人员安全意识,普及安全生产法律法规、安全和应急知识。建立健全从业人员安全教育管理制度,制修订与从业人员安全素质相关的规范标准,研究建立交通运输安全生产教育服务平台,开展安全生产知识和能力在线培训。将从业人员安全素质提升纳入现代交通运输职教育人才培养体系,针对关键岗位从业员开展安全素质教育人才培养体系,针对关键岗位从业员开展安全素质继续教育。

(3)强化执行,建立健全从业人员退出机制。部分安全素质较低人员的高危行为或不当处置,是行业安全生产事故的重要源头。因此,应进一步健全从业人员退出制度,制定各类持证从业人员退出标准或条件。大力推进安全生产关键岗位从业人员信用体系建设，开展信用考核，对发生重大及以上责任事故或纳入"黑名单"的从业人员，依法依规严格实行退出或禁入。

（4）抓住重点，加强安全生产专业人才培养。充分利用现有资源，有计划、有重点、多渠道、多形式地开展专业人才队伍建设工作。加强重点人才培养，推进交通运输安全生产和应急救援各层级、各领域人才队伍建设，培养一批安全生产和应急救援领域"讲政治、有能力、担责任、作风好"的高水平专业人才。

（5）加强宣传，提升全民安全文化素养。十年树木，百年树人。安全宣传教育工作要从娃娃抓起，引导交通参与者从小接受安全教育知识，培养安全意识。将学校安全教育工作作为国家安全的一项基础性工作，提升全民安全文化素养。将交通安全教育纳入国民教育体系和公务员教育培训体系，增强全民交通安全意识。将交通安全教育与公民的切身利益紧密结合，建立责任制度和绩效奖惩制度，使得交通安全教育制度化、体系化。创新安全文化建设机制，鼓励和引导企业和社会力量参与创作和推广，营造全社会关注、支持、参与交通安全文化建设的氛围。特别加强企业安全文化建设，分领域培育安全特色文化，积极引导和推广安全体验项目和技术，模拟危险情形、灾难后果、应急救援等场景，开展安全操作行为、设备设施使用、安全作业流程等体验。

三、预防控制体系提升工程

（1）完善预防控制工作体系。加快完善安全风险管理和隐患治理的相关标准规范，健全相关工作制度，指导督促企业有效开展安全生产风险辨识、评估和管控，对重大安全生产风险严格实施备案管理。推广应用交通行业可复制、可推广的典型经验和做法，全面构建交通安全预防控制体系。

（2）加强风险研判和科学防范。根据季节、环境、区域、运输方式等特点，科学研判确定风险区域、类别和程度，及时部署管控措施，做好信息发布和应急准备。加强对自然灾害、人为破坏等非传统安全风险的研判，结合交通运输实际，采取针对性防范措施，最大限度地减少非传统安全带来的不利影响。

（3）严格管控重特大事故风险。加强跨行业跨部门跨地区安全风险联防联控，落实安全风险管控措施，有效防控系统风险。加强风险源头管控，严格按照国家和行业标准规范控制项目安全风险。加强对港口危险品储存区域、综合客运枢纽等区域内的安全风险的系统辨识和评估，有效管控区域安全风险。加大对涉及安全的新材料、新工艺、新业态的安全风险评估和管控。

（4）完善隐患排查治理体系。建立交通运输企业隐患排查治理系统联网的信息平台，完善线上线下配套监管制度，实现企业自查自改自报与部门实时监控的有机统一，以信息化推进隐患排查治理能力现代化。督促企业扎实开展隐患排查治理工作,做到整改措施、责任、资金、时限和预案"五落实",实现隐患排查治理及验收的闭合管理。强化隐患排查治理监督执法,对重大隐患实行严格的挂牌督办,建立重大事故隐患问责、失职渎职追责机制。

四、应急救援能力提升工程

(1)加快应急物资储备基地建设。进一步完善水上交通安全监管与救助布局,完成监管救助基地、站点建设,完善监管救助基地、站、点的布局和功能,以适应海事巡航、搜救等业务工作的需要。充分利用现有的装备设施资源,合理布局、统筹规划,推进国家、省、市级交通应急装备物资储备体系建设。建立交通行业应急管理专家库,覆盖各相关门类和专业,促进提升交通行业应急处置能力。

(2)加强应急救援体系建设。强化深远海搜救能力建设,统筹规划建设全国联动、水陆空协同、军民融合的应急救援体系;进一步完善应急预案体系、管理机制、法律法规、工作机制,完善交通运输运行监测与应急指挥系统。推动出台加强水上搜救打捞工作的意见和国家重大海上溢油应急处置预案,举办国家重大海上溢油应急处置部际联动演习。强化春运、暑运、黄金周等重点时段安全监管和应急值守,做好极端天气的预防、预警、防范和应急保障工作。做好重点时段运输服务安保工作和行业反恐怖防范。

(3)加快安全应急信息化系统建设。大力推进交通重点领域的监管监察、危险货物运输信息共享、培训教育等信息化系统建设。以安全应急平台建设为核心,完善信息共享机制,建立安全应急业务数据库,实现移动端检查与视频联网联控,提高安全应急管理效率。加强交通事故趋势分析和综合研判研究,提高指挥调度与辅助决策能力。研究建立危险货物运输以及港口运营等共享信息技术和数据统一标准。

五、农村交通安全体系构建工程

(1)体制机制层面。加强组织体系建设,形成各司其职、社会参与、多管齐下、多措并举的农村道路交通安全管理机制。着力强化行业、源头、执法监管,减少交通违法行为。着力夯实安全基础,健全完善公路安全隐患排查整治长效机制,规范公路工程安全设施建设,加强农村公路建设养护工作。着力发展规范农村客运市场,强化"路、站、运、管、安"五位一体建设。

(2)管理手段层面。着力加强宣传教育,促进农村道路交通安全宣传教育工作常态化、制度化。严把驾驶员的培训、考试、审验和运营申请等关口,会同交通部门整顿驾培市场,规范驾驶培训,提高培训质量。夯实机动车经销商的管理,引导经销商严格按照国家车辆标准和相关规定销售三轮汽车、低速载货汽车、摩托车、拖拉机等。

（3）技术标准层面。建立服务县、乡联系的快速路技术标准，农村公路建设的等级及荷载标准应以满足需要为原则，选择指标要因地制宜，完善城镇段公路横断面设计标准，完善必要的交通设施，建立公路接入标准体系。严格车辆管理，交通、农机、公安等部门要督促摩托车、低速货车、三轮汽车和拖拉机等机动车辆注册登记、检验，解决农村机动车无牌无证问题。

（4）安保技术层面。提升农村道路交通安全设计水平，进一步强化护栏防撞等级，增加夜间视线诱导设施设置，规范和完善农村道路交通标志，优化设置农村道路交通标线，加强急弯、视距不良、长陡下坡等道路的减速带设置；推动农村公路提档升级，继续提高农村公路通达深度，推动农村公路向"进村入户"延伸，加强城乡公路互联互通，促进城乡融合发展；应用农村安保工程综合治理技术，规范农村道路交叉口设计，开展急弯路段处置技术、急弯陡坡路段处置技术、长大下坡路段处置技术、长直线接小半径曲线路段处置技术、穿村庄、学校、集镇路段处置技术；加强现代科技装备的建设，通过装备测速仪、测酒仪等科技装备，在重点路口、路段设置电子警察和监控探头，用科学的手段弥补现场管理的不足，提高纠违的准确率和处罚率。

六、基于多源数据的航空安全管理工程

（1）开展安全风险监控技术研发及应用示范。研究飞机信息的实时宽带监视技术研究，研究 ATG 和卫星通信的协同下载技术，解决全空域飞机数据实时下载问题。研发飞机飞行安全状态监视技术的演示验证系统，实现飞机飞行安全状态实时监视的示范应用。开展危险品安全智能决策关键技术研究及示范应用，建立危险品运输地面数据管理系统。开发基于 ATG 技术的实时危险品地空数据分析系统，研究开发基于实时数据的风险预测和智能决策系统。研究航空器全寿命健康监控与预警关键技术，推动环境风险智能诊断和决策的关键技术研究及应用示范。

（2）建立基于安全绩效的民航行业安全预警机制。调研民航行政机关和民航生产经营单位所涉及安全绩效监测数据，开展分类整理工作。在充分考虑行业监管决策要求基础上，开展信息整合工作，创建民航行业安全预警机制，建立行业安全绩效数据监测指标体系，形成以数据为驱动、以风险管理为核心的安全管理长效机制，实现对全行业的安全运行情况的监控和预警，提高民航局重大决策的科学支撑能力。

七、内河船舶安全技术创新工程

内河航运承担了我国 55% 的水运货运量和 53% 的港口旅客吞吐量，在综合运输系统中占据重要地位。绿色化和智能化是内河船舶发展的趋势，也是国家长江经济带和交通强国战略的要求。实施内河船舶安全技术创新工程，系统解决内河船舶总体设计、绿色动

力、智能航行、安全运行和集约营运等方面的问题,将有助于促进内河航运业升级,推动我国水路交通发展。

(1)内河船舶的创新设计技术。综合考虑船舶轻量化、绿色化、智能化和安全性等方面的需求,优化和提升内河船舶的设计建造标准、船员技术标准和运营规范等体系。

(2)内河船舶的绿色动力系统安全监管。随着内河船舶逐步使用 LNG 动力、纯电池动力等新型能源形式,加强新能源船舶的安全监管十分必要。要建立新能源船舶营运监管平台,保障营运安全。

(3)内河船舶的智能航行系统。基于船岸协同技术,实现夜航、雾航等恶劣环境下的增强驾驶和开阔水域内河船舶自主航行,提升内河船舶航行安全。

(4)内河航道的通航运行系统。针对内河客(渡)船、危险品船和桥区水域三大风险源以及坝区通航效率等通航运行瓶颈问题,开发内河航道通航运行综合服务平台,以提升内河航运运行效率和安全性。

(5)内河船舶的集约运营模式。加强内河船舶运输市场管理,落实经营主体责任,强化内河船舶的安全责任生产落实,从内河航运运输组织体制上提升安全。

第六节　战略实施重点

一、健全完善的交通安全发展体系

交通安全发展体系需要从交通安全综合治理与防控体系和交通运输系统安全标准与技术规范体系方面进行构建。

(1)交通安全综合治理与防控体系构建战略。要坚持安全第一、预防为主、综合治理的方针,完善安全生产责任制,加紧落实企业安全生产主体责任和政府安全生产监管责任。构建政府主导、企业主体、技术驱动和全社会参与的交通安全治理与防控体系。要充分发挥政府在环境治理中的主导作用,特别是要从法律法规建设完善、体制机制改革以及监督检查等多个方面发挥其主体作用,提升交通安全水平;企业方面,要充分落实企业安全生产责任制,在此基础上加强诚信制度管理;高校及科研院所要加强新技术研发及应用,全社会要营造交通安全文化,提升全民交通安全素养。

(2)交通运输系统安全标准与技术规范体系健全战略。交通运输系统安全标准与技术规范体系旨在从交通运输全过程利用技术手段提升交通安全水平。建立交通运输系统规划的技术标准体系,从源头上保安全;强化交通运输系统建设工程质量管理,从基础上保安全;落实运载工具产品质量管理,从装备技术上保安全;严格交通运输系统的运营管理,从运行过程中保安全;全面开展自然灾害风险防控,从防灾减灾中保安全;重视交通事故现场应急处置,从事后处置中保安全。

二、实施交通安全提升的重点工程

设立先进交通系统的安全科技创新工程,重点面向信息安全、控制可靠、网络韧性和灾后恢复四大问题。具体来说,分别从保密性、安全性、可靠性等方面实现先进交通系统的信息安全;从控制系统、通信系统和调度系统等方面实现先进交通系统可靠控制;从状态检测、安全行为识别、风险预测等角度实现先进交通系统网络韧性;从人员疏散、紧急处置和应急物资配送等方面实现先进交通系统灾后恢复。

针对不同交通运输方式安全中存在的共性和个性问题,实施七项交通安全提升重点工程,分别为:支撑保障体系提升工程、教育培训和文化素养提升工程、预防控制体系提升工程、应急救助能力提升工程、农村交通安全体系构建工程、基于多源数据的航空安全管理工程以及内河船舶安全技术创新工程。

三、建设综合交通安全应急救援体系

坚持预防为主、综合治理,加强综合交通安全应急救援体系建设,建立全国联动、水陆空协同、军民融合的应急救援联动机制,健全高效的社会化交通安全应急救援系统,强化应急救援平台构建,提升应急处置能力。坚决遏制重特大事故频发势头,对易发重特大事故的行业领域采取风险分级管控、隐患排查治理双重预防工作机制,推动安全生产关口前移,加强应急救援工作,最大限度减少人员伤亡和财产损失。

四、建设交通军民融合发展体系

根据国家军民融合发展战略任务,深入推进交通基础设施统筹建设和资源共享、军民科技协同创新、军地人才双向培养交流使用、社会服务和军事后勤统筹发展、新兴领域军民融合,依托科技创新,加强军地交通资源与信息的合理共享,开创高效的、中国特色的交通军民融合发展体系。在交通规划、交通基础设施、交通运输装备、交通物资储备与运输等方面实现军民融合。

CHAPTER SEVEN

第七章
保障措施与对策建议

围绕建设交通强国的总体目标,根据交通安全发展的现实,保障实现交通强国的交通安全发展目标必须做到四个创新:一是理念创新,二是科技创新,三是体制机制创新,四是政策创新。政策创新是促进实现交通安全强国目标的有效手段,应促进政策制定的科学化、民主化和法制化,构筑完善的交通安全政策与保障体系。针对交通安全强国战略重点,本章提出如下保障措施和对策建议。

第一节　保障措施

一、强化交通安全文化建设,形成"零死亡"愿景战略共识

提升交通安全水平,交通文化的培育和支撑作用具有重要意义。在"零死亡"战略背景下,需要以更大力度、更丰富多彩的形式向全社会普及宣传,让安全出行成为所有中国人的共同诉求。

将交通安全文化作为国家安全文化建设的重要组成部分,通过法律手段行政手段引导全民安全素质提升,国家出台相关教育政策,交通安全文化教育从娃娃抓起,借助全社会的力量形成安全文化。

以更亲民的纪录片、科普片、科普讲座、科普短文等多种形式,向全社会普及宣传交通安全常识及紧急情况下的应对选择,利用互联网,建设交通安全主题科技馆等载体扩大交通安全传播范围。

提高交通安全法规的处罚力度和执法水平,增强全体公民特别是从业人员的安全意识,使安全生产变为每个公民的自觉行动,从而为实现安全生产的根本好转奠定深厚的思

想基础和群众基础。

加大交通安全科研、教育、宣传的经费投入,鼓励和引导企业和社会力量参与创作和推广,营造"我要安全"的社会氛围,推动安全文化示范企业建设,将交通运输安全知识教育纳入国民教育体系。

大力实施从业人员安全素质提升工程,完善安全生产教育培训机制,制修订与从业人员安全素质相关的规范标准,建设专业的交通安全生产教育平台,开展安全生产知识和能力在线培训,加强从业人员信息管理和服务,同时制定各行业领域安全监管人员履职规范,并编制培训教材,提升安全监管人员专业素质。

二、及时完善《中华人民共和国道路交通安全法》等交通安全相关法规体系

《中华人民共和国道路交通安全法》是道路交通的执法基础和依据,该法规仍然处在发展完善之中。目前更新的速度与快速发展的道路交通法制需求相比严重滞后,无法适应智能化、法制化的工作需求。

与时俱进,加快修订完善社会关注度高、重点领域的法规制度。推进《道路危险货物运输安全管理规定》《网络预约出租汽车运营安全管理条例》《城市公共交通条例》《中华人民共和国道路运输条例》的修订工作。推进《中华人民共和国铁路法》《铁路运输安全保护条例》等铁路相关法律法规制(修)订工作;推进《中华人民共和国海上交通安全法》《国内水路运输管理条例》《内河交通安全管理条例》《中华人民共和国港口法》《中华人民共和国国际海运条例》等水运相关法律法规的制修订工作;推进《中华人民共和国民用航空法》的修订工作。

为适应新形势,特别是交通新技术、新业态发展的需要,对原有条款加以补充完善或制定新法。同时完善有关配套标准规范和指南体系。

三、健全高素质的交通安全人才队伍体系

交通安全人才是提高交通安全水平的基础和保障。交通安全智库建设是加强交通安全软实力的重要内容,交通安全咨询研究人员需要掌握交通运输、管理、经济、法律等多学科知识,需要全面了解国家大政方针、交通安全行业实际,需要多年潜心研究积累,针对目前交通安全人才不专不精、不稳不强问题,建设交通安全高端智库,成为提高交通安全行业综合治理能力,实施"零死亡"交通安全战略的必需。

交通安全强国战略实施需要培养造就一批具有国际水平的交通安全行业科技人才、科技领军人才、青年科技人才和高水平创新团队,适应"一带一路"建设和提升交通服务世界的能力。以交通安全重点突破领域为抓手,以国家级科研基地为载体,以区域为单位,建立若干水路、公路、铁路、航空交通安全技术研究中心,借鉴国外国家实验室的运行机

制,实行协同创新的交通科技人才培养与科技创新新机制。向有关国际组织输送更多的专家,增强影响力和话语权。充分用好中央人才引进政策,吸引全球高端人才来中国交通领域工作。

交通安全强国战略实施需要打造一批德才兼备、以德为先、事业为上、公道正派,具有安全专业素养和专业精神的干部人才队伍。在交通安全监管领域大力弘扬工匠精神,通过举办交通运输安全职业技能大赛,建设一支规模宏大、素质优良的知识型、技能型、创新型劳动者大军。

交通安全强国战略实施需要加强基层安全队伍建设。基层人才队伍是现场安全执法的关键,要加强交通基层执法人员队伍建设,从机构、人才、体制和能力等多个方面着手,全面提升基层交通安全队伍素质。

第二节 对策建议

一、落实交通安全监管主体责任部门

强化政府交通安全监管综合职能,创新交通安全监管方式,健全交通安全监管体系,在国务院安全生产委员会领导下,实行一体化监管机制,统一制定目标、方案、工作措施,统一部署行动,提升交通安全综合管理力度和实施力。

以系统工程为指导,以国家各部门的职能划分为依据,以交通大数据为平台,明确责任、实施督导、分工合作,建立起从规划制定到方案实施,以及后评估在内的全环节交通安全管理体系,走出一条发挥制度优势实现显著提高交通安全水平的中国道路。

二、提高交通基础设施安全性

加强科学、系统、前瞻性的交通基础设施规划,加强交通基础设施的安全设计,应用物联网、移动互联等新技术,实现交通安全动态信息实时监测监控。完善交通基础设施安全标准体系,严格执行交通基础设施有关标准规范和验收要求,确保交通基础设施建设质量安全。加强交通基础设施安全评价。建立动态智能的安全隐患排查治理体系。定期进行交通基础设施安全隐患的普查与整改,并建立动态智能的设施状态反馈体系。

在全面排查基础上,全面完善道路交通安全基础设施,设置必要的隔离护栏、加强信号控制、危险路段设置安全墩、安全墙、科学照明等。将道路交通标志标线、信号灯、护栏等交通设施建设和维护费用纳入城市维护费、道路建设费,实现交通设施等与道路建设同步配套。

确保铁路建设质量安全,严格执行有关标准规范和验收要求,加大铁路关键部位的安全设施设备投入,强化设备运行状态检测,实现可视、可监、可控,夯实安全保障基础。

加强航道等水运基础设施建设,以适应持续扩大的运输规模;开展新一轮航道规划、重点区域航道保护范围划定等工作,切实保护航道资源,提高水运设施安全保障能力。

改善航空安全基础设施,减小航空安全和空防压力。

科学进行智能安全大通道建设,制定智能安全大通道建设标准,并制定国家、省、市3级层面的智能安全大通道顶层规划设计,实现安全大通道的智能化运营、管理与服务,并优先实施城市智能安全大通道示范工程。

三、加强载运工具安全源头管理

加强载运工具源头管理,提高载运工具安全水平、智能水平、改善载运工具技术状况。制定载运工具安全配置标准,加强对载运工具生产、市场准入的监管。加强对老年代步车、电动自行车等载运工具行业的监管、生产的监管,严格准入标准和登记,避免出现生产监管空白地带。

大力排查运输企业,落实企业安全主体责任,重点检查企业安全制度落实、动态监控责任履行、载运工具安全状况达标、从业人员交通违法处理等情况。

严把载运工具检验关、避免安全性能不达标的载运工具投入运营;加强载运工具强制报废管理。

四、大力开展交通安全宣传教育

改变交通参与者的安全意识是提高交通安全水平的关键和长期对策。

大力提高交通参与者严守交通法律法规的安全意识,树立现代文明交通理念,通过互联网、手机 APP 等客户端大力系统地开展交通安全宣传教育。

持续开展有效的精细化精准化交通安全宣传教育。构建政府主导的社会化交通安全宣传教育机制,强化宣传阵地建设,发挥基地教育作用,突出重点群体宣传教育,增强宣传工作的针对性,创新宣传教育理念,丰富宣传形式与内容。针对包括学生、农民、客货运驾驶员等在内的重点人群进行多形式、多途径、针对性宣传教育;强化驾驶人安全意识及良好的驾驶习惯养成。建议中央电视台等国家级媒体平台设置交通事故分析解读专题节目;把交通事故案例宣讲纳入乡村基层日常工作的主要内容之一。

建立交通征信体系,并纳入社会征信体系。进一步挖掘社会团体在交通安全宣传教育、事故后家庭救助等方面的主力军作用。

五、加快交通事故统计标准与国际接轨

事故统计是安全规划、安全技术的建设基础。建议交通运输部层面组织制定长效的

全行业事故统计标准规范,与国际标准接轨;完善事故联网直报,确保统计数据及时、完整和准确;按照相关规定落实生产安全事故由安全监管部门归口统计、联网直报的规定,建立健全生产安全事故统计信息归口直报工作机制;充分利用数据交换共享及信息直报方式,建设开放式网站集成全行业交通安全大数据,实时跟踪报道重大事故统计调查及处理状况;加强统计队伍建设,加强教育培训,提高队伍素质。

我国交通运输事故调查机制存在独立性不足、专业化不强、法规更新不及时等问题。建议借鉴发达国家经验,未来考虑建设我国独立的事故调查与处理机构,从源头提高事故调查的客观性和科学性。推动建立行业内部相对独立监管部门的直属于中央政府事故调查机构,既可以发挥行业部门熟悉情况,掌握业务技能的优势,又可以保障事故调查相对独立于基层一线监管部门和生产经营单位,有利于兼顾事故调查的公正与效率。

六、聚焦交通安全"短板"推进交通行业风险源管理

2018 年全国交通运输工作会议提出"防范化解重大风险是三大攻坚战的首要战役,特别是防范化解事关国家安全、发展全局、人民群众财产安全,是一场输不起的战役。当前,交通运输领域风险总体可控,但隐患不少,必须高度重视,履职尽责,抓好重点领域风险防范化解工作。"我国轨道交通的负债压力大、农村公路事故高发、城市轨道交通进度过快、企业生产重经济轻安全等是交通安全强国不可回避的现实难题,需要更多地聚焦这些"短板",精准发力。

构建安全生产风险管理和隐患治理双重预防控制机制。强化农村道路交通、城市轨道交通和港口枢纽营运、内河复杂水域、公路水运工程等领域的安全生产风险管理,开展风险辨识、评估与管控工作,对重大风险源严格实施备案管理,实行重大安全风险"一票否决"。建议推广应用安全风险辨识标准、编制风险源目录清单,加强安全生产形势分析研判。

REFERENCES

参 考 文 献

[1] 国家统计局.国际统计年鉴 2016[R].北京:国家统计局,2016.

[2] 公安部交通管理局.中华人民共和国道路交通事故统计年报(2016 年度)[R].北京:公安部交通管理局,2017.

[3] 美国交通运输部.美国交通事故统计年报 2016[R].美国:美国交通运输部,2016.

[4] 交通运输部.2017 年交通运输行业发展统计公报[R].北京:交通运输部,2017.

[5] 交通运输部.2012 年公路水路交通运输行业发展统计公报[R].北京:交通运输部,2012.

[6] Allianz Global Corporate & Specialty. Global Aviation Safety Plan (2017—2019)[R]. Montreal, Canada:International Civil Aviation Organization,2016.

[7] 中国民用航空局安全办公室,中国民航科学技术研究院.2017 年中国民用航空安全信息统计分析报告[R].北京:中国民用航空局安全办公室,中国民航科学技术研究院,2017.

[8] 国家铁路总公司.2017 年铁路安全情况公告[R].北京:国家铁路总公司,2017.

[9] 国家卫生和计划生育委员会.2016 中国卫生统计年鉴[R].北京:国家卫生和计划生育委员会,2016.

[10] National Highway Traffic Safety Administration. Special Crash Investigations (SCI)[EB/OL]. (2014-04)[2018-01-05].

[11] 公安部.交通事故统计暂行规定[EB/OL].(2004-05)[2018-01-05]. www. docin. com / p-224605364. html.

[12] 贺宜,杨鑫炜,吴兵,等.中美交通事故数据统计方法比较研究[J].交通信息与安全,2018,36(1):1-9.

[13] 国务院."东方之星"号客轮翻沉事件调查报告[R].北京:国务院,2015.

[14] 严新平,黄合来,马明.美国道路交通安全现状及研究热点[J].交通信息与安全,2009,27(5):1-9.

[15] 严新平.长江水运风险评价与安全控制技术[M].北京:人民交通出版社股份有限公司,2015.

［16］ 严新平,黄明,陈厚忠,等.长江航运安全监控及应急技术［M］.武汉:武汉理工大学出版社,2017.

［17］ 吴忠泽,贺宜.充分利用智能交通技术提升道路交通安全水平［J］.交通信息与安全,2015,01:1-8.

［18］ 王正国.全球道路交通安全情况［J］.中华创伤杂志,2017,33(001):1-2.

［19］ World Health Organization(WHO).GLOBAL STATUS REPORT ON ROAD SAFETY 2015［R］.Geneva:World Health Organization,2015.

［20］ Brewer A,Schuerger J,Hope J. Surface Transportation Security and Reliability Information System Model Deployment:IFlorida Final System Design［J］. Reliability,2003,5(1):114-126.

［21］ Rohan Narayana M,Geoffrey M,Ian A,et al. CitySense:An UrbanScale wireless sensor network and testbed［J］. IEEE Int Conf on Technologies for Homeland Security,2008,11(2):151-167.

［22］ Blanco M,Atwood J,Russell S,et al. Automated vehicle crash rate comparison using naturalistic data［R］. Virginia:Virginia Tech Transportation Institute,2016.

［23］ 严新平,吴兵,贺宜,等.我国"零死亡愿景"交通安全理念及实施战略研究［J］.交通信息与安全,2019,37(1):1-6.

课题报告 **11**

提高交通运输国际影响力研究

课题组主要研究人员

课题顾问

　　翁孟勇　柴洪峰　庞　松

课题组长

　　唐伯明(组长)　李红镝(副组长)

课题组主要成员

　　李　豪　万　宇　张　玺　雷　洋　周小祥

　　王春杨　向红艳

课题主要执笔人

　　李　豪　万　宇　李红镝

内容摘要 Abstract

本报告以习近平新时代中国特色社会主义思想和党的十九大精神为指引，紧紧围绕建设交通强国的宏伟目标，通过归纳交通强国的共性特征，提出了交通运输国际影响力的内涵和表现特征。报告在对现状进行分析的基础上，指出我国交通运输的国际影响力在竞争发展能力、服务保障能力、创新引领能力方面与美国等交通强国存在一定差距。报告针对国际交通运输未来发展趋势，围绕建设交通强国的既定目标，结合我国交通运输行业的特色和优势，以 2030 年和 2045 年为时间节点，提出了交通国际影响力的主要发展目标，并以提升竞争发展能力、服务保障能力、创新引领能力为重点战略任务，以构建高效畅通的国际化交通运输服务网络、提升在国际交通事务中的话语权、培育具有国际竞争力的交通企业和品牌为突破口，提出了"构建互联互通的国际化交通运输网络""建立高效快捷的全球化物流和供应链服务体系""推动交通标准国际化""实施国际交通组织发展计划""建立交通国际组织人才培养及输送机制""提升交通企业的国际竞争力"等六大重点任务及具体建议，供决策部门参考和借鉴。

Abstract

The report which is guided by Xi Jinping Thought on Socialism with Chinese Characteristics for a New Era and spirits of the 19th CPC National Congress, summarizes the common characteristics of the powerful nation in traffic and transportation and puts forward the connotation and concrete features about international influence of transportation. On the basis of current situation analysis, the report points out that the gap between China and developed countries, such as the United States, still remains in the fields of competitive development ability, service guarantee ability and innovation leading ability. Aiming at the future development trend of international transportation industry, focusing on the established goals of building a powerful country in traffic and transportation, the report takes 2030 and 2045 as the time nodes and puts forward the main development goals of international influence of transportation. The key strategic tasks are to enhance the competitive development ability, service guarantee ability and innovation leading ability. The major breakthrough includes building an efficient and smooth international transportation network, enhancing the discourse power and expression ability in international traffic affairs, and cultivating internationally competitive transportation enterprises and brands. The report puts forward six main tasks which include " building an interconnected international transport network" " establishing efficient global logistics and supply chain service system" " promoting the internationalization of traffic standards" " implementing the development plan of the international transport organization" " establishing the talent training and transportation mechanism of international transport organizations" and" improving the international competitiveness of transport industry". In general, the tasks and suggestions could provide references for decision-making departments.

第一章
交通运输国际影响力的内涵及表现特征

　　世界强国的发展历史和实践表明,强大的交通运输能力是强国发展的重要支持和保障,打造现代化的综合交通运输体系和衍生产业链,发挥交通运输的国际影响力,是构建全球竞争力的重要途径。党的十九大报告指出,从 2035 年到 21 世纪中叶,把我国建成富强、民主、文明、和谐、美丽的社会主义现代化强国,建成综合国力和国际影响力领先的国家。交通运输能力是综合国力的重要组成部分,提升交通运输国际影响力,不仅是我国交通运输行业向纵深发展的必然追求,也是提升我国综合国际影响力的应有之义,更是我国由"交通大国"迈向"交通强国"的必经之路。

第一节　交通运输国际影响力的内涵分析

　　交通运输国际影响力是一个全面的、综合的概念,是国家交通运输硬实力和软实力在国际上的综合体现。交通运输国际影响力是指交通运输领域在国际范围内具有广泛性影响的能力,要求拥有一批具有国际竞争力的跨国企业,代表未来技术和行业发展方向;拥有较为完备的基础设施和运输网络,有能力服务和保障国家的内外运输需求;广泛参与国际交通事务,有能力将技术、服务和发展理念转化为在国际交通领域的话语权。因此,交通运输国际影响力是竞争发展能力、服务保障能力、创新引领能力的整体展现。

一、竞争发展能力

　　竞争发展能力指交通运输领域在国际资源配置和国际市场竞争中形成并表现出来的综合能力,主要包括以下方面。

1. 交通品牌的国际竞争力

交通品牌的国际竞争力指交通品牌在国际市场具有知名度和认可度,能够向国际市场提供符合需要的技术、装备或服务,并取得较高经济效益的能力。在交通运输及衍生领域形成一批具有国际竞争力的品牌集群,不仅是一国交通运输实力的外在体现,更是具有整体国际竞争力的有力证明。

2. 交通企业的国际竞争力

交通企业的国际竞争力指运输、装备、工程建设等企业国际市场份额和海外利润的比例,以及企业技术创新、管理运营服务和可持续发展能力在国际范围内的领先程度。交通企业具有国际竞争力,可以对管理服务水平提升和行业技术、模式变革做出显著贡献,在国际运输服务贸易定价、资源配置和产业发展中具有话语权和影响力。

二、服务保障能力

服务保障能力指应对、保障和协调国内外交通运输需求的能力,主要包括以下方面。

1. 交通基础设施的规模

从国内看,要具备适度超前的基础设施规模;从国际上看,要有能够支撑我国经济贸易发展、国际产能合作和全球化产业布局的运输能力。

2. 国际运输通道的建设和治理能力

国际运输通道的畅通程度对一国的国际贸易和人文交流具有重要影响。随着经济全球化深入发展,国际经济贸易往来变得更加密切,加强与其他国家基础设施建设规划对接,积极参与国际运输通道建设和治理,可为国家的对外开放和全球化产业布局发挥支撑作用。

3. 国际化运输的综合能力

国际化运输的综合能力主要表现为国际化运输网络的通达性和辐射力,国际枢纽集疏运体系的完善程度和运输效率,国际化运输的便利化水平。国际化运输综合能力的大小对于形成通畅的国际运输环境,确保国际贸易供需的稳定具有重要意义。

三、创新引领能力

创新引领能力指交通运输领域通过技术、服务以及理念创新与输出,参与交通运输全球治理的能力,是交通运输国际影响力的展现载体,主要包括以下3个方面。

1. 交通技术、服务、发展理念等方面的创新能力

提高交通运输国际影响力,必须强调将创新作为引领交通运输发展的核心动能。创新能力既是交通强国的基本特征,也是维系和增强交通强国地位的重要保障。

2. 国际交通标准和规则制定的话语权

国际交通标准和规则制定的话语权主要表现为参与海运、民航、铁路、公路等国际规则、国际标准制定的数量和比例,国内法律、标准和相关规则在国际范围内的导向性。参与国际交通标准和规则制定的程度是当前国际竞争最重要的话语体系,是引领技术创新和国际规则发展的具体抓手。

3. 国际交通事务的话语权

国际交通事务的话语权主要表现为重要国际组织在本国的落户数量,主持重要国际组织的数量,在国际组织中任职人员或高级职员的人数和比例,在国际交通活动中提案被采纳的数量。

第二节 交通运输国际影响力的表现特征

美国、日本、欧盟是世界公认的交通强国和区域,在交通运输竞争发展能力、服务保障能力、创新引领能力等方面有着明显的优势。总结交通强国和地区在国际影响力方面的表现特征,主要有以下几个特点。

一、具有一批实力雄厚的跨国企业集团,引领国际交通运输市场的发展

跨国企业往往决定着技术标准和行业发展方向。全球绝大部分研发投入、技术创新、技术转移都是由世界 500 强企业牵头完成。交通强国和地区普遍有一批实力雄厚的跨国企业集团。美国凭借其技术创新优势,在 2018 年《财富》世界 500 强企业排行中,共有 8 家大飞机制造、航空运输等交通企业上榜。日本由于其海运建设的独特性和产业链整体化发展的集群优势,共有 5 家海洋运输、海运装备企业入围世界 500 强。欧盟拥有一批国际上有影响力的航运品牌企业,集聚了世界集装箱班轮公司三巨头(马士基航运、地中海航运、达飞轮船)。其中,马士基航运是全球集装箱运输的"领头羊",2017 年其集装箱运力全球市场份额高达 16.6%。

二、具备较强的交通运输全球服务能力,保障国家整体战略推进

从交通强国的发展经验来看,美国为实现"全球联通"的战略目标,建立了有效的国际

通道保障体系,维护了其贸易物资运输的安全畅通。欧盟依托大航海时代的发展成就,积极参与国际主要海运通道的建设和治理,并通过将海运通道与境内完备的陆路运输线路融合,构建了覆盖全世界的综合交通运输网络和高效的多式联运体系。日本政府不仅积极参与打击海上恐怖活动,更是通过政府和民间的技术、资金援助,维护海运通道的通航安全。交通运输全球服务能力的形成过程必然是国际影响力的提升过程。

三、拥有对重要国际交通组织的话语权,深入参与交通运输全球治理

目前四大交通方式的国际组织总部全部位于发达国家。国际道路联盟(International Road Federation,简称 IRF)设有三个项目中心,分别位于美国华盛顿、比利时布鲁塞尔和瑞士日内瓦;国际铁路联盟(International Union of Rail Ways,简称 UIC)总部位于法国巴黎;国际海事组织(Znternational Maritime Organization,简称 IMO)位于英国伦敦;国际航空运输协会(International Air Transport Association,简称 IATA)总部设在加拿大蒙特利尔,执行机构设在瑞士日内瓦。

欧盟依托历史传统优势,是世界海运市场和规则的引领者。从早期《海牙规则》《海牙—维斯比规则》,到现今的《鹿特丹规则》、航运碳排放标准、各种海运服务合同文本、海运仲裁等大都出于这些机构,直接影响着海运行业的发展。英国作为老牌的航运中心,世界 20% 的船级管理机构常驻伦敦,50% 的油轮租船业务、40% 的散货船业务、18% 的船舶融资业务和 20% 的航运保险业务都在此进行。此外,伦敦还是国际海事仲裁中心,是世界各国和地区众多航运公司和造船集团进行海事纠纷仲裁的首选地,每年的海事仲裁和相关航运服务收入就占其航运业务总收入的 45%。铁路方面,欧盟国家主导建立了国际铁路联盟,在铁路国际合作及标准化制定等方面发挥了重要作用。美国凭借全球领先的技术创新优势,以技术引领相关规则的发展,在国际道路联盟中具有强大的话语权。日本在主要交通国际组织总部基本落定的情况下,超前谋划,主动参与国际事务,积极创造条件吸引相关机构设立办事处,提高国际影响力,取得了良好的效果。交通强国通过国际组织推广本国的交通发展理念、技术标准,实现对国际交通事务的引导和裁决,维护强国话语权和国家利益。

四、有一批懂规则、善治理的国际化人才,支撑本国发展理念的全球推广

人才是建设交通强国的根本力量。交通领域的科技创新、重大工程建设、国际组织的话语权形成都需要一批国际化人才来实现。当前在国际交通组织担任领导职务的大部分是欧美发达国家人才。比如,欧盟在国际海运相关组织中每届均有人担任领导职务。日本作为后起的交通强国,通过实施"国际组织人才专项奖励""JPO 派遣计划"等举措,迄今已向各类国际机构派遣超过 1400 名代表,对提高日本的国际影响力发挥着重要的作用。

从发展经验上看,交通强国通过在国际活动中派遣人才,已成为彰显、维护和提高国际影响力,寻求国际组织话语权的重要手段。

五、基于本国国情构建国际影响力的发展模式

提高交通国际影响力的目标具有一致性,但审视世界交通强国格局,成功之路不尽相同。以海运为例,欧盟经过几百年的沉淀、磨合,形成了发达的海运文化、完善的经济政策以及和其他相关产业的合作关系,造就了其"政策引导模式";日本以产业发展需求带动海运发展,形成了独特的"利益共享模式";美国则依托其强大的综合国力,形成了"海权控制模式"。上述国家和地区进取道路虽不一致,但都不妨碍最终成为交通强国。我国提高交通运输国际影响力必须基于历史经验,发挥比较优势,根据时代条件变化和自身综合条件确立发展模式。

第二章
我国交通运输国际影响力的现状分析

随着我国对交通领域科技、人才的不断投入,交通行业综合实力的全面提升,交通大国地位逐步稳固,交通运输国际影响力不断增强。本章从交通运输国际影响力内涵出发,针对竞争发展能力、服务保障能力、创新引领能力 3 方面对我国交通运输的国际影响力现状进行分析。

第一节　竞争发展能力

一、竞争发展能力现状

1. 交通品牌的国际竞争力

经过多年的发展,我国交通领域的部分产品和品牌在国际范围内形成了一定的竞争优势。交通基础设施建设方面,在亚洲、非洲等 180 个国家和地区建设了一批有重大国际影响力的工程,形成了一系列品牌,"中国速度""中国质量"深入人心。

重要装备技术方面,高速列车、重载列车、城轨列车、港口装备等技术位居世界前列。特别是港口机械和轨道交通等领域结合产品、资本和技术的组合出口,实现了出口装备从中低端到高端的升级,从"走出去"到"走进去、留下来"的转变。

2. 交通企业的国际竞争力

1)业务规模位居世界前列

已建成若干具备一定核心竞争力、规模位居世界前列的交通运输、装备、工程建设企业。海运方面,形成一批具有相当规模和国际竞争力的综合海运企业,其中中国远洋海运集团船只数量和吞吐量仅次于马士基航运集团,排名世界第二。民航方面,形成南航、东航、国航等具有一定国际竞争力的大型航空公司,客运量和货物周转量均排名世界前 10 位。交通装备方面,中国中车股份有限公司已形成以主体企业为核心、配套企业为骨干、辐射全球的轨道交通装备产业链,建成了一批具有国际先进水平的轨道交通装备制造基地,在世界轨道交通装备的排名中位居世界第一。交通工程建设方面,在全球国际承包商经营业绩排名中,中国承包商在多个业务领域和市场保持领先地位,全球业务量前 10 名中占 7 位。截至 2018 年,已有中国铁路工程总公司等 12 家交通企业入围世界 500 强,数量上排名世界第二(表 11-1)。

世界 500 强企业中交通企业数量 表 11-1

国　　家	中国	美国	日本	英国	德国
世界 500 强企业中交通企业数量(个)	12	14	10	2	11

注:数据来源于《交通运输行业发展统计公报》和 2018 年《财富》世界 500 强排行榜。

2)新兴交通领域具备了良好的国际市场发展潜力

全球科技迅猛发展,产业体系汇聚重构已成常态,相关领域科技快速发展并与交通运输行业深度融合,促进了一系列新兴交通领域的创新实践和商业模式。我国一些知名企业充分利用技术后发优势、制造能力优势和市场容量优势,在智能交通、新能源汽车等新兴的交通领域具备了良好的发展基础和潜力。

3)民航、海运等运输类企业服务国际市场的范围有待拓展

截至 2017 年底,我国航空公司国际定期航班共通航 60 个国家的 158 个城市,国际航线达到 803 条,但能实现直航或开通航线的国家数量与欧美国家有一定差距(表 11-2)。在全球连接度最大的 50 家枢纽机场中,上海浦东机场、北京首都国际机场、昆明长水机场排名分别位列第 31 位、第 47 位、第 48 位,与美国前 50 名中有 22 家相比,差距明显。排名第一的美国亚特兰大机场连接度指数为 2503,是上海浦东机场的 5 倍,北京首都国际机场 7 倍,反映出我国民航全球领先的吞吐量主要靠国内人流量支撑,国际航线开拓方面存在短板。

2017 年中国、美国、英国航空公司通航国家和地区情况 表 11-2

国　　家	通航国家数(个)	通航城市数(个)	国际航线数(条)
中国	60	158	803
美国	113	333	2095
英国	124	568	3139

注:数据来源于《交通运输行业发展统计公报》《我国交通运输对标国际研究》

与国际一流航运企业相比,我国航运企业发展水平在国际化经营、市场化水平等方面仍有差距,承运进出口货运量的份额仅占总量的 1/4 左右。

4)交通企业盈利能力相对较弱,经营管理水平有待提升

海运方面,中国远洋海运集团在 2017 年利润实现较大幅度上升,但与马士基航运集

团相比还存在较大的差距,同时海运服务贸易长期处于逆差状态并且逆差额持续扩大。民航方面,国内航空公司的国际民航业务盈利占总盈利的1/3,但单个企业的盈利能力与行业标杆企业相比还有比较大的差距。铁路方面,我国铁路海外工程项目主要集中在欠发达国家和地区,难以进入经济发达、市场广阔的欧美发达国家市场,且铁路企业海外项目管理能力和经验仍显不足,对项目风险还缺乏系统有效的防范。

5)企业国际竞争力不强的原因

(1)国际市场的开拓、市场化水平有待进一步提高。世界500强中除中国企业之外,大多数企业本国之外的营业收入、利润、资产和员工要占到50%以上,其产业链延伸到世界各个角落,具有很强的国际资源配置能力。相比之下,国际化中走在前列的我国部分交通企业虽然规模很大,但其业务大部分来自于国内市场,国际市场开拓不力。同时国有企业的市场化经营水平、灵活性、市场开拓力度、市场服务意识、人才引进使用等方面与国外大型交通企业相比,具有明显差距。

(2)运输企业在国际市场的话语权较弱。运输企业市场竞争力受国际贸易特点、贸易谈判等方面的影响较大。我国出口货物大多采用离岸价(Free on Board,简称FOB),买方对运输权、议价能力等方面具有明显的主动权,导致我国的很多出口货物由国外大型运输企业承运,市场份额被国外企业占据。

(3)交通企业整体的技术创新能力不足。除少数大型国有企业以外,大多数交通企业普遍重生产轻研发,缺乏通过自主创新实现可持续发展的内在动力。

(4)品牌建设能力较弱。国际市场竞争的高级阶段就是国际品牌的竞争,我国大部分交通企业没有形成品牌意识,整体上存在依赖国外先进技术和设备的现象。除国内部分运输装备企业以外,大部分企业处于国际竞争产业链低端,盈利能力受到很大制约。

二、竞争发展能力分析

总体上看,我国交通领域部分企业和品牌已形成一定的国际竞争力,但在管理运营水平等方面需要进一步提升(表11-3)。

我国交通运输竞争发展能力分析 表11-3

竞争发展能力	主要分析指标	分 析 结 论
交通品牌的国际竞争力	海外工程数量	建设了一批具有重大国际影响力的工程,形成了交通基础设施建设领域的一系列品牌,突破了一批交通运输重点装备的关键技术。但大部分企业处于国际竞争产业链的低端,品牌建设能力弱
	交通运输装备、技术的竞争力	
交通企业的国际竞争力	业务规模	规模和业务范围等方面居世界前列,品牌建设能力、管理运营能力仍存在短板
	管理运营水平	

第二节　服务保障能力

一、服务保障能力现状

1. 交通运输基础设施规模

经过多年的努力,我国交通运输总体上经历了"瓶颈制约"到"初步缓解",再到"基本适应"的过程,国内基础设施建设取得了重大成就,与世界一流国家的差距快速缩小,部分领域已实现赶超(表11-4)。高速铁路和高速公路里程、港口万吨级泊位、城市轨道交通运营里程等居世界第一。铁路货运量及旅客周转量、公路客货运输量及周转量、港口货物吞吐量及集装箱吞吐量、快递业务量均居世界第一,民航旅客及货邮周转量居世界第二。基本形成了多种运输方式平稳发展的多节点、网格状、全覆盖的交通运输网络,已成为名副其实的世界交通大国。

中国、美国交通基础设施规模对比　　　　　　　　　表11-4

指　　标	中　　国	美　　国
公路里程(万 km)	477.0	668.6
高速公路里程(万 km)	13.6	10.7
内河航道通航里程(万 km)	12.7	4.1
铁路营运里程(万 km)	12.7	22.2
民用运输机场数(个)	229	544

注:数据来源于2018全国交通运输工作会议、美国交通运输部《Transportation Statistics Annual Report 2017》。

2. 国际交通综合运输能力

1)国际化运输综合能力不断提升

随着"一带一路"建设,我国在国际化交通的互联互通建设方面取得积极进展,国际运输综合能力不断提升。累计签署双、多边国际道路运输协定18个,10个陆上边境口岸实现高速公路连接,43个口岸通二级公路。铁路通道基本实现与俄罗斯、哈萨克斯坦、蒙古国、越南等周边国家的直接连通。海运互联互通指数保持全球第一,远洋航线与100多个国家和地区、世界主要港口和航运中心等实现连通,其中覆盖了"一带一路"沿线所有国家和重要港口。空中运输网络建设取得有效进展,截至2018年2月,已与126个国家和地区签订双边航空运输协定,其中包括"一带一路"沿线的62个国家和地区;与60个国家的158个城市实现直航,国际航线里程超过300万 km,每周运行定期国际客运、货运航班超过 1.7 万个。成功打造中欧班列国际物流品牌,截至 2018 年 8 月累计开行近 10000 列,覆盖我国 48 个城市,到达欧洲 14 个国家、40 多个城市,已成为国际货物运输的重要组成部分。

2)国际化运输网络尚未建成,国际运输便利化有待进一步提升

民航运输的全球连通度较低,国际铁路联运发展有待加强,国际交通网络尚未建成。与国际物流包装标准与物流设施标准之间缺乏有效的衔接,信息系统之间缺乏有效的衔接端口,国际运输便利化程度不高,服务质量和效率仍有待提升。

二、服务保障能力分析

总体来说,虽然我国参与国际通道的建设和治理力度不断加大、国际交通运输综合能力不断增强,但是通过综合分析可知,满足国内外运输需求的服务保障能力总体较弱(表 11-5)。

我国交通运输服务保障能力分析 表 11-5

服务保障能力	主要分析指标	分 析 结 论
基础设施规模	公路、铁路、水运、民航等基础设施的规模	建成多层次的铁路网、覆盖全国的公路网、干支衔接的水运网和基本成型的民用机场布局,规模位居世界前列
国际化运输综合能力	与国际交通网络的连接度	国际交通网络尚未建成,跨区域基础设施的互联互通程度和国际运输便利化程度不高
	国际运输便利化水平	

第三节　创新引领能力

一、创新引领能力现状

1. 国际交通事务的话语权

1)积极参与国际交通事务

我国已成为国际交通组织的重要成员之一。积极参与国际海事组织(International Maritime Organization,简称 IMO)、国际民航组织(International Civil Aviation Organization,简称 ICAO)、国际铁路联盟(UIC)、国际道路联盟(IRF)等组织活动,已连续当选国际海事组织 A 类理事国、国际民航组织一类理事国、万国邮联经营理事国,当选国际航标协会理事会成员。

与各国特别是"一带一路"沿线国家在交通领域形成了较为密切的合作。截至 2017

年底,签署了《上海合作组织成员国政府间国际道路运输便利化协定》《中国—东盟海运协定》等 215 个涉及铁路、公路、海运、航空和邮政等多个方面的双边和区域运输协定。中国—东盟海事卫星应用中心建设加快推进,沿线国家海上搜救、应急救援、海上航道安全领域空间信息服务能力有效提升。

我国在诸多国际事务中发挥了重要作用。积极参与各类交通运输会议和有关谈判工作。截至 2017 年底,中国海事仲裁委员会案件受理数量总计 72 件,同比增加 3 件。其中,涉外案件 45 件,占受理案件总数的 62.5%,同比增加 21 件。深入参与国际海事组织、国际民航组织等在重大宏观性议题上的决策。如 2017 年 9 月,中国海事仲裁委员会代表团出席国际海事仲裁员大会(International Congress of Maritime Arbitrators,简称 ICMA)并作主旨发言,扩大了中国海事仲裁在国际海商界的影响力。推动 IMO 在中国方案的基础上通过了海运温室气体减排初步战略、海上自主航行船舶未来工作计划方案。

我国积极参与、主办国际交通活动。成功主办"一带一路"国际合作高峰论坛"加快设施联通"平行主题会议、世界交通运输大会等,有效推动国际和区域交通运输的发展。2017 年,中国船级社成功组织召开国际海事战略高层研讨会,推动了海事网络系统安全和新检验技术应用研究。

我国积极向国际组织输送交通运输人才。多名人才当选国际民航组织秘书长、国际海事组织理事会主席、国际船级社主席、国际海事组织货物和集装箱运输分委会主席等重要职位。我国还多次应邀派员参加国际海事组织对其他成员国的履约审核,既为国际组织贡献了中国智慧,也为深入参与交通行业全球治理提供了人才支撑。

2)在国际交通组织和活动中的作用有限

虽然我国加入了大多数国际交通组织,但在其中任职人数偏低,在我国落户或设立办事机构的重要国际交通组织偏少。交通事务提案被采纳少的问题长期存在,国际交通事务话语权有待进一步提高。

3)国际交通事务话语权弱的原因

(1)缺乏专门机构与经费统筹协调国际交通事务合作活动,政策支持力度有待提高。以国际组织落户为例,吸引国际组织落户工作具有特殊性、复杂性和敏感性,必须有专门机构、专业部门进行规划并推动实施。在日内瓦、汉堡和波恩等国际组织集聚地,设有负责处理国际组织事务的国际合作中心或专职的外交事务助理,在诸如用地、住房、办公设施、交通、医疗、子女教育等多方面提供良好的硬件设施和政策支持。而我国并无相应机构和民间组织参与国际组织落户和设立工作。

(2)缺乏在国际交通组织中任职的人才。国际交通组织中许多预留给中国的名额,或者因缺乏适当人选而暂时空缺,或者因代表资质欠佳而形同观察员。同时我国对于国际组织人才的培养体系尚未形成,也未制定具有全局性、前瞻性的人才发展战略。

2. 国际交通标准和规则制定的话语权

1）交通标准的国际化程度显著提升

重大海外工程采用中国标准的数量逐渐增多。在铁路建设领域，亚的斯亚贝巴至吉布提铁路（亚吉铁路）采用全套中国装备标准建造；马来西亚东海岸铁路线上系统、车辆采用中国标准；蒙内铁路采用"中国标准、中国技术、中国装备、中国管理"建设，形成集设计、施工监理、融资、装备采购和运营管理为一体的"中国标准"全产业链项目。在公路建设领域，使用中国标准修建、高质量完成埃塞俄比亚 Addis-Adama 高速公路、乌干达 Kampala-Entebbe 高速公路等一批公路项目示范工程。在城市轨道交通建设领域，越南河内城市轨道交通吉灵—河东线工程、哈萨克斯坦阿斯塔纳轻轨项目均采用中国标准和规范设计、施工、采购。

中国标准成为国际标准的数量日益增多。船用北斗卫星导航系统通过 IMO 海上安全委员会审议，取得面向海事应用的国际标准资格。在物流和物联网领域，"集装箱 RFID 货运标签系统"（ISO 18186）成为国际标准化组织批准的可公开提供的规范。在轨道交通领域诞生了"轨道交通地面装置电力牵引架空接触网用复合绝缘子的特殊要求"（IEC 62621）等一批由中国主导起草的国际标准。智能交通领域，"智能运输系统（Intelligent Transport System，简称 ITS）支持 ITS 服务的便携终端应用第 1 部分：通用信息与用例"（ISO 13111—1），由国际标准化组织（International Organization for Standardization，简称 ISO）发布实施，实现了中国在智能交通领域国际标准制定中零的突破。同时，无人机管理、高原运行、飞行标准监督管理系统等民航领域中国标准逐步走向国际。在高速铁路、新能源等战略性新兴产业领域已形成较为完整的标准体系，进入世界先进行列。

广泛参与交通标准的国际合作，积极参与国际交通标准的研究、制定和推广工作。与 21 个"一带一路"沿线国家签署了标准化合作协议，在国际标准推广和认同等方面对世界交通的贡献显著提高。结合我国交通运输行业的发展，积极参与相关技术标准、有关国际公约的研究、制定和修订工作，实现与国际交通事务的良性互动。以铁路为例，2017 年新参与 UIC、ISO 等组织的 12 项国际标准制修订工作。

2）在重要国际标准和规则制定中仍然处于跟随状态

对标交通强国可以发现，美国依托综合国力和创新优势，引领国际技术规则、标准的制定和发展方向；欧盟是国际海运发展的引领者，在海运规则、技术标准、海运服务等方面建立了较强的话语权体系。我国交通领域标准的国际认可度不高，牵头制定的国际标准数量不多，以企业为主体实质性参与国际标准化活动还有较大的提升空间，在国际重要交通标准、技术规则制定中仍然处于跟随状态，话语权较弱。

3）国际交通标准制定话语权不强的原因

（1）国内交通标准体系与国际标准存在较大差异。以铁路产品技术标准为例，对欧盟等铁路发达地区或国家来说，中国铁路产品必须满足本地区执行的欧洲标准（EN）、互操作性技术规范（TSI）或俄罗斯国家标准（GOST），通过相关认证后才能进入其市场。中国铁路技术标准与欧盟及 GOST 标准在技术内容上存在一定差异，通过认证难度较大，认证周期较长且费用较高。在东南亚、南美洲、非洲及中东等发展中国家和地区，部分项目虽然直接采用中国铁路技术标准，但往往存在不得低于欧洲同类标准、第三方监理等要求，造成标准使用障碍。此外，我国交通领域缺乏一套完整的标准知识组织和管理方法，部分交通标准兼容性较差，标准体系文件翻译、征求行业意见发布等工作没有常态化开展，对海外贸易和工程项目不能及时提供标准化、规范化的技术文件支持，部分技术标准不能完全适应东道国国情、地理、运营环境条件。

（2）国际标准化活动参与度有待提高。目前国际标准的制定权大多出自发达国家，这就限制了我国了解相关领域的技术现状、技术研发应用现状及发展趋势等，不能及时开展相关领域技术标准的研究，满足标准国际化的需求。

（3）交通领域企业分散经营，产品和服务缺乏竞争力，没有充分发挥企业能动性和标准产业链优势，标准更新速度无法适应近年来不断涌现的安全设施新产品和新工艺需求，标准的制修订往往滞后于产品的应用，在国际上的认可程度较低。

二、创新引领能力评价

总体上看，我国通过积极参与国际组织活动，参与国际规则和标准制定工作，积极培养和输送交通人才，交通运输的创新引领能力不断提高。但对标交通强国，在重要国际组织、国际标准和规则制定方面的话语权较弱（表 11-6）。

我国交通运输国际影响力创新引领能力分析　　　　　　表 11-6

创新引领能力	主要分析指标	分析结论
国际交通事务的话语权	国际组织中的任职人员数	在国际组织中任职人数偏少，重要国际交通组织总部或办事处在我国设立的数量不多，国际交通事务话语权有待进一步提高
	国际组织落户数	
	国际事务的提案数及通过率	
国际交通标准和规则制定的参与度	互认标准的数量	在国际重要交通标准和规则制定中参与度低，仍然处于跟随状态
	成为国际标准的数量	
	国际标准和规则制定的提案数及通过率	

第四节　我国交通运输国际影响力的总体分析

在经济全球化的背景下，我国交通运输建设稳步推进，实现了基础设施、运输能力、服务水平的快速发展,为国家经济的增长和大国实力的提升发挥了基础保障作用。以"一带一路"建设为重点,我国交通运输行业积极走出去,在基础设施规模、企业国际竞争力、国际交通运输保障能力、参与国际事务、履行国际义务等方面取得了举世瞩目的成绩,交通运输国际影响力显著提高。但应充分认识到,我国交通运输行业依然处于"大而不强"的发展阶段。交通运输国际影响力的提升很大程度上依靠国内市场支撑,尚未形成具有优势竞争力的国际市场资源配置能力,服务保障能力、创新引领能力等方面与交通强国相比存在较大的差距。主要体现在:在交通运输、装备制造等领域缺乏一批具有全球竞争力的世界一流交通企业;服务我国全方位对外开放战略和国际化产业布局的全球化交通运输服务网络有待完善,重要国际通道运输的可靠性、安全性有待提升;创新能力有待提升。我国在参与国际标准、规则的制定权方面存在短板,国际事务的话语权较弱。

CHAPTER THREE

第三章
提高交通运输国际影响力的目标

第一节 未来国际交通的发展趋势

国际经济贸易的发展是国际化交通运输的主要推动力量,未来国际经济贸易的发展趋势将在很大程度上决定国际化交通运输的发展方向,而未来国际交通发展方向将是谋划我国交通运输国际影响力发展的前提。

一、未来国际经济贸易发展的形势

1. 经济全球化程度更高,多级化格局逐步形成

尽管国际经济发展存在不确定性,但从长期来看经济全球化仍将是不可阻挡的趋势。在国际贸易和投资自由化,企业经营国际化,以移动互联网、大数据、云计算、智能化、物联网为特征的新经济模式等因素的巨大推动下,未来世界各国经济联系和相互依赖程度将更加紧密。经济全球化的深入发展使区域经济一体化不断加深,国际经济发展多极化格局全面形成。以亚太经济合作组织(Aisa-Pacific Economic Cooperation,简称 APEC)、上海经济合作组织(简称上合组织)、东南亚国家联盟(简称东盟)、欧洲联盟(简称欧盟)、阿拉伯国家联盟(简称阿盟)、拉美和加勒比国家共同体(简称拉美共同体)、非洲联盟(简称非盟)、北美自由贸易区等为主的多个区域经济合作组织将更加深入发展。与此同时,一些新的区域经济合作组织也将逐步产生。各合作组织的深入发展以及新合作组织的不断出现必将推动区域经济联系更加紧密。

2. 国际经济贸易重心发生转移

目前,国际上最主要的经济体和贸易量主要分布在北美洲、欧洲和亚洲,三大区域贸

易量占据世界国内生产总值（Gross Demestic Product，简称 GDP）和国际贸易量的 75%，其中欧洲、北美洲占国际货物贸易额约 50%。全球金融危机以来，国际投资和生产的转移带来全球产业链、价值链的重组，使国际贸易格局更趋多元化。以金砖国家为代表的新兴市场在全球的经济地位稳步提升，且亚洲地区在全球经济格局中的地位和作用将得到大幅提升。据普华永道《长远前景：2050 年全球经济排名将会如何演变？》预计，到 2030 年前后，中国将成为全球最大的经济体，对全球经济贡献率达到 25% 左右。到 2045 年前后，印度将成为全球第二大经济体。同时，占据低成本优势的沿海国家和地区在世界分工体系的位置更加突出，亚洲、非洲、南美洲等地在国际货物贸易中的比例不断提升，国际经济的重心也逐渐从大西洋两岸转向亚太地区。中国有望成为国际贸易中心之一。

3.新兴物流集群快速发展

据世界银行 2017 年《世界发展报告》估计，在技术不变的经济增长假设下，未来 15 年，新兴发展中国家占国际经济的份额将从 1/5 增长到 1/3，购买力份额将超过 1/2。中国、巴西、俄罗斯、印度、哥伦比亚、印度尼西亚、越南、埃及、土耳其、南非等新兴国家的市场快速发展，形成各种人流、物流活动在地理上的集中和集聚。可以预见，未来围绕新兴物流集群之间的人流、物流活动将会更加繁忙。新兴物流集群的加快发展必将形成新的贸易线路及运输通道。

4.科技创新带来新的产业形态，成为世界经济增长的新动力

一方面，世界范围内新一轮科技革命和产业变革正在兴起，围绕市场、科技、资源、文化、人才的竞争更加激烈，新技术的广泛应用特别是与传统产业的深度融合，将引发包括交通运输业在内的产业形态变化，形成新的生产方式和增长空间。颠覆性技术层出不穷，将不断创造新产品、新需求、新业态，为经济社会发展提供前所未有的驱动力。另一方面，新一轮全球化进一步将以商品、服务、资本为主的全球化向科技、人才等主导的全球化拓展，科技创新的全球化成为未来全球化的一个突出特征。创新要素的流动和集聚成为全球新的产业和经济制高点，主导国际市场规则和进程。

二、国际经济贸易发展对交通运输的新要求

1.经济全球化迫切需要国际运输的互联互通

经济全球化的趋势将使众多产品出现生产和销售多国化模式，零售业需要在全球范围内进行供应和销售，产业和消费结构转型带来贸易和销售活动的变化，人员、货物全球流动的快速增长需要优化全球运输服务水平，保障全球供应链稳定。世界各国经济联系

不断加深,利益进一步融合对交通互联互通和建设合作的要求更为迫切。新兴物流集群的地理分布将使国际交通运输的运量、流向要求等发生变化,对国际交通运输的空间布局提出了新的要求。

2. 国际运输互联互通障碍的缓解更加依赖交通领域的国际事务话语权

国际交通运输需要多种运输方式衔接,也需要多个部门配合,具有技术复杂性、监管复杂性以及流程复杂性等特点。在全球经济一体化、经济贸易持续增长的宏观环境下,各国、各区域之间的经济贸易往来更加频繁,国际交通运输事务将更加繁忙;可以预见,反映国际经济体系的国际商事谈判和仲裁也将加剧,因基础设施连接、技术标准、运营规章等方面的差异所造成的国际交通运输互联互通障碍和摩擦也将更加突出。在此背景下,国际运输的互联互通更加依赖参与国在交通领域的国际事务话语权。只有在交通领域具有充足的话语权,才能更好地适应经济全球化复杂趋势,推动国际交通秩序朝着普惠共赢的方向发展。

3. 全球科技创新格局要求提升交通企业的全球服务能力和竞争能力

伴随我国经济社会发展水平的提高、价值取向的变化,人民出行消费倾向于选择更快速、更舒适、更自由、更绿色的高质量方式。要求交通运输类企业拓展业务范围,提供更加方便快捷的出行服务,提高经营管理水平,提升全球的竞争能力。国际经济竞争说到底是企业之间的竞争。在全球化的背景下,作为市场竞争的主体,企业科技创新的作用日渐突出。企业的科技创新能力直接决定着国际市场竞争能力。在国际竞争当中企业只有具备了较强的技术能力,能够研制开发并生产出满足市场需求的高技术和高质量的产品,才能不断提高企业的国际竞争力。

第二节 我国提升交通运输国际影响力的宏观条件

一、经济基础

21 世纪初面对复杂的国际环境,我国抓住经济全球化带来的国际产业转移、分工格局调整的重要机遇,有效应对了国际金融危机的巨大冲击。经济贸易保持快速增长,完成了融入经济全球化的进程,GDP 和外贸进出口总额均仅次于美国,居世界第二(表 11-7)。强大的经济实力为交通基础设施进一步完善,交通网络互联互通,运输服务能力的保障、交通科技创新水平的提升提供了强有力的支撑。

2012—2017 年我国 GDP 及外贸进出口总额　　　　　　表 11-7

年份(年)	2017	2016	2015	2014	2013	2012
国内生产总值(万亿美元)	12.24	11.19	11.07	10.48	9.61	8.56
世界 GDP(万亿美元)	80.68	75.94	74.84	79.13	77.05	74.97
我国 GDP 占世界的比例(%)	15.17	14.74	14.78	13.25	12.47	11.42
我国货物及服务出口(万亿美元)	2.42	2.20	2.36	2.46	2.35	2.18
世界货物及服务出口(万亿美元)	22.99	20.88	21.27	23.87	23.46	22.82
货物及服务出口占世界比例(%)	10.52	10.53	11.10	10.32	10.03	9.53
我国货物及服务进口(万亿美元)	2.21	1.94	2.00	2.24	2.12	1.94
世界货物及服务进口(万亿美元)	22.45	20.39	20.74	23.26	22.75	22.14
货物及服务进口占世界比例(%)	9.83	9.53	9.66	9.64	9.32	8.78

注:数据来源于世界银行 2017 年《世界发展报告》。

二、政策机遇

党的十九大提出中国特色社会主义进入了新时代,明确了我国未来 30 年的战略目标,提出了分两步走实现社会主义现代化强国的战略部署。提出实施"一带一路"倡议和长江经济带、京津冀协同发展、长三角一体化、粤港澳大湾区战略,以及建设交通强国、海洋强国、贸易强国、制造强国等重大决策。建设交通强国是新时代赋予交通行业的历史使命,为我国交通运输发展提出了新的要求。要求交通运输不断拓展对外开放新空间,为我国积极参与全球产业再分工、加快"一带一路"建设、构建人类命运共同体提供有力支撑。可以预见,交通运输提高国际影响力具有良好的政策机遇。

三、发展条件

交通运输行业经过改革开放 40 年的大发展,在高速铁路技术、桥梁建设技术、港口航道建设和整治技术等领域已达到国际领先水平,为提高交通国际影响力提供了支撑条件。基于国际社会需求和自身优势,国家设立亚洲基础设施投资银行作为融资保障,同时引导国家开发银行等各种政策性金融机构扩大职能,广泛参与国际事务,为交通行业走出去提供资金保障。国家实施创新驱动发展战略,"中国制造 2025"等都为交通运输行业的科技实力、运营管理、人才培养等竞争力大幅提升提供宝贵机遇。随着"一带一路"深入推进,沿线国家特别是发展中国家进入了交通建设的需求旺盛期,发达国家也同步进入设施升级改造的需求旺盛期,为我国交通行业"走出去"带来重大机遇。

第三节　交通运输国际影响力的发展目标

针对国际交通运输未来发展趋势,结合我国交通运输行业的优势和特点,应转变单一式和粗放型的国际影响力发展模式,实现交通企业竞争力由规模推动向创新推动转变,国际运输服务保障能力由国际需求拉动型发展向主动参与国际合作转变,国际交通事务治理由跟随者向主要参与者转变。为此,应以建设交通强国为目标,以提高交通运输竞争发展能力、服务保障能力、创新引领能力为具体任务,以培育具有一定品牌竞争力、盈利能力强、可持续发展能力强的交通跨国企业,构建开放融合、服务高效的国际交通运输服务保障体系,提升我国交通运输在国际交通事务中的参与度和话语权为三大突破口,力争在2030 年和 2045 年实现以下目标。

一、2030 年目标

建成一批世界级交通企业,打造若干驰名全球的交通品牌;基本形成高效可靠、开放共享的全球交通服务网络体系,能有效服务国内外运输需求和国家社会经济发展;加大国际交通事务的参与力度,积极向国际组织输送人才,具有区域性国际交通事务的话语权。到 2030 年,交通运输国际影响力达到强国水平。

1. 培育一批大型交通跨国企业,打造若干驰名全球的交通品牌,竞争发展能力明显提升

(1)打造具有创新服务能力的大型海运集团,以及具有世界 500 强综合实力的大型航空公司,国际经营网络化水平显著提高,国际市场份额位居该领域前列。做精做强运输企业,积极开拓国际市场,扩大有效需求,在保持国际业务规模的同时,提高稳定收益的比例,风险管理与控制水平明显提升,技术创新、管理创新、服务创新能力显著提高。

(2)发挥我国设计、施工、装备供应、运营维护及融资等方面的综合优势,加大整合优势资源,形成一批交通建设和装备制造产业链,主动参与国际高端业务竞争。

(3)结合自动化、智能化等技术发展趋势和"互联网 +"融合发展产生的交通领域新业态,造就一批立足国内、面向全球的"交通 +"品牌,推动发展理念、经营模式、运营服务等走出去参与国际竞争,在新兴交通领域企业规模和品牌影响力位居世界前列。

2. 基本形成高效可靠、开放共享的全球交通服务网络,服务保障能力进一步增强

(1)加强与其他国家在重大工程领域的合作,促进国际海陆运输通道的建设和治理。

(2)与全球其他国家(特别是周边国家)合作,强化区域交通的连接,加强交通基础设施互联互通项目建设。发挥经济贸易大国的优势,打造全球或区域经济竞争力强、具有"门户"地位的港口和物流枢纽,国际采购、国际配送、国际贸易、金融服务等功能明显提升,支撑全球供应链服务体系建设。

3. 具备区域性国际交通事务的话语权,交通运输行业国际地位进一步提高

(1)结合综合国力的提升,提供便利的服务和配套方案,吸引国际海事组织、国际铁路联盟等 1~2 个主要国际交通组织来华设立办事处或亚洲分部。充分利用交通基础设施建设和交通新兴业态技术、服务创新优势,成立并打造 3~5 个具有区域国际影响的新兴交通领域国际组织。

(2)明确交通人才的发展目标和派员计划,派驻世界主要交通组织人数明显提升,在主要组织下设的各专委会和研究机构担任主要负责人或高级职员的比例达到其他交通强国水平。

(3)与发展中国家特别是"一带一路"沿线国家在交通基础设施建设、运营管理等领域合作取得显著进展,在重大工程建设、交通装备等方面为发展中国家承担必要的人员培训、技术支持等行动,与主要贸易伙伴国家标准互认数量大幅增加,承担制定国际标准数量显著增多。

二、2045 年目标

依托国家综合国力,有效把握未来技术和规则调整的机遇,不断提高竞争发展、服务保障、创新引领能力水平。到 2045 年建成若干具有国际竞争力的世界一流交通企业和与我国全球化产业布局相匹配的交通运输服务网络体系,成为国际交通标准制定、交通运输全球治理的主要参与者。

1. 建成若干具有国际竞争力的世界一流交通企业,交通运输行业竞争力进入世界前列

形成一批资本输出、技术输出、管理输出和人才输出的交通运输、工程建设企业。建成若干产业联动、整体协作的超大型交通跨国企业,跨国经营水平领先,国际化布局完善,国际业务规模位居世界前列。交通品牌安全性、高效性、便捷性达到世界领先水平,对国际市场具有较强的影响力,建成与交通强国相匹配、国际竞争力强的交通企业和品牌的聚集地。

2. 建成与我国全球化产业布局相匹配的国际交通运输服务网络,形成安全、可靠的国际交通运输服务保障能力

建成海—航—铁—公立体国际交通服务网络体系和国际运输便利化体系,实现国际交通网络的高效衔接。形成运输功能齐全、服务功能完善的枢纽体系。国际重要交通枢纽与城市协调发展,带动国际区域经济整合和资源要素流动,助力全球供应链体系完善。

3. 为推动国际交通治理体系的完善作出积极贡献

成为国际交通事务决策的重要成员之一;对重要国际标准和规则的制定具有较大的话语权。形成完备的支撑交通强国的标准群,在世界范围内得到广泛认同。有效推进国际交通新标准、新规则的建立,"中国交通标准"成为世界标准体系的重要一极。

交通运输国际影响力的发展目标如图 11-1 所示。

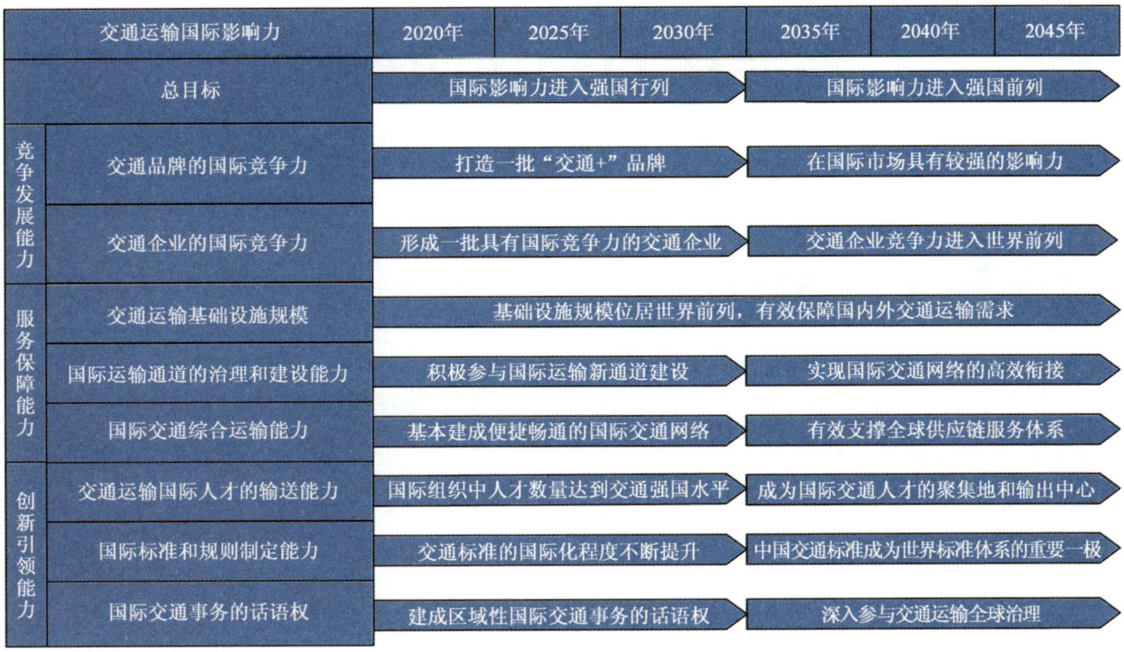

交通运输国际影响力		2020年	2025年	2030年	2035年	2040年	2045年
总目标		国际影响力进入强国行列			国际影响力进入强国前列		
竞争发展能力	交通品牌的国际竞争力	打造一批"交通+"品牌			在国际市场具有较强的影响力		
	交通企业的国际竞争力	形成一批具有国际竞争力的交通企业			交通企业竞争力进入世界前列		
服务保障能力	交通运输基础设施规模	基础设施规模位居世界前列,有效保障国内外交通运输需求					
	国际运输通道的治理和建设能力	积极参与国际运输新通道建设			实现国际交通网络的高效衔接		
	国际交通综合运输能力	基本建成便捷畅通的国际交通网络			有效支撑全球供应链服务体系		
创新引领能力	交通运输国际人才的输送能力	国际组织中人才数量达到交通强国水平			成为国际交通人才的聚集地和输出中心		
	国际标准和规则制定能力	交通标准的国际化程度不断提升			中国交通标准成为世界标准体系的重要一极		
	国际交通事务的话语权	建成区域性国际交通事务的话语权			深入参与交通运输全球治理		

图 11-1 交通运输国际影响力的发展目标

第四章
重点任务与实施途径

构建互联互通的国际化交通运输网络

国际化交通运输网络的建设是提升国际交通运输服务保障能力的基础,是"一带一路"建设的优先领域。在尊重相关国家主权的基础上,应加强与其他国家基础设施建设规划的对接,抓住交通基础设施的关键通道、关键节点和重点工程,共同推进建设互联互通的国际化交通运输网络。

一、以互利共赢为导向,与相关国家重点城市合作开发建设若干重要港口

按照"一带一路"建设重点,积极参与东南亚、南亚、北非地中海、南太平洋、非洲东西两岸等区域具有重要区位优势和腹地发展潜力的港口建设。以合作投资开发建设为主要模式,以港城互动为关键抓手,以完善陆向集疏运体系及其相应的内陆交通物流网络体系为重要手段,实现港口合作建设与东道主国家经济贸易产业发展、交通基础设施、内陆物流体系完善等的互动共荣。

二、打造国际航空枢纽,增强航空全球连接度

推进国际航空枢纽机场建设。加快北京、上海、广州三大国际枢纽机场建设,加大航权开放力度,增加国际重要城市通航点和航班频次,培育国际枢纽功能。以市场需求为基础,推动乌鲁木齐、哈尔滨、昆明、西安、重庆、成都、深圳等机场成为面向"一带一路"的国际航空枢纽,提升面向东北亚、东南亚、南亚、中亚地区的枢纽辐射作用。

建设世界级的机场群,提升航空枢纽的整体国际竞争力。推动京津冀、长江三角洲、珠江三角洲、成渝等世界级机场群建设,推进机场群的协同发展,整合多机场体系资源,完善区内各机场功能定位,优化机场群航线网络结构,强化对国际市场的辐射能力。

全面提升民航的国际航线全球服务能力。逐步推进与东盟、中亚、南亚、东北亚及欧美澳非等地区航权开放,建设连接欧洲、美洲、大洋洲等重点航空市场的空中快线,加大对南美洲、非洲的辐射广度与深度,实现我国民航的国际航线网络覆盖全球五大洲,通达每一地区主要国家的重要城市的目标。

三、促进国际海陆运输通道的建设和治理,支撑"一带一路"建设

以"一带一路"建设为契机,紧紧围绕全球生产、流通、贸易需要,加强与各国交通运输领域的战略对接,促进国际海陆运输通道的建设和治理。

1.进一步深化国际铁路运输大通道的国际合作

将中欧班列作为深化我国与沿线国家经济贸易合作的重要载体,加强亚欧国际铁路通道建设的国际合作。深化中国—中亚—西亚铁路运输合作,促进中亚地区运输与贸易便利化。积极参与中国—中南半岛国际通道建设合作,助力泛亚交通网络核心通道体系的建成。深化中巴陆路大通道建设合作,推动中巴铁路以及沿线铁路建设。积极参与中国—南亚孟中印缅国际铁路通道建设,与沿线南亚铁路网对接,提升南亚印度洋方向国际运输的通达性和便利性。加快中国、蒙古、俄罗斯跨界铁路项目建设,与"北极航线"沿线港口对接,助力国际陆海贸易新通道的形成。

2.合作建设和完善国际海运大通道

针对全球变暖情况下极地航线通行的可能性,进一步深化、提升与沿线国家在国际运输等领域的合作,积极参与北极航道的科学考察和航行事务。加强国际合作,完善中国—马六甲—欧洲、中国—印尼—印度洋等海上通道合作开发建设和安全维护,提高中国与发达经济体之间的海运航线密度,加强中国与新兴经济体之间的海运班轮航线,促进沿线国家相互贸易往来。

第二节 建立高效快捷的全球化物流和供应链服务体系

建立完善的全球化物流和供应链服务体系是我国参与全球竞争与国际分工,增强对外连接能力和国际资源吸附能力的核心保障。作为未来全球的经济强国、贸易中心、制造中心和消费中心,我国应当依托国际交通枢纽和运输网络,提升国际化交通运输解决方案的能力,支撑全球物流与供应链体系建设,更好发挥交通运输的支撑保障和辐射带动作用。

1. 提升航空物流全球服务水平

以国际航空物流枢纽为支点,以航空运输为核心,加强航空公司间合作,高度集中航空货运资源,整合货运物流业务,强化航空货运专业化服务能力,加快提升我国航空货运的综合实力和竞争力。加速推进航空货运物流智能化、信息化,将物联网、移动互联网、云计算、大数据等技术应用,在产品订造、智能配货、在线查询调度、自动配送等领域,实现货物销售和运输全流程管理。打造航空物流管理中心和国际快件转运中心,推动货运业务承运人向综合物流服务商转型。实施有利于枢纽机场建设的客、货通关政策,简化海关、边检和检验检疫等部门的出入境联检手续,实现服务一体化,提高枢纽机场运营和管理效率,打造高品质高时效的国际航空物流服务系统。

2. 完善国际铁路物流服务系统

加快国际陆上大通道中转型物流节点建设的国际合作,依托中欧班列等骨干列车,通过中转集结方式,形成覆盖欧亚的铁路物流服务网络。打造连接东北亚、中亚、东南亚、南亚和欧洲方向的集装箱班列集结中心,建立全面的协调平台和机制,与沿线国家共建合理的运输组织模式,大力促进通关便利化,降低运输成本,建设高效快捷的陆路国际物流系统。

3. 建设国际航运中心

依托海外重要支点建设,在做强做大港口装卸、中转、换装、临港产业、临港新城开发等功能的同时,拓展陆海双向物流服务体系,加快拓展航运金融、信息、交易、法律仲裁、教育研发等现代航运服务业,能更好服务区域港航要素发展,促进全球化航运要素集聚,提升对全球航运和物流资源的配置能力。

4. 构建国际多式联运系统和综合物流枢纽

综合考虑海运、铁路、航空等交通方式的衔接,明确运输任务的层次,与相关国家重点城市合作建设若干国际化交通枢纽,建设设施高效衔接、客货快速转运、信息互联畅通、服务高效便捷的国际多式联运组织体系,打造网络化、层次化、立体化的国际交通组织系统模式,建设报关报检、国际运输、多式联运、仓储加工、信息处理等功能于一体、具有区域辐射作用的国际综合物流枢纽。

第三节　推动交通标准国际化

大力推动交通标准"走出去",让更大范围的国际市场接受和采用中国标准,是提升交通运输国际影响力的重要抓手。结合我国交通领域的特色和优势,采取聚焦战略,突出重点,加速推进一批交通领域的标准国际化,提升在国际交通标准制定中的话语权,在国际交通运输发展中贡献更多中国智慧。到2030年,与主要贸易伙伴国家标准互认数量大幅增加,参与交通领域的国际标准制定的程度进一步增强,在传统优势领域和新兴领域的标准得到世界范围内的广泛认同。到2045年,形成支撑交通强国完备的标准群并在国际范围内广泛应用,"中国交通标准"成为世界标准体系的重要一极。

一、结合交通运输行业"走出去",推荐使用中国标准

(1)以市场为依托,增强中国标准的影响力。发挥交通标准对"一带一路"倡议的服务支撑作用,加强"一带一路"建设中的标准互认、区域标准共建,促进沿线国家的政策沟通、设施联通、贸易畅通、资金融通、民心相通。综合考虑市场、技术等多方面因素,打造工程建设与技术装备走出去的样板,增强中国标准在国际市场上的影响力。

(2)结合涉外项目所在国家的交通标准,推出适应需求方的标准体系。提前布局标准走出去领域,与美国、欧盟、日本等发达国家与地区开展国际标准的兼容互通研究,加快国际标准转化进程,使国际标准尽快适应我国国情,同时提高我国标准与国际标准的融合度。在国际项目合作过程中,开展主要标准的比对分析研究,制定相关各方都认可的区域性标准。

二、以新技术引领新标准

1. 发挥我国交通领域创新优势,推动标准国际化进程

我国交通运输行业通过科技创新取得了重大成就,形成了系列新技术、新工艺和标志性的重大科技成果。要梳理我国交通在工程建设、交通装备、系统集成等领域的领先技术,力求将其上升为国际标准或事实标准。同时,要进一步选择具有国际竞争优势和外部性强的技术率先突破,形成新标准。

2. 推动新兴交通领域的标准走出去,贡献中国智慧

交通新兴领域(新业态、新模式)中固有标准和规范相对较少,存在"洼地"现象。应利用近年来我国新兴交通领域形成的新技术和新规范,尽快形成新的国际标准走出去,贡献中国智慧。建立与标准相适应的知识产权管理机制,以"技术(产品)专利化—专利标准化—标准国际化"的知识产权战略,推动我国交通企业专利技术标准化的运作和实施。

三、积极参与国际交通组织和标准化组织活动,承担更多国际标准制修订工作

跟踪与标准相关国际组织的工作动态,了解标准制修订情况、研究范围及方向、发展

趋势,及时开展我国相关领域的研究。结合我国优势技术和领域,协调各方力量,加大工作力度和投入,在国际标准制修订中争取到更多主持和参加的项目。借鉴欧盟、美国及日本等发达国家与地区标准化技术力量和人才资源储备的先进经验,建立专业技术、国际标准化和英语等方面的人才培训机制,大力培养国际标准化优秀人才。

倡议在"上海合作组织""中国—东盟自由贸易区协定"等双边、多边组织中建立区域性标准化组织。倡议在世界范围内组建交通企业标准联盟,规范中外交通标准互认程序,增加交通标准互认的国家和标准数量。

第四节 实施国际交通组织发展计划

国际交通组织主要在条约和宗旨规定范围内,通过参与国际事务活动,管理交通全球化带来的国际问题。在竞争日趋激烈的国际环境下实现交通强国建设目标,不仅需要加大国际组织的参与力度,同时也需依托我国在交通装备、航运等领域的规模和优势,紧抓国际组织总部或分部选址由欧美发达国家向新兴国家城市转移的机遇,从承办国际会议或论坛、开展项目合作、输送人才,循序渐进地引进国际组织,不断开辟新的合作领域。到2030年,吸引1~2个主要国际交通组织来华设立办事处或亚洲分部,成立并打造3~5个具有区域国际影响的新兴交通领域国际组织,深度参与国际交通组织活动。到2045年,力争建立1~2个国际交通组织的总部基地,并争取在重要国际交通组织中具有较大的话语权和影响力。

一、加快提升在现有重要国际交通组织中的影响力

多渠道加强与国际交通组织的沟通协商,争取举办相关国际性会议和论坛,在国际舞台上与同行加深理解,提升我国在国际交通组织中的知名度。超前研究,积极向国际性组织提出机构改革、发展方向、政策重点等方面的建议提案,为国际组织的发展和改革作出积极贡献。

二、积极吸引国际交通组织来华落驻

依托传统优势领域,积极争取UIC、IMO、ICAO、IRF等主要国际交通组织来华设立办事处或亚洲分部。争取国际海事组织等航运国际组织在我国设立亚太区域总部。

三、以互惠共赢为目标,倡导设立一批国际交通组织

依托技术优势、区域影响力以及新兴交通领域的市场优势,新设一批以服务"一带一路"沿线国家为主的交通建设、运营和管理领域的国际组织,如"一带一路交通合作联盟"

"一带一路公路技术标准联盟""一带一路铁路技术标准联盟""21 世纪海上丝绸之路港口联盟""一带一路国际民航合作论坛""上海合作组织交通合作委员会"。同时依托中国在新能源汽车、共享出行等方面的技术和市场优势,成立"新能源汽车协会""世界共享出行协会"等。

第五节 建立交通国际组织人才培养及输送机制

扩大我国在国际交通事务中的话语权和影响力,人才至关重要。尽管我国参与了许多国际组织和活动,却很少在其中发挥主要作用,在国际组织中担任领导职务的人才更是凤毛麟角。由于历史原因、语言能力、文化背景、法律体系等方面的差异,我国国际组织人才储备不足,在很大程度上制约了人才进入国际组织任职。因此应明确国际交通事务人才队伍素质要求,建立后备人才库,制定国际交通组织人才培养及输送机制。到 2030 年,完善国际交通人才培养体系和管理制度,培养和造就结构优化、素质优良的人才队伍,确立国家人才竞争的比较优势,在国际交通组织中职员数量比例或担任高级别领导者的比例达到其他交通强国水平。到 2045 年,形成支撑交通强国建设的人才队伍体系,成为主要国际交通组织人才的主要输送国之一。

一、完善交通领域国际人才培养与储备机制

1. 完善人才培养机制

针对国际组织人才的培养主要在高校的特点,深化交通类高等院校人才培养,特别是国际化人才培养教育改革,试点设立交通行业重点高校国际组织人才培养基地,打通院系、专业壁垒,变革教育组织模式,构建互联互通的人才培养体系。鼓励高校及科研机构与国际组织加强合作,探索联合培养或定点培养对口需求人才机制,培养具有国际视野、通晓国际规则、精通两种以上国际组织工作语言,具有出色专业能力和跨文化沟通能力的高端复合型、复语型国际组织人才。

2. 提升本土交通行业人才国际化程度,加强交通行业海外人才引进

深入实施交通行业高层次人才支持计划,完善支持政策,创新支持方式。完善相关管理办法,强化交通科技人才国际知识培训,鼓励支持交通科技人才更广泛地参加国际学术交流与合作。完善海外人才引进方式,实行更积极、更开放、更有效的人才引进政策,柔性汇聚全球交通领域人才资源。支持有条件的高校、科研院所、企业在海外建立办学机构、研发机构,吸引使用当地优秀人才。

3.建立国际组织专业人才储备制度

建设国际交通组织后备人才库,加强对国际交通组织后备人才的认证,有计划地在不同层面为国际交通组织后备人员提供必要的培训服务,协助任职后备人员有针对性地参与国际组织项目,获得必要工作经历。加强国际职员的储备与选拔,强化国际事务管理能力培养与考核机制,不断提升储备人才国际事务管理素质与能力。

二、建立国际交通组织人才输送机制

1.提升在现有国际交通组织的人才竞争力

将在我国登记的国际交通组织和国际交通组织分支机构作为人才培养和推送工作的重要目标,推动向落户国际交通组织及其分支机构派遣高水平专家、增加我国职员数量、加大实习生规模。

2.制订国际交通组织 JPO(初级专业人员)派遣计划

根据国际交通组织的人才需求,制订相适应的人才专项支持计划,扩大国际组织人员的选派范围,通过招募、单位推荐等灵活形式聚集特定专业背景的优秀青年人才,适时向国际交通组织推荐。

第六节 提升交通企业的国际竞争力

依托我国在工程建设、运输装备等传统领域的深厚积累、运输市场的规模优势以及在新兴交通领域形成的基础和潜力,以交通科技创新为根本,打造产业链竞争力为具体抓手,推动发展理念、经营模式、运营服务等走出去,形成一批交通领域具有特色优势的跨国企业,全方位提升交通企业在国际市场上的竞争力。到 2030 年,建成一批具有国际竞争力的世界一流大型交通跨国企业,造就若干立足国内、面向全球的交通品牌。到 2045 年,形成一批资本输出、技术输出、管理输出和人才输出的交通运输、装备、工程建设企业,若干产业联动、整体协作的超大型交通跨国企业,具有较强的国际竞争力。

一、加强科技创新,实现交通行业核心技术的赶超

引导企业加大技术创新投入力度,强化科技研发平台建设,加强应用基础研究,完善研发体系,持续加强交通装备、交通信息化与智能化、交通安全和交通基础设施等方面的技术创新,强化人工智能、新材料和新能源等技术与交通运输需求的深度融合,大力发展

高效能、安全性高、综合化、智能化的系统技术与装备,形成满足我国需求、总体上国际先进的现代交通运输核心技术体系。

二、打造交通产业链体系,实施联盟化发展,增强交通产业链的竞争能力

针对我国社会主义市场经济的特点,推进交通产业链条的延伸与完善,形成完整的政府、交通服务供给、交通产品(服务)提供等互动体系。支持交通企业之间通过资产重组、股权合作、资产置换、无偿划转、战略联盟、联合开发等方式,提高资源配置效率、提升骨干企业经营能力和综合实力。鼓励产业链上下游进行重组,培育骨干企业全产业价值链资源整合与综合集成能力,更好发挥协同效应。鼓励交通企业打破单一产业界限,引导现代农业、加工制造、资源开发、现代物流、邮政快递、商贸流通、金融机构等企业联盟化发展,打造全链条、立体式交通产业链体系。构建全产业链战略联盟,搭建优势产业上下游走出去平台、高效产能国际合作平台、商产融结合平台和跨国并购平台,形成综合竞争优势,增强企业联合参与市场竞争的能力。

三、拓宽交通"走出去"领域,打造"交通 +"模式

将过去参与境外铁路、公路、桥梁、港口、机场等基础设施的设计、咨询、建设和运营业务,集中在劳务输出和工程承包环节,转为资本输出、技术输出、管理输出等高附加值和高利润率的产业链上游高端要素输出,不断增强企业的盈利能力和核心竞争力。配合中国资本输出和国际产业合作等需求,以产能合作推动基础设施、交通网络建设和国际交通运输需求,鼓励不同领域企业围绕交通"抱团"走出去,打造"交通 +"走出去模式。

四、重视交通企业和品牌"走出去"过程中的软实力建设

加强跨国交通企业质量和信用建设,以"讲信誉、守规则、重质量、铸精品"为目标,支持企业将交通产品和品牌打造成国家新"名片",提升交通产品国际形象。鼓励跨国交通企业扎根当地、致力于长期发展,在企业用工、采购等方面努力提高本地化水平。加强当地员工培训,积极促进当地就业和经济发展,融入当地社会文化,履行社会责任,为当地环保、就业做出贡献,积极扶助弱势群体,展现企业责任感,突出中国的大国形象,实现从"走出去"到"走进去""留下来"的转变。增强与东道国民众、媒体与政府的沟通联系,提升中国交通企业国际品牌与声誉。加强国内与国际 NGO 组织、智库及协会的合作,营造良好的社会舆论基础。

第五章
典型案例分析

客观研究典型国际影响力提升案例,总结和提炼国内交通运输国际化道路的经验教训具有十分重要的意义。一方面,可为交通运输国际影响力提升找到解决对策;另一方面也可为国家制定政策提供参考。本章以中国交通建设股份有限公司(下简称"中国交建")、渝新欧国际物流公司为案例,通过分析上述企业在海外业务中的主要举措,为我国提升交通运输行业国际影响力寻求解决方案。

第一节　中国交建提升国际竞争力的主要举措

中国交建作为国有特大型建筑企业,是全球领先的特大型基础设施综合服务商,主要从事交通基础设施的投资建设运营、装备制造、房地产及城市综合开发等,为客户提供投资融资、咨询规划、设计建造、管理运营一揽子解决方案和一体化服务,业务范围遍及世界100多个国家和地区,市场竞争优势明显。2018年,中国交建居《财富》世界500强第91位;在国务院国资委经营业绩考核中"13连A"、综合排名第4名;位居美国《工程新闻纪录》杂志(Engineering News-Record,简称ENR)全球最大250家国际承包商第3位,连续10年位居中国上榜企业第1名。集团拥有外籍员工4万人,国际化经营指数26.5%,40%利润来自海外市场,国际竞争优势明显。

一、中国交建国际业务概况

作为我国最大的国际工程承包商,中国交建国际业务包括道路与桥梁、港口、铁路、机场、地铁等各类大型基础设施项目,装备制造业务和以基建疏浚和环保疏浚为主的疏浚业务。

基础设施建设方面,中国交建前身从 20 世纪 70 年代开始就在非洲、东南亚等地承建当地的"样板路",包括卢旺达卡雍扎—鲁苏莫道路新、改、扩建工程,"中巴经济走廊"中雷科特至伊斯兰堡公路项目,文莱大摩拉岛大桥项目,在设计和承建的众多国家重点项目中,创造了诸多国内乃至亚洲和世界道路、桥梁建设史上的"第一""之最",为国际交通建设事业做出了巨大贡献。

港口建设是中国交建的优势之一。我国绝大部分沿海及内河的大中型港口和航道,均由中交股份参与设计、承建。目前,中国交建海外港口建设覆盖缅甸、孟加拉、马来拉西亚、新加坡、斯里兰卡的国家,建设内容扩展至以港口为核心的产业园区,如斯里兰卡科伦坡港口城市发展项目、肯尼亚蒙巴萨自由贸易区开发项目、马尔代夫综合基建项目。

铁路方面,承建的安邦轻轨延伸线顺利通车并运行良好,受到马来西亚总理的高度赞扬。以设计、采购和施工总承包(Engineering Procurement Construction,简称 EPC)方式总体承建和参与肯尼亚蒙内铁路运营管理,采用中国标准建造现代化新型铁路。在 2017 年已签约在执行的铁路"走出去"项目中,中国交建已经占中国企业对外承包工程份额的 1/3 以上。

在装备制造业和疏浚业务方面,中国交建拥有各种海事工程船舶 800 余艘,各类陆用工程施工机械 3000 余台,以及各类先进的勘察设计科研设备。其中,航务及疏浚船舶在国际市场具有很强的竞争优势,拥有全球最先进的挖泥船,耙吸船总仓容量和绞吸船总装机功率均排名世界第一;集装箱起重机制造业务占世界市场份额的 78% 以上,产品出口73 个国家和地区,连续 9 年稳居世界第一。

二、中国交建提升国际竞争力的主要措施

1. 重视重大技术和装备的自主研发,具备尖端设备资源

中国交建拥有 20 多家国家级、省部级技术中心,超过 10 所大型设计院、多个交通行业重点实验室、博士后科研工作站,具备基础设施研发集群优势。经过多年的自主研发,集团在离岸深水筑港、跨江跨海桥隧、盾构机施工及制造、深水航道治理、多年冻土处理、港口机械设计及制造等领域的技术处于世界领先水平。其中,中国交建拥有全球最先进的挖泥船以及各类先进的勘察设计设备,航务及疏梭船舶在国际市场具有很强的竞争优势。

2. 通过建设一批在全球建筑工程领域具有很高知名度的特大型项目,建立了国际化品牌,形成了完整的产业链优势

中国交建实施的项目多具有综合开发或项目集群的特点,形成以港口支点(海港和旱

港）、产业集聚、城市支撑为主的项目建设特色。通过参与科伦坡港口城、瓜达尔港、蒙内铁路等众多"一带一路"标志性项目，创新打造了基础设施全产业链的核心能力；通过世界领先的装备研发和一系列大型项目的经验积累，在全球范围内推出了中国交建 CCCC 品牌和子公司中国港湾 CHEC、中国路桥 CRBC、振华重工 ZPMC 品牌，赢得了市场信誉；通过覆盖交通基础设施建设全领域的业务，形成了完整的产业链优势，成为公司参与国际高端市场竞争、扩大国际影响力最坚实的依托。

　　3. 多方面采取措施，建立适应海外的标准体系

　　中国交建长期致力于中国交通标准的国际化，参与编制了公路、水运等领域 70% 以上的国家行业标准，承担了把中国标准翻译成英文的大量工作。同时，公司在多个海外项目中，结合当地特点，适时推荐中国标准。如蒙内铁路建设过程中，多次介绍中国标准的先进成熟之处以及对肯尼亚环境的适应性，邀请肯方人员来华体验中国高速铁路的魅力，为肯方技术人员提供中国标准的规范培训等，推动中国铁路标准和产业链走向世界。

　　4. "走出去"与"走进去"深度融合，立足本土化培育认同感

　　（1）采用"五本"模式带动当地经济发展与人才储备。所谓"五本"模式即本地化生产、本地化采购、本地化用工、本地化售后服务和维修以及本地化管理。"五本"模式的实施，对当地的就业与产业发展产生积极影响。建设蒙内铁路共培训当地大学生、研究生等近 3 万人次，为东道国提供大量铁路人才。在中缅原油码头工程中培养当地挖掘机、装载机、泵车、发电机等操作人员，为每位缅甸工人确定中国师傅，进行工作技能培训。

　　（2）履行企业社会责任获得当地支持。在巴基斯坦喀喇昆仑公路建设过程中针对沿线多处重要文物古迹及野生动物保护区开展专题研究，提出集环境保护、景观设计于一体的课题研究，对部分路段制订优化设计方案以及采取环保施工措施。同时，项目团队立足于本地业务，免费为当地村民看病，为当地居民疏浚河道，为当地失学儿童捐款等。

　　（3）正面舆论引导，获得当地民众与社会的认可。在海外办事处建立门户网站，由专人负责对内容动态更新和维护，增进当地民众对项目的了解。建立新闻发言人制度，由专人负责应对媒体采访，保持对外宣传口径一致。定期邀请当地记者进行实地考察，为媒体提供了多角度报道项目的素材，也通过媒体向当地民众进行传播。针对部分媒体对工程的不当言论，采取制作动画演示、打消就业疑虑和联合当地主流媒体共同评价等方式，开展正面、积极宣传，塑造友好形象，促成项目顺利实施。

三、经验启示

1. 加强科技创新,提高企业的国际市场竞争力

结合交通强国战略的实施目标,需要进一步增强我国交通领域技术创新能力。一方面,需要持续提升自主创新能力,瞄准世界交通科技发展前沿,深化关键领域攻关,加快推进自主化技术装备的验证,加强交通运输基础理论研究。另一方面应推进适应交通行业未来发展的关键技术创新,集中国内外优势科技资源,推进提高交通运输国际影响力的工程建设、运营管理、成套技术装备的关键技术研究。

2. 发挥我国在交通领域的优势和经验,加速推进一批交通标准国际化

从中国交建发展经验来看,加速推进一批交通标准国际化,一是要建立标准化国际合作交流长效机制,推动我国交通运输重点产品装备、服务管理标准的国际互认。二是深入参与国际标准制修订工作,加强国际标准的动态跟踪、评估和转化,提高我国标准与国际标准的一致性程度。三是加强重点标准的外文版翻译工作,满足工程、技术及产品走出去需求。

3. 重视项目建设过程中的软实力建设,增强当地的认同感

从中国交建海外建设项目的经验来看,提高企业的国际竞争力还需重视企业形象、社会责任等软实力。一是要树立企业的责任感意识,追求商业价值与社会价值的结合,努力实现企业目标、环境保护和道德责任的有机统一;二是要融入当地文化,本着相互尊重、开放包容、共享发展的理念,通过融合的方式吸收异质文化中的精华,形成自身特有的管理方式,培育认同感。

第二节 渝新欧物流有限公司提升国际影响力的经验启示

作为"一带一路"倡议的先行者,渝新欧物流有限公司积极创新拓展国际铁路联运大通道的运营模式。截至 2018 年 8 月,渝新欧累计开行班列数超 2000 列,占整个中欧班列的 20%,开行数量多、国际影响力大。

一、渝新欧物流有限公司业务概况

渝新欧铁路大通道开通以后,为进一步发挥通道沿线各国铁路部门的优势,提高各段服务水平,增强货源的集结能力,在原中国铁道部、海关总署的大力支持和俄罗斯、德国、哈萨克斯坦等国家海关和铁路部门的通力合作下,中铁、哈铁、俄铁、德铁和重庆交运集团联合成立渝新欧物流有限公司,主要从事重庆、欧洲沿线双向的铁路货物运输业务。业务主要包括集装箱公共班列服务、国际铁路运输服务、多式联运物流服务、拼箱集运服务。

集装箱公共班列服务。汇集西南、华中、华南、华东地区的各类货源,提供以高附加值产品为主的集装箱班列服务。与传统的货运相比,渝新欧的国际班列平均运行时间为13~15天,较江海联运单程缩时 20 天以上,运输成本仅为空运成本的 1/5。

国际铁路运输服务。开设中国、哈萨克斯坦、俄罗斯、白俄罗斯、波兰、德国之间的铁路运输及国际联运服务。率先启动至俄罗斯、德国的运邮服务,2017 年开始实现常态化专线寄递产品,寄达范围覆盖西班牙、法国、英国、荷兰等 17 个欧洲国家。

多式联运物流服务。在国内依托重庆的区位优势,实现国际铁路与长江黄金水道无缝连接,货物可通过水铁联运、空铁联运,向新加坡、首尔、东京等地及时输送;在国外通过沿线重要交通物流枢纽的有效衔接,可转运至欧洲各国,为往来货物提供高效率的多式联运服务。

拼箱集运服务。作为所有中欧班列中最早提供国际铁路运输服务的线路之一,公司依托稳定的发运时间和较为完善的物流网络体系,在中国至德国杜伊斯堡之间提供国际铁路联运拼箱集运,打破跨境电子商务海、空运输的现状,满足市场上广大的中小客户"小批量定制化"进出口贸易的物流需求。

二、渝新欧物流有限公司提升国际影响力措施

1. 依托完善的国际运输网络拓展国际运输业务

中欧、班列(重庆)从重庆到德国杜伊斯堡,途径波兰、乌克兰等国家及地区,有效满足了中亚、东欧国家运输量需求。依托沿线多条辅线,成功将业务范围拓展至中亚五国以及俄罗斯伏尔加河沿岸联邦区。同时,高效率的多式联运服务实现了中国内陆及国际陆路通道沿线国家与东南亚的无缝连接。

2. 有效的运输组织,缩短时空距离

采取"五定模式"和"五优先"操作流程,即定线路、定站点、定车次、定时间、定价格和优先配车、优先装车、优先挂运、优先放行、优先全程监控,确保了国际陆路运输的准时和稳定。通过有效的运输组织,货物在沿线口岸和站场的滞留时间不超过 60h,通关时间只需 12h,货物在口岸的滞留时间仅占全程运输时间的 17%。

3. 广泛开展国际物流合作,通过创新业务模式抢占行业先机

公司与新加坡环通物流集团、越南铁路运输与贸易股份公司等开展了广泛的国际运

输合作,发挥在各自区域的物流运作能力,实现了物流、商流、信息流互联互通。形成了渝新欧境外自有仓储物流体系,国内企业可通过海外仓库将商品送至海外供应商,海外企业则可以将进口商品运至国内的跨境平台进行销售。同时,还开通零散货运及针对普通消费者的电子商务,可覆盖更多消费群体。

三、经验启示

1. 完备通畅的国际交通运输网络是运输企业提升国际竞争力的核心保障

渝新欧铁路通道并非全部新建,而是对 6 个国家现有铁路资源的合理规划利用,从发展经验上看,进一步推进重点领域、重点项目、重要节点、重要通道建设和治理,并积极推动与国外的交通运输网络对接,可盘活整个国际交通运输网络全局,保障我国外贸物资的及时、安全、可靠运输。

2. 合理的运输组织模式是促进通关便利化的重要手段

合理的运输组织对国际运输效率的提升有重要意义。从渝新欧物流有限公司发展经验上看,应依托国际运输网络的建设,在各国企业间客货快速通关、监管结果互认、跨境电子商务、国内贸易货物跨境运输、通关事务救助等领域加强对接协作,共同改善国际通道运输基础设施条件,提高运输效率和运输企业的国际竞争力。

CHAPTER SIX

第六章
政策建议

一、把提升交通运输国际影响力纳入国家整体对外战略

交通运输国际影响力是我国国际影响力的重要组成,是实现党的十九大确定的强国目标任务的重要支撑。提升我国交通国际影响力需要更强有力的政策引导和支持,需要从国家层面引导全社会充分认识,需要国家从顶层设计和战略规划上将其作为国家对外影响力的组成部分。建议建立提升交通运输国际影响力的统筹协调机制,细化落实发展交通运输国际影响力的主要任务,特别是在增强国际组织的话语权,优化完善国际化交通运输服务网络,推动交通标准国际化等方面系统出台系列指导意见,统筹国际开放与国内需求融合发展,统筹交通行业与其他产业联动发展,统筹政府推动与市场引导共同发展,统筹交通硬实力与软实力协调发展。到 2030 年实现交通运输国际影响力进入强国行列,到 2045 年实现交通运输国际影响力进入强国前列。

二、分领域、分层次、分步骤推进中国交通标准国际化

面向优势交通领域、新兴交通领域推进交通标准国际化,重点实施:①选择有国际竞争优势的领域率先突破,重点支持高速铁路、桥梁、港口等技术标准国际化。②面向广大发展中国家,结合遍布全球的交通设施建设工程提升中国交通标准的国际竞争力。③积极参与国际交通组织和标准化组织活动,承担国际标准制定和修订工作;推动在双边、多边组织中建立区域性标准化组织,加大标准互认力度。④依托中国在新兴交通领域的先发优势,以"技术(产品)专利化—专利标准化—标准国际化"的战略,推动新兴交通领域的标准国际化。

三、构建国际交通组织设立和落驻的服务机制

对国际交通组织(机构)落驻制订整体发展计划,成立高效、稳定的国际组织落驻服务

机构,在资产购置、税收缴纳、人员出入境等方面给予落户的国际交通组织及其工作人员优惠待遇。依托技术优势、区域影响力以及新兴交通领域的优势,新设一批由我国倡议建立的交通建设、运营和管理组织。

四、建立提升交通运输国际影响力的人才保障体系

完善国际人才培养机制。深化交通类高校人才培养特别是国际化人才培养教育改革,打通院系、专业壁垒,变革教育组织模式,构建互联互通的人才培养体系。深入实施交通行业高层次人才支持计划,完善支持政策,创新支持方式。加强国际职员的储备与选拔,建立国际事务管理能力培养与考核机制。

建立国际组织人才输送机制。根据国际交通组织的人才需求,制订国际交通组织JPO(初级专业人员)派遣计划,完善政策经费、人员选拔、职称职级、业务培训、薪酬待遇等方面的保障措施。设立专门的国际交通组织人事部门,与国际交通组织签订派遣协定,专项负责国际组织非正式职员实习计划。推动向落户在我国的国际交通组织及其分支机构派遣高水平专家、增加我国职员数量、加大实习生规模等,增强国际交通组织人才竞争力。

五、构建政府与走出去企业的良性互动机制,鼓励交通企业国际化经营

把交通企业"走出去"作为当前国家外交和对外经济贸易合作的重点内容,通过铺路架桥、保驾护航、搭台助力等方式,为企业"走出去"提供积极帮助。推进公共信息平台建设,建立为交通企业走出去提供综合服务的信息窗口,促进信息交换和信息共享。整合现有交通企业信息资源,构建统一的"交通企业走出去信息平台",实现"走出去"项目流、信息流以及资金流3个层面的互联互通,并提供交通企业"走出去"宏观战略决策的有效数据支持。完善国际化的投融资、税收、国有企业考核激励机制等政策,在政策、资金、人员等方面给予更多倾斜和便利,更好支持交通企业"走出去"。

六、构建多元化的投融资服务体系

加强政策性金融的支持和安排。强化政策性金融对交通行业走出去的资金支持和保障力度。充分利用直接融资对交通行业国际化的支持。加强与世界银行、国际货币基金组织、欧洲投资银行等国际金融机构合作,建设利用好亚洲基础设施投资银行、丝路基金、金砖国家新开发银行、上合组织开发银行等机构的资金保障。完善人民币跨境支付清算系统、区域性信用评级体系与汇率协调机制等金融基础设施,保障跨境支付和信用信息的交换和共享,打造便利稳定的跨境资金流通环境。

开展金融创新。建立由政府牵头、金融机构跟进、民间资本参与的方式,构建多元化

资金投入机制,为交通国际化开辟新的、稳定的融资渠道。

积极开发针对海外重大工程建设的海外人身安全保险、海外投资保险、出口信用保险、货运保险、工程保险等保险业务,创新保险品种,扩大承保范围,为在外企业及人员保驾护航。

七、完善涉外项目专业服务和保障体系

基于交通企业走出去和海外交通基础设施建设、设备供应、运营维护等对所在国协调服务的内在需求,建议在重要经济贸易往来和陆海交通枢纽国家派驻交通事务管理人员,负责与所在国交通、基础设施领域相关部委、所属机构、非政府组织、研究机构、企业等社会各界保持紧密联系,创造良好的合作环境,做好所在国交通重点项目的信息收集、推荐、联络、协调和服务等工作,全面服务在海外庞大的交通工程建设,合理合规保护国家和企业的有效权益。加快培育国际化的咨询公司与律师事务所等中介服务机构,有针对性地提供专业化的法律援助、咨询管理、税务审计等综合服务,提供科学权威的国际发展环境资讯,减少交通国际化过程中的信息不对称问题。发挥商会、协会"承上启下"与"合纵连横"作用,在法律咨询、知识产权保护、技术性贸易措施等方面为交通企业产品和服务出口提供指导和帮助。

八、加强交通运输行业软实力的建设和推广

交通强国不仅是工程技术等硬实力的能力,更是文化软实力的能力。交通强国的国际影响力不仅要在具体的交通国际事务中承担更多责任,更要从文化的高度,为人类社会的交通发展提供有益方案。加快对中国交通文化和行业作出准确而规范的科学解读,以重大工程为典型案例,打造一批反映中国交通建设成就的作品,加强对外宣传和公关,倡导企业的社会责任,构建与中国交通相联系的话语体系。

REFERENCES

参 考 文 献

［1］ 候俊军.让中国标准"走出去"［N］.经济日报,2014-12-04（2）.

［2］ 《我国交通运输对标国际研究》课题组.我国交通运输对标国际研究［M］.北京:人民交通出版社股份有限公司,2016.

［3］ 贾大山.海运强国战略［M］.上海:上海交通大学出版社,2013.

［4］ 于玲玲.我国轨道交通装备制造企业国际竞争力研究［D］.北京:北京交通大学,2016.

［5］ U. S. Department of Transportation. Transportation Statistics Annual Report 2017［EB/OL］. https：∥ www. bts. gov/TSAR.

［6］ 中华人民共和国海事局.北极航行指南［M］.北京:人民交通出版社股份有限公司,2014.

［7］ 吕靖,蒋美芝.交通强国背景下我国国际海上通道安全影响因素分析［J］.中国水运, 2018,18(4):32-33.

［8］ 2016 年交通运输国际合作十大亮点回顾［EB/OL］.http：∥www. gov. cn/xinwen/2017- 01/19/content_ 5161251. html.

［9］ 中国人才何时能在国际组织中长袖善舞［EB/OL］. http：∥ rencai. people. com. cn/n1/2016/0216/c355087-28127648-2. html.

［10］ 毕鹏杰,邢辉,刘勤安.海事国际组织人才发展战略研究［J］.航海教育研究,2017(4): 16-23.

［11］ 中国标准化研究院.国内外标准化现状及发展趋势研究［M］.北京:中国标准出版社,2013.

［12］ 王玉泽,等.中国铁路"走出去"建设标准发展策略研究［J］.中国工程科学,2017,19(5): 17-21.

［13］ Wang Y, Cullinane K. Traffic consolidation in East Asian container ports：A network flow analysis［J］. Transportation Research Part A：Policy and Practice,2014,61:152- 163.

［14］ United Nations System Chief Executives Board for Coordination（CEB）. Human Resource Statistics［EB/OL］. http：∥ www. unsceb. org /content.

[15] U. S. Department of Transportation. Beyond Traffic 2045:Trends and Choices [EB/OL]. http://www. dot. gov.

[16] Jeanne L Wilson. The Eurasian Economic Union and China's silk road:implications for the Russian-China relationship[J]. European Politics and Society,2016,17(1):113-132.

[17] 北京大学"一带一路"五通指数研究课题组."一带一路"沿线国家五通指数报告[M].北京:经济日报出版社,2017.

[18] 吴文化,宿凤鸣.中国交通2050:愿景与战略[M].北京:人民交通出版社股份有限公司,2017.

[19] 中国民用航空局航空安全技术中心.民航强国评价指标体系及发展战略研究[R].2010.

[20] 王菲.面向"一带一路"的国际铁路通道布局研究[J].铁道运输与经济,2018,40(4):13-17.

[21] 建设交通强国的"四梁八柱"[EB/OL]. http://www. zgjtb. com/2017-11/27/content 132884. htm.

[22] "中国标准"走出去应采取聚焦战略[EB/OL]. http://www. cqn. com. cn/zgzlb/content/2016-09/ 23/ content_3432849. htm.

[23] 闫温乐,张民选.向国际组织输送人才:来自瑞士的经验与启示[J].比较教育研究,2015,(8):106-112.

[24] 闫温乐,张民选.美国高校国际组织人才培养经验及启示[J].比较教育研究,2016(4):46-52.

[25] 落实推进"走出去"战略 提高交通运输国际竞争力[EB/OL]. http://www. china highway. com/news/2013/761673. php.

[26] 王雄辉.中国交通建设集团与国内外几家大型建筑企业国际竞争力比较分析[D].南昌:江西财经大学,2016.